新编公共行政与公共管理学系列教材

农村社区建设与管理
Construction and Management of Rural Communities

谷中原　吴晓林 ／主编

图书在版编目（CIP）数据

农村社区建设与管理/谷中原,吴晓林主编.—北京:北京大学出版社,2012.12
（新编公共行政与公共管理学系列教材）
ISBN 978-7-301-21594-4

Ⅰ.①农…　Ⅱ.①谷…②吴…　Ⅲ.①农村社区-社区建设-中国-高等学校-教材②农村社区-社区管理-中国-高等学校-教材　Ⅳ.①D669.3

中国版本图书馆 CIP 数据核字（2012）第 281796 号

书　　　名：农村社区建设与管理
著作责任者：谷中原　吴晓林　主编
责 任 编 辑：胡利国
标 准 书 号：ISBN 978-7-301-21594-4/C·0844
出 版 发 行：北京大学出版社
地　　　址：北京市海淀区成府路 205 号　100871
网　　　址：http://www.pup.cn　新浪官方微博:@北京大学出版社
电 子 信 箱：hlgws0380@sina.com
电　　　话：邮购部 62752015　发行部 62750672　出版部 62754962
　　　　　　编辑部 62765016
印 刷 者：北京虎彩文化传播有限公司
经 销 者：新华书店
　　　　　　730mm×980mm　16 开本　21.75 印张　390 千字
　　　　　　2012 年 12 月第 1 版　2022 年 1 月第 8 次印刷
定　　价：40.00 元

未经许可,不得以任何方式复制或抄袭本书之部分或全部内容。
版权所有,侵权必究
举报电话：010-62752024　　电子信箱：fd@pup.pku.edu.cn

前言

随着当代中国社会的转型,农村人口发生大规模的流动,农村地区的垂直化领导的行政管理模式无法对农村流动人口实行有效管理。为了适应这种变化和推动村民自治的发展,须将农村地区的基层行政管理模式转变为村民自治的社区治理模式。为此,国家民政部于2006年开始进行农村社区建设与管理实验。由于我国三万多个乡镇、六十多万个行政村的地理环境、历史文化、经济条件、交通状况等具体乡情村况千差万别,我国农村社区建设复杂多样。

我们认为,不管我国各地农村社区的乡情村况多么复杂,但有一点是共同的:任何一个具体的农村社区都离不开地理环境、农村人口、农业经济、农村文化等四大基本要素的支撑,四大基本要素是农村社区发展的先决条件。因而,在优先保证重点建设四大基本要素的基础上,建设农村社区组织和公共设施,发展社区服务和社区保障,营造良好农村社区治安环境,应是各地农村社区建设与管理需要遵循的实践逻辑。这本教材就是按照这个思想撰写出来的理论成果。

本书构筑了较完整的农村社区建设与管理的知识体系,突出地强调了逻辑性与系统性的统一;理论性与实践性的结合;传承性与创新性的贯通。适用于高校公共管理类和社会学类专业的本科生、研究生以及相关实际工作者研习农村社区建设与管理理论和基本知识。

本书先由我拟定编写大纲,然后组织学者按照编撰要求分头进行撰写,具体分工如下:谷中原(中南大学)撰写第一章、第六章;吴晓林(中南大学)撰写第二章;张桂蓉(中南大学)撰写第三章、第十章;彭远春(中南大学)撰写第四章;石方军(河南师范大学)撰写第五章、第十一章;谢新华(中南大学)撰写第七章;伍如昕(中南大学)撰写第八章;董伟(中南大学)撰写第九章;余成普(中山大学)撰写第十二章;颜敏(中南大学)撰写第十三章。在各章作者完成初稿后,由我和吴晓林同志集中进行统稿、修订并定稿,其中对有的初稿做了较大修补。

  感谢中南大学公共管理学院院长左高山教授的指导和帮助、感谢各位参与本书撰写的成员的合作、感谢北京大学出版社胡利国同志及其同仁为编辑此书付出的劳动。

  欢迎高校师生及读者提出批评意见,以便不断修订完善。

谷中原

2012年6月7日于长沙

目　录

第一章　农村社区／1
　　第一节　农村社区研究及本义／2
　　第二节　农村社区演化与分类／14
　　第三节　农村社区的构成与功能／24

第二章　农村社区建设／35
　　第一节　农村社区建设的合理化问题／36
　　第二节　农村社区建设共同体／41
　　第三节　农村社区建设原则与职能／46
　　第四节　农村社区建设路径与筹资模式／52

第三章　农村社区管理／59
　　第一节　农村社区管理理论／60
　　第二节　农村社区管理主体与客体／66
　　第三节　农村社区管理体制／70
　　第四节　农村社区管理模式／76

第四章　农村社区生态环境／84
　　第一节　农村社区生态环境理论／85
　　第二节　农村社区建设生态环境的缘由／91

第三节　农村社区生态治理与景观营造 / 95
　　第四节　农村社区生态环境管理与管理工具 / 98

第五章　农村人力资源开发与社区教育 / 102
　　第一节　农村社区人力资源状况 / 103
　　第二节　农村社区教育的人力资源开发优势 / 107
　　第三节　我国农村社区教育发展历程 / 111
　　第四节　农村社区教育的内容 / 117
　　第五节　农村社区教育管理 / 121

第六章　农村社区经济 / 130
　　第一节　农村社区发展经济的理论逻辑 / 131
　　第二节　农村社区经济的发展模式 / 138
　　第三节　转变农村社区的农业经济发展方式 / 147

第七章　农村社区文化 / 157
　　第一节　农村社区文化概述 / 158
　　第二节　中国农村社区文化建设的困境 / 171
　　第三节　中国农村社区文化建设方略 / 177

第八章　农村社区组织 / 184
　　第一节　农村社区组织概述 / 185
　　第二节　坚持党的领导与村民自治的关系 / 189
　　第三节　农村社区管委会与"村支两委"的关系 / 193
　　第四节　农村社区中介组织与非营利组织 / 197
　　第五节　农村社区组织与社区整合 / 208

第九章　农村社区公共设施 / 215
　　第一节　农村社区公共设施建设 / 216
　　第二节　农村社区公共设施供给短缺之因 / 221
　　第三节　农村社区生产设施建设标准化 / 227
　　第四节　农村社区生活设施建设的多模式策略 / 230
　　第五节　农村社区公共设施管理 / 234

第十章 农村社区服务 / 240
　　第一节　社区服务理论 / 241
　　第二节　农村社区服务概念与功能 / 246
　　第三节　农村社区服务体系建设 / 249
　　第四节　农村社区服务管理模式创新 / 257

第十一章 农村社区治安 / 265
　　第一节　农村社区生活序化 / 266
　　第二节　农村社区治安理论 / 268
　　第三节　农村社区治安现状 / 272
　　第四节　农村社区治安综合治理 / 278
　　第五节　农村社区调解 / 283
　　第六节　农村社区矫正 / 290

第十二章 农村社区保障 / 297
　　第一节　社区保障与社会保障 / 298
　　第二节　农村社区保障的内容和特征 / 306
　　第三节　我国农村社区保障存在的问题与发展措施 / 310

第十三章 农村社区管理的现代化 / 316
　　第一节　农村社区管理现代化的历史与任务 / 317
　　第二节　城乡社区管理一体化 / 322
　　第三节　农村社区管理的法治化 / 325
　　第四节　农村社区管理的科学化 / 332

参考文献 / 337

第一章　农村社区

☞ **学习要点**

了解农村社区研究简况、农村社区定义；区分农村社区与乡村社会、行政区、城市社区的差别；学会根据不同标准对不同农村社区进行分类，准确认识农村社区的特殊功能。

☞ **关键概念**

社区　农村社区　游群社区　收割社区　地理空间　社区主体　社区经济　社区文化　社区生产生活设施　社区运行机制，以及根据不同标准进行分类形成的各类农村社区概念

【引例】

社区是由地域住群形成的生活共同体，它通过互助服务的运行机制，为其成员提供生活上的帮助和关照。浙江慈溪市从2007年开始全面建设农村社区，在农村社区推行居家养老服务，建立社区居家养老服务站。2009年建立一支700名左右以40~60岁下岗失业（失地）人员、村老妇女主任、老党员为重点的服务员队伍，由政府出资为千名失能老人给予每月20小时上门照料服务；为千名70岁以上的身边无子女的空巢老人给予公益性帮扶服务。成立350支银龄互助团队，组织低龄健康老人为高龄、困难老人提供简易性生活帮扶服务，通过"走进去"上门服务、"引出来"参与老年群体活动，建立邻里守望制度，开展"暖巢行动"，促进社区老人居家养老全天候服务。为慈溪农村2902名困难老人和1783

户高龄空巢家庭提供了有效照料。

对于那些尚未建立农村社区的地方,其老人的生活境遇就完全不同。2011年9月30日一些媒体报道了我国中部某省某市某县的一个尚未开展农村社区建设的某行政村发生的悲剧新闻。由于该村尚未建立社区关照制度和互助服务体系,大多数年轻力壮的居民外出打工或到大城市做生意,留守者互动不频繁,造成一王姓留守奶奶因突发病情死亡,在无人照料情况下,其不到2岁的孙女经过几天的煎熬,也已奄奄一息。大概7天后,因在省城做生意的儿子打电话回家问候母亲,见无人接电话,急忙赶回家,才发现此惨景。

由此可见,在广大农村地区普遍建立农村社区是十分必要的。①

第一节 农村社区研究及本义

界定农村社区是建设农村社区的逻辑前提,从实践角度对农村社区进行界定,有利于农村社区建设和管理。农村社区概念的形成离不开社区研究。

一、社区研究

社区研究已有百余年历史。19世纪末20世纪初,英、法、德的学者非常关注社区底层居民的生活状况以及与之有关的社会问题,其研究涉及社会底层市民的生活状况、城市社区的卖淫问题、贫困问题、移民问题等。代表性成果有:英国布思的《伦敦人民的生活与劳动》(1891—1903年)、梅林的《伦敦的劳动者和伦敦贫民》、法国杜沙特列的《关于巴黎城里的卖淫》(1834年)、德国滕尼斯的 *Gemeinschaft und Gesellschaft* (1887年)。滕尼斯的工作对社区概念的形成有划时代意义,在《共同体与社会》中,他第一次对社区概念进行系统研究。滕尼斯首次将社区(Gemeinschaft)界定为具有共同的价值取向和强烈的归属感、彼此亲密无间的社会生活共同体,还指出这类群体产生于对亲属联结的依赖以及血缘关系的延伸,是超乎人们的选择,是自然形成的。他的成就远超过同时代同类成果。

随着工业化和城市化的加快,人类的亲密关系和归属感在减弱。滕尼斯提出的社区概念逐渐为社会学家和人类学家所接受。因英文Community一词源于拉丁语communitas,有"公社"、"团体"、"共同性"、"联合"或"社会生活"的意思,较接

---

① 引例资料由笔者根据有关媒体报道整理而成。

近滕尼斯的社区概念,所以,20世纪20年代的美国社会学家C. P. 罗密斯将德文Gemeinschaft英译为Community。此后,美国社会学家R. E. 帕克①和他的芝加哥大学社会学系的同事将Community确立为美国社会学的中心概念。帕克在《人文生态学》一文中将Community看成是:(1)以区域组织起来的人群;(2)他们程度不同地深深扎根于居住的地盘;(3)生活在多种多样的依赖关系之中,这种相互依存关系与其说是社会的,不如说是共生的②。显然,帕克对社区的理解不仅继承滕尼斯的亲密关系和生活共同体的含义,还赋予社区的地域性内涵。

中国社会学的社区定义源自美国的"Community"一词。1932年底,美国社会学家帕克应燕京大学之邀来该校讲学,随之将community一词引入中国。该校社会学专业师生始将Community一词译为社区。其过程,据费孝通回忆:当帕克教授结束讲学时,燕京大学社会学系学生准备翻译帕克的社会学论文集,以此来纪念他在燕大的工作。然而,在翻译他的"A Society is not a Community"一句话时,卡壳了。因为在以往的汉语里,只有村落、社稷一类的词,到近代引入"社会"一词后,Society和Community都被译为社会。但此处按旧译,意思不通。于是,他们只好揣摩帕克老师的人文区位学③的含义,取社会的"社"字以示人群之意;取区位的"区"字作为群体的空间坐落,创造"社区"这个新词来解释Community。这样一来,帕克老师的原话就可译为"一个社会并非一个社区",也算通顺。此后,国内有了社区概念,其意指特定地域里的生活共同体。对燕大社会学专业学生翻译社区概念,吴文藻在当年的讲演中有所解释。他说:"'社区'一词是英文Community的译名,这是和'社会'相对而称的","这个译名,在中国词汇里尚未见过,故需要较详细的解释"④。综上所述,社区概念,从德文的Gemeinschaft到英文的community,再后到中文的"社区"的发展中,其核心内涵从社会类型变为地域社会。

自滕尼斯界定社区概念以来,在不同国家、不同文化环境以及不同历史阶段,社区研究有不同发展路径,学者对社区概念的界定多种多样。到1981年,美

---

① 帕克和当时与自己齐名的重视归纳和统计分析的哥伦比亚学派领军人物吉丁斯不同,属于认识方法上的唯实论者,认为只有从实施入手才能获得真正的知识,主张通过体验了解社会事实,提倡社区研究方法。
② 转引自冯刚、史及伟:《社区:整合与发展》,中央文献出版社2003年版,第18页。
③ 帕克在《人类社区:都市与人文区位学》(1952)书中提出人文区位学是研究人类组成的生命或低于社会层次的科学。古典区位学派强调人文区位学要研究人类行为所造成的区位状况。
④ 吴文藻:《德国的系统社会学派(1934)》,载《人类学社会学研究文集》,民族出版社1990年版,第90页。

籍社会学家杨庆堃统计发现,有关社区的定义已增至140多种。有的从社会群体、社会过程的角度界定社区;有的从社会系统、社会功能的角度界定社区;有的从地理区划的角度界定社区;有的从归属感、认同感及社区参与的角度界定社区[①]。虽然不同学者对社区概念的理解和表述不同,但其主要含义差别不大。将它们概括起来,所有社区定义可归纳为两类:一类突出社区的功能性内涵,认为社区是由共同目标、共同利害关系的人组成的社会共同体。这类定义,继承了滕尼斯的传统,将地域要素排除在社区内涵之外。另一类突出社区的地域性内涵,认为社区是在一个地域内共同生活的有组织的人群。这类定义,发挥了滕尼斯的社区定义,为社区概念增加了地域性内涵。

实际上,社区作为人类生活的基本单位,不仅有地域特点,也有功能特点,只不过这些性质在不同的社区生活中所表露的程度不同而已。所以,我们将社区定义为:在一定地域内,按一定的社会制度和社会关系组织起来的具有共同人口特征的生活共同体。从本义上讲,社区是由许多人构成的以生活为根本活动的实体单位。为了生活,具有相同人口特征的人们,在具体的地理空间开展具有关联性的经济活动和社会活动,形成相同的价值观念、相似的认同意识以及其他社区文化,逐渐形成一个相互依赖的生活共同体。

二、农村社区研究

系统化的农村社区研究源于美国。19世纪后半期,美国农业萧条、乡村凋敝、农村经济衰退、农民生活困苦,而且当时美国的经济政策和制度利于工业发展而不利于农业发展。这些因素造成规模宏大、持续时间长的格兰其运动[②],给美国社会造成了严重社会危机。正是这场旷日持久的农民运动引起当时美国政

---

① Borgatta, Edgar F., Rhonda J. V. Montgomeng (eds.), *Encyclopedia of Sociology*, 2nd edition, New York: Macmillan Reference USA, 2000. vol. 1. pp. 362-9.
② 美国格兰其运动是一个以农民为主体的、反抗不合理剥削的维权运动。源于由曾供职于联邦政府农业机构的奥利佛·赫德森·凯利于1867年建立的农业保护者协会。凯利很早意识到美国的农村问题,才建立格兰其组织。工业越发达,农村问题越严重,格兰其运动越发展。到1873年,美国几乎每个州都有格兰其组织,仅在明尼苏达州就有37个分会,到1874年全国约有2万个格兰其组织,会员近80万人。格兰其的初建宗旨是教育农民,促其合作互助,摆脱困境;促使农场主集资收购,运输农产品,建造谷仓和银行,出售农耕器具,保护农业。随着运动的深入,在后来的岁月里,格兰其逐渐变成了一个全国性的从事政治活动的社团,开始在法律和政治上保护农民权益。在法律上,格兰其要求制定公平价格,格兰其伊利诺伊州分会1871年通过法律手段建立铁路货栈委员会,于1873年获得了制定本州铁路客货运价的权力;在政治上,于1874年颁布了"全国格兰其宣言",建立了独立的农民政党。[详情可参阅查莫名:《从托克维尔谈结社看美国格兰其运动》,http://blog.sina.com.cn/zamomin。]

府和一些学者对美国农村问题的关注。可以说,美国的格兰其运动直接促使农村社会学在美国诞生。农村社区研究在这种社会背景下兴盛起来。

1894年,亨德森在芝加哥大学社会学系以"美国农村生活的社会条件"为名开设世界最早的农村社会学课程,并编写后来被称为《农村社区》的最早的社会学专业教学讲义。1906—1912年,吉丁斯在哥伦比亚大学担任社会学教授期间,指导研究生 N. 西姆斯、J. 威尔逊、威廉斯以农村社区为研究内容做博士论文,他们从社会学学术角度,使用统计法、历史法、现场访谈法等研究方法研究美国农村社区,并在美国第一次发表美国农村社区问题调查研究论著。1915年,威斯康星州立大学农业经济系主任高尔宾教授发表《一个农业社区的社会剖析》研究报告。这份研究报告全面研究农村社区的农民生活,提出农业社区概念,第一次以农民的商品交易圈为依据划定具体的农村社区。他以一个村镇为中心,将中心周围农户交易行为所能达到的最远点而连成的由教堂、学校、银行、牛奶站、仓库等服务设施组成的不规则的贸易圈或服务圈作为一个农村社区,从而使农村社区研究进入可操作的经验研究领域。他的研究成果被认为是首创的、合乎科学的、有系统的和有分析的农村社区研究,被看成农村社会学在美国成为一门独立学科的标志。1917年,英国社会学家麦基文出版《社区》,认为农村社区是自然生成的社区;城市社区是人造的社区。农村社区与城市社区在组织形态上有很大差别,农村社区人际关系具有熟悉、同情、信任、相互依赖和社会黏着等典型特征;而城市社区人际关系具有陌生、反感、不信任、相互独立和社会联结等典型特征。①

20世纪七八十年代,美国农村社会学家罗吉斯、伯德格致力于农村社区研究。他们在《乡村社会变迁》②一书中较详细地研究农村社区,认为农村社区是一个地域性群体,农村社区的边界很难精确地划定,在以农业为主的不发达国家,农村社区的边界变化很小。一个农村社区包括许多邻里。当农村社区人口增加时,社区倾向于聘请付薪管理人员处理管理事务;当人口减少时,社区趋向于将服务业联合起来;农村社区也将对土地利用进行规划。农村社区由中心区和外围区构成。外围区的居民依靠中心区提供的服务,如学校、商店、教堂等。农村社区的变化表现为:第一,随着商业区或工业的发展,农村的小社区可能变成大社区;第二,社区规模可以稳定不变;第三,随着经济支柱的倒闭或搬迁,农村社区可能被废弃。农村社区一般为散居型、集居型、条状型三种类型。农村社

---

① 娄成武、孙萍:《社区管理》,高等教育出版社2003年版,第3页。
② 该书1987年由王晓毅、王地宁译,1988年在浙江人民出版社出版。

区的权力往往集中在少数几个人手中,社区事务决策一般经过刺激、设计、合法化、决定、行动五个阶段。一般是民主决策。

1985年,日本社会学家鸟越皓之出版《日本社会论:家与村的社会学》①一书,该书分为三章:"家的逻辑"、"村的结构"、"生活组织"。前两章专门研究农村家庭和村落问题,其中阐述了村落社区。从"各家的聚集"定义村庄,认为自然村是自然形成的农民聚居地,村与村结成村落共同体。日本村落共同体有不同类型,也有不同的合作方式。详细研究了村落社区的结构与类型、村落社区的范围以及构成、村落社区的组织与运营等问题,是全面认识村落社区的农村社会学著作。

法国农村社会学对农村社区的研究比较突出的是把社区作为分析农村社会的视角,用社区分析方法研究农村社会。1960年,原法国农村社会学研究所(现为巴黎第十大学社会学研究所)提出用社区分析的方法研究农村社会的特征。社区分析,首先将社区划分为农村社区和城市社区两种类型。主张村庄、村镇等都可构成独立的社区单位。社区分析应从较具社区特征、技术上较易调查观察的农村社区开始。法国社会学家用社区分析方法对农村社会发生的一些重大变革如农村人口外流、乡村劳力结构和人口结构发生显著变化、农业经营资本主义化、传统农村社会结构解体等进行研究。他们在法国各地十几个不同类型的村庄或村镇分别定点调查,以直接观察、访问和问卷、长期追踪、分析历史资料等多种形式进行研究,探讨农村社会的特征,解释农村社会变化。法国社会学对农村社会的社区分析,经历了三个阶段:20世纪50年代末到60年代中期,注重类型学的分析;从1968年起,社区分析从特征比较转为社区变化评价;从20世纪70年代末开始注重社区内部因素研究,如地区权力、生活方式、社会关系的分析②。

中国的农村社区研究源自美国和英国。因为美国的社会学家和从美英两国留学归来的社会学家在中国农村地区进行过系统的社会调查研究。他们的工作对中国农村社区研究的影响是深刻的。中国的农村社区研究约始于20世纪20年代。这个时期的代表成果有:1918—1919年上海沪江大学美籍教授库尔普两次率领学生到广东潮州凤凰村进行调查,后写成调查报告《华南乡村生活》③、

---

① 鸟越皓之的《日本社会论:家与村的社会学》日文版由日本世界思想社于1985年出版,中文版由王颉译出,社会科学文献出版社2006年出版。该书在日本许多大学都作为教材使用。它是日本学者自己建立的用来分析日本农村社会的农村社会学理论著作。对于农村社会学理论本土化建设具有特殊意义。
② 胡韦:《法国社区分析的发展》,《中山大学学报(社科版)》,1987年第2期,第133—138页。
③ 《华南乡村生活》一书1925用英文在美国出版。

1923年陈达撰写的《成府村调查》①等,它们都是我国早期描述性农村社区研究的范本。另有陈翰笙于1929年7月初到9月底,率大型调查团在江苏无锡农村进行首次大规模的农村社区调查。在3个月内,调查8个农村市镇的工商业、55个村子的概况以及22个村庄的1024户农家。1929年11月底到1930年5月底,他主持中山文化教育馆和岭南大学合作举行的广东农村经济调查,考察梅县、潮安等16个县的概况,详细调查番禺县10个代表村的1209户人家,同时对50个县中的335个村进行通信调查。1930年,他又带领社会学所与北平社会调查所,对河北省保定县进行更大规模的农村社区调查,参加者68人,调查6个农村市场、78个村子和11个村中的1773个农户。这三次规模空前的农村社区调查,为他搞清中国社会性质和发展趋势提供了详尽的第一手资料②。

　　20世纪30年代,我国农村社区研究有质的进展,主要是吴文藻等人为使社会学理论和方法同中国实际相结合,大力提倡社区研究。1935—1936年,他发表系列介绍社区研究的文章,有《现代社区研究的意义与功能》《西方社区研究的近今趋势》《中国社区研究计划的商榷》等。还派学生到不同类型的农村社区和少数民族地区进行实地考察和研究。如徐雍舜在北平郊县、林耀华在福州义序、黄华在定县、李有义在山西徐沟、黄迪和费孝通在广西大瑶山等地。在他的学术思想引导下,当时的农村社区研究取得一些成果。如林耀华于1935年发表《义序宗族的研究》、费孝通于1936年发表《花篮瑶社会组织》等③。另外,在20世纪20—30年代,中国农村社区研究,出现西方社会学家没有开展过的乡村建设运动④。当时一批中国的文化学和教育学学者,在社会动荡尤其农村凋敝的时代,力图重建农村社区,为广大农民保存一个相对完整和独立的地域性社

---

① 《成府村调查》一书1924年由商务印书馆出版。
② 丁利冈、赵善阳:《陈翰笙与中国农村社会学研究》,《复旦学报(社科版)》,1985年第4期,第29—35页。
③ 冯月根:《20世纪中国社区研究》,中国乡村发现网(2012):www.zgxcfx.com/Article_Show.asp?ArticleID。
④ 乡村建设运动是就一个农村或数个农村,划成一个适当区域,依照理想的能实现的预定计划,用最完善的最经济的方法、技术以化导训练本区以内的一切农民,使全区农民整个生活逐渐改进,由自给自立以达于自治,俾完成农村的整个建设。其代表人物有江恒源、梁漱溟、晏阳初、李景汉、陶行知、梁耀祖、孙则让等。尤以梁漱溟和晏阳初最为突出。晏阳初1926年在河北保定地区开始乡村平民教育实验。1929年在河北定县开始"乡村建设"计划,在定县农村开展文艺、生计、卫生、公民"四大教育",实现政治、教育、经济、自卫、卫生和礼俗"六大整体建设",从而达到强国救国的目的。梁漱溟于1923年在山东提出"农村救国"主张,1924年到山东菏泽办高中,创办山东乡村建设研究院,1930年在河南辉县与他人合作创办"河南乡治学院",1931年在山东邹平创办山东乡村建设研究院。通过文化改造救活农村,主张改变农村组织结构,以农促进工业,知识分子下乡为农民而工作,建设农村社区。

会生活单位,为居住于社区内的乡民提供交往场所、便利的生活和地域归属感。他们从建设的角度推动当时中国农村社区研究的发展,尤其是梁漱溟发表的《乡村建设大意》《乡村建设理论》等著作开辟了农村社区建设实验的新风。

20 世纪 40 年代,海归派社会学家把自己的研究限定在特定的农村社区,利用参与观察方法等进行实地研究,从社会组织、文化、制度层面剖析中国农村社会,形成一批有影响的农村社区研究成果,如费孝通的《禄村农田》(1943)、张之毅的《易村手工业》(1943)和《玉村的农业与商业》(1943)、蒋旨昂的《战时的乡村社区整治》(1944)、杨懋春的《一个中国村庄:山东台头》(1945)、田汝康的《芒市边民的摆》(1946)、林耀华和胡良珍的《凉山彝家》(1947)、费孝通的《生育制度》(1947)、《乡土中国》(1947)、《乡土重建》(1948)等。

20 世纪 50—70 年代,因社会学学科被取消,我国大陆农村社区研究成果少,唯独有费孝通于 1957 年对家乡吴江县开弦弓村展开的第二次调查和写成的《重访江村》一文。在该文里,他对当时中央提出的《农业四十条》提出质疑。1957 年 6 月 1 日,《人民日报》正面报道他重访江村的结论:增加农民收入光靠农业增产不行[1]。1979 年,社会学在大陆得以重建,农村社区研究随之重新起步。20 世纪 80 年代来的我国农村社区研究表现为深入农村社区调查、开展乡村建设实验,探索农村发展道路和发展模式。突出成果:一是费孝通等人于 20 世纪 80 年代初对江苏吴江开弦弓村进行的第三次调查,20 世纪 80 年代末他发表《三访江村》,提出在农业经济的新结构中,发展前途最大的是工业;充分肯定苏南农村社区兴办乡镇工业的发展模式,认为这样的农村社区已发展质变,本质上不属农村社区范畴。他的农村社区发展乡村工业的观点在当时引发了学界和政界的激烈争论。二是辛秋水在安徽岳西县进行的农村社区文化扶贫和村委会组合竞选制实验。1980 年,他深入岳西贫困山区调研,向社会披露岳西县头陀区头陀大队人均年收入只有 42 元的贫困状况。1987 年,他又带考察组,用 10 天时间,在岳西县南庄乡调查 73 户农民。这次调查使他认识到扶贫要先从提高人的综合素质入手;促使他拟定《以文扶贫——对一个贫困山区的扶贫综合治理方案》,得到安徽省委领导的批准后,到岳西县莲云乡进行长达 8 年的文化扶

---

[1] 谢言俊:《费孝通和江村经济之路》,《文摘报》,2005 年 4 月 28 日。

贫实验①，获得成功，受到安徽省委肯定，并在全省普及推广②。为了提高村干部的素质和工作积极性，并约束和监督村干部的权力，防止干部腐败，他又提出"文化扶贫,扶贫扶人"的农村社区治理思想。在这个思想指导下，他决定在该乡开展村民委员会"组合竞选制度"的村民自治试验③。同样获得成功。后来，村民委员会"组合竞选制度"得到社会和国家认可，成为我国村民自治制度。辛秋水的"文化扶贫,扶贫扶人"的农村社区治理思想以及文化扶贫和村委会组合竞选制实验，为我国新时期农村社区建设探索出一条成熟的经济建设、文化建设、民主建设协同发展的农村社区发展模式，是我国改革开放时代农村社区研究的重要成果。有学者撰文将他的成就上升到梁漱溟和费孝通同等地位，说："梁先生、费博士和辛教授三人在各自特定的历史时期，以自己高度的社会责任感，敏锐的社会观察力抓住了农村历史前进的主方向，暗示并引导了历史向更高层次发展"④。

三、农村社区概念

农村社区研究为农村社区概念的形成提供了丰富的理论素材。随着农村社区研究的深入和发展，许多学者从不同角度给农村社区下定义。将其综合起来，大体可归六类：第一类强调组织制度的内涵。如美国农村社会学家桑德森认为农村社区是在农村社会中，散居在田场或村镇的农村居民的共同活动中心；是同一社区内居民的交感关系及其各种社区组织制度⑤。第二类突出职业特征的内涵。如赵莉红、罗红刚认为农村社区是由同质性（以种植和养殖为主）农业劳动人口所组成的、有一定地域的相对独立的社会共同体⑥；李守经认为农村社区是

---

① 胡海燕、樊世明在《士当以天下为己任——走近社会学家辛秋水》中说：从1988年起，他在该乡腾云村办起莲云乡第一个文化站，建立一个实用技术培训中心、一个图书室、35个阅报栏等三个科技文化扶贫基地。其效果明显：全乡人均收入从1987年的近200元到1995年底达到900多元。参见《江淮文史》1997年第5期。
② 当时的《文汇报》、《求是》、中央电视台、安徽电视台等媒体对其进行过报道，在全国产生过广泛影响。
③ 胡海燕、樊世明在《士当以天下为己任——走近社会学家辛秋水》中说：1989年1月17日，腾云村采取组合竞选制，全村306户农民中的286户的代表聚于一堂，直选村委领导班子。在组合竞选村委会的同时，实行"决策民主、管理民主、财务公开、政务公开"制度，取得成功。(该文见《江淮文史》1997年第5期）
④ 郭帆：《中国农村社会学发展的新篇章——从梁漱溟、费孝通到辛秋水》，《福建论坛（社科教育版）》,1993年第8期，第35—37页。
⑤ 李守经：《农村社会学》，高等教育出版社2000年版，第132页。
⑥ 赵莉红、罗学刚：《农村社会学》，经济科学出版社1996年版，第153页。

农村社会区域共同体,是以主要从事农业为特征的居民聚集在一定区域内,具有一定社会组织、社会制度、活动中心、认同意识的人群共同体[①];程继隆认为农村社区是以各种农业生产和其他活动为基本特征,由同质性劳动活动人口组成的,社会关系比较简单,人口相对稀疏的区域社会[②];彭大鹏认为农村社区是指以农业生产为主要活动内容而聚集起来的人们生活的共同体,其社会结构简单,封闭程度较高,日常生活通过其特定地域内的社会关系网络进行[③];由张海鹰、唐钧主编的《社会保障词典》将农村社区界定为大多数人从事生产食物、纤维和原料的社区,即以农业生产劳动为主的社区。第三类注重生活共同体的内涵。如夏默等人认为农村社区是相对于传统行政村和现代城市社区而言的,并将农村社区界定为聚居在一定地域范围内的农村居民在农业生产方式基础上所组成的社会生活共同体。农村社区是一个比自然村落、社队村组体制更具有弹性的制度平台。它围绕如何形成新型社会生活共同体而构建,注重通过整合资源,完善服务来提升人们的生活质量和凝聚力和认同感。第四类凸现文化共同体的内涵。马芒将农村社区定义为一定地域范围内,以小城镇为中心地,以自身为腹地,具有一定互动关系和共同文化维系力的人口群体,并进行一定的社会活动的社区类型[④];徐云池将农村社区定义为一定范围区域内的、农民共同生活、学习、工作和栖息的一个有秩序的空间群落,是由有共同地缘的农村文化、习惯、信仰、价值观念、消费习惯、基本生活设施、经济社会生活所构成的地域空间[⑤]。第五类偏重地域共同体的内涵。如徐勇认为传统农村社区是一种文化共同体,但进入现代社会以来,其发生重大变化,随现代国家的建构,外部性因素日益向乡村社会渗透,农村社区不再是自然状态,更是一种国家规划性制度变迁的产物。农村社区已不再是仅靠传统维系的文化共同体,而是具有多样性共同联系的地域共同体;第六类突出建设和管理的内涵。如王霄将社会学、政治学和管理学相结合,将农村社区解释为政府实施的一种新型的农村管理模式,是政府将农村建设和管理社区化的必然产物,其建设和管理方式是建立政府、民间组织、农民对农村公共事物及农村经济发展的"合作管理"关系;建立一种"政府国家与民间社会

---

① 李守经:《农村社会学》,高等教育出版社2000年版,第135页。
② 程继隆:《社会学大词典》,中国人事报出版社1995年版,第598页。
③ 彭大鹏:《关于农村社区建设的若干思考》,农经信息(2012):www.caein.com/index.asp? xAction = xReadNews。
④ 蔡杨等:《农村社区建设:构想与实践》,社会学视野网(2012):www.sociologyol.org/yanjiubankuai/fenleis。
⑤ 徐云池:《农村社区组织行为研究》,《中国统计》,1999年第7期,第22—25页。

的新颖关系",农村社区的建设层次着力点在乡镇、行政村和自然村三个层次①。

可见,农村社区的定义分歧较大,难以统一。怎样给农村社区下定义？我们觉得应考虑如下两个原则:(1)要与学术发展历史保持一致,尊重学术传统。在社会学史上已成定论的公理性概念应得到继承。既然社会学界自创始以来都将社区定义为"生活共同体",应要将农村社区界定为农村生活共同体。(2)须显现农村社区的实践价值。要保证农村社区概念在农村社区管理、建设、运行等现实的具体的实践活动中具有操作性。于此,第一,界定农村社区的含义,须突出其地域含义,将农村生活共同体界定在具体的地理空间;第二,须凸显农村社区与城市社区的区别,农村社区是以农业为根本产业的社区;城市社区是以非农产业为根本产业的社区,故农村社区应成为从事农业生产的社区;第三,将农村社区的界限限定在乡域层面,不要把其界限扩大到县域层面②。

基于如上原则以及社会学界将地域、居民、依赖关系公认为社区的基本元素和将生活共同体视为社区的根本属性,我们将农村社区定义为:在乡镇地域占有特定地理空间的、以农业为根本产业的、由农村居民构成并通过互动方式形成稳定依赖关系的生活共同体。这样界定农村社区,既强调了农村社区的地域性,也突出了农村社区的功能性,还能与国家在农村地区建设社区治理模式的实践要求保持一致,使农村社区概念具有明显的实践性。

四、农村社区的特点

从理论上全面把握农村社区概念,仅认识农村社区的本义不够,还需了解农村社区的其他特性。于此,我们借用麦基文在《社区》一书使用的对比分析法,通过与乡村社会、农村行政区划、城市社区比较,从不同角度认识农村社区特性。

1. 农村社区不同于乡村社会

(1)本质内涵不同。农村社区的本质是农村居民的生活共同体,乡村社会的本质是农村居民建立起来的各种社会关系。学者从满足生活需要的角度定义农村社区;从建立社会关系的角度理解乡村社会。(2)人际关系的表征不同。从人际关系构成看,乡村社会人际关系复杂多样,有异质性;农村社区的人际关

---

① 程继隆:《社会学大词典》,中国人事报出版社1995年版,第598页。
② 将农村社区的界限限定在乡域层面,理由有三:一是农村人习惯将县府所在地称为城,把乡府所在地称为乡。农民一般说去县里称为进城;去乡府称去乡里。二是县城里的职业和社会运行模式都与城市社区没有本质差别;而乡镇治所除几十个乡镇干部做管理工作外,其他居民基本上都做农业,而且乡镇干部的社会行为模式必须与农业生产和乡村生活协调一致。三是我国政府在1963年就规定县政府所在地不属于农村。

系单一,有同质性。(3)人际关系的性质不同。由于农村社区尤其是落后地区的农村社区一般是血缘群体或地缘群体,生活只要不超越社区范围,居民的交往对象是家族或宗族的人,这决定农村社区生活建立在血缘关系或地缘关系上,社区居民有相同文化基因、共同价值观念、同样心理素质、相同情感,故农村社区的人际关系有亲密性。从社会层面看,乡村社会存在农民的人际交往会超出血缘群体和地缘群体范围的现象,与没有血缘或地缘关系的人打交道,不以亲情为标准,只考虑应得利益,只有在某种利益上达成一致,农村居民才参与社区以外的人交往,由此形成利益关系。故乡村社会的人际关系有利益性。

2. 农村社区不同于行政区划

(1)形成方式不同。农村行政区是国家为管理农村社会而划定的管理界限。农村地域较散较广,需将农村地区分成不同层次、不同空间,才能实行有效管理。国家根据经济、历史、文化、地理条件等因素划定农村行政管理区。为节约管理成本、提高管理效率,国家一般将地理条件、经济状况、文化传统、历史背景相同的地方划归为同一行政区。然后,设置管理机构,再根据个人能力和专长,选派管理人员进行管理。故农村行政区是人为划定的,还会据发展需要和国家管理职能转变,进行调整。农村社区是农村居民据生活需要,以家庭居住点为轴心,不断向外界扩大活动范围,直至找到满足生活各方面需要的服务设施为止,而形成的活动区域。所以农村社区是自然形成的,无人刻意划定活动范围。(2)空间规定不同。为便于管理,国家严格、精确划定行政区界。一是方便行政区管理人员明确管理对象和范围;二是方便上级管理机关考核行政区管理效率、追究行政责任,保证农村行政正常开展;三是确定农村地区自然资源所属区域,防止不同区域居民为自然资源的开发利用发生冲突。故国家严格精确规定农村行政区界,农村行政区的边界线清楚明了。农村社区不能规定具体活动范围,否则有限制居民生活活动嫌疑,因为规定某人只能在某个范围活动就是拘禁。这不合理,从法理和情理上说不过去。但农村社区也有相对固定空间范围,因为农村社区居民也是理性人,他们会考虑到生活活动的交通成本和时间成本,会就近选择生活服务网点。站在居民个人的角度看,以家庭为轴心的经常为生活需求往来于服务设施之间而形成的活动范围,是农村社区的空间范围;站在社区角度说,农村社区是以一个服务中心而形成的连接每个农户家庭的生活活动区域。可以说农村社区的边界是模糊的。农村社区只有边际,没有边界。那么是否可以说,农村社区就没有客观因素限制其边际呢?实际不然,如地形、地貌以及当地的交通状况就对农村居民的生活活动空间有明显的限制作用。(3)管理方式不同。农村行政区采取行政管理办法进行管理,而农村社区实行自我服务和互助方式进行治理。

3. 农村社区不同于城市社区

(1)生活主体不同。城市社区的生活主体主要是市民；农村社区的主要生活主体是农民。农民的职业主要是农业；市民的职业主要是非农产业。农民的住所空间形态与市民的住所空间形态不同。前者建在生产区域内。分散农户的居住空间形态为住房建在生产区域中间,房前屋后为耕地；集中农户的居住空间形态为一栋住房挨着一栋住房,沿着河流、交通线路、山坡紧凑地排列,或集中在一块水源充足的平坦地带建房居住,每家离生产场地较远。其住所空间较开阔。而市民密集地住在一栋栋高楼大厦的公寓里或居住在住宅小区里。住所空间较狭小。城乡居民的职业和居住空间形态的差别决定城乡社区公共服务设施布局不同。(2)影响社区的地理因素不同。农村社区是以农业为主业的社区,它较依赖地理空间里的自然因素,受自然生态环境制约明显,不同的地势、地形、地貌、自然资源、气候、生物状况等直接影响农村社区居民的生产和生活。城市社区以第二、第三产业为主业,一般在人控环境进行生产和生活,人文地理要素如交通状况、供排水设施、商场位置、文化娱乐场所、物流设施是否发达和方便,对其居民的生产生活影响更明显。(3)公共设施不同。农民以农为业决定着农村社区的公共服务设施须方便农耕生活,除修建一些满足居民生活需要的公共服务设施如百货商店、邮局、车站、休闲场所外,还需修建粮食加工厂、农资销售商店、农产品收购点、农具修理厂等。又由于农村居民居住密度较小、居住空间较大,农村社区的公共服务设施在数量上比城市社区少。(4)公共服务内涵不同。农村社区没有城市社区那样拥有发达的社会分工,许多社区服务项目没有被社会化,农户家庭担负着更多服务和福利责任。我国农村社区家庭需要承担:第一,老年人服务项目,因为许多农村社区没有敬老院、托老所、老人公寓、老人活动中心、老人婚姻介绍所等；第二,残疾人服务项目。因为许多农村社区没有建立福利企机构、特殊教育机构、残疾儿童看托所、残疾人康复中心等；第三,青少年服务项目。因为农村社区没有青少年宫、校外辅导站、失足青少年帮教组；第四,民俗服务项目。因为农村社区没有婚丧服务设施,红白喜事需要家庭负责,在许多农村社区这项公共服务主要由家族或宗族承担。而这些公共服务项目,在城市社区都有专门的机构承担。(5)互助方式不同。作为生活上互动、互助的社会单元,农村社区与城市社区的互助方式有很大差别。农村社区一般是家庭自助,在家庭无法自助的情况下,以家族或宗族为互助主体；而且在相互提供公共服务过程中,不采取有偿服务方式提供公共服务,采取人情交换方式提供[1],农村社区的熟人性、血缘性、地缘性决定这种互助方式长期存在。正如费孝通在《乡土中国》中所说的,农村社区是无生人的社会及熟人社会;基层社会结构是一根根私人联系构成的网络。城市社区是建立在业缘关系上的社区,市民相互之间要么不认识;要么没有深交,只有利益上的合作,故市民选择公共交换、利益交换方式进行互助。市民遇到什么困难一般求助公共服务机构。公共服务机构将市民的互助行为变为间接的互助关系。

第二节 农村社区演化与分类

弄清社区演化规律和对社区进行分类有利于人们根据社区发展规律和基本情况进行社区建设。建设农村社区、管理农村社区,不仅要研究农村社区的演化规律,也要对农村社区进行科学分类。

一、农村社区的演化

农村社区是人类社会中最早出现的社区形式,是城市社区的母体,农村社会学很重视农村社区的演化问题。许多农村社会学家都在自己的相关专著中讨论农村社区的形成机制。从演化角度看,农村社区是伴随着原始农业的出现而出现的。

1. **农村社区源于原始人的群居生活**

原始人选择群居,理由有三:一是人类从猿进化而来,猩猩、大猩猩、黑猩猩等巨猿天生就是群居动物,猿人自然继承了这种生活方式。二是人类繁育后代的乳育期较长,母子需要他人照顾,她们不会离开成年人,易结成群体。三是人人具有求生本能,人体结构和质能比不过大型食肉动物,只能用群体方式才能在弱肉强食的自然环境里生存,才能保障生命安全。"最初的社区可能是为防御外界天敌的侵犯而形成的。归属的互补意义也促使社区的形成。"[2]

原始人的群居生活很简单。大约几十人在一起生活,往往寻找能提供丰富食物的、又能防御外敌侵袭的地方作为生活的固定处所。他们一般选择密林、山

---

[1] 所谓人情交换就是在家族或宗族甚或在地缘范围内,农村居民在生产生活上,受情面支配的、必须适时回报他人给予的解困帮忙现象。如张甲为张 A 家的红白喜事帮了一回忙,那么,张甲家有了红白喜事张 A 必须自动地去帮忙。

[2] 埃弗里特·M. 罗吉斯、拉伯尔·J. 伯德格:《乡村社会变迁》,浙江人民出版社 1988 年版,第 162 页。

洞、崖洞等地方作为住地，形成原始的巢居群体、洞居群体、崖居群体。原始人群共同劳动，共同享有劳动成果。为了生存，他们不得不进行简单群内分工，一般是小伙子去打猎；女人和较大的孩子去采集食物；老人留在住所照顾小孩、看管火种、制造工具。妇女用手中的骨棒或木棒挖取植物块根、扒鼠洞；她们经常把采集的经验传给孩子们，教他们辨别各种植物的方法。原始人分工劳动，保障了群居生活的延续，促使农村社区的发育。中国古代传说中的有巢氏教民筑屋是原始人定居、形成村落的适变成就。

这种生活群体约存于距今几万年到八千年之间。这段时期，人类只能靠狩猎、捕鱼、采集野果为生。食物只有在一定季节和一定地域找到，为了维生，人类祖先分散居住，迁徙不定，当原来的住处没有食物可采、没有野兽可猎、没有鱼可捕，他们就要迁徙到另一个食物丰富的地方。原始人群的这种因"逐水草而居"、不断迁徙而形成的生活住区是最初的农村社区，被农村社会学家称为泛群社区或游群社区①。根据生产力的发达程度，我们将其称为旧石器时代的流动性农村社区。这个阶段的农村社区，以氏族为单位，以捡来的石头、棍棒为劳动工具，食物得不到保障，生活水平很低。

2．原始农业促使人类祖先定居生活

约1万年前，昔日的渔猎和游牧活动被农业取代，四处奔波的渔民、猎人和牧民逐渐定居下来，并被固定的住所联结在一起，形成村落。将原始人的逐水草而居的游居生活转变为定居生活的主要力量是原始农业。原始农业是原始人用简单工具和方法进行种植粮食作物和饲养动物的生产行为，以动植物的驯化为先决条件。在长期的采集过程中，原始人逐渐认识到野生植物的生长成熟周期规律，进入野生植物收割生活时期。后来开始将这些野生植物移栽于住区附近，培育成粮食作物。驯化植物的种植行为与将捕获的没有吃掉的野生动物进行驯化家养行为，一起建构了原始农业。野生植物收割和原始农业具有定居生产的特点，促使原始人群选择定居生活方式。因为植物是在特定地理环境和固定地区生长成熟的，原始人须在收割植物区生活下来，才能按时收割成熟庄稼，由此形成收割社区。

收割者的聚落一般比采猎者的住区大，是游群社区的进化。原始收割人群能收割庄稼，说明他们已掌握管理作物的技能，知道收割时节和食物加工（如脱粒、去壳、磨粉、烤制）以及去毒方法，甚至出现灌溉的雏形，会筑水坝防止土地干裂。在近东地区，一些原始收割人群的野生小麦和大麦收割面积可达数平方

---

① 李守经：《农村社会学》，高等教育出版社2000年版，第131页。

公里。只不过他们不懂土地备耕和栽培技术而已①。相比之下,原始农业人群已掌握这些技术。且已发明许多从事农业生产和生活需要的简单工具,如点种棒、锄、耙、铲等石制和木制生产工具;研磨、杵臼等粮食加工工具;贮藏谷物、饮料、煮食物的陶器。原始农业生产须定居,因为用来种植作物的土地和饲养家畜的地点是不能迁移的。故可把从游群社区演化而来的、在固定地域从事农作物种植和动物养殖的原始生活群体称为收割社区或农业社区。由于1万年前的石器是简单的初加工石器,属新石器早期时代,原始的畜牧业和刀耕火种的农业还不能满足原始先民的生活需要,原始先民还有迁徙的可能,所以,这个时期的农村社区属于半永久性的村落式的农村社区。这种农村社区早在1万年前的古埃及就有。

3. 定居生活催生农村社区要素

六千年前,人类进入母系氏族公社。在这个时期,人类祖先不仅学会制造精致的石器,且已开始使用金属工具,发明犁,属新石器时代晚期。新石器和金属工具使农业生产日益专门化,加剧人类社会劳动大分工,农业和畜牧业逐渐分离。在农业发展基础上,人类历史上出现真正的人类群体聚落——以农业生产为主的永久性居民点,人类的真正的定居生活从此开始。农业聚落的形成,人类进入具有相对完整性的"农"和"村"的社区生活时代。

这个时期,人类祖先首先建造永久性住房。原始先民吸收巢居和洞居栖居所之长处,发明防侵袭的半洞穴式泥草房、干栏式木房。然后修建圈养家畜的栅栏、贮藏谷物的仓房以及祭祀房等。最后修建集会、娱乐场所。这些生活设施的建设为农村社区的基本形成奠定了物质基础。原始先民在农业生产和居住生活区域,从事农业生产、婚姻生活、社交、原始宗教活动、日常生活、娱乐集会活动,日复一日,创造了族群文化。当这些要素组合起来,形成稳定结构,就意味原始农耕生活共同体的诞生。真正的农村社区,在我国大约出现在距今五六千年前的炎黄时代。据对西安半坡村遗址的考证,整个遗址达五万平方米。当时的氏族村落盖起了半洞穴式的泥草房,有住区,有地窖、灶坑,已广泛从事农业、制陶、纺织等生产活动,有氏族聚会活动场所和男女分葬的集体墓地、各种生活用品等遗迹遗物,是一个氏族共同体的农耕生产生活聚居地。该遗址已具备构成社区的基本要素,是一个典型的原始农村社区。

---

① 游修龄:《农业起源论》,载《中国农业百科全书·农业历史卷》,中国农业出版社1995年版,第246页。

4. 农村社区的发展

农村社区虽不像城市社区那样日新月异,但也在不断发展。这是因为任何一个农村社区都不是与世隔绝的社会单元,总处于与其他社会要素相互联系之中,是人类社会系统网络中的一个网结。农村社区四周的关系要素都在变化,给农村社区的各个组成要素提供能量,促使农村社区发展。促使农村社区变迁的因素主要有产业、交通、国家控制、生活需求等。

一个地方的产业结构发生变化会改变社会的劳动结构和职业结构。不同职业者的生活方式不同,作为生活共同体的社区,必发生适应变化,否则无法为本区居民提供生活便利。从古至今,农村社区的产业一直在变。在农业社会时代,农村社区的产业变化表现为农业内部分化;在工业社会时代,农村社区的产业变化表现为农业、工业、服务业的比重变化。当然这种变化需农村社区做适应性改变。

交通是实现人、物、信息空间位置转换的社会活动,随着工业文明的进步,人类制造出了大量的新型的机械化的交通设施和交通工具,极大地克服地理障碍、缩短人们发生空间位置转移所需要的时间,改变人们的时空观。随着现代交通文明进入农村社区,扩大农村居民的生活生产空间,使农村社区的地理空间范围不断向外扩展。

表面看来,国家控制与农村社区变迁无关,实际不然。国家在农村划定的行政区域,虽不与社区边际重叠,但并不意味国家会放弃对农村社区的管控。恰恰相反,在不同阶级社会形态,甚至在不同朝代,国家对农村实行不同管控。如商周在农村实行里邑制度。里邑是一邑一里;乡邑、县邑为较大居民点,邑中居民按一定编制划分为里。《国语·齐语》云:管子制国,五家为轨,十轨为里;制鄙,三十家为邑。《周礼·地官·遂人》云:五家为邻,五邻为里。秦汉在农村实行乡里制,以五家为伍,以十家为什,百家为里,里之上为乡。魏晋南北朝在农村实行三长制,以五家为一邻,二十五家为一里,百二十五家为一党。隋朝在农村实行里乡二级制,以百家为里,以五百家为乡。唐朝在农村实行邻保制,四家为邻,五家为保,百家为里,五百家为乡。宋朝在农村实行保甲制,十家为一保(甲),五十为一大保,十大保为一都保。到明清时期,朝廷在农村实行里社制度。里代表朝廷官治延伸至村的触角,社代表村中民间组织的形成。元朝实行村社制度,县下设村社和里甲,由蒙军驻村社实行军事统治。明清两朝实行里甲制,十户为一甲,一百一十户为一里。中央朝廷管控农村社区,原因是向农民家庭收取钱财,实现民安国泰。

农村社区居民的生活需求影响农村社区变化。随生产力进步、劳动方式改变、物质生活水平提高,农村社区居民生活需求在变化,一般表现为物质生活满足以后,开始追求精神生活。这时要求农村社区修建图书馆、运动场、电影院、文化娱乐中心、信息通信设施等;要求改善社区环境,要绿化、美化、亮化、序化农村社区环境。农村居民生活需求的变化从质能上改变农村社区。

二、农村社区的分类

社区建设与管理都是具体而微的工作,只有了解不同社区的特性和基本情况,其主体才能有效开展社区建设和管理。故开展农村社区的分类研究很必要。

1. 农村社区的地理类型

按地理位置划分,农村社区分为平原社区、高原社区、山地社区、丘陵社区等。(1)平原社区。这是处于平原地区的农村社区。这类社区,地势平坦,水域较多,农业灌溉方便;人口较多,人口密度较大;农业开发比较早,种植业和农业文化较发达;交通便利,社区公共服务设施较多。(2)高原社区。这是地处高原地区的农村社区。这类社区,日照辐射较强,植被多为草垫和灌木,水域较少,灌溉不便,畜牧业较发达,人口密度不大,人口相对较少,社区流动性较大;社区公共服务难建立。(3)山地社区。这是地处山地地区的农村社区。这类社区,地形复杂,气候多变;植被较丰富,多为乔木,植被随着地势升高而变化,立体生态环境较好、动植物资源较多;水利资源较丰富;适合立体经营和多种经营;人口较少。社区服务设施不多,比较分散。(4)丘陵社区。这是地处丘陵地区的农村社区。这类社区海拔在200米以上500米以下,相对高度一般不超过200米,高低起伏,坡度较缓,地形由连绵不断的低矮山丘组成。居民点建在日照时间充足、水源丰富、背风等地区,丘陵社区居民点样式多种多样。田野面积一般比小,每块田野里的作物不同,粮食、蔬菜、果园和树林混合。丘陵社区水量丰富,是农耕的重要栖息地,也是果树林带丰产地。

2. 农村社区的农经类型

按经济功能分,农村社区分为农业社区、牧业社区、渔业社区、林业社区等。(1)农业社区。这是居民以从事农业生产活动为主要谋生手段的农村社区。这类社区是农村社会最早的社区,种植养殖业较发达,一般以平原、丘陵地区为主要聚落。在农村功能社区体系中,农业社区对国家财政、工业、城市的贡献最大,是粮食供给基地,是农耕文化的发源地,也是家庭手工业的最发达地区。农业社区人口较多,人口密度较大,社区服务设施相对其他功能社区而言要发达些。在传统农业社会,农业社区生产以家庭为主要单位;在现代社会,农业社区的生产单位将转变为企业和家庭并存的形式。(2)牧业社区。这是居民以从事畜牧业生产活动为主要谋生手段的农村社区。这类社区,家庭是畜牧业生产和社会生活的基本单位,牧业社区的经营方式由原来的粗放的自由放牧逐渐过渡到定居放牧、半舍饲畜牧方式和工厂式经营方式。牧业社区人口自然增长与移民数量的增多以及超负荷放牧易造成草场破坏、生态环境恶化。因此,牧业社区要加强生态环境建设。该类社区是畜产品的主要产地。游牧文化是牧业社区的文化根基。(3)渔业社区。这是居民以从事渔业生产活动为主要谋生手段的农村社区。这类社区以水域为生产、生活区域。渔业社区由内陆水域社区和沿海滨海社区组成,其产业结构由水产养殖和捕捞构成。其中滨海社区及其海洋捕捞业为渔业社区的主要区域和产业。世界上一些国家采取近海生态环境保护措施保障海洋捕捞业的持续发展。推动渔民转产转业,当起滩涂、网箱养殖户,在近海区域发展网箱养殖。渔业社区的生产和生活方式与农牧社区差别较大。(4)林业社区。这是居民以从事林业生产活动为主要谋生手段的农村社区。这类社区是为人类提供生态保护和林木产品的社区,林区民众生计高度依赖森林,林业社区经营的林地分为防护林、特种用途林和用材林,只有用材林允许开采。林业社区以林场为单位,林场农民属工人群体。社区人口较少,林业社区一般地处偏僻,居民不集中,社区服务设施较缺乏,林区居民业余文化生活较贫乏,需要加强社区公共服务设施建设。

3. 农村社区的村态类型

按村落形态分,农村社区分为散村社区、集村社区、集镇社区等类型。(1)散村社区。这是以孤立农舍为基础的零星分布的点状村落。其人口聚落程度很低。小型散村一般只有3~5户人家,大型散村上千户人家,范围可达5~7平方公里。散村居民经济文化落后,与外界联系少,封闭性较强,生活艰苦。同一散村的居民同操一业,经济活动单一,社会结构简单。(2)集村社区。这是聚集人口较多,规模较大的村落。就其区位结构看,既有沿路、沿街、沿河建成的线状聚落式集村,又有建筑物采取行列式,有规则朝向布局的块状聚落式集村,也有依山取势自由布置建筑物的集村。集村一般有几十户到几百户人家乃至上千户。由于集村人口较多,村内各户多以杂姓共居为主,人际交往关系较散村复杂,认同意识较散村弱,因而集村社区组织及社会制度较散村健全。同时,由于集村规模较大,村际间距较远,村内多设有商业服务网点、学校以及各种手工业、加工业等。(3)集镇社区。这是以一个集镇为中心与周围若干个村落社区形成的社区。它一般通过商品集散、政治或军事机构的设立和工业发展等途径而形成。集镇是城乡的联结点,是乡村走向城市的过渡形态,是农业人口和非农业人口混合居住的小区。其生活方式趋于城市化,拥有多功能的社会经济实体,在农村社区有突出地位。

4. 农村社区的层次类型

按层次分,农村社区分为乡域社区、行政村社区、自然村社区。其中自然村社区是农村地区的底层社区;乡域社区是农村地区的高层社区;行政村社区介于二者之间,为中间社区。(1)自然村社区。这是处于农村地域的、由族户经过长时间聚居而成的、以农业为主要生产方式的、自然形成的群落居住社区。自然村社区是农村社区的基础部分。在我国,自然村是一个或多个家族聚居的居民点,故多用家族姓氏命名。如谷家坪、刘家屯、高家庄、李家峪、廖家村等诸如此类称呼的村,就是典型的自然村社区。至1998年,中国有535万多个自然村。据专家推算,平均每个自然村社区有160人左右①。自然村社区是农民日常生活和交往以及从事农业生产的单位,不具有社会管理的职能。其规模不一,大者,族户达百余;小者,为单家独户的孤村。表面看来,平原地区的大规模自然村比山地丘陵地区多。实则不然,如湖南怀化通道侗族自治县是典型的山区县,但该县50户以上的大团寨有260个,其中100户以上的大团寨有55个。在许多人眼里,自然村一定比行政村规模小。但实际情况是,我国农村地区的确存在自然村规模大于行政村、自然村包含行政村现象。如通道县独坡乡的骆团侗寨,有530多户,2270多人,31.55平方公里,为便于管理,乡里将其分成新丰村、骆团村两个行政村。不过骆团侗寨无行政管理权,不行使行政管理职权,只有新丰村、骆团村有资格行使此种职权。不过,自然村的规模小于行政村更常见。在我国,通常的做法将自然村作为村民小组,隶属行政村管辖。总的来讲,全国各地的自然村,其经济结构和社会结构较简单,但文化积淀深,乡土情感浓郁,其特性差异明显,且对村民行为的影响直接有效。自然村社区,其建筑结构、村落形态以及村落景观千姿百态,反映我国地理环境和农耕文化的复杂性。(2)行政村社区。这是处于农村地域的、由一个大一些或几个小一些的自然村组成的、以农业为主要生产方式的、具有行政管理职能的村落社区。它是村落社会的轴心,掌管着村落社会的政治资源,拥有辖区资源的处置权。截至2008年,我国大陆有691510个行政村,平均规模250户左右,1000人上下。在我国,行政村是政府便于管理乡村而设定的位于乡镇下边一级的管理机构,是国家按法律规定而设立的农村基层自治机构,是中国行政区划体系中最基层的一级。相对自然村社区而言,行政村社区在满足村民生活和生产需要的基础上,增加满足上级行政部门对辖区村民进行有效管理的需要,具有政治功能。20世纪80年代前,我国行政村社区

---

① 渠梭罗、荣大龙:《五百万个自然村与战争灾难》,apps.hi.baidu.com/share/detail/21119201。

受乡镇政府垂直领导;20世纪90年代后,行政村社区根据全国人大会常委会颁布的《中华人民共和国村民委员会组织法》实行自治。可以说,它既是农村的基层管理单位,又是农村群众自治组织的依托,设有村民委员会或村公所等权力机构,建有党支部,实行自主管理。村民委员会是其最高权力机构,管辖所属村民小组,是民主选举、民主决策、民主管理、民主监督等自治制度的实施者。从新中国成立到现在,中国行政村的政治模式已完成从"村政"到"村治"的转变。行政村社区自主管理范围很宽,包括社区经济、政治、文化、教育、发展规划、社区服务、社区公共物品、社区治安等诸多方面,是当前中国农村社区建设运动的重要主体和具体事务的实施者。(3)乡域社区。这是因国家在农村地域设置基层政权而形成的、以农业为主导产业的、由若干行政村组成的乡政社区。它是农村社区的外层,一头连着城市社区,一头连着村落社区,在农村乃至整个国家发展中发挥基础作用。乡域社区的政府机关,有的地方叫乡;有的地方称镇[①];在内蒙古自治区叫做苏木[②]。据国家民政部提供的数据,我国农村地区现有10个区公所、19369个镇、14119个乡、98个苏木、1088个民族乡、1个民族苏木,共计34685个乡级政权机构[③]。它们拥有完整的行政地域、适度的人口规模、有序的管理层级、合理的机构设置、科学的职能定、规范的组织制度、固定的政权名称。乡域社区的治理方式与行政村社区不同,实行行政管理体制,被称为"乡政",与村落社区的"村治"形成鲜明对比。虽然乡域社区的政治和管理功能十分突出,但它也是农村社区体系中的综合性社会区域。乡级社区设有党委、人大主席团、政府等领导机关,负责乡域各项事务,促进乡村社会、经济、政治、文化、生态等各项事业的协调发展。行政村社区和乡域社区都是人为规定的,主要是依据行政管理需要而设置,属法定性社区。其边界根据管理需要而定,但在很多情况下,

---

[①] 镇政府与乡政府是同级别的基层政府,但在总人口、非农人口、街区规模和其他经济社会指标等方面有一定差别。大致来说,镇的总人口规模比乡大,人口较多,非农人口比率较高,工商业较发达。据民政部规定,县级地方国家机关所在地均可设镇;总人口在2万人以下的乡,乡政府驻地非农业人口超过2000人的,可建镇;总人口在2万人以上的乡,乡政府驻地非农业人口占全乡人口10%以上的,可建镇;少数民族地区、人口稀少的边远地区、山区和小型工矿区、小港口、风景旅游、边境口岸等地,非农业人口虽不足2000人,确有必要,可设镇。乡、镇虽都是我国农村现行体制下的行政区划单位,但镇除有乡的基本特征外,它更是一个经济区域内工商业的中心,商品生产的集散地和商品交换的场所,是政治、经济、文化的中心区。

[②] 苏木是蒙古语sumon,其含义为高于村级的行政区划单位。在我国内蒙古自治区的牧业地区设置苏木,与汉族地区的乡政府同级。

[③] 笔者根据中华人民共和国民政部编的《中华人民共和国行政区划简册(2007年版)》(中国地图出版社,2007年5月)提供的相关数据计算出来。

又以自然性社区为基础。这样就出现自然性社区与法定性社区相重合的现象。法定性社区与自然村社区的区别是,社区内是否设有相对规范的行政管理机构。法定社区是党和政府推进社会经济发展和实施社会管理的基本单位,尤其行政村社区是国家进行社区建设的可操作单元。

5. 农村社区的形成类型

早在1929年,杨开道①的《农村社会学》探讨过农村社区是如何形成的问题。他认为农村社区有三种形成途径:一是因自然起源而成,由一个农业家庭因人口增加,演化成一个单姓村落,自然而然地形成一个农村社区。二是因社会组合而成,若干农业家庭因迁移等原因汇集于一特定地理空间,一起从事生产和生活,并相互交往形成一个农村社区。三是因农村建设而成,这是因有意识有组织的群体运动,汇集于一个地理空间,用人为的力量建设起一个农村社区。因此从形成机制分,可将农村社区分成自然社区、组合社区、移建社区等三种类型。

(1)农村自然社区。

这是处于农村地域的、伴随单一宗族繁衍壮大而自然形成的、以农业为主导产业的、以血缘关系为纽带的村落社区。自然社区是典型的血缘共同体,属单姓社群。在农村地域,每个单姓社群在长期的共同生活中其成员逐渐增多,其族群先辈一代代地在自己生产生活的地理空间里建造公共设施、创制族群文化,使社区要素丰富,并结构化,形成自然社区。这类社区有天然边界,常以河流、湖泊、空地、山林等自然要素为标志。其凝聚力和村社认同感较强,其内生惯例和制度把族群成员紧密联结在一起。就社会关系而言,自然社区是一个场域,在共同的内生机制和生存条件基础上,社区居民形成他们作为个人以及团体成员的认知和选择,追求集体利益,通过共享规则和目标界定自己的特定角色,进行互动。自然社区的组织基础是由父系或母系纽带连接的继嗣群体,社区的社会结构由

---

① 杨开道(1899—1981),湖南新化人,1920年2月入沪江大学预科部学习,9月入南京高等师范农科,1924年8月赴美留学,先后在爱荷华农工学院和密歇根农业大学学习农村社会学,于1925年和1927年获得硕士和博士学位。1927年回国,先后任大夏大学、复旦大学、中央大学农学院社会学教授、燕京大学社会学教授兼系主任、法学院院长。1928年组织燕大社会学系学生到清河镇调查,于1930年在清河镇建立实验区,组织发起成立中国社会学社。新中国成立后历任武汉大学农学院院长、华中农学院筹委会主任和院长。1979年被聘为中国社会学研究会顾问。他长期致力于农村社会学研究和教学,主张农村社会学的理论研究和实地调查相结合,提倡用科学方法研究中国农村,使专家服务于农民,农民依靠专家,达到改良农村组织、增进农人生活的目的。主要著作有:《农村社会学》(1929)、《社会研究法》(1930)、《新village建设》(1930)、《社会学研究法》(1930)、《社会学大纲》(1931)、《农场管理学》(1933)、《农场管理》(1933)、《农业教育》(1934)、《农村问题》(1937)、《中国乡约制度》(1937)、《农村社会》(1948)等。——根据百度百科提供的杨开道词条整理。

血缘原则建构起来。在传统社会,社区权力掌握在德高望重的受制于村规和集体约束力的族长手里;在现代社会,社区权力掌握在族群精英手里。这类社区在形成过程中,没有受到外部因素的干扰,从形成过程看,自然社区实际上是宗族社区。林耀华不仅在《义序的宗族研究》中说,"宗族乡村乃乡村的一种",而且在《从人类学的观点考察中国宗族乡村》中讲,"义序一方面全体人民共同聚居在一个地域上,一方面全体人民都从一个祖先传衍下来,所以可称为宗族乡村"[1]。看来自然社区的宗族性已为前辈认可。

(2)农村组合社区。

这是若干农业家庭因躲避天灾人祸,迁移汇集于一特定农村地域、并在长期的农业生产和农耕生活以及相互交往过程中逐渐形成的以地缘为纽带的村落社区。农村的组合社区是典型的地缘共同体,属多姓社群。此类社区,不存在相沿成习的、首尾相从的宗族文化。组合社区的每个家庭要对原属文化进行时间上的切割,按新生活要求对各自的文化基因进行必要调整和重组,结合成新的生活共同体,并建成必要的生产和生活设施。对每个家庭而言,不是选择习性而是选择理性。他们要么同舟共济,共同创造一套为大家共享的社区文化和运行机制;要么采用开放心态,接受其他家庭的行动、观念和习惯。对组合社区而言,文化调适比结构塑形重要。它须在运行中增强自己的调适功能,使每个成员度过情绪的危机期、加强社区居民的人际联系,形成文化共鸣,塑造成员的社会性,才能增强社区的凝聚力和满足居民生产生活需要。组合社区,因其成员的异质性较强,在文化形态上呈现出复杂性、多样性和开放性;但地理环境的唯一性使社区的生产活动差异性不大。组合社区的家庭来自五湖四海,直接产生两种积极意义:造成社区成员的体质基因差别,为提高近地婚姻的优生质量提供了生物学保障;造成社区权力与宗族的分离,为社区实施现代民主政治提供了群众基础。相对而言,组合社区出现时间比自然社区晚。

(3)农村移建社区。

这是处于农村地域的、以农业为主导产业的、为满足建设需要将施建区域内的所有农村家庭搬迁并择地安置而形成的村落社区。就当代中国情况而言,移民搬迁的原因比较复杂,有的是为了当地乡村脱贫致富;有的是为了改善当地生态环境;有的是为了兴建大型水利工程;有的是为了避免地质灾害,等等。移建社区的居民是典型的外来群体,他们是在政府动员下才来到新居社区。不仅遇

---

[1] 林耀华:《从人类学的观点考察中国宗族乡村》,《社会学界(9)》,燕京大学人类学部1963年版,第128页。

到各种搬迁风险和损失,而且新据点百业待兴。所以,移民社区的建设工作远比自然社区和组合社区急迫。政府搬迁农村社区的原则是"以土为本,以农为本",将移建社区安置在主要道路、城镇或产业集聚区边缘地带,且须避开地震活动断层分布带和可能发生洪涝灾害、地质灾害的地理位置。政府在移民入住前在新居社区按规划设计修建标准住房和居住区,以及公共设施。移建社区须注重如下内容的建设:消除社区居民生活、生存、生产习惯和方式转变所带来的心理困惑;培养社区居民的社会心理承受能力[1];重建社区和社会支持网络[2];加速社区嵌入当地社会结构的步伐[3];建构新的生产和生活体系以及社区文化;增加移民发展经济的机会和提高移民开拓新业的能力[4]等。农村移建社区在形成时期上晚于自然社区和组合社区。

第三节 农村社区的构成与功能

不管哪个角度的农村社区概念,也不管哪个标准的农村社区类型,任何农村社区都有自己的特殊结构和功能。

一、农村社区的实体要素

农村社区不能缺少的基本要素是地理空间、社区主体、社区经济、社区文化。因为没有它们,现实的农村社区就不存在,其他要素将失去存在基础。农村社区

---

[1] 移民所处的自然环境、人文环境、生存状态会发生深刻变化,使他们不得不面临背井离乡、难以融入当地主流文化、亲情断裂、水土不服、社交困难、封闭孤独、经济压力大、新建生产体系、改变生活秩序和习惯等实际困难以及生活困扰,容易产生情绪问题甚至心理疾病,如:悲观失望、忧郁症、躁郁症、精神分裂症、人格障碍等。因而,需要政府关注他们的社会心理问题,提高他们的安全感和生活信心,培养他们的社会心理承受能力。

[2] 对移民来说,以血缘、地缘、业缘等为基础,由亲戚、朋友、同事等各种复杂的关系构建起来的原有社会支持网络,难以继续为其提供经济帮助和情感交流;生产习惯和方式发生改变,对新的生产环境的不适应,自助能力比较低,可能会导致生产劳动方面的困难。因而,需要社会为他们建立新社会支持网络。迁入地政府尤其是基层移民办、基层移民安置工作者要尽可能想方设法广开致富门路,组织生产技术扶助,构建移民社会保障、社区服务、社区援助体系。对经济困难移民户的毕业生就学和升学提供补助。

[3] 这类工作包括开展社区融合活动,通过举办社区活动促进移民与当地人了解、交流和合作,使其进行良性互动,改善社会关系,减少摩擦,帮助移民创造更好的治安环境和人际环境,加强移民对安置区的归属感,鼓励移民与当地居民通婚,增加移民融入当地社会的机会。

[4] 这类工作包括为移民开展农业科技培训、邀请专家现场指导和聘请农民科技人员辅导移民农业生产、扶持推广优良品种、开展就业技能培训、提供生产方面的优惠政策、开展项目扶持、帮助移民提高生产技能、恢复和重建经济生活。

靠这四大要素支撑,它们也是农村社区的基柱要素①。农村社区的其他要素都是在它们基础上不断形成的。农村社区建设首先要建设这四大基柱要素;农村社区管理首先要管好这四大基柱要素。

1. 地理空间

地理空间是农村社区的地域要素。地理空间是与人类社会所处的地理位置相联系的由气候、地形、河流和水域、耕地、山林、草地、空地、地下矿藏等自然要素构成的人类活动区域。任何具体的农村社区都必然占据一定的地理空间。地理空间是现实的农村社区存在和发展的基本物质条件。一定的人群须在一定的地理空间才能进行物质生产和社会生活,故由农村居民形成的农村社区是存在于具体地理空间的。就功能而言,农村社区的自然地理空间对社区有直接影响:承载和容纳一定数量的社区人口;影响社区居民的体质和心理素质以及身体健康;影响社区人口的流动和迁移;为社区居民提供活动场所和农村社区经济提供生产资料;影响农村社区产业结构和社区经济发展速度。

农村社区的自然地理空间是一个生态系统,如果各种因素之间保持正常的能量交换和物质循环,这一系统中的生物及其相关因素就能正常存在和发展;如果生态系统受到干扰,自然生态平衡遭到破坏,会影响生态系统中各种因素间的能量交换和物质循环的正常运行,必致严重后果,受自然界的惩罚。同时,农村社区的自然地理空间也是一个承载力有限的系统。就地表资源而言,若开发程度超过其再生速度,则就会枯竭,再也无法恢复供养其居民生存的能力。

由于自然地理空间是自然界运动的结果,任何社会主体是无法按自己的意志彻底改变的,故农村社区居民只能适应和选择所处的自然地理空间。

2. 社区主体

一个社区须有一定人口。人口指居住在一定地域内或一个集体内的人的总数。人口要素是农村社区生活的主体要件,也是首要条件。各种农村社会活动和生活都是由农村人口完成的。没有一定量的农村人口就不可能形成农村生活共同体。农村人口也是农村社区成员构成的必要条件。如果农村人口达到一定的数量、质量、密度等指标要求,且在文化、年龄、性别、职业等方面形成良好的互补关系,就能形成对社区运行和发展产生支撑作用的人口结构。按是否从业分,农村社区人口有从事生产劳动并取得劳动报酬或经营收入的从业人口;不从事生产劳动而受生产劳动人口供养的受养人口;按年龄分,农村社区群体分为少儿

---

① 农村社区的基本要素指最早出现并永远存在的且对农村社区的运行与发展起着决定性的支撑作用,在农村社区结构中处于基础地位的那些关键要素。

人口、成年人口、老年人口;按受教育程度分,农村社区人口可分为文盲人口、小学文化人口、初中文化人口、高中文化人口、中专文化人口、大学文化人口。

不仅如此,在社区运转过程中,农村人口按一定的社会制度和社会关系组合起来,形成各种社会群体,发挥出超过个人能力的社会作用。农村社区的群体有不同种类。按从事的职业分,农村社区群体有专门从事农业生产的农业群体;专门从事非农生产的非农群体。按成员出生归属分,农村社区群体有以婚姻关系为基础、以血缘关系为纽带而形成的家庭群体;以血缘关系为基础的由同一血统的几辈人组成的家族群体;由同姓九族中的直系血亲、旁系血亲及其妻子们组成的宗族群体;由共同语言、共同地域、共同经济生活、共同文化、共同心理素质等社会特征规范界定的民族群体;还有以居住地为纽带、各个家庭在同一地域上靠近的邻里群体。按从事的产业分,农村社区群体分为从事农业生产的农业经济组织(群体);从事工业生产的乡村工业经济组织(群体);从事商业、服务业等产业的乡村三产经济组织(群体)。按政治权力分,农村社区群体有贯彻上级党委指示和管理乡域党务的乡镇党委;管理乡域政务的乡镇政府;在行政村开展党务工作的村党组织;进行自我管理、自我教育、自我服务的村委会。此外,还有介于农村社会的权力组织与家庭之间的对农村社会活动产生影响的民间组织,如农民专业合作组织、农村合作社、农村各行业协会、农村各社团等,它们围绕农村经济、社会事业开展工作。

农村社区主体具有人口分布不均、老龄化严重等自然特征和人口严重过剩、人口日益减少、文化素质较低、从业结构在向有利于农村社会发展方向转化等社会特征。农村社区主体的数量、结构、素质、分布、流动、迁移等规定性,对农村社区的资源分配、劳动力结构、生产力水平以及社区持续发展有直接影响。

3. 社区经济

社区经济是社区居民为了生存和生活,利用社区地理条件和劳动工具从事生产劳动,获得物质生活资料的活动。经济活动是人类的有组织的、有目的的生产活动,是决定社区存亡的基础活动,是给社区居民提供衣食住行用等基本生活保障的根本活动,是社区一切其他活动得以持续开展和社区持续运行的前提条件。因而,经济活动是社区不可或缺的要素。

社区经济本是一个综合的和动态的概念,包含丰富多样的产业类型,其内涵会随着社会发展发生变化,但农村社区是以农业为主导产业的社区,发展农业经济是人类社会赋予农村社区的神圣义务,是社会分工的必然结果。社会系统或一个国家在衣食数量安全的前提下才容忍个别或少数农村社区发展非农经济,但绝不会准许所有农村社区都去从事非农产业,否则城市社区和非农人口甚至整个人类社会将失去衣食来源,会使整个人类社会崩溃。因而,国家对农村社区发展非农产业需要进行科学规划和有效调控,为保障衣食供给和生态产品供给,在留足粮食生产、棉花蚕丝生产、生态产品生产面积的前提下,才允许农业资源禀赋不足的农村社区发展非农经济;在保证和落实衣食产品和生态产品的前提下,才鼓励农村地区的农业社区发展满足社区居民生活和农业生产需要的服务业。

农村社区发展农业经济,从种类上讲,包括四大类,即种植业、林果业、畜牧饲养业、水产业。种植业又称作物栽培业,是利用植物的生理机能,通过人工培育而获得物质生活资料和生产资料的产业,为人类提供粮食、蔬菜、饲料、绿肥、食用菌以及经济作物产品。林果业是利用植物的生理机能,通过人工培育和保护而获得林果产品,保护和改善自然生态环境的产业,为人类提供木材、药材、水果、香料以及经济林和防护林产品。畜牧饲养业是利用动物的生理机能,通过人工饲养和繁殖而获得肉、蛋、奶、皮、毛产品的产业。水产业是利用水资源,通过捕捞和养殖鱼类和其他水生动物以及藻类等水生植物而获得水产品的产业。但具体到某个农村社区,到底适合发展哪种农业经济,要根据其所处地理环境和农业资源禀赋来决定。从活动过程来讲,每种农业经济都包括生产、交换、分配、消费过程。因而在农村社区,除发展农业生产外,还要建立农产品交易场所、仓储、运输、信息等物流系统和从事分配与消费获得的服务系统。从产业链条讲,需要围绕农业生产环节,发展上游环节,如农技服务、农业生产资料供应等;发展下游产业,如农产品加工、贸易等,不断拓展农业经济产业链条,增加农业收入。

农村社区经济活动有如下特点:第一,经营主体朝多样化趋势发展。在自然经济时代,农村社区经济的主体是农户家庭;在产品经济时代,其经营主体是生产队;在商品经济和市场经济时代,其经营主体不仅有农户还有企业。第二,经营活动的地域性和差异性。不同地理纬度和地形里的农村社区所开展的经济活动以及产业结构都不同,生产的产品在品种和品质上有明显差异。第三,农业经济出现分化,"自耕自有、自成体系"的"小而全"的小农经济在市场经济模式推动下,在向规模经济、商品经济方向转化,农业经济出现专业分工,农村社区出现许多专业户,为社区农业经济走上"一村一品"特色经济道路打下主体基础。

4. 社区文化

文化是社会主体创造出来的满足自身生存与发展需要的各种支持系统。文化是农村社区不可缺少的要素,因为没有文化,社区成员难以沟通、共同生活,难以从事生产,也就难形成严格意义上的社区。由于农村社区以农业为主导产业,社区居民过着农业生活方式,所以,农村社区的主流文化应是农业文化。

农村社区的文化元素相互影响,形成共生关系,并最终形成文化结构。农村社区文化结构的内层是文化丛,这是围绕一种核心文化元素形成的、功能上相互整合的一组文化元素的有机结合。其外层是文化模式,这是由多个文化丛的结合而形成的文化结构,是相互关联的各种文化成分独特的配合形成的一种新的实体。由于不同农村社区的形成过程、历史传统、地理条件、发展水平等有较大差异,在此基础上产生、形成的农村社区文化结构也各具特色。中国农村流传的俗话"十里不同俗",是说相距很近的不同农村社区也各有自己的文化特色。

农村社区文化不仅塑造农村居民,而且是农村居民尤其是农民群体认识和改造自然的工具,是农民从事农业生产的物质和精神手段,是广大农民群众掌握、控制、调整世界的方式,也是农村社区居民赖以生存和发展的公共资源。不仅如此,农村社区文化更是农村社区运行的复合条件。故农村社区建设须加强文化建设。为此,首先科学地、客观地评估社区文化,分清其糟粕和精华,认清其价值;其次,处理好物质文化、精神文化、行为文化、规制文化之间的关系,保证四类文化得到协调发展;再次,处理好文化传承与文化创新的关系,通过文化产业化使文化传承与文化创新得到有效结合;最后,将社区文化资源化、商品化,开发社区文化的经济价值,使文化成为农村社区发展的新资源和经济发展的新空间。

除地理空间、社区主体、社区经济、社区文化等四大基柱要素外,农村社区不断出现的要素有生产生活设施、社区服务、社区保障、社区治安、社区教育等。它们是由基柱要素相互影响、相互作用在农村社区发展中不断形成的,可将它们称为衍生要素。但它们也是现代农村社区必不可少的要素,像基柱要素一样,在农村社区结构中发挥特殊功能。

二、农村社区的特殊功能

从理论角度看,任何共同体都有特殊功能。不能发挥功能的共同体必将消亡。每个农村地域的各种要素在运行中相互作用,相辅相成,结成农村社区,形成满足农村居民需要的生活共同体。农村社区之所以产生、之所以长期存在并得到发展,原因就在于他们不仅具有满足自身生存与发展需要的自我功能,且具有满足外部世界和其他各种社会共同体生存与发展需要的社会功能。

1. 农村社区的自我功能

不断发挥自我功能是农村社区生存与发展的自我保障措施。归纳起来,农村社区的自我功能体现在如下四方面:

(1)承担农村居民社会化的功能。个人社会化是在人与社会的相互作用中,生物意义上的人转变为社会意义上的人并不断适应社会、创造新文化的过程。农村社区是农村居民获得社会化的摇篮,它通过社区教育、家庭教育、成员互动、社区管理、提供就业机会等途径促进其个性形成和发展;培养社区成员的生活技能;接受社区文化;提高社区成员对社会生活、组织关系和运行过程的认识;从社会的角度培养社区成员的价值取向和人间友情及归属感;熟悉社区生活方式、行为方式;掌握劳动技能并在劳动中创新社区文化,将每个社区成员变成社会人。

(2)适应环境的功能。任何一个农村社区,作为一个地域单位,都处在整个地理环境之中,须融入和适应周围的地理环境,才能从周围地理环境中获得生存与发展需要的自然资源。任何一个农村社区,作为一个生活共同体和具体而微的社会单位,都处在整个社会环境中,须融入和适应周边的社会环境,才能从周边的社会环境中获得生存与发展需要的社会资源。农村社区通过建立与周围自然环境相兼容的生产劳动体系,从周围自然环境中获得生活资料和生存与发展资源。农村社区通过建立与外部社会环境相兼容的各种互动关系,与外界进行资源交换,从外部社会环境中获得生活资料和生存与发展资源。

(3)实现目标的功能。农村社区是在农村地区占有特定地理空间、由农村居民构成并通过互动方式形成稳定依赖关系的生活共同体。不断地持续地满足社区居民的生活需要是农村社区的根本目标。由于人的需要是多方面的,就物质生活需要而言,至少包括衣、食、住、行、用、健康、生态等需要;就精神生活需要而言,至少包括休闲、娱乐、安全、情感、归属、尊重、求知、成就、自我实现等需要。因而,农村社区的根本目标须分解成生产发展或者经济目标、生态建设目标、物质和精神生活设施建设目标、社区服务目标、社区教育目标、社区秩序建设目标等。农村社区的各种组织和群体以及骨干成员在社区运行机制的作用下,立足社区条件,利用各种资源,动员社会资本和各方力量,开展社区建设,实现社区各项具体目标,最终将本社区建设成为居民安居乐业的幸福家园。

(4)整合成员的功能。农村社区具有许多潜质禀赋将社区成员整合为一个生活共同体:第一,农村社区内生的风俗习惯、地缘关系、亲缘关系、血缘关系具有消减社区居民分歧和冲突的特殊功效;第二,农村社区组织通过感情、思想、观点、信息的交流,统一社区居民的认识;第三,农村社区组织通过制订乡规民约和利用国家法律规范社区居民的行为;第四,农村社区管理者通过贯彻村民自治制度,组织社区居民共同决定社区事务、计划、行动策略,统一社区居民的行动方向、方式和步调;第五,农村社区管理者通过开展互助互惠活动,增加社区凝聚力。这些途径,一方面使社区成员的活动由无序状态变为有序状态,另一方面,又可以把分散的个体整合为一个新的强大的集体,把有限的个体力量变为强大的集体合力,使社区达到有序化、统一化、整体化。

(5)维持秩序和保持安定的功能。社区秩序可减少社区居民活动成本,让社区居民有信心预见自己行为的结果,增加居民的社区信赖感、安全感和归属感。

农村社区内生的习惯、民风、风俗、禁忌、习惯法、村规民约等非正式制度文化与居民生活贴近的准法规和"地方性知识",在很大程度上维持农村社区的自然秩序、和谐运转与稳定。马林诺夫斯基认为,习惯、民风和风俗可形成一个连续体,"'习惯'是个日用而不知的沿袭的规则,到'民风'时,便具有规范的性质","一旦变成'风俗',便有相当明确的规范"[1],能够约束社区成员的恶行。禁忌是一种靠世俗权威或人们内心确信的超自然力的报复性惩罚维持和保证遵守的禁止性的规范,调整社区成员的行为,限制其行为选择和行为范围,促使其产生内聚与认同;产生祈求生活平安、吉祥、幸福的愿望;产生为人谦和的社交态度。习惯法是农村社区居民在生产和生活中根据事实、经验和传统习惯而形成的共同遵守,并由社区正式组织或非正式组织保证强制实施的行为规范,调整社区成员的群体行为,是农村社区独有的社会控制方式。村规民约是经过村民大会或村民代表大会讨论通过,对全体社区居民有约束力的行为规范的总称,既吸收国家法的精神,又将其与当地风俗习惯结合,以制度形式为村民参与公共事务和行使民主权利提供制度保证和组织渠道,是解决农村社区治安问题的有效方法。[2] 农村社区的这些非正式制度文化能约束破坏社区秩序的行为,是农村社区维持自身秩序和安定的工具,对农村社区自我管理、自我约束发挥重要作用。

在市场环境里,农民的跨区流动越来越频繁,农村社区对外资的引入和外来流动人口的吸纳在加强,农村社区正经历从"敬礼俗,重情义"的熟人社区转变为生人社区的过程。在该过程中,原本建立在熟悉、情感和信任基础上的规范与习惯失去滋养它们的土壤,农村社区秩序面临挑战。越来越多的农村社区在通过建立现代化的社会信任体系和社区教育体系、引进国家法律、树立社会公德来建设并维持适应市场经济的社区新秩序。其中建立社区信任体系是核心问题,实施社区教育、引进国家法律机制、树立社会公德、修建社区互动空间是建立社区信任体系的手段。信任是建立在对另一方意图和行为的正向估计基础之上的不设防心态。培养农村社区居民的这种心态,办法有:第一,通过建立守信得利、

---

[1] 〔英〕马林诺夫斯基:《原始社会的犯罪与习俗》,云南人民出版社2002年版,第113页。
[2] 覃主元:《布努瑶民间法及其和谐社区秩序的构筑——以广西都安瑶族自治县下坳乡加文村为例》,《民族研究》,2007年第3期,第42—53页。

失信受损的信任机制,为社区居民提供讲信任的社区环境。第二,通过建立社区成员角色约束机制,增加社区居民的角色责任感,并制定各种法律、政策、规章、规则,把社区成员的角色互动安排在相互依赖、相互监督的社会结构中;建立社区法律援助中心,为社区居民维权提供法律援助;组建社区居民纠纷调解机构,调解矛盾、定争止纷;成立社区警务室,开展治安巡防、及时查办案件、杜绝刑事案件发生,维护社区治安秩序。第三,培育社区居民讲究信任的社会公德,签订诚信公约,利用舆论工具和宣传手段谴责批评失信行为,利用激励机制引导社区居民守信。第四,开办社区学院,将诚信素质和契约精神教育作为重要课程对社区居民宣讲,在社区居民心理树立内生性诚信规范和准则、培育契约精神,尊重契约关系。第五,建设社区居民互动空间,修建的社区小公园、社区小广场、社区文化活动中心等公用场所,为社区居民交往、联络情感、协商议事提供互动空间,利于社区生人变熟人,使社区居民在互动中提升信任度、责任感和集体观。这些措施对农村社区建立植入式社区秩序、维护社区安定,也起着重要作用。

2. 农村社区的社会功能

相对整个国家或社会而言,每个农村社区是社会系统的一个构成部分、构成要素,须发挥外在的社会功能,满足城市社区、其他农村社区乃至整个国家和社会发展的需要,才能得到社会的认可并从外部获得利于自身发展的资源。与城市社区比较,农村社区具有如下不可替代的特殊社会功能。

(1)保障食物供给。食物是人类最基本的需求,是维持人类生命、高于一切的需求以及最基本的生存保障。只有食物才有可能使人继续存活,缺乏食物意味着痛苦、灾难、疾病和死亡。农村社区通过发展农业生产和农业经济为整个社会提供食物保障。从这个角度看,农村社区的社会价值是最重要的。纵观人类历史,农村社区的食物供给能力越来越强,养活的人口越来越多。公元前5000年左右,世界人口约为2000万人;公元元年达到2.3亿;20世纪中期达到24.86亿。农村社区基本上保证日益增长的人类对食物的需求[①]。

(2)营造乡村景观。乡村景观是以山川、河流、植被等自然地理要素和分散的农舍与提供生产和生活服务功能的村庄、集镇等人文聚落要素为主要构件的,具有田园特征的景观区域。农村社区通过农业生产营造乡村景观。一通过一年四季的农业生产塑造活生生的劳动场景,如耕地田园生长的庄稼禾苗、果树花开

---

① 1996年世界食物大会(WFS)签署《世界食物安全罗马宣言和行动计划》(Rome Declaration on World Security and Plan of Action)将食物安全定义为:"任何人在任何时候都能得到食物,并且在数量、质量和种类上都保证充分营养,在既定的文化中能被接受。"

花落和硕果累累构成一幕幕的美景。二通过不断地修缮扩建住房、畜圈禽舍、校舍、祠堂、商店、圩场等形成乡村聚落景观。三通过传承祖辈创造的风俗习惯、民间节庆、山歌小调、地方戏剧,保护历史遗迹、宗教活动、民间手工艺,使乡土文化代代相传。四通过植树造林、封山育林、修整塘坝堤岸等活动,以及崇拜山、河、土地、树等自然物,保护社区地形地貌、植被和群落状态、水体形态。正是农村社区对乡村景观的营造和保护,使乡村景观类型多、稳定性和空间透视性强,无视觉污染、醒目程度高、可视面广、境域层次明显、静动象形逼真。农村社区不仅为农村居民提供食物和居住地,而且为市民提供丰富的观光游憩资源和旅游休闲的乐园。

(3) 为发展工业积累建设资金。世界只有少数国家是靠发展农业进入现代化行列的,大多数国家通过工业化运动成为现代化国家。一个国家从农业社会进入工业化社会,要大力发展工业。工业相对农业来说是资金密集型产业,需要大量资金投入。如果在发展工业的初级阶段没有外部资金支持,工业不可能发展起来。发展工业的原始资金只有靠农业。中国的农村社区通过发展农业生产和农业经济为工业经济提供大量建设资金。据官方统计,从20世纪50年代到1978年,我国农业部门为国家工业化提供的资金为6058亿元[①]。其中农村社区的贡献最大。

(4) 为轻工业的发展提供了丰富的原材料。农村社区为服装工业提供棉花、蚕丝、麻、兽皮、树皮;为食品工业提供生产饼干、酒的各种粮食、提供生产软饮料和果脯的水果;为糖业提供甜菜、甘蔗、粮食;为医药工业提供药材;为造纸工业提供植物原材料;为橡皮工业提供胶汁;为家具业和建筑业提供木材。总之,没有农村社区提供的原材料,轻工业难以发展起来。

(5) 为工业发展提供劳动力。工业生产未实现机械化以前,需要大量的劳动力,实现机械化以后,劳动力需要才有所减少。一个国家在工业化初期需要大量的工人,他们也只能从农民群体中转移过来。农村社区是国家发展工业和国民经济其他部门劳动力的主要来源。工业和国民经济其他部门的发展,需要不断地增加新的劳动力,农村社区通过不断地提高农业劳动效率,产生剩余劳动力,满足城市社区工业生产和其他行业对劳动力的需求。

(6) 为国家提供财源。在农业社会,其他产业未充分发展,农业是国民经济重要部门,农村社区是国家财政收入的主要贡献者。就我国而言,新中国从农村

---

① 不过杜润生(2005)对6000多亿元的计算持怀疑态度,说算低了,因而、当时市场定得较低,算来恐怕有1万多亿元。

社区获得财政收入的途径主要有收取征购粮、征收各种农业税①和实行工农业价格剪刀差政策②。仅从工农业产品价格剪刀差一项来说,"国家从1949年至1978年,在农产品价格剪刀差形成内隐蔽的农民总贡献在6000亿元以上"③。

除如上功能外,随着社会工业化、城市化步伐的加快,农村社区发挥的改善自然生态环境、保障空气碳氧平衡、传承农业文化等功能也将得到社会认可。鉴于农村社区在社会系统中产生的特殊社会价值,全社会应大力支持农村社区建设。

复习思考题

1. 你从农村社区研究发展过程得到什么启发?
2. 分析农村社区以乡镇地域为地理界限的合理性?
3. 如何认识农村社区的特性?
4. 农业生产和定居生活在农村社区形成中起什么作用?
5. 用不同划分依据对农村社区进行分类有什么研究价值?
6. 如何评价不同要素在农村社区发展中的不同作用?
7. 你认为农村社区由哪些功能?

---

① 由于在历史上农民的收入都是以农产品的产量来加以衡量的,所以,在我们国家建立征收制度的时候,就将农业列为所得税。只要在农业上有农作物产量,农民就可以获得收入,就要缴税。农业各税包括耕地占用税、农林特产税(1994年改为农业特产税)、农业税、牧业税和契税。

② 剪刀差概念是对不合理的工农业产品比价关系的概括,说明了国家征购价格和农产品实际价值之间的差距。剪刀差概念产生于20世纪20年代的苏联。苏联在1921年初走上和平建设轨道后,为加快积累工业化资金,认为的压低农产品收购价格,使得部分农民收入在共农产品交换过程中转入政府支持发展的工业部门。当时人们把农业和农民丧失的这部分收入成为"贡税"或"超额税"。1923年苏共中央召开政治局会议和九月中央全会。在斯大林的主持下第一次把农业流入工业的超额税正式称为"剪刀差",并且在中共委员会设立了剪刀差委员会,专门从事研究和调整剪刀差的工作。苏联的剪刀差概念在30年代被介绍到我国。1949年,中国由于工农生产在战争中遭受的破坏程度不一样,恢复的速度不一样,以及恢复发展工业所需资金和人力资源的短缺,使得工农业产品的比价在抗日战争和解放战争的十几年间扩大了许多,农民在交换中吃亏很多。1951年4月中国召开第二次全国物价工作会议专门讨论的工农业产品"剪刀差"问题。1952年以来,中国剪刀差的变化经历两个阶段:第一阶段,1978年以前逐步扩大。价格与价值相背离,最严重的为1978年,剪刀差比1955年扩大44.65%,达到364亿元,相对量上升到25.5%,农民每创造100元产值,通过剪刀差无偿损失25.5元。第二阶段,1978年以来,剪刀差大幅度缩小。1982年比1978年缩小58.97%,1984年、1986年又分别缩小了6.54%和4.55%。但1986年仍然存在剪刀差,达292亿元,而1987年比1986年又稍稍扩大了1.44%。国家利用工农业产品价格"剪刀差",完成了工业化的原始积累,使资源配置向城市、工业倾斜。

③ 舟莲村:《谈农民的不平等地位》,《社会》,1990年第1期,第34—36页。

案例：

浙江省平湖市有113个行政村，2343个自然村，共32.8万农民。2007年开始进行农村社区建设，村村建成2000平方米左右的集村办公场所、社区卫生服务、文化娱乐活动、便民服务中心、配送连锁超市等功能的"五位一体"村级综合服务中心，成为农村居民购物、医疗保健、文化娱乐和教育培训的重要场所，形成了一批基础设施完善、公共服务配套、初具集聚规模、村容环境整洁的农村社区。2009年以来，平湖市依托覆盖全市农村社区管理服务网络，实施"一站式"服务模式，采取集中办事、流动服务等形式，提供便民服务。在曹桥街道百寿村社区，记者看到，这里不仅有解决居民日常需求的服务网点，还设有茶社、避灾所、村民小广播，更令人瞩目的是这里每个村民还有一个带有本村域名的电子信箱，村里的大事小情都可以通过这个电子信箱及时通知到每家每户。目前平湖市已建有600多支志愿者服务队伍，初步形成了一支较为稳定的农村社区志愿者队伍网络，成为为农村居民提供服务的中坚力量；通过农村社区建设的开展，也极大促进了农村各类资源整合，促进了农村居民的生产生活方式转变，基本实现了村民小病不出村、文体娱乐不出村、日常购物不出村、了解信息不出村、纠纷调解不出村，广大农村居民逐步享受到了跟城里人一样的社区服务。[《"全国农村社区建设实验全覆盖示范单位"创建活动巡礼（下）》，福建村官网（2009）：http://cgzz.banzhu.net/article/cgzz-18-836359.html]

讨论：

农村社区服务是如何形成的？

第二章　农村社区建设

☞ **学习要点**

了解中国农村社区建设的背景与必要性;学会利用"行政村—乡镇政府"社区建设共同体进行农村社区建设的技巧,熟悉农村社区建设的原则与职能;知晓农村社区"自上而下的行政化建设路径"和"内外结合的互动化建设路径"以及农村社区建设的多元化筹资模式。

☞ **关键概念**

农村社区建设　自上而下行政化建设路径　内外结合互动化建设路径　农村社区建设共同体　多元化筹资模式

【引例】

近年来,我国农村社区建设实验工作取得阶段性成效。截至目前,全国已有11%左右的村庄开展了农村社区建设实验工作,约有1亿农村居民享受到农村社区建设带来的好处。

8月18日,由民政部主办的"农村社区建设实验全覆盖"创建活动新闻推介会在北京人民大会堂举行。全国人大常委会副委员长陈至立、全国政协副主席孙家正出席会议,并为首批"全国农村社区建设实验全覆盖示范单位"颁发奖牌。

近年来,为贯彻落实党的十七大和十七届三中全会"积极推进农村社区建设"的战略部署,民政部牵头启动了农村社区建设实验工作。2007年,民政部在全国确定了304个实验县(市、区),各地也确定了不同层次的实验单位。

截至目前,全国已有11%左右的村庄开展了农村社区建设实验工作,平均每个实验县(市、区)已建成农村社区服务中心60个,农村社区警务室84个,农村社区卫生室129个,农村社区图书室98个,农村社区养老机构15个,约有1亿农村居民享受到农村社区建设带来的好处。

为扩大农村社区建设覆盖面和受益面,今年3月,民政部启动了"农村社区建设实验全覆盖"创建活动。江苏省海门市等7个县(市、区)率先达到了创建标准,荣获首批"全国农村社区建设实验全覆盖示范单位"称号。

据了解,作为社会主义新农村建设的重要组成部分,我国农村社区建设实验工作取得阶段性成效:出台了一系列推进农村社区建设文件,初步形成了明确有效的工作思路;建立健全农村社区建设推进机制,初步形成了党委领导、政府负责、部门协同、社会参与的工作机制;在不同类型村庄开展实验,初步建成了一批管理有序、服务完善、文明祥和的示范性农村社区;农村社区建设的理念逐渐为各级党政领导、专家学者和广大农民群众熟知并认同,产生了一定的社会影响。一条符合我国国情的农村社区建设之路正在变为现实①。

第一节 农村社区建设的合理化问题

农村社区建设是指在行政村的地理区域范围内,在各级党委政府的统一领导和民政部门的协调指导下,村党组织和村委会直接组织,通过直接民主和自我管理的方式,依靠政府、社会和村民自身等多方面的资源和力量,推动农村社区基柱要素和衍生要素建设,强化各项公共管理与服务功能,加强农村精神文明建设,不断提高农村社区成员物质文化生活水平的过程②。在历史长河中,农村社区建设是新生事物。新中国成立后,农村在社会主义改造完成后先后形成了"农村合作社"、"人民公社"等组织单位。国家通过这些组织对劳动力、物资等实施全面控制,形成"国家社会高度一体"的政治社会结构③。改革开放后,人民公社逐渐解体,农民阶层的流动性逐渐提高,农村基层的乡镇政权和农村自治制

---

① 《我国截至目前约1亿农村居民受益于农村社区建设》,中央政府门户网站(2009):www.gov.cn/jrzg/2009-08/18/content_139537 ... 2009-8-18。

② 吸收胡宗山的观点(见胡宗山:《农村社区建设:内涵、任务与方法》,《中国民政》,2008年第3期,第17—18页)。

③ 吴晓林:《新中国阶层结构变迁与政治整合60年:过程、特征与挑战》,《天津社会科学》,2010年第4期,60—69页。

度相继恢复和增强,随着农村公共事务增多和城乡一体化推动,农村社区建设被提上议程。

一、农村社区建设是推动城乡一体化建设的重要环节

长期以来,历史、体制、观念等多方面原因导致我国形成城乡二元结构。时至今日,发展政策的"城市倾向"、市场资源分配的"马太效应"、公共服务不均衡分布共同促使历史因素、市场失灵与政府失灵三股力量合流,阻碍着城乡一体化的进程①。

党的十六大报告明确提出:"全面建设小康社会和统筹城乡经济社会发展的目标任务,是事关我国今后社会主义现代化建设全局的战略决策。推行农村社区建设,是当前促进我国经济和社会协调发展、进一步推进政治经济体制改革的客观要求,也是逐步缩小城乡生活水平和生活质量差距、实现全面建设小康社会奋斗目标的重要实践。"②从农村社区建设提出的背景看,"推动城乡一体化进程"、"实现城乡公共服务均等化"③成为农村社区建设的重要目标;从学理来看,这个举措意味着农民将逐渐发展为农村居民,农村居民将不再是"乡下人",农村居民可享受与城市居民同样完备的基础设施、完善的公共服务和管理体系以及优美的环境卫生等,同时意味着农村地区将被整合进现代国家的总体发展中,成为现代国家体系的重要组成部分。④

二、农村社区建设是新农村建设的基点和平台

2003 年 10 月,党的十六届三中全会在《中共中央关于完善社会主义市场经济体制若干问题的决定》中提出加强"农村社区服务"、"农村社区保障"、"城乡自我管理、自我服务"的要求。2006 年 10 月,党的十六届六中全会通过的《中共中央关于构建社会主义和谐社会若干重要问题的决定》,首次完整地提出"农村社区建设"的概念,做出"全面开展城市社区建设,积极推进农村社区建设,健全新型社区管理和服务体制,把社区建设成为管理有序、服务完善、文明祥和的社

---

① 吴晓林:《差异互补:城乡一体化进程中公共服务的布局原则》,《华南农业大学学报(社会科学版)》,2010 年第 4 期,第 67—68 页。
② 《党的十六大报告》,中国经济网,http://www.ce.cn,2003 年 10 月 9 日。
③ 许远旺、卢璐:《从政府主导到参与式发展:中国农村社区建设的路径选择》,《中州学刊》,2011 年第 1 期,第 120—124 页。
④ 龚世俊、李宁:《公共服务视域下的新农村社区建设及其模式创新》,《南京社会科学》,2010 年第 11 期,第 82—86 页。

会生活共同体"的战略部署。11月,国务院召开的第十二次全国民政会议进一步强调指出,要着力建设城市和农村社区"两个平台","整合社会资源,推进农村志愿服务活动,逐步建立与社会主义市场经济体制相适应的农村基层管理体制、运行机制和服务体系"。2007年10月,党的十七大报告重申党的十六届六中全会精神,明确提出要"把城乡社区建设成为管理有序、服务完善、文明祥和的社会生活共同体"。

从时间脉络看,"农村社区建设"概念关注重心在于发展"农村自身"。负责基层政权和社区建设的主管部门民政部负责人曾指出:"开展农村社区建设,是构建社会主义和谐社会的重要举措,是推进社会主义新农村建设的有效途径,是完善村民自治、扩大基层民主的有效载体,也是提高广大农民生活质量和文明程度的内在需求。"①

从发展状况来看,当下的农村社区正发生重大变化,一是越来越具开放性,二是越来越具流动性,三是异质性不断增强。这些变化使传统农村社区逐渐解体,即维系传统社区的文化资源在流失,很难建构起农村居民对农村社区的共同归属感和认同感。② 因而,必须推动农村社区建设,提升农村共同体自身的整合力。基于这种考量,开展农村社区建设不但是"社会主义新农村建设的基点和平台",也被视为"农村社区建设的最终追求目标"③。

从学界观点来看,多数学者主张依靠外力推动农村社区建设,将国家力量的介入和城市社区公共服务的辐射作为达到农村社区建设目标的最重要保证,这是典型的"外部强化"论;但也有一部分学者主张农村社区建设要走内源发展道路。他们认为即使是依靠外部力量的强化,农村社区建设最终是要"让村民大众自己组织起来,自己当家作主,靠自己的人力、物力、财力,发展公益事业,发展物质、精神文明"。这类观点属农村社区建设"内部强化"论④。

三、农村社区建设是构建农村和谐社会的重要载体

改革开放后,农村社会急剧分化。从阶层身份看,农村阶层已从原来的从

---

① 姜力:《让农村社区建设造福广大农民群众》,《中国社会报》,2007年3月22日。
② 徐勇:《在社会主义新农村建设中推进农村社区建设》,《江汉论坛》,2007年第4期,第12—15页。
③ 周良才、胡柏翠:《农村社区建设与建设社会主义新农村之间的关系》,《广西社会科学》,2007年第2期,第6—10页。
④ 项继权:《中国农村社区及共同体的转型与重建》,《华中师范大学学报(人文社科版)》,2009年第3期,第2—9页。

"一种身份"分化为现在的"多个阶层"①,并且农民内部不同群体间的收入水平差异悬殊,明显超过城镇居民之间的差距②,与此同时,"建立在集体经济和政治控制基础上的农村社区或基层共同体走向衰落,而农民对于原有的集体及村社区的认同和归属感已经淡化,乡村社区及共同体陷入信任与认同危机。如何重建乡村社区和共同体的信任和认同,成为亟待解决的问题"③。一些地方因村民分化、村庄社会关联度的降低,引发严重的社会失序和伦理性危机。④ 在这种情况下,农村内部矛盾日渐突出,这就凸显维护农村稳定的意义。

在决策层看来,社区建设是构建和谐社会的基础工程。胡锦涛同志曾指出:"从建设和谐社区入手,使社区在提高居民生活水平和生活质量上发挥服务作用,在密切党和政府同人民群众的关系上发挥桥梁作用,在维护社会稳定、为群众创造安居乐业的良好环境上发挥促进作用。"党的十七届三中全会又进一步明确提出:"加强农村社区建设,保持农村社会和谐稳定。"在一些学者看来,"如果说中国革命解决了国家政权问题,改革开放解决了经济发展问题,那么,中国农村社区建设正在解决社会发展问题"⑤。可见,农村社区建设的提出,很大程度上是为了应对和解决农村社会出现的问题,它"不仅为了促进农村社区内部的整合和融合,也是为了实现整个社会的社会团结和融合"⑥。由此可见,农村社区建设确实是构建农村和谐社会的重要载体。

四、农村社区建设是推动社会管理创新的切入点

在政府主导型社会里,政府是社区建设中最重要的外部环境制造者。⑦ 农村基层的组织结构,从原有的"社队制"到"村委会",再到"农村社区",不但涉及农村内部结构的调整,还取决于国家治理制度和社会管理体制的创新。从这

---

① 吴晓林:《改革开放以来农民阶层的分化与政治整合研究》,《中国特色社会主义研究》,2009年第6期,第91页。
② 李国祥:《有效防止农村居民内部收入差距扩大》,《中国党政干部论坛》,2006年第6期,第16—18页。
③ 项继权:《农村社区建设:社会融合与治理转型》,《社会主义研究》,2008年第2期,第61—65页。
④ 贺雪峰:《农民价值观的类型及相互关系——对当前中国农村严重伦理性危机的讨论》,《开放时代》,2008年第3期,第51—59页。
⑤ 管义伟:《农村社区建设:逻辑起点与人文关怀》,《社会主义研究》,2011年第1期,第116—120页。
⑥ 项继权:《农村社区建设:社会融合与治理转型》,《社会主义研究》,2008年第2期,第61—65页。
⑦ 吴晓林:《中国城市社区建设研究述评(2000—2010年)》,《公共管理学报》,2012年第1期,第114页。

个层面上来讲，农村社区建设是推动社会管理创新的一个重要切入点。诚如一些学者所言，"农村社区建设是新时期、新阶段我国农村的一项重大的社会建设工程和制度创新，不仅旨在实现农村社区的整合和重建，也是旨在实现整个社会的融合和一体化；不仅是我国农村基层社会组织与管理方式的重大变革；也是我国社区和社会整合机制及治理方式的重大转变"①。有学者甚至认为，农村社区建设的目标就是"在于构建城乡一体的基层社会组织与管理体制"。② 实际上，农村社区作为社会管理的基层单位，既是国家政权建设的一环，又是社会自我发育的重要载体，因而，农村社区建设区别于以往的社会管理方式，本身具有创新意义。

从社会整合角度看，农村社区建设涉及农村内部自组织的结构再造。徐勇通过对农村的实际调研指出，"社区自我整合可以将村民的动员式参与变为主动式参与，开发农村内部资源和节省治理成本"，长期沿袭的自上而下单一行政治理体制的一个重要缺陷是，外部性的整合机制一旦发生变化，乡村没有相应的组织来承接和应对大量农村内部公共事务，进行自我整合，从而陷于"治理真空"。由此需要重新构造农村微观组织体系，大力推动乡村社区民间组织的发育，使之成为新农村建设的重要组织载体③。

从基层自治的角度来看，农村社区建设有利于农村自治的开放性与包容性。在以往，村民的自治资格源于生产单位所赋予的"土地"，土地成为参与自治或分享村内公共产品的先决条件。但是，农村社区以及社区建设的提出，则促使"基层自治将从'村民自治'向'社区自治'和'居民自治'转变。农村基层自治与民主制度不再是一种封闭和排外的体制，而是赋予所有在乡村生产和生活的人们公共事务的参与权和管理权，最大限度地保护农民及居民的民主权利。由此，应全面推进农村社区建设，使基层自治组织更加开放和富弹性，基层民主自治将更具广泛性、适应性和充满活力"④。有人甚至直接将"社区制"视为农村基层"社队制"和"村组制"之后，基层社会组织与管理体制的第三次重大变革和

---

① 贺雪峰：《农民价值观的类型及相互关系——对当前中国农村严重伦理性危机的讨论》，《开放时代》，2008 年第 3 期，第 51—59 页。
② 许远旺：《当前农村社区的实验模式及组织定位——对湖北农村社区建设试点的调查与思考》，《社会主义研究》，2008 年第 2 期，第 77—81 页。
③ 徐勇：《农村微观组织再造与社区自我整合——湖北省杨林桥镇农村社区建设的经验与启示》，《河南社会科学》，2006 年第 5 期，第 8—11 页。
④ 项继权：《当前农村发展的阶段性特征及政策选择》，《江西社会科学》，2009 年第 1 期，第 30—35 页。

制度创新。①

从基层行政管理体制看,社区建设有利于改变原有"乡村治理"的形式。一是,弥补和补救原来村民自治的不足,在更大范围内,向农村提供公共服务等资源,更大地发挥村民参与的积极性,促使"传统的'乡政村治'模式向'乡村共治'治理格局转变,促进新型的农村公共治理格局的生成"②;二是,通过社区建设运动,促进了政府职能从管治到服务的转变,城乡公共服务的对接和一体化也将催生和引发政府行为方式的革命及基层治理的转型③,基层政府将更加密切与农村社会的联系,从原来的行政管制走向服务型行政。

第二节 农村社区建设共同体

农村社区建设需要有不同的主体,这些主体就形成了社区建设的共同体。一般而言,农村社区建设主体有二:一是行政村,其建设行为通过村民活动来体现;二是乡镇政府,其建设行为通过地方政府干部活动来体现。农村社区建设不仅要靠行政村,也要靠地方政府,因为行政村是农村社区建设成果的受益人;乡镇政府是贯彻党中央农村社区建设意图的实施人。行政村和地方政府在农村社区建设意识上的不同、在建设能力上的差异,决定着农村社区建设不能搞"单干",须将这两种建设主体结合起来,营建一种新型的建设共同体。

一、行政村与乡镇政府在农村社区建设上的缺陷与优势

行政村和乡镇政府在农村社区建设上的缺陷和优势,是营建农村社区建设共同体的客观逻辑。

1. 两种建设主体的缺陷

(1)行政村的主体缺陷表现:第一,过于强调私家利益。受传统文化影响,村民具有从私家利益出发考虑个人活动的偏好。他们往往从家庭需要出发寻求社区建设的途径,想借助社区建设满足自家需要。第二,主人公意识淡薄。村民生活于机械团结社会,对公共产品的依赖度不高,在社区建设问题上,都抱着置

---

① 项继权:《从"社队"到"社区":我国农村基层组织与管理体制的三次变革》,《理论学刊》,2007年第11期,第85—89页。
② 胡宗山:《农村社区建设:"三农"协调发展与乡村共治的生长》,《当代世界与社会主义》,2008年第1期,第126—130页。
③ 许远旺:《社区重建中的基层治理转型——兼论中国农村社区建设的生成逻辑》,《人文杂志》,2010年第4期,第171—179页。

身事外的态度、缺乏主人公意识、建设的主动性、积极性。第三,群体力量自生能力较差。受追求私家利益偏好、置身事外态度以及散漫习性影响,村民的自我组织能力较差,难以形成分工明确、职责分明、高度协调配合的工作群体。第四,缺乏社区建设知识和技术。

（2）乡镇政府的主体缺陷表现：第一,过于强调公共利益。乡镇政府在农村社区建设中更多从全乡利益出发,容易忽视村民的主体地位和村民的利益诉求、缺乏与村民的互动,易造成与村民的矛盾。第二,处于掌握建设点信息的弱势地位。根据信息不对称原理,乡镇政府干部无法准确了解"建设村"每家农户和每个农民的真实信息,增加了他们收集相关信息和组织村民参加工程建设的难度。第三,缺乏筹措农村社区建设资金的能力。

2. 两种建设主体的优势

（1）行政村的建设优势表现在三方面：第一,拥有劳动力资源优势。村民由于长期与土地打交道,身体素质较好,勤劳肯干,在社区建设用工能力上有优势。第二,掌握本村信息。作为社区建设主体,村民更熟悉村容现状、建设需求与不足,对社区建设方式的理解贴近社区实情、符合村民利益需求。第三,农村公共产品需求者和受益者。虽然村民对公共产品供给不关心,但村内公共设施建起后,他们高兴。因为他们是农村公共产品的真正需求者和受益者,具有积极参与社区建设的充足理由,其积极性易被激活。尤其先选择与村民家庭利益密切相关的工程项目,村民更会积极参加。从这个角度说,村民更比乡镇政府具有搞好社区建设的内驱力。

（2）乡镇政府的建设优势表现在五方面：第一,拥有政策资源优势。乡镇政府是国家政府系统中的最低层管理机构,不仅有比村民更了解中央政府的政策意图,且是中央政府沟通民意的中介。它拥有制定辖区社区建设的方针政策的资质和权力,能掌握社区建设的主动权。第二,农村公共产品建设资金的传递者。乡镇政府虽没有村容建设资金供应的能力,但它是中央政府和高一级政府农村公共产品资金供给的传递者,负责中央政府社区建设资金使用的落实,保证中央拨付的社区建设资金产生使用效率。第三,农村社区建设的组织者。乡镇政府能做到以社会效益和生态效益为社区建设的效益目标,组织村民或其他社会力量进行社区建设,能在短期内集中大规模人力、物力,完成各项村容建设工程。第四,拥有建设知识和技术。乡镇政府干部有高学历,接受过高等教育,具备自学社区建设相关知识和技术的能力。易利用政府信誉和社会资本聘请相关专家进行社区建设的规划、具体项目的设计。第五,拥有管理监督经验。乡镇政府具备管理干预的经验,能协调各方利益、应对突发事件、解决村民反映的问题,也善于监督建设资金使用情况、查处各种违纪违法现象,保障农村社区建设工作的正常进行。

二、"行政村—乡镇政府"农村社区建设共同体的建构及其运作

两种建设主体在农村社区建设上的主体缺陷说明单纯依靠行政村和乡镇政府并不能完成农村社区任务,应建立一种合作的建设机制,在建设中相互配合,相互支持,求同存异,克服自身能力缺陷,才能完成农村社区建设任务。另外,他们在农村社区建设上的优势说明建立"行政村—基层政府"农村社区建设共同体是完全可能的。

1. "行政村—乡镇政府"社区建设共同体的确立

"行政村—乡镇政府"社区建设共同体是将行政村和乡镇政府的建设力量结合起来,达到既能消除两种主体在农村社区建设上的分歧又能克服各自建设能力的缺陷,出色完成农村社区建设任务的建设模式。这是一种克服两种建设主体能力缺陷的不足又能发挥它们的积极性和建设优势的合作机制。其本质是在建设意识上求同存异;在建设能力上取长补短。目的是克服"行政村建设"主体和"乡镇政府建设"主体的局限性,将两类建设主体的建设能量集中在合力点上,优化农村社区建设力量,为出色完成农村社区建设任务建立一种可靠的保障。

此机制不仅能克服目前农村社区建设过程出现的建设力量分散、干部与村民缺乏良性互动现象,而且将在农村社区乃至整个新农村建设过程中发挥特殊的重大作用。因此来看,这种建设机制的形成不仅有现实基础,且有发挥特殊功效的社会环境。

2. "行政村—乡镇政府"共同体的营造

(1)建构农村社区共同体的主要措施:第一,统一建设思想。村民与乡镇干部都拥护党中央的农村社区建设决策,都赞同进行农村社区建设,只是对农村社区政策的理解不同、对农村社区在新农村建设中的地位认识不同而已。第二,整合建设能力。行政村和乡镇政府的建设能力差别很大,要形成建设合力,要对其进行取长补短的整合。行政村的劳动用工能力强、村内信息把握准确、有社区建设的原始动力;乡镇政府拥有政策资源、建设知识和技术、组织管理和监督经验。把他们组合起来,形成一个新的社区建设群体,就能克服各自的不足、扩大村容建设能力。整合行政村和乡镇政府的建设能力必然产生一种结果:形成一种新型的具有更大建设能力的农村社区建设共同体。这个共同体不是政府管理农村社区建设工作的管理机构,而是农村社区建设的新型主体。第三,建立项目合作

与任务分解的工作机制。这是建设合力和农村社区建设共同体形成的关键措施,也是保障合力建设机制生效的主要措施。这个措施的操作过程是:首先,农村社区建设共同体。据村情和"轻重缓急"原则,确立每项社区建设内容以及具体工程项目的建设顺序。其次,把每项建设内容的具体工程项目任务列为项目设计、项目招标、项目施工、项目监理、工程验收、工程产品的使用和维修等具体任务,再次,根据建设能力,把工程项目的设计、监理、验收任务分配给乡镇政府;把工程项目的施工和工程产品的使用与维修分配给行政村。这种在"项目合作"基础上的"任务分解"办法,真正做到了组合乡镇政府和行政村的有效建设能力,形成了分工明确又密切配合的工作机制。第四,寻求外援。农村社区建设共同体有一个致命缺陷,就是双方都缺乏筹资能力。故这个群体的功能发挥还需外界——上级政府和其他投资外群体注入建设资金。这要求农村社区建设共同体主动积极地争取中央或省政府、县政府的投资,通过经济手段吸收市场上的流动资金。只有拥有充足的建设资金,社区工程项目才能开工,合力建设机制的优越性才能显现出来。第五,合理分配群体角色。合力建设共同体是一个为了出色完成农村社区建设任务而建立起来的一个新型工作群体,要使它产生"大于个体能力机械相加之和"的建设能力,就须对进入这个群体的每个成员进行合理的角色分工。一般先要根据农村社区建设的必要内容设立各种岗位;然后根据成员的素质、特长和工作兴趣将他们分配到适合的岗位上;最后明确岗位上的每个工作角色的责、权、利,并学习角色期望,了解角色履职程序和行为规则。这样就能产生建设合力。

(2)两种主体互动合作保障措施:第一,进行群体沟通。群体沟通可由合力建设共同体的领袖组织,也可让群体成员自发进行。为了加强合力建设共同体的运行效果或完成社区建设任务,共同体的领袖应常召开建设情况通报会,在会上传达信息和听取意见;也应常举办联谊会,给群体成员提供宽松的、自由的交流情感和思想的机会。第二,采取群体决策。群体决策可把每个成员掌握的知识和情报结合起来,成员间相互启发、相互补充,提出较多的可行选择的实施方案。更重要的是通过群体成员参加建设决策,满足其自尊心,增强其责任感,使其接受并自觉执行建设决策。第三,制定群体规范。群体规范是利用共同观念和行为准则来直接制约群体成员的个体行为,使之形成建设合力的保障措施。实施这个措施的关键是确立合理的规章制度和价值观念。然后通过宣传学习使它们内化为合力建设共同体成员的行动信念和行为惯性。第四,建立安全阀制度。在群体中工作,人们不可能不出现不满情绪和不发生矛盾,有了矛盾和情绪就要排泄掉,否则,日渐积累,会变成内部冲突。其后果是:不仅降低工作效率,还有可能导致合力建设共同体的瓦解。故合力建设共同体需针对群体出现不满情绪和矛盾的可能性，建立一种消除非现实性冲突的群体安全阀制度。

3. 农村社区合力建设机制的利用

(1) 正确认识合力建设机制。首先要正确认识这一机制的工具性质和实践价值。从性质上讲，社区合力建设机制只是一种手段而非目的。这个机制是为了克服行政村和乡镇政府在社区建设过程中的分歧和能力缺陷而建立起来的一种新型建设模式，不是为了提高乡镇政府和行政村的行政能力而设置的行政管理组织。农村社区建设共同体不应被赋予行政权力，没有管理村民和基层干部的资质。故利用者只能把社区合力建设机制当作保障社区建设任务出色完成的建设工具来利用。从实践上讲，社区合力建设机制是一种立足社区建设实际困难探索出来的新型建设模式，相对依靠行政村"单干"和基层政府"单干"的建设模式来说，建设能力较大，具有推广价值，可以广泛地应用在全国各地的社区建设当中。

(2) 明确利用目的。由于农村社区合力建设机制是为完成社区建设任务而建立的，故利用时要保证它确实为社区建设服务。只能把它用在解决村民生产生活困难和建设各种社区建设工程上，不能把它作为形象工程、政绩工程的工具。如果利用目的不对，不仅伤害广大农民的积极性和期望，而因远离广大农民的实际需要，必将给社区建设带来一些危害，有损社区合力建设机制的功效。

(3) 注重适应性利用。利用合力建设机制要考虑到当地的实际情况。因为全国各地的乡村拥有的社区建设能力和资源并不相同，全国各地乡村的村民和干部素质也有一定差别。只有因地制宜地利用合力建设机制，才能收到良好效果。如不同乡村的村民和乡镇政府干部对农村社区建设的意见不可能一样，统一社区建设的意见的操作办法就不同；又如不同乡村的经济实力不同，建设共同体争取外援的难度就不同，做法就不同。

(4) 充分尊重村民主体地位。由于行政村村民和乡镇干部的社会权力不同、活动能力不同，建设共同体的运行必然导致村民和干部的地位分化，一般是乡镇干部处于强势地位，村民处于弱势地位。但要使建设共同体一直保持合力效果，就必须具有防止和消除群体成员地位分化的措施。其措施是在社区建设过程中，充分尊重村民主体地位，不断调动村民参与社区建设的积极性和主动性，尊重村民的合理意愿，提高建设项目决策的透明度，基层政府自觉地实现管制型政府向服务型政府的转型。①

---

① 谷中原、严惠麒：《村容整洁合理建设机制的形成逻辑与运作》，《西北农林科技大学学报（社科版）》，2009年第4期，第6—13页。

第三节 农村社区建设原则与职能

中国农村地区受文化传统、乡政村治体制、经济状况、社区治理能力等因素制约，绝大多数乡村缺乏催生社区萌发的草根力量，因此，中国农村社区建设需要依靠政府力量推动。农村社区之根本属性和社区建设之基本要求决定了农村社区必须按照如下原则进行建设。

一、农村社区建设的原则

中国农村地域广阔，既存在与城市割裂的"二元结构"特征，农村内部之间也差异悬殊。因此，必须关照这个现实，遵循一定的原则，才能推动社区建设顺利进行。

1. 以人为本原则

建设农村社区，目的是满足农村居民对日益增长的物质生活和精神生活的需要，所以，中国农村社区建设应确立以人为本的建设原则。农村社区建设不仅要增加农村居民的生存快乐，提高其幸福指数，而且要尊重农民的首创精神和民主权利，建立公正、平等的社区管理制度，为农村居民提供自由而全面发展的生活环境；更重要的是把农村居民满意作为衡量农村社区建设成果的标准，以农村居民最关心、最直接、最现实的利益为重点，着力解决农村居民需要解决的问题。

2. 政府与社会共同推动原则

目前，在中国农村主要有几种模式：一是江西的"一会五站"模式。这种模式重在发挥自然村落内部的力量，在村落社区中成立以老党员、老干部、老农民、老教师、老复员军人和无职党员为主体，热心村落社区建设的志愿者参加的村落社区志愿者协会。通过志愿者协会下设社会互助救助站、卫生环境监督站、民间纠纷调解站、文体活动联络站、公益事业服务站和科技信息传递站，组织村民开展各类活动。在村落社区建设中，强调坚持自愿参与、量力而行、服务村民、互帮互助、形成合力、公道正派的原则，社区建设不背负任何的硬性任务、指标，也不给村民添任何麻烦①。二是湖北"秭归模式"。秭归杨林桥镇根据"地域相近、产业趋同、利益共享、规模适度、群众自愿"的原则，全镇14个村成立社区306个，互助组1034个。每个社区30个左右农户，设理事长1人，理事2—4人，共"海

---

① 王明美：《江西村落社区建设：欠发达地区农村社区建设的成功探索》，《江西行政学院学报》，2008年第3期，第37—42页。

选"出理事会成员1028人,建立了"村委会—社区理事会—互助组—基本农户"的新型农村社区自治组织机构。理事会实行"议事恳谈、一事一议"制度①。三是山东"胶南模式"②。胶南市把农村社区作为以城带乡、统筹发展的重要载体,坚持分类指导、试点先行的原则,实施公共资源向农村倾斜、城市公共设施向农村延伸、城市公共服务向农村覆盖战略。探索出了环境整治、拆旧建新、穿衣戴帽、村居改造、合村并点、农民新村等六种新型社区建设模式。同时,在各试点村统一规划建起了集社区党建、文明创建、村民自治、双拥工作、便民服务、文化教育、健身娱乐于一体的社区邻里中心,搭建起农村社区公共服务平台。目前,胶南17个镇全部建立了便民服务大厅,965个农村社区都建立了便民服务站,实现了农村社区的快速发展。四是江苏"太仓模式"。太仓通过实施"12345"工程为抓手,建设农村社区服务中心。即建设一个室外活动场地,二个阵地(宣传栏、公示栏),三支队伍(专业管理人员队伍、服务站人员队伍、志愿者队伍),四个室(老年人、残疾人活动室,警务室、卫生室、多功能教室),五个站(社区农业服务站、社会事业服务站、卫生服务站、社会保障服务站、综合治理服务站)。在12345工程的基础上,不断完善农村社区服务网络,健全农村社区服务体系标准化建设。经过几年的努力,目前太仓已实现农村社区服务中心全覆盖。③

从目前涌现出来的农村社区建设模式来看,无论最后的运行载体是什么,政府都在其中起了主导作用,政府主导的意蕴明显掩盖了民间社会自身的努力。现行"社区建设的基本操作单位实行乡镇辖区和行政村两级社区制,农村社区建设过程,是政府和社会在公共产品供给体系中再一次分权的过程。但是,这种权力格局演变的突出特点是政府几乎全方位主导,这与居民主导的村民自治在理论上是矛盾的"④。

农村社区的本意,就是"在农村地域中以行政村或中心村等一定的地域为范围,主要以农村为主体的同质人口组成的,以多种社会关系和经济关系相连的,以多种社会群体结成的富有人情味的、开放的社会生活共同体"⑤。需要说明的是,政府在提供公共物品和公共服务以及总体规划的职能上,具有权威

---

① 徐勇:《农村微观组织再造与社区自我整合——湖北省杨林桥镇农村社区建设的经验与启示》,《河南社会科学》,2006年第5期,第8—11页。
② 袁方成:《"两型"社区:农村社区建设的创新模式》,《探索》,2010年第1期,第130—135页。
③ 同上。
④ 高灵芝:《农村社区建设与村民自治》,《山东社会科学》,2010年第6期,第51—55页。
⑤ 蔡勇志、郭铁民:《福建"六大员"与农村社区化建设对接的思考》,《福建论坛·人文社科版》,2009年第4期,第118—122页。

性。但是,"与城市相比,农村社区建设更加依赖于内动力机制的作用"①,因而,它不能完全替代农村社会内部的所有主体,否则就会压缩农村社会力量的发育空间,降低农村居民的积极性和首创性。因而,应该发挥政府与社会两个积极性,政府在积极提供公共服务的同时,"鼓励社区民间组织的发育,重新构造微观组织体系"②,"充分进行社会动员,尊重群众首创精神,实现政府主导作用与农民主体地位的有机结合,上下互动、形成合力、共同推进"③。

3. 因地制宜原则

从社区建设主体或层次上,可以将现有农村社区建设模式划分为"就地城镇化"、"就近城镇化"和"社区自治化"三种。

"就地城镇化"主要指江浙地区,在经济实力雄厚的农村或城镇驻地,直接将农村村落改造为城镇化社区。这种模式有三种类型:一是以村办企业为依托的"明星村"或"亿元村"村落社区;二是"超级村落"社区;三是村落集镇化社区或乡镇政府所在地城镇化社区。④

"就近城镇化"则表现为靠近城市地带的农村,借助城市发展的力量或集中规划,促进农村就近融入城市社区的建设模式。这样的模式大多集中在珠江三角洲或长江三角洲比较发达的地区。例如,长三角地区的苏州,就出现了"融入城镇型社区模式"、"拆迁安居型"社区模式等⑤;珠江三角洲地区城市化扩张下的农村社区建设,则主要包括:城郊乡镇政府直改街道办事处或"城中村"村委会直改居委会社区两种情况。⑥

"社区自治化"则是整合农村内部资源,主要通过改造农村内部组织结构推进社区建设。这种模式分为三种类型:"多村一社区"类型,即以现有乡镇为单位,对所辖村进行重新整合,每个社区确定一个中心村,设立社区服务中心,建立服务设施,为社区范围内各村提供服务⑦;"村庄合并社区"类型,即通过调整农

---

① 朱勇:《农村社区建设动力机制创新的原则及思路》,《中国民政》,2007年第11期,第17—19页。
② 蔡勇志、郭铁民:《福建"六大员"与农村社区化建设对接的思考》,《福建论坛·人文社科版》,2009年第4期,第118—122页。
③ 许远旺:《当前农村社区的实验模式及组织定位——对湖北农村社区建设试点的调查与思考》,《社会主义研究》,2008年第2期,第77—81页。
④ 甘信奎:《新农村社区建设模式及政策推进》,《江汉论坛》,2009年第2期,第134—136页。
⑤ 居德里:《农村社区是新农村建设的有效载体》,《上海农村经济》,2006年第9期,第35页。
⑥ 甘信奎:《新农村社区建设模式及政策推进》,《江汉论坛》,2009年第2期,第134—136页。
⑦ 福建农村社区建设课题组:《福建农村社区建设的调查与思考——厦门市湖里区禾山镇实施"村改居"的调研报告》,《东南学术》,2003年第2期。

村结构,大力实施村庄合并,集聚建设农村社区,加快农民向新型社区居民转移①;"一村一社区"类型,即以现有建制村为基础,一个建制村建立一个社区服务中心,主要依托村"两委"组织运行。②

从上述这些模式来看,经济欠发达地区的农村社区建设往往注重"发掘农村内部的力量",而经济较发达的地区则更愿意从"统筹城乡发展"的角度,进行外部的统一规划和建设;靠近城市带或城市群的郊区农村以及城镇驻地,有融入城镇的便利条件,是未来小城镇发展的重点③,可以通过城镇化推动社区建设。总之,农村社区建设归根到底要服务于农村居民、服务于农村的现代化发展,因而要尊重农村"人口聚集、地理位置和交通网络、需求集合"的差异化现实④,从当地实际出发,构建社区建设多样化的路径。

4. 全面建设原则

由于人的需要是多方面的,就物质生活需要而言,至少包括衣、食、住、行、用、健康、生态等方面的需要;就精神生活需要而言,至少包括休闲、娱乐、安全、情感、归属、尊重、求知、成就、自我实现等方面的需要。因而,农村社区建设不仅需要建设各种物质生活设施,而且需要建设各种精神生活设施。只有完善的生活设施,才能使社区具有多方面的服务功能,才能给社区居民提供多方面的生活服务,才能增强居民对社区的依赖度。所以,农村社区建设需要确立全面建设原则。

5. 固根强基原则

地理环境、人口因素、农村文化、生产劳动不仅是农村社区的四大根基,而且也是农村居民尤其是农民生活需求的现实基础。它们对农村居民生活需求的结构和品质具有人体生理和心理基础同样的决定作用。因而,农村社区建设不能忽视农村社区的生态环境、人口素质、文化体系、经济体系的建设,生态环境恶化意味着食物、饮水、空气等人体必需品的变质;社区经济落后意味着社区居民就业、收入得不到保障;农村文化的衰败意味着生存模式和精神体系的瓦解;人口素质低下意味着农村社区失去了根本性的发展动力。所以,农村社区需要确立

---

① 肖茂盛:《推进农村社区建设的思路与对策》,《中国行政管理》,2007年第6期。
② 周运清、沈芸:《构建和谐农村社会的理论与实践——基于秭归县杨林桥和谐农村社区建设的个案考察》,《中南民族大学学报》,2007年第1期,第103—108页。
③ 吴晓林:《大中小城市与小城镇协调发展——中国小城镇发展的误区与思路调整》,《中国社会科学报》,2011年8月4日。
④ 孔娜娜:《农村社区服务中心建设:资源配置的公平与效率》,《社会主义研究》,2009年第4期,第31—36页。

固根强基建设原则。

6. 生活序化原则

稳定和共享的社区运行模式是祥和、惬意、恬静、文明生活的必要背景假设，也是社区居民幸福指数高低的决定因素。因而，我国农村社区建设应该确立生活序化原则。在加强农村社区硬件建设的同时，注重社区软件建设。在农村社区维护既定的文化模式、弘扬优秀的传统文化；大力宣传法规、制定乡规民约、兴办社区教育、注重居民教化、促进乡风文明；发展社区警务、建立良好的社区生活秩序，以此防治冲击社区居民正常生活的不和谐因素和破坏因素的产生，为农村社区居民营造良好的社会环境。

7. 持续建设原则

由于人们的生活需要不仅有一个从低级向高级发展的层次问题，而且还存在生活品质不断提升的问题，因此，农村社区建设不可能一蹴而就，应该随着农村居民生活水平的不断提高，持续性地分阶段建设。一般来说，人们满足物质生活需要以后，才追求精神生活；满足低层生活需要以后，才追求高层生活需要。所以，在做农村社区建设规划时，建设者要根据本地经济和社会发展状况，制定短中长期统一、阶段性与持续性协调的社区建设规划，使农村社区建设具有动态性、发展性、持续性。

二、农村社区建设的职能

农村社区建设的职能，决定着农村社区建设的内容和功能。尽管农村社区建设内容涉及农村经济建设、社会建设、文化建设、政治建设和生态文明建设，但它的核心内容属于社会主义新农村建设中社会建设的范畴。①

从中国现实的农村社区建设实际出发，民政部提出农村社区建设试点工作应当以建设和谐社区为目标，以扩大基层民主、完善村民自治、健全农村新型社区管理和服务体制为重点，提升农村社区村民自治功能，建设管理有序、服务完善、文明祥和的新型农村社区。按照以上要求，我们应该从以下几个方面把握农村社区建设的职能。

1. 完善基层群众自治制度的政治职能

完善基层群众自治政治制度，是农村社区建设的重要内容。在开展农村社区建设中，必须加强各类农村基层群众自治组织建设，健全村民自治机制，完善

---

① 本部分内容源于孙树仁(民政部培训中心)：《农村社区建设中几个基本问题的探讨》，民政部网站(2008)；http://mgy.mca.gov.cn/article/xsgz/xsgl/200805/20080500014079.shtml。

基层群众自治政治制度,充分调动农民群众参与农村社区建设的积极性,建立和健全基层党组织领导的充满活力的基层群众自治机制。通过履行政治职能的使村民依法行使自己的民主权利,实行自我管理、自我服务、自我教育、自我监督,对干部实行民主监督。在农村社区建设中,充分发挥农村社区建设的政治职能,完善基层群众自治政治制度即是农村社区建设的重要目的之一,又是农村社区建设和建设社会主义新农村的重要手段。

2. 加强农村社会管理的职能

切实加强农村社区社会管理,维护农村和谐稳定。开展农村社区建设,必须搞好农村各项社会管理,保持农村社会稳定。从农村的实际出发,主要是探索建立基层党组织领导、基层政权负责、城乡各种社会力量协同、广大农村村民参与的社会治理体制。加强农村各类社会组织建设,特别是公益性的社会服务组织建设和管理。通过建立基层利益协调机制、诉求表达机制、矛盾调处机制、权益保障机制,拓宽社情民意表达渠道,引导农民群众以理性合法的形式表达利益诉求,维护自身的合法权益,妥善处理村民的各种矛盾,同时加强社会治安,维护农村社会秩序的稳定。

3. 农村社区服务的职能

农村社区不同于城市社区,它既是生活单元,又是生产单元。农村社区服务既要向农民提供方便生活的服务,又要提供方便农民群众发展生产的服务。农村社区建设一定要为社区居民建成一个提高生活水平和促进经济发展的互助共济服务体系。相对城市社区而言,我国广大农村社区较缺乏公关服务产品。因而,大力加强农村社区公共服务体系建设应是当前我国农村社区建设的重点。农村社区服务体系建设应包括社区公共服务平台、不断扩大社区服务项目、增强社区服务意识,完善社区服务供给机制,等等。

4. 繁荣农村社区文化的职能

不断提高农民文明素质。目前,农民文体活动场所和设施缺乏,业余文化生活贫乏,乡村文化建设的任务相当繁重。要通过社区建设,发展农村社区文化,丰富农民的业余文化生活,满足农民的精神文化需求。一是要以农村社区为平台,把文化、体育、广播、信息等设施引进农村社区,逐步形成方便农民群众读书、阅报、健身、开展文艺活动的场所。二是要挖掘农村社区文化资源,广泛开展形式多样、内容丰富的社区文化体育活动。三是培育社区文化模式,建设文明的、健康的精神文化体系,为增强社区居民的凝聚力和促进社区运行序化创造精神支柱。

5. 加强农村社区基础设施建设

通过农村基础设施建设，改善农村人居环境。农村蓝天、碧水、绿地，本是最适宜人居的环境，但现在不少地方环境脏乱、农药污染、生活习惯不文明，人居环境急需整治。要通过加强农村社区基础设施建设，改善农民生产生活条件，解决农民群众行路、饮水、用电、物资供应、垃圾处理等方面困难。通过农村社区基础设施建设，为农民提供良好生活和生产环境。

第四节　农村社区建设路径与筹资模式

建设路径和筹资模式是农村社区建设须解决的实际问题。因而，农村社区建设与管理科学应重视这两个问题的研究。

一、农村社区建设路径

据中国实际，农村社区建设可分为"自上而下的行政化建设路径"和"内外结合的互动化建设路径"。

1. 自上而下行政化建设路径

在中国特殊的社会环境下，现代化社区自我发育能力十分不足，加之中国长期以来"政府主导"的传统，使农村社区建设急需政府的外部支持。历史地看，农村社区建设作为一项全国性工作，只有在中央层面得到重视下，才能推广。

理论上看，对农村社区建设的推动，本身就是从更大范围内寻求资源，由政府"通过对特定街区、村落提供公共服务，满足那些在现代社会转型过程中失落的人们的需求"[1]的过程。在专家看来，农村社区建设本身就是在人民公社解体、乡镇政权又趋于"悬浮"[2]，原有政治整合机制失灵的情况下，政府力图重构"社会调控、整合和沟通体系"[3]的努力，因而将社区建设视为"中国政治建设的战略空间"，这样看来，农村社区建设本身脱离政府是万万不能的。

从实际情况看，人们确实发现"在农村社区建设中，政府扮演了积极推动者和行动主体的角色，起到动员、组织、引导、规划和推动的重要作用"。除中央层面的推动外，地方政府还通过"干部包村、部门包村、结对帮扶"等方式直接参与

---

[1]　丁元竹：《社区与社区建设：理论、实践与方向》，《学习与实践》，2007年第1期，第16—27页。

[2]　周飞舟：《从汲取型政权到"悬浮型"政权——税费改革对国家与农民关系之影响》，《社会学研究》，2006年第3期，第1—38页。

[3]　林尚立：《社区：中国政治建设的战略空间》，《毛泽东邓小平理论研究》，2002年第2期，第58—64页。

农村社区建设。因而,中国农村社区建设是由政府主导下的规划性变迁过程[①],政府在政策引导、直接参与、效果评估等方面发挥着重要的作用。故"农村社区建设能否取得成效不仅取决于人们对农村社区建设目标的重新认识与定位,而且也在相当程度上取决于政府推进农村社区建设的方式和机制"[②]。

自上而下行政化建设路径是主要由政府特别是中央政府推动,地方政府再启动、宣传、落实等环节,促进农村社区建设的行为。这种建设方式在一定条件下可发挥积极作用,但也存在些许弊端。

从优点来看,通过发挥政府主导作用,"利于逐步实现促进城乡社会均衡发展的公共政策,加大国家对农村的公共投入和财政支持,引导社会资源向农村积聚和配置,从而改善农村社区公共服务设施及人居环境,提高农村社区福利水平。尤其是对于我国这样一个以农业和农民为主体的国家而言,由于乡村改造的复杂性和艰巨性,政府主导型的社区发展方式无疑有利于发挥集中力量办大事的优势,有效凝聚全社会的意志和资源,形成推进社区建设的合力,从而保证社区发展各项目标的实现"[③]。

缺点也很明显。一方面,如果过于强调国家行为,可能"使得社区建设主体和社区建设行为容易出现行政化趋势。实践中社区管理组织往往被当成政府的延伸,其职能和传统的乡、村没有什么根本区别"[④];另一方面,由于政府缺乏统一的关于推进农村社区建设的实施意见、各级部门对农村社区建设的资金投入、主体责任等界定模糊,导致农村社区建设处于一种"运动式的乡村建设状态",农村社区及其居民处于被动"建设"和被"改造"的境地。这在一定程度上抑制了社区居民参与社区事务的积极性与主动性。因而,很难保证"农民群众在农村社区建设中的主体地位"[⑤];再次,会压缩农村社区内部自组织成长和发挥作用的空间,"自上而下的单一行政治理在将乡村和农民带入国家体系的同时,却中止或者割断了乡村内部农民之间的联系,发轫于乡村内部和农民需求并联结

---

① 许远旺、卢璐:《从政府主导到参与式发展:中国农村社区建设的路径选择》,《中州学刊》,2011年第1期,第120—124页。
② 许远旺:《社区重建中的基层治理转型——兼论中国农村社区建设的生成逻辑》,《人文杂志》,2010年第4期,第171—179页。
③ 甘信奎:《新农村社区建设模式及政策推进》,《江汉论坛》,2009年第2期,第134—136页。
④ 李小伟:《由政府主导到政府引导:农村社区建设的路径选择》,《社会科学家》,2010年第9期,第60—63页。
⑤ 甘信奎:《新农村社区建设模式及政策推进》,《江汉论坛》,2009年第2期,第134—136页。

农民的自组织基本不复存在"①。

2. 内外结合互动化建设路径

内外结合互动化建设路径指发挥农村社区内部和外部两种积极性，主要是政府、社区组织、草根组织以及农村社区居民的积极性，共同推动社区建设。农村"社区建设的终期目标是不断增强以社区为微观架构的社会自治理能力"②，建设一个文明祥和、守望相助的农村家园。实际上，农村社区内部也具有自我发育、自我建设的能力。如推动农村社区内部经济建设，"即通过发展农村社区集体和合作经济以实现社区的联合，增强社区的凝聚力和人们的归属感"③；还可通过"农村社区中社会资本的重构与开拓"，形成良好的内在发展机制④。

只不过，在农村社区建设初期，由于各地区内部发展不平衡，特别是大多农村地区缺乏自我建设的能力，需要在正视现实的前提下，达成国家治理与农村社区内部的互动与衔接。

实践证明，"国家制度供给是社区参与的外部制度基础，社区治理体制是社区参与的内部基础，社区民主参与渠道是民主参与的机制基础，社区认同决定着社区的凝聚力与归属意识，是民主参与的文化基础"⑤。在一些民族和偏远地区，"新农村社区建设，一需要政府的大力支持，二需要土生土长的领袖人物，三需要以农民为主体，四需要经济脱贫与文化脱贫相辅相成"⑥。一些研究还表明，在农村地区，一些土生土长的"精英人物"，由于"深知群众的疾苦，了解群众的需求，群众对他们容易产生信任感"⑦，发挥他们在农村社区建设中的作用是十分有益的。

因此，既要关注农村社区建设的题中之意——培育农村社区居民"自立、互助、合作"精神，又要关注农村社区建设的实际情况——政府需要在不同阶段、

---

① 徐勇：《农村微观组织再造与社区自我整合——湖北省杨林桥镇农村社区建设的经验与启示.河南社会科学》，2006 年第 5 期，第 8—11 页。

② 刘为民：《转型期我国城市社区建设的政治学分析》，《理论与改革》，2004 年第 2 期，第 25—28 页。

③ 项继权：《中国农村社区及共同体的转型与重建》，《华中师范大学学报（人文社会科学版）》，2009 年第 3 期，第 2—9 页。

④ 郎友兴、周文：《社会资本与农村社区建设的可持续性》，《浙江社会科学》，2008 年第 11 期，第 68—74 页。

⑤ 袁方成：《农村基层民主的助推器：农村社区建设中的村民参与》，《当代世界与社会主义》，2010 年第 3 期，第 13—15 页。

⑥ 覃国慈：《民族地区新农村社区建设的实践》，《中南民族大学学报》，2011 年第 1 期，15—20 页。

⑦ 胡书芝：《农村精英与农村社区发展》，《社会》，2003 年第 1 期，第 29—33 页。

不同地区应该进行不同程度的介入,弥补农村社区的不足。只有"在规划性变迁中实现国家理性与农民理性的有机衔接、良性互动",形成政府主导、社会协同、民众参与的农村社区建设机制和方式,"才能共同推进农村社区建设的进程"①。

二、农村社区建设筹资困难之因

从农村社区建设的现有情况来看,不管哪种建设路径,都面临筹资困难。

1. *政府投资方式受到主客观双面影响*

主观来看,由于政府在公共服务投资方向上存在不同偏好,"在利益驱动下,政府权力宁愿光顾边际效益更大的工程部和项目"②。"有的地方领导只把注意力放在改善大的基础设施上,忽视面向社区群众开展的诸如道路、桥梁、水利等关系村民日常生产生活的公共基础设施的提供。同时,政府整合资源实现服务下乡过程中,未考虑当前实际发展需求,实现一刀切,导致农民急需的各种公共服务不能得到有效供给,公共服务均等化难以实现。"因而,"总体上来看,大部分地区农村休闲娱乐设施仍短缺,大型水利设施常年失修,村干部办公条件简陋,办学力量不够,与建设社会主义新农村关于乡风文明的基本要求相距甚远"③。

客观上来看,许多地方自身财政运转有困难,势必影响对农村社区建设的投资。如"许多县级政府财政自给程度极低,维持政府机关运转的正常经费开支,都要靠'寅吃卯粮'或借债,更谈不上支持社会事业的发展。2005 年的一项资料显示:在我国 3000 多个县市中,财政长期呈现赤字的已超过 50%,全国有 1080 个县的工资发放发生困难,约有 50%~60% 的乡镇入不敷出。"④要这样的县来加大农村社区建设投入是有困难的。

2. *农村自身财政能力不足影响社区建设投入*

并不是所有农村都像长三角和珠三角等地区那样自身富足,反之,很多农村

---

① 许远旺:《社区重建中的基层治理转型——兼论中国农村社区建设的生成逻辑》,《人文杂志》,2010 年第 4 期,第 171—179 页。
② 吴晓林:《我国五保老人生存境遇及政策研究综述——一个"社会资本与政府责任"的分析框架》,《人口与发展》,第 2010 年第 3 期,第 83 页。
③ 李增元:《农村社区建设:治理转型与共同体构建》,《东南学术》,2009 年第 3 期,第 26—31 页。
④ 中国(海南)改革发展研究院编:《聚焦中国公共服务体制》,中国经济出版社 2006 年版,第 120—121 页。

社区"缺少经费,社区建设发展不平衡,运行成本较大,后劲不足"①。资源的有限增长与渠道单一性制约着农村社区建设的进程。有些地区看似集体资源充足,但实际上可经营资产很少,而且不同地区由于地域、制度等因素导致经济发展呈现非均衡性特征,经济状况可以用三个三分之一来形容:超过三分之一的社区刚刚"温饱",三分之一的社区正奔"小康",不足三分之一的社区才称得上"富裕"。多数地方普遍存在经费不足、社区干部待遇偏低、基础设施较差的现象。②

三、构建多元化的农村社区筹资模式

事实证明,"在农村社区建设中,实际上只有政府部门单渠道的财政资源投入,严重制约着农村社区建设的进程"③。因而,应当立足现实,为农村社区建设构建多元化的筹资机制。"在颠覆性创新重组农村公共产品有效需求和有效供给条件下,公有私营(政府供给)、共有公用(合作供给)和私有公用(市场供给)是农村公共产品供给机制的社会化改革途径。"④

1. 中央政府要增加农村建设投入

就投资层级来看,"中央政府是资本密集型产品的供给主体、地方政府特别是县乡两级政府应该成为技术密集型产品的供给主体、社区组织和村民是农村劳动力密集型产品的供给主体"⑤。国家增加对农村社区建设的投资,是由长期来"城乡二元结构"和"剪刀差"等历史因素,造成城乡割裂,进而进入"工业反哺农业"时期的必须作为,需要在中央层面确保全国范围的公共服务和公共产品供给资金(如社保、医疗等)限制城乡差距;此外,鉴于各地区发展的差异,单靠地方投资不足以遏制地方差距、促进中西部地区农村的发展,因而需要通过国家层面的转移支付,加大扶贫力度、补足落后地区的建设和发展资金,才能平衡地方收入差距、促进区域平衡。

2. 地方政府要保障本地区公共产品投资

地方政府在中央承担的基本公共服务供给之外,可以根据自身的财政收入

---

① 许远旺:《社区重建中的基层治理转型——兼论中国农村社区建设的生成逻辑》,《人文杂志》,2010年第4期,第171—179页。
② 李增元:《农村社区建设:治理转型与共同体构建》,《东南学术》,2009年第3期,第26—31。
③ 许远旺:《社区重建中的基层治理转型——兼论中国农村社区建设的生成逻辑》,《人文杂志》,2010年第4期,第171—179页。
④ 程又中、陈伟东:《国家与农民:公共产品供给角色与功能定位》,《华中师范大学学报(人文社科版)》,2006年第2期,第2—7页。
⑤ 许远旺:《社区重建中的基层治理转型——兼论中国农村社区建设的生成逻辑》,《人文杂志》,2010年第4期,第171—179。

状况,适当提高供给标准,发展适合本地实际的一些公共服务项目。也就是说,除了"核心公共服务"内容以外,地方政府要在当地交通、公共卫生、住房、基础设施等方面进行"本地化"的投资。如"2008年,北京市就由市政府固定资产投资5171万元、区筹措解决资金2216万元,完成1.5万座农村户厕改造工程,覆盖率超过74%。"①

3. 农村社区自身要鼓励社会共同投资

农村社区自身的投资既包括村集体以土地为主的收益,也包括村镇周边村办企业等经济体的投资。应该形成鼓励社会投资的氛围和机制。

一是可考虑由发行专项基础设施建设债券、有偿筹集建设资金。二是用好土地产权收益,可以拍卖农村基础设施系统使用权、经营权或冠名权,筹集建设资金。② 三是以减税让利方式激励企业进行农村基础设施建设投资,拓宽社会资金进入渠道。东部沿海地区的实践表明,实力雄厚的村办企业或集体经济的发展,能够为社区建设注入有力的资金支持。③ 四是继续推动地方政府部门或村外企业与农村社区的资金帮扶工作,例如山东莱西市,采取双向选择结对子的方式,安排86个市直部门和175个企业帮扶农村社区实施"五化"工程,市委、市政府对包帮情况进行定期督查通报,极大地调动了社会参与农村社区建设的积极性,形成了工作的强大合力,据统计,部门和企业共帮扶农村社区"五化"(硬化、绿化、亮化、美化、净化)工程1600多万元。④ 五是,推进农村金融改革,推动金融网络向农村延伸。近年来"由于四大商业银行上市后的战略调整,撤并、收缩部分农村网点,使得农村金融服务出现缺口",在这种情况下,可以考虑"逐步推动对农村信用社的股份制改造、发挥邮政储蓄银行或民营中小银行社区银行功能、将民间非正规金融组织引导规范成社区银行"⑤等,来发展社区银行为农村社区建设提供信贷支持。

---

① 中共北京市委、农村工作委员会、北京市农村经济研究中心:《北京农村年鉴》,中国农业出版社2009年版,第281页。

② 郭晓鸣:《发展中的困境与困境中的突破》,《四川日报》,2007年6月25日。

③ 毛丹:《乡村组织化和乡村民主——浙江萧山市尖山下村观察》,《中国社会科学季刊(香港)》,1998年第22期,第15—22期。

④ 《莱西市拓宽筹资渠道推进农村社区基础建设》,青岛市民政局网站,http://qingdao.mca.gov.cn/article/jcxx/200908/20090800034580.shtml。

⑤ 顾巧明、胡海鸥、王宏:《社区银行:金融危机背景下推进新农村建设的催化剂》,《软科学》,2009年第9期,第59—63期。

复习思考题

1. 为什么要进行农村社区建设?
2. 农村社区建设又哪些途径?
3. 为什么要组建农村社区建设共同体?
4. 如何利用农村社区共同体进行农村社区建设?
5. 农村社区建设有哪些原则?
6. 如何解决农村社区建设资金短缺问题?

案例:

2012年5月8日,中国首个村级市——河南濮阳西辛庄市将挂牌,现任濮阳县庆祖镇西辛庄村党委书记李连成将成为"市委书记"。

李连成接受采访时说,他所说的这个"村级市",其实就是个超大型的农村社区,将来规模可能有几万人、十几万人甚至几十万人。"城市有啥咱有啥,让广大村民享受到市民的生活。区别是城市堵车,咱这儿不堵;城里有行政机关,咱这儿没有"。

在全国两会期间,中共中央政治局常委、国务院副总理李克强到河南代表团驻地看望代表,李连成又向他汇报了这个想法。李克强高兴地说:"你这是又要创造一种新模式啊!"

那么,李连成心中的"村级市"又是个什么样子呢?对此,李连成这样描述:"市中心"是一个大型广场,四周设4个仿古大门,周边全都是两层楼,4个角是12层小高层,河南建业集团已进行了设计,并已动工。

李连成表示,"市"里还要建一所能容纳2000名孩子的幼儿园、一所能容纳2000名学生的小学、一家2000人规模的疗养院。"我可以明确地告诉你,今年5月8日我们的城市就要挂牌儿了,名字就叫——河南濮阳西辛庄市"。

西辛庄,村里有企业20多家,马路、绿地、医院、学校俱全;村民们住进了小洋楼,水电气暖齐全,人均收入2.6万元……"城里有啥俺有啥"。(《东方今报》,2012年3月22日)

讨论:

如何看待农村社区建设中出现的村级市?

第三章 农村社区管理

☞ **学习要点：**

掌握农村社区管理的相关概念和基本理论；理解农村社区管理的主客体关系；了解农村社区管理体制的发展阶段，自治组织的体系架构和主要的农村社区管理模式。

☞ **关键概念**

农村社区管理　农村社区管理主体　农村社区管理客体　农村社区管理体制　农村社区管理模式

[引例]

河南上蔡县蔡都镇景庄村与周庄村均为自然村，同属于井庄村一个大村，该大村人口超过2000人。2012年3月由于一条与温总理"攀亲"的微博，这个小村庄吸引了媒体的关注："两天前，温家宝总理来到河南临颍、舞阳查看麦苗长势……今天上午，几十公里外的上蔡县蔡都镇景庄村，绿油油的麦田便被推土机铲平，该县为招商引资的上蔡中学强征耕地近五百亩，多数农民未获分文补偿。"

根据工地边张贴的"工地概况"显示，上蔡县欲新建一所"上蔡中学"，总用地面积231216平方米。学校规划建设180个班级，可容纳近万名学生。但是，村民未见任何与征地事宜有关的政府公告、文件，村委会也未召开会议征求村民意见。村委会的人只是挨家挨户上门让村民签字。而村民所签的"卖地协议"，仅为一表格。有部分村民"签名、按手印"后，领取了33000元/亩的补偿。但大多是在村支书以"宅基地、计划生育、子女上学"等名义胁迫下签的字。甚至有一位村民被派出所带走，家属签名后才得以释放。

村民认为蔡县已有多所中学，其村附近已有一所，且学生不多，不明白政府怎么会"招商引资"兴建新中学。他们怀疑"政府打着招商引资建学校的名义在非法征地，然后再卖给开发商建房"。据村民估计，20日和21日两天，被推土机铲毁的麦苗有五六十亩，在村民的"人肉盾牌"的阻拦下推土机才离开。由于媒体的介入，当地"工地概况"牌子被拆走，准备举行奠基仪式的台子也拆了。

3月22日，上蔡县宣传部工作人员称，为缓解教育资源紧缺，县政府在此处引资建一所全日制寄宿中学。由河南圣丰置业有限公司投资，计划投资2个亿，占地300亩。不过，投资公司的审批程序至今未完成，系急于开工，擅自与当地村委会达成协议，铲除村民60多亩青苗。为此，上蔡县政府要求投资方立即停工，并责成国土、监察等部门组成调查组，立案调查，依法追究相关人员的责任。

这种"无公告、无协议、无补偿"式征地，伤害了当地村民的利益，也突显出了农村社区管理中存在的问题。村委会没有成为村民自治的组织，反而完全不顾村民的意见，在利益的驱使下强迫农民进行土地流转，擅自将土地向外发包。要实现农村社区的和谐发展，政府领导和村民自治必须要有效结合。（丁建庭：《南方日报》2012年3月22日，A12版）

第一节　农村社区管理理论

农村社区在建设同时和建成后，都需要加强管理。只有这样，才能保证农村社区建设的高效和农村社区的良性运行，因此，我们在研究农村社区建设问题的同时，还应研究农村社区管理问题。

一、农村社区管理内涵

1. 农村社区管理概念

社区管理是目前使用较频繁的词汇，常与社区建设、社区治理、社区行政等概念连用。社区管理是一个内涵相当丰富、外延相当复杂的历史范畴，随着历史条件、文化传统、社区结构、社区发展水平的变化而不断发展。于燕燕在《社区建设基础知识》中指出："社区管理是指社区权力机构运用一定的原理和方法，为达到社区管理的目的而进行的协调活动。"陶铁胜在《社区管理概论》中指出：

"社区管理是指在街道范围内,由街道党工委、街道办事处主导的,社区职能部门、社区单位和社区居民积极参与的区域性、全方位的自我服务和自我管理。"但有些学者用社区治理、社区行政等概念来表述社区管理。如王建军在《社区管理的理论与方法》中说:"社区管理又称为社区治理。它是指在基层政府的引导和支持下,由社区自治组织主导,并在社区中各种社会组织以及居民的共同参与下,为实现社区生活的有效运行和推进社区发展而开展的各种社区公共事务管理活动的总称。"朱国云在《社区管理与服务》中提到:"社区管理也可称为社区行政,是指在一定的社会环境和条件下,社区内部各种组织以居民自治、自我服务、自我管理为目的,为满足社区居民物质生活、精神生活等需要和维护社区整体利益而对社区的各项事务进行有效管理和调控的过程。"受这些学者的启发,我们将农村社区管理界定为:在农村地域范围内,在党和政府的主导下,在农村社区内各类管理主体的共同作用下,由社区成员共同管理社区公共事务和公益事业,改善农村社区的经济、社会、文化、教育和福利等状况,不断提高农村社区成员的生活水平和生活质量的过程。

2. 农村社区管理的特征

农村社区管理有地域性、层次性、互助性、广泛性和动态性等特征[①]。

(1)地域性。农村社区是地域性社会,农村社区管理活动基本上局限于农村社区范围内,管理方式也是发动农村社区内的各类主体,进行自我组织、自我服务和自我管理。如果农村社区外的管理机构延伸至农村社区内实行管理,农村社区的自我管理机制将无法正常运行;如果农村社区管理机构的管理对象越出社区范围,农村社区管理主体和管理对象的一致性将不复存在。这种管理主体和管理对象的一致性,使农村社区管理的地域性特征更加明显。

(2)层次性。我国农村社区管理包括政府的行政管理与群众的自我管理两个层次。理想状态是实现村民自我管理,即自治。但从实情看,农村社区的村民自治和自我管理需要党和政府发挥主导作用,尤其是党和政府的基层组织在操作层面上发挥作用。在农村社区管理中,它们的职责体现在三个方面:第一,按法规落实村民自治,包括宣传法律、发动村民、指导与组织社区选举、推荐居委会干部人选等;第二,在日常工作中,依法对村委会的工作进行指导,将政府的管理事项落实到农村社区,调动政府资源,特别是财政资源对村民自治组织进行扶植;第三,对村委会的工作进行考核,其办法由政府进行直接考核,也可颁布考核标准,由农村社区村民通过代表大会对其进行定期和不定期的间接考核。在中

---

① 同春芬、党晓虹、王书明:《农村社区管理学》,知识产权出版社 2010 年版,第 18 页。

国,农村社区管理事实上就是政府领导与村民自治的结合,结合得好,农村社区发展好;结合得不好,农村社区发展会停滞、甚至产生各种问题。

(3)互助性。农村社区管理的地域性特征决定社区管理的互助性。生活在农村社区的村民之间以及他们与社区组织、群体团体之间有着十分复杂、密不可分的关系。村委会是村民和政府基层组织的桥梁,三者之间有紧密的联系。每个农村社区成员既是管理主体,同时又是管理对象,既有管理他人的权利,又有接受别人管理的义务。在这种关系基础上建立起来的农村社区管理只能是社区成员共同参与的平等、互利、互助式的自我组织、自我服务、自我管理模式。农村社区的"我为人人,人人为我"的精神风尚,使农村社区成员互相帮助,互相支持,形成高尚文明的社区人际关系。

(4)广泛性。农村社区管理活动涵盖农村生活的方方面面,针对村民的不同需求,社区管理的职责表现出鲜明的广泛性。农村社区管理内容包括人口管理、文化管理、环境管理、卫生服务管理、财务管理、土地管理、治安管理和服务管理等方面,是各级政府无法替代的。

(5)动态性。我国农村社区管理不是一个稳定成型的管理形态,而是处于一个发展中、完善中的状态。农村社区管理主体包括政府组织、社区自治组织、经济组织和非营利组织,而不同管理主体都有其不同目标、需求和利益,它们在实现过程中会产生一系列的问题和矛盾。且各地区农村社区管理的基础、文化、地域、人口要素不相同,在不同地区的起点不同,路径不一致,故农村社区管理的动态性及过程性特别突出。

3. 我国农村社区管理目标

我国农村社区管理目标是:以满足农村社区群众日益增长的物质和精神文化需求、提高农民综合素质、促进农民全面发展为目的,以扩大基层民主、完善村民自治、健全农村社区管理和服务体制为重点,大力推进政府公共服务向农村社区延伸覆盖,推动农村经济、社会又好又快发展,以实现村民自治,管理有序,服务完善,治安良好,环境优美,文明祥和的总体目标①。

村民自治是村民通过村民自治组织依法办理与村民利益相关的村内事务,实现村民的自我管理、自我教育、自我监督和自我服务,从而实现民主选举、民主决策、民主管理、民主监督的基本社会政治制度。管理有序是要实现社区行政管理和社区自我管理的有效衔接、政府依法行政和居民依法自治的良好互动。服务完善是要构建以公共服务机构为依托、专业经济组织为基础、其他社会力量为

---

① 同春芬、党晓虹、王书明:《农村社区管理学》,知识产权出版社2010年版,第21页。

补充,公益性服务和经营性服务相结合、专项服务和综合服务相协调的新型农村社区服务体系。治安良好是要建立党委领导、政府负责、社会协同、公众参与的农村社区治安建设新机制。环境优美是要切实加强农村环境保护,统筹城乡环境保护,改善农村环境,扎实推进社会主义新农村建设。文明祥和是要深入开展社会公德、家庭美德、个人品德教育,坚持以人为本,构筑良好的社区人文体系,努力建设诚信友爱、吉祥和谐的人文社区。

二、农村社区管理原理

西方学者比较重视社区管理问题研究,其中需求层次理论、公共产品理论、公共选择理论、新公共管理理论都涉及社区管理问题。这些理论中的社区管理主张也适用农村社区管理。

1. 需求层次理论

需求层次理论由人本主义心理学家马斯洛于1943年初次提出,他在1954年又对这个理论作进一步完善。马斯洛把人类纷繁复杂的需要分为生理需要、安全需要、友爱和归属需要、尊重需要和自我实现需要五个层次。同年马斯洛在《激励与个性》一书中又把人的五个需要层次发展为七个,增加了求知需要和求美需要[①]。这七种需要又可分为高级和低级,其中生理需要、安全需要、社交需要属于低级需要,这些需要可通过外部条件使人得到满足。而尊重需要、自我实现需要是高级需要,是永远不会感到完全满足的。当低级需得以满足时,自我实现需要就变得突出起来,这对个人来说可能是最好的一种愿望。当人们的需要进入这个层次时,都想发挥他们全部内在潜力,来满足他们这种自我实现需要。在农村社区中,人们有着多层次多样化的需求,我们可用该理论来评估农村社区居民的需要,通过满足他们的各层次的需要来调动他们生产生活积极性,实现构建和谐社区、和谐社会的目标。

2. 公共产品理论

虽然公共产品思想可溯至亚里士多德的政治学说,但英国学者霍布斯1651年在《利维坦》一书中关于国家的论述,则是公共产品理论的真正起源。屈指算来,公共产品理论经历了300多年历史。

古典经济学中不乏公共产品理论的思想火花,如大卫·休谟在1739年出版的《人性论》提出"搭便车"的思想;亚当·斯密在1776年出版的《国富论》中提出政府"守夜人"的角色等。公共思想源于1882年,瓦格纳提出的瓦格纳法则,

---

① 赵国祥:《管理心理学》,河南大学出版社1995年版,第113页。

从实证角度研究并证实政府的公共产品供给职责。

公共产品理论成型于20世纪上半期。1919年瑞典人林达尔定义"公共产品"一词,并提出公共产品供给的"林达尔均衡"思想。1954年美国经济学家保罗·萨缪尔森在《经济学与统计学评论》第36期发表《公共支出的纯理论》一文,对公共产品概念做了经典性表述,成为公共产品的标准定义,并沿用至今。萨缪尔森认为,"公共产品是指每个人对这种产品的消费都不会导致其他人对该产品消费的减少"。相对而言,私人物品是指"如果一种物品能够加以分割,因而每一部分能够分别按照竞争价格卖给不同的人,而且对其他人没有产生外部效果"。从定义看出,公共产品天生具有非排他性和非竞争性,正是这两个属性,人们很难找到一个有效的价格体系来控制公共产品的消费。1965年,詹姆斯·M.布坎南在《俱乐部的经济理论》一文中指出,萨缪尔森定义的公共产品是"纯公共产品",现实社会中,大量存在的是介于公共物品和私人物品之间的"准公共产品"或"混合商品"。所谓俱乐部产品就是这样一类产品,一些人能消费,而另外一些人被排除在外。布坎南的"俱乐部产品"拉近了"公共产品"与现实的距离,具有较强的实用性和操作性。归纳起来,公共产品理论的研究主要集中在以下相互关联、不断深化、依次推进的四个层次:公共产品的内涵与范围、公共产品供求机制、公共产品运行机制和公共产品评价激励机制[①]。

我国社会主义市场经济是以马克思公共产品理论为指导的,该理论认为利用市场的观点是可取的,但应当端正利用市场的出发点,利用市场并不是为了弥补市场失灵或对市场失灵进行校正,而是为了更有效地满足社会存在和发展的共同利益需要。[②] 地方公共服务的"提供"和"生产"可实行分离。公共产品的提供是指征税和财政支出决策,决定适应乡村社区需要的服务及其供给水平,并安排和监督生产。公共产品的生产是指把投入转换成产出。作为提供公共产品的政府机构不必一定生产该类产品,它既可组织起自己的生产单位,也能够从别的生产者那里购买公共产品或加入其他共同服务的安排。农村社区公共产品和公共服务的提供者和生产者合一时,官僚成本开始产生;两者相分离时,又产生交易成本。故农村社区公共产品供给机构呈现多元化特征,使公共产品供给方式多样化。[③]

---

① 王爱学、赵定涛:《西方公共产品理论回顾与前瞻》,《江淮论坛》,2007年第4期,第41页。
② 胡钧、贾凯君:《马克思公共产品理论与西方公共产品理论比较研究》,《教学与研究》,2008年第2期,第9页。
③ 黄大金:《中国乡村社区治理研究》,博士学位论文,2010年,第21页。

3. 公共选择理论

19世纪60年代，美国的詹姆斯·布坎南及其代表的"公共选择学派"拓宽了公共产品理论研究的领域，发展了研究非市场决策的公共选择理论。公共选择理论指把传统经济理论的分析方法运用于政治领域分析的理论，是新古典经济学的基本原理在政治行为上的应用，它是非市场的集体选择，实际是政府选择。詹姆斯·布坎南在《公共选择理论》一书中说，我们想要做的事情是人们用以检查市场经济缺陷和不足的方法，完全不变地用来研究国家和公共经济的一切部门。

公共选择理论是一种政府应做什么的理论，包括政府如何选择、关于投票规则和关于政府失灵问题等内容。其主要假设是：政府行动主体就像经济行动主体一样，为了利益（满意度）最大化而理性行动；它认为政治行动主体唯一重要的是个体。按照公共选择理论的"个人主义"和"经济人"假定，作为"经济人"，公共任职人员必然以个体利益为根本出发点，客观上导致政府抵制政治集团利益的失败，从而出现腐败现象。在公共权力的腐败过程中，政府公职人员、公众和行贿者都进行了成本—收益—分析，试图谋求个体利益的最大化。①

在农村社区公共决策中，存在不同程度的政府腐败现象，因此须重新界定基层干部在市场和社区中的地位。他们应从垄断者转变为引导者，让位于市场，充分发动社区力量。从而给公众以选择公共服务的机会，调动广大农村社区居民积极性投身社区公共建设发展之中。因此公共选择理论主张在多中心、多层次、互相制约的管理体系中，决策权和行政责任应尽可能向下移动，最大限度地让受决策影响的村民参与决策。公共选择理论的研究，利于重新划分政府、市场、社会三者之间在提供公共管理服务中的边界，推进农村社区民主自治。

4. 新公共管理理论

20世纪70年代以来，西方兴起"新公共管理运动"。这场运动是对传统公共行政管理模式的改革。新公共管理理论是新公共管理运动的理论基础，它对政府、企业与公民角色进行了重新定位，即"以生产者为中心的政府治理转向以消费者为中心的治理。政府应以公民为中心而不是以自己为中心"②。在众多的思想中影响最大的有两种：一是戴维·奥斯本提出的"政府再造"思想。1992年，戴维·奥斯本与特勒·盖布勒等在其著名的《改革政府——企业精神如何

---

① 张亚明、黄梅丽：《基于公共选择理论的腐败治理制度研究》，《内蒙古社会科学》，2011年第5期，第11页。
② 刘霞：《公共管理学科前沿与发展趋势》，《公共管理学报》，2004年第1期，第41页。

改革着公营部门》一书中提出了他们的核心思想"企业家政府理论",他们提出"改革政府的十项原则",这些新概念框架,形成一份用于改变政府行动的清单。二是罗伯特·登哈特提出的"新公共服务"路径。2000年登哈特夫妇在其著作《新公共服务:服务而不是掌舵》中,强调政府应该追求公共利益,政府思想上要具有战略性、行动上要具有民主性,政府应该服务于公民而不是服务于"顾客",政府责任并不是单一的,公务员不应当仅仅关注市场,他们也应该关注宪法和法令、社会价值观、政治行为准则、职业标准和公民利益,应重视人而不只是生产率,对公民权的重视程度要胜过对企业家精神的重视程度。虽然这两种思想强调的侧重点不同,但是都体现了民主、公平与公正,都以实现公共利益为结果导向。

目前我国农村社区管理面临的情况与当时西方国家政府改革的情况差不多,如怎样压缩财政支出以缓解财政紧张的状况;怎样改进政府工作以提高公民对政府工作的满意度;怎样放松政府管制以适应越来越开放的市场竞争;怎样改革公共服务方式以提高服务质量等等。因此,西方国家政府在公共管理上的改革思路和所采取的措施,对于我国的农村社区管理工作有借鉴意义。[1] 但我们不能机械地借鉴和简单地套用新公共管理理论,否则,在缺乏有效法治化的前提下,可能成为政府管理行为任意性、非法性的借口,干扰政府改革法治化的方向。我国乡村可借鉴的做法有:第一,重新定位政府角色,引入市场竞争机制;第二,以提高政府工作效率和质量为追求目标;第三,借鉴新公共管理中关于"顾客"观念的价值导向;第四,将分权化引入政府机构改革领域,优化政府职能。[2]

第二节 农村社区管理主体与客体

管理活动是管理主体与管理客体之间的互动协调活动,反映管理主体和客体在管理活动中的相互关系,农村社区管理涉及农村社区管理主体和管理客体的相互关系。

一、农村社区管理主体

农村社区管理主体主要有农村基层政府、经济组织、非营利组织以及社区自

---

[1] 黄大金:《中国乡村社区治理研究》,湖南农业大学博士学位论文,2010年,第24页。
[2] 李银珠:《西方新公共管理理论的契约框架:借鉴与启示》,《当代财经》,2005年第12期,第64页。

治组织等。

1. 基层政府

基层政府就是指乡镇政府,它在农村社区管理中扮演组织者和推动者的角色,具有主导农村社区建设和管理工作的资质①。

作为基层权力执行机关的乡镇政府,是国家行政系统的基层单位,负责辖区内的行政管理工作。乡镇人民政府设有民政、治安、司法、财政、文教卫生、计划生育、乡镇建设、农林水利和公交财贸等助理员,他们归乡、镇长直接领导,并在业务上接受上级主管部门指导。正副乡镇长、助理员、派出所所长、武装部长和秘书等人组成乡镇政府办公会议,讨论决定辖区内政府工作问题。②

2007年民政部颁布《全国农村社区建设实验县(市、区)工作实施方案》,要求"按照地域相近、规模适应、群众自愿的原则,科学界定农村社区的区域范围,明确农村社区的定位"。从各地实验来看,我国农村社区的建制主要包括五种模式:一村一社区、一村多社区、多村一社区、集中建社区和社区设小区。③《中华人民共和国村民委员会组织法》规定,乡、民族乡、镇的人民政府对村民委员会的工作给予指导、支持和帮助,但是不得干预依法属于村民自治范围内的事项。村民委员会协助乡、民族乡、镇的人民政府开展工作。乡、民族乡、镇的人民政府负责监督村民委员会依照法律、法规的规定履行法定义务,对不依照法律、法规的规定履行法定义务的行为责令改正。

2. 农村社区经济组织

经济组织即制造产品或提供有偿服务的组织。经济组织都是在一个具体的社区中运行的,随着改革开放和市场经济的发展,农村社区中逐渐出现各种所有制形式的经济组织。农村社区要为经济组织承担大量的社会性、服务性的工作,以帮助其按照市场机制运营,在市场竞争中获取利润;而经济组织也要主动将自己所拥有的一些资源,尤其是处于闲置的各种资源提供给所在农村社区使用,以此来实现资源的有效利用和资源共享,积极参与农村社区管理。

农村社区经济组织参与社区管理的主要内容包括:第一,经济组织渗入农村社区协商议事机构,通过社区协商议事机构发挥农村社区内部各种经济组织的人力、智力优势,共同出谋划策,探讨农村社区管理的途径和方法;第二,经济组织渗入农村社区管理机构,通过社区管理机构协调农村社区内部各个经济组织

---

① 朱国云:《社区管理与服务》,天津大学出版社2010年版,第123页。
② 李双球、李少虹:《民政概论》,北京大学出版社2008年版,第39页。
③ 王建军、夏志强、王建容:《社区管理的理论与方法》,四川大学出版社2008年版,第116页。

的活动,规范各自的行为,共同为农村社区良好管理作出自己的贡献;第三,经济组织要渗入社区自治机构,通过渗入社区自治机构的活动,为农村社区民间组织的产生、发育以及农村社区自治力量的发展提供条件和契机。

3. 农村社区非营利组织

改革开放以来,我国各类非营利组织稳步发展,它们扮演着把家庭和农村社区与广阔的社会联系在一起的中介和催化剂角色。它们具有以下五种特征:非政府性、非营利性、自治性、志愿性、公益性或互益性[①]。非营利组织包括一些行业性组织、福利组织、志愿者组织、慈善组织等。它们在我国农村社区管理中起着重要的推动作用,其表现如下:第一,积极地为农村社区居民提供服务以满足社区村民多层次的需求,改善农村社区服务的质量;第二,减轻政府在农村社区建设和社区服务中的负担,弥补政府资源的不足;第三,吸引和动员志愿者参与农村社区建设和发展,激励越来越多的农村社区居民参与农村社区建设。

4. 农村社区自治组织

《中华人民共和国村民委员会组织法》第二条规定:村民委员会是村民社区自我管理、自我教育、自我服务的基层群众性自治组织,实行民主选举、民主决策、民主管理、民主监督。村民委员会办理本村的公共事务和公益事业,调解民间纠纷,协助维护社会治安,向人民政府反映村民的意见、要求和提出建议。村民委员会向村民会议、村民代表会议负责并报告工作。

二、农村社区管理的客体

农村社区管理对象是农村社区内的各组织和居民,包括以下九种[②]。

1. 农村社区居民

居民是社区的基本要素。农村社区居民管理包括:控制农村人口数量,缓解人口对资源、环境的压力,提高农村人口素质,化巨大的人口压力为人力资本优势。有效控制农村人口数量,可以缓解人口对资源、环境的压力,促进农村经济发展和社会进步;有效提高农村社区人口质量关系到居民素质总体水平的高低;做好农村计划生育管理,稳定低生育水平是构建和谐社会、建设新农村的重要前提。

2. 农村社区文化

文化是社区的重要因素,也是社区建设的灵魂。因此,农村社区文化管理是

---

① 王建军、夏志强、王建容:《社区管理的理论与方法》,四川大学出版社2008年版,第82页。
② 同春芬、党晓虹、王书明:《农村社区管理学》,知识产权出版社2010年版,第25年。

一项长期而艰巨的任务。农村社区文化管理包括：用科学发展观武装村民的头脑，剔除封建思想；开发社区文化资源，继承和发扬优秀的传统文化；加快农村社区文化基础设施建设；丰富村民的文化活动，形成浓厚的文化氛围等。

3．农村社区环境

农村社区环境是农村居民生产和生活的物质空间，是农村社区赖以生存和发展的外部条件的综合。随着人口的急剧增长和城市化的推进，农村社区环境问题日益严重。农村社区环境管理包括：完善农村环境保护的法律法规和政策；成立农村社区环境管理监督机构；提供农村社区污染防治社会化服务；建立和推广环境保护示范地区的经验。

4．农村社区卫生服务

农民的健康状况关系到整个国民身体素质的提高。农村基层政府及农村社区卫生机构的主要任务是向农村社区居民提供方便、安全、快捷的旨在促进村民健康、预防疾病、医疗、卫生保健和康复服务，建立和完善农村公共卫生服务体系，解决困难群众看病难、看病贵问题。

5．农村社区财务

农村社区财务管理是指对直接归农村社区集体占有、支配、管理的各种资产所发生的一切收入、使用、分配等财务活动的核算、计划、监督与控制。主要包括收入管理制度、现金管理制度、支出管理制度、资产资源管理制度、票证管理制度和会计报表制度等。管理的主要目的是做到农村社区财务公开和民主管理。

6．农村社区土地

土地是农业的最重要的生产要素，自然成为农村社区管理的主要客体。农村社区土地管理包括地籍管理、土地利用管理和耕地保护管理。加强农村社区土地管理，是我国基本国情的需要，是确保我国粮食安全的需要，是维护社会稳定和国家长治久安的需要，是认真贯彻落实科学发展观、确保国民经济持续健康发展的需要。

7．农村社区治安

农村社区治安管理是对社区的社会秩序和人民生命财产安全依法进行管理的活动。它具体包括农村社区秩序管理；群体性治安事件管理；户口管理；民用危险物品管理；特种行业管理；道路交通安全管理；消防管理等。重视农村社区治安管理，是保持农村地区社会秩序安定的需要，是促进农村地区各项建设顺利进行的前提和重要保障。

8．农村社区服务

农村社区服务管理是指在村民自治委员会领导下，以农村社区中的各村落为依托,具有社会福利性的社区公共性服务活动。其主要内容是为村民提供老年人服务、残疾人服务、便民服务、文体服务、卫生服务、治安服务、科技和信息服务等。目的在于通过社区服务使村民提高自助、互助能力和整个社区的生活质量。

9. 农村社会保障

农村社会保障管理作为农村社会保障的基础,是国家社会保障体系不可分割的一个组成部分,是农村社区管理的重要方面。它是在农村社区这一特定地区、针对农民这一特定人群所实施的社会保障。它主要包括农村社区医疗保险、农村社区养老保险、农村社区最低生活保障制度等。

第三节 农村社区管理体制

管理体制是社区良性运行的基本条件。虽然我国已颁布《村民组织法》,从法律上要求农村社区施行自治,但农村社区还必须营造社区经济、文化、日常生活等方面的管理体制。

一、农村社区管理体制的演化

农村社区管理体制,是指农村社区管理主体为有效进行社区管理所建立的权责体系、组织结构体系、运行机制以及规章制度的总称。它是进行社区管理和建设工作的基础和保障。只有构建符合我国国情的、科学的社区管理体制,才能保证社区管理在法制框架下有效运行。农村社区管理体制的变迁,由农村社区内外的各种关系格局的变化、国家社会管理制度的变革来决定。新中国成立以来,我国农村基层社区管理体制大致经历过如下三个阶段。

1. 村乡体制时期

从时间上讲,此时期大致为1949年至1958年之间。新中国成立初期至1958年,我国农村基层政权体制有两种:一种是北方的区、村两级政府体制;另一种是南方的区乡建制。在这两种体制下,"村"和"乡"分别是不同地区的农村基层政权组织。1954年9月,新中国颁布的第一部宪法,对全国农村基层政权进行统一规范,规定实行乡镇人民代表大会制度,乡镇为农村基层政权。村乡制,有三个特征:从管理规模看,新中国成立初,"村的规模一般很小,平均每个行政村不足900人,东北各省人数较多,平均每村1500人,内蒙古地广人稀,每一行政村面积较大"。从组织性质看,村乡制有明显的行政化特点,除区公所作为县级派出机构或一级政府外,村或乡也是"政府"组织。从组织基础来看,村乡制是建立在个体所有或私有制基础上。农户有土地、生产工具等生产资料的所有权,劳动生产和经营自主权。不过,随着农村合作化和集体化的发展,此时期的基层乡村制度已不能容纳日益扩大的集体组织,也不适应国家集体化发展的目标。为此,在集体化过程中,我国废止村乡制度,转变为人民公社体制①。

2. 人民公社体制时期

从时间上讲,此时期大致为1958至1983年之间。20世纪50—80年代,为构建集权体制的微观基础,将"一堆分散的马铃薯"式的农民组织起来,实现乡土社会整合,我国开始实行公社体制。在组织结构上,建立人民公社—生产大队—生产队三级组织;在组织功能上,实行"政经合一"、"政社一体"、"党政不分",即经济组织与人民公社组织合一,国家基层政权组织与人民公社组织一体,实行党的一元化领导;在权利配置上,国家通过社队体制垄断所有权利和资源,农民既没有经营自主权,也没有社区自治权;在运行机制上,采取行政机制进行社区管理。农村社区管理的乡政权制是建立在计划经济及城乡分治条件下,它本身不仅是计划经济体制的产物,也是计划经济的基础,同时也是维系城乡二元化体制的制度安排。宏观层面的计划经济体制和城乡二元体制借助微观层面的乡政权制实现国家对农民直接、全面而刚性的控制,但客观上导致农村社区的行政化和城乡社区治理的离散化②。

3. 乡政村治体制时期

从时间上讲,此时期大致从1983年至今。20世纪70年代末80年代初以来,以家庭联产承包责任制为发端的农村市场经济体制改革瓦解社队体制的经济基础,使农民获得经营自主权和独立性。1982年的五届全国人大第五次会议通过《中华人民共和国宪法》,在规定实行政社分开的同时,规定在城市和农村设立居民委员会和村民委员会。到1985年,农村各地在废除人民公社的同时取消原有的生产大队和生产小队,建立了8.2万多个居民委员会。1987年11月全国人大常委会通过的《村民委员会组织法试行》明确规定,"村民委员会是村民自我管理、自我教育、自我服务的基层群众性自治组织"。"乡、民族乡、镇的人民政府对村民委员会的工作给予指导、支持和帮助。"1998年和2010年分别两次对《村民委员会组织法》进行修订,对此予以确认。与社队体制相比较,乡村体制具有四大特征:在组织结构上,国家政权组织与村民自治组织分开,乡镇

---

① 项继权:《"从社队"到"社区":我国农村基层组织与管理体制的三次变革》,《理论学刊》,2007年第11期,第85页。
② 卢爱国:《农村社区体制改革模式:比较与进路》,《理论与改革》,2009年第5期,第39页。

政府是国家农村基层政权,村民委员会是村民自治组织;在组织功能上,乡镇政府作为国家农村基层政权,依法行政,从事行政管理和提供给公共服务,村民委员会作为村民自治组织,依法自治,从事"自我管理、自我服务、自我教育、自我监督";在权利关系上,乡(镇)村之间不是行政上的上下级和直接的"领导关系",而是"指导关系";在运行机制上,乡镇政府采取行政机制从事行政事务,村民委员会采取自治机制从事自治事务。[①]

与此同时,为了配合乡政村治体制,乡镇政府进行了一系列变革,内容涉及行政区划、财税体制、机构精简、人员分流、体制变革等方面。学界与行政部门都在探索一种能从根本上改善乡镇机制的路径,提出机构撤销与权力分解论;"县政、乡派、村治";乡镇撤并论;彻底改革论和乡镇自治论等[②]。此外,社区自治组织、非营利组织、经济组织等主体参与农村社区管理的模式也在积极探索。

二、农村社区管理自治组织的体系架构

1. 农村社区管理自治组织体系构成

根据2010年10月28日修改的《村民委员会组织法》,我国农村社区管理自治组织体系构成如下。

(1)社区党组织。社区党组织是社区各种组织和各项工作的领导核心,其领导核心作用具体体现为思想导向作用、重要决策作用、组织保证作用、行为表率作用。其主要职责是讨论决定所辖区域内的社区管理、社区服务、经济发展、社区治安管理等方面的重大问题,支持和保证村民委员会依法履行职责,团结、组织党员和群众完成本社区内所担负的各项任务。[③]

(2)村民委员会。村民委员会是村民自我管理、自我教育、自我服务的基层群众性自治组织,实行民主选举、民主决策、民主管理、民主监督。村民委员会办理本村的公共事务和公益事业,调解民间纠纷,协助维护社会治安,向人民政府反映村民的意见、要求和提出建议。村民委员会向村民会议、村民代表会议负责并报告工作。村民会议可以制定和修改村民自治章程、村规民约,并报乡、民族乡、镇的人民政府备案。

(3)村民会议。《村民委员会组织法》规定,有十分之一以上的村民或者三分之一以上的村民代表提议,应当召集村民会议。村民会议由村民委员会召集。

---

① 同春芬、党晓虹、王书明:《农村社区管理学》,知识产权出版社2010年版,第28页。
② 黄红华、郁建兴:《乡镇政府改革再思考》,《学习与探索》,2006年第5期,第69页。
③ 王建军、夏志强、王建容:《社区管理的理论与方法》,四川大学出版社2008年版,第116页。

村民会议审议村民委员会的年度工作报告,评议村民委员会成员的工作;有权撤销或者变更村民委员会不适当的决定;有权撤销或者变更村民代表会议不适当的决定。村民会议可以制定和修改村民自治章程、村规民约,并报乡、民族乡、镇的人民政府备案。

(4)村民代表会议。根据《村民委员会组织法》规定,人数较多或者居住分散的村,可设立村民代表会议,讨论决定村民会议授权的事项。村民代表会议由村民委员会成员和村民代表组成,村民代表应当向其推选户或者村民小组负责,接受村民监督。村民代表会议由村民委员会召集。每季度召开一次;有五分之一以上的村民代表提议,应当召集村民代表会议。村民会议可以授权村民代表会议审议村民委员会的年度工作报告,评议村民委员会成员的工作,撤销或者变更村民委员会不适当的决定。

(5)村民小组会议。村民委员会可按村民居住状况分设若干村民小组,小组长由村民小组会议推选。召开村民小组会议的条件是,由本村民小组十八周岁以上的村民三分之二以上,或者本村民小组三分之二以上的户的代表参加,所作决定应当经到会人员的过半数同意。村民小组组长由村民小组会议推选。村民小组长任期与村民委员会的任期同为三年,可连选连任。属村民小组的集体所有的土地、企业和其他财产的经营管理以及公益事项的办理,由村民小组会议照有关法规讨论决定,所作决定及实施情况应当及时向本村村民公布。

(6)村民选举委员会。村民选举委员会主持村民委员会的选举。村民选举委员会由主任和委员组成,由村民会议、村民代表会议或者各村民小组会议推选产生。村民选举委员会成员被提名为村民委员会成员候选人,应当退出村民选举委员会。村民选举委员会成员退出村民选举委员会或者因其他原因出缺的,按照原推选结果依次递补,也可另行推选。

(7)村务监督委员会。村务监督委员会或者其他形式的村务监督机构,负责村民民主理财,监督村务公开等制度的落实,其成员由村民会议或者村民代表会议在村民中推选产生,其中应有具备财会、管理知识的人员。村民委员会成员及其近亲属不得担任村务监督机构成员。村务监督机构成员向村民会议和村民代表会议负责,可列席村民委员会会议。

2. 建立并实施村民会议制度

村民会议制度是为保障农村社区居民依法行使民主权利,完善社区居民民主自治制度,推进社区民主政治建设和民主管理而进行的一项制度创新。我国约85%的农村已建立村民大会或村民代表会议制度。

(1)法律依据。本制度是依照1998年11月4日第九届全国人民代表大会常务委员会第五次会议通过,并于2010年10月28日第十一届全国人民代表大会常务委员会第十七次会议修订《村民委员会组织法》建立的。

(2)村民会议、村民代表会议的成员组成。村民会议的召开,应当有过半数的该村十八周岁以上村民参加,或者该村三分之二以上的户的代表参加,村民会议所作决定应当经到会人员的过半数通过。根据需要可以邀请驻本村的企业、事业单位和群众组织派代表列席。村民代表会议由村民委员会成员和村民代表组成,村民代表应当占村民代表会议组成人员的五分之四以上,妇女村民代表应当占村民代表会议组成人员的三分之一以上。村民代表由村民按每五户至十五户推选一人,或者由各村民小组推选若干人。村民代表的任期与村民委员会的任期同为三年。村民代表可以连选连任。村民代表应当向其推选户或者村民小组负责,接受村民监督。村民代表会议有三分之二以上的组成人员参加方可召开,所作决定应当经到会人员的过半数同意。

(3)村民会议、村民代表会议法定职权。据《中华人民共和国村民委员会组织法》规定,村民会议负责审议村民委员会的年度工作报告,评议村民委员会成员的工作;撤销或者变更村民委员会不适当的决定;撤销或者变更村民代表会议不适当的决定。村民会议可授权村民代表会议审议村民委员会的年度工作报告,评议村民委员会成员的工作,撤销或者变更村民委员会不适当的决定。村民会议可制定和修改村民自治章程、村规民约,并报乡、民族乡、镇的人民政府备案。涉及村民利益的下列事项,经村民会议讨论决定方可办理:①本村享受误工补贴的人员及补贴标准;②从村集体经济所得收益的使用;③本村公益事业的兴办和筹资筹劳方案及建设承包方案;④土地承包经营方案;⑤村集体经济项目的立项、承包方案;⑥宅基地的使用方案;⑦征地补偿费的使用、分配方案;⑧以借贷、租赁或者其他方式处分村集体财产;⑨村民会议认为应当由村民会议讨论决定的涉及村民利益的其他事项。村民会议可以授权村民代表会议讨论决定前款规定的事项。

(4)村民代表权利、义务。村民代表的权利包括:①提出对村民委员会成员的罢免,提议召集村民会议和村民代表会议。②提出对村民委员会成员的罢免,本村五分之一以上有选举权的村民或者三分之一以上的村民代表联名,可以提出罢免村民委员会成员的要求,并说明要求罢免的理由。被提出罢免的村民委员会成员有权提出申辩意见。③提议召集村民会议,有十分之一以上的村民或者三分之一以上的村民代表提议,应当召集村民会议,即可由村民委员会召集村民会议。④提议召集村民代表会议,村民代表会议每季度召开一次,或者有五分之一以上的村民代表提议,即可由村民委员会召集村民代表会议。村民代表的义务包括：接受村民监督，联系社区成员，遵守国家法律法规和政策，带头执行村民代表大会决定、决议，按时参加会议，协助村民委员会做好工作。

三、农村社区管理运行机制

农村社区管理运行机制，即农村社区管理权力在农村社区管理组织结构体系中的有效运行方式，是社区管理体制的活力体现①。

1. 农村社区管理的主要运行机制

从理论角度讲，农村社区管理的运行机制包括下七种：

（1）决策机制，明确哪些社区管理组织及其哪些部门拥有哪些决策权，如何行使决策权，以保证社区管理决策能及时、有效地作出。

（2）执行机制，明确哪些社区管理组织及其哪些部门拥有哪些执行权，如何行使执行权，以保证有关社区管理的公共政策和管理决策能得到严格执行。

（3）协调机制，明确哪些社区管理组织及其哪些部门拥有哪些协调权，如何行使协调权，使社区中的各类矛盾和冲突能及时加以控制和排除。

（4）监督机制，包括如何对社区管理进行有效监督，谁来监督，以何种手段、方式进行监督等。

（5）反馈机制，即如何对社区管理过程和结果提供信息反馈，使决策者能够及时了解决策的实施情况，以及如何修改、完善决策的意见和建议。

（6）动力机制，即为推进社区管理的有效进行，需要采用物质和精神方面的激励手段，来激发和鼓励社区管理人员的工作热情、士气，调动其积极性和创造性。

（7）制约机制，为保证社区管理的公共权力不致滥用，必须从制度上对权力进行有效制约，对权力滥用现象进行制裁。

2. 农村社区管理的主要手段

农村社区管理的各类主体凭借法律赋予的职权和自身拥有的资源，对社区各项事务进行管理，其管理手段如下。

（1）行政手段，指通过政府或各类组织的行政机构，采取强制性的命令、指示、规定等行政方式来调节社区的管理活动，以达到农村社区管理目标的一种手段。行政手段具有权威性、纵向性、无偿性及速效性等特点，是自上而下的一种手段。

（2）经济手段，指在市场经济的背景下，运用市场来调节社区的管理活动。

---

① 王建军、夏志强、王建容：《社区管理的理论与方法》，四川大学出版社2008年版，第99页。

政府和社区自治组织可通过制定和实施社区发展规划、计划,或直接提供财政支持对社区进行管理;经济组织和非营利组织可通过参与社区建设和服务的竞争参与社区管理。

(3)法律手段,指通过制定和修改相关的法律法规,明确各主体的职责、权利和义务,为农村社区管理提供法律依据,是一种强制性手段。同时各农村社区也可以通过制定和修改相应的村民自治章程、村规民约进行农村社区管理。各社区管理主体通过村民自治章程、乡规民约等制度的制定、修改和执行过程,参与到社区管理。

(4)宣传教育手段,是指运用农村社区内各种形式的宣传教育方法,使公众能够了解相应的知识、法律、政策等,提高社区村民的思想和素质的手段。这既是对科学知识、法律法规的普及,又是一种思想动员,还有利于发动社区村民参与社区活动,把相应的宣传内容变成社区村民的自决行动并且形成强大的社会舆论,从而达到宣传的效果。

第四节 农村社区管理模式

农村社区管理模式是人们在农村社区管理实践中进行反思和概括的基础上设计出的一整套具体的管理理念、管理对象、管理程序、管理制度、管理手段和管理方法的有机体。我国农村社区管理模式就是我国各地农村社区既有的、能对社区建设和管理产生示范效应的典型经验的概括。[①]

一、国外农村社区管理模式

在农村社区发展过程中,不同国家都在探索最佳的社区管理模式。

1. 日本的政府与社区结合模式

日本农村社区采取的是"地域中心"的管理模式,"地域"相当于中国的"乡镇"一级行政区域,其管理机构被称为"地域中心"。地域中心是由区政府据人口密度和地理半径来划分的行政管理机构,隶属区政府地域中心部。"地域中心"的主要职责包括征集民众意见、组织民间公益团体对所需群体给予支持援助等。"地域中心"作为一定区域的行政管理机构,其职能较单一,职责明确,主要侧重于地区事务管理和为本地居民服务,在工作管理界限上不会出现交叉现象,能集中精力办好分内工作。同时,在社区发展和管理方面,地域中心和社区

---

① 同春芬、党晓虹、王书明:《农村社区管理学》,知识产权出版社2010年版,第33页。

社会团体组织相互配合,给社区自治、社区管理提供较大弹性空间,给基层社区管理改革提供广泛的操作平台。但从其发展缘起来看,"地域中心"是一个政府下派机构,不能完全代表民众表达利益话语权。在这种态势下,日本农村社区居民自发建立一个团体服务制度——住区协议会制度,它是地道的农村社区居民参与公共事务管理的群众自治组织,它的功能是协调促进、制衡"地域中心"工作和工作偏误,这种制度的特点是居民自愿加入并直接参与民主管理,使政府能听到居民的呼声,使政府的计划更符合当地地区实际。从这种模式的发展轨迹看,日本的社区管理是双向的:一边是官方的"地域中心",另一边是民间的"住区协议会",相互等量,齐驱并进,互不交叉,两者的最终落脚点都是为民服务,共同保障日本社会稳定和良性发展。①

2. 以色列的农业合作社模式

以色列的农业合作社包括基布兹和莫沙夫两种。基布兹是一种集体耕作、集体谋食的绝对平均主义生活,在基布兹里成员共同拥有生产资料,共同劳动,按需分配;其主导思想是在"公有"、"平等"、"自愿"的基础上,坚持亲自劳动、互相合作、民主管理、按需分配的集体生活方式。莫沙夫是由基布兹演变出来的,前基布兹的成员认为基布兹的组织限制性太强,希望在没有剥削的社会中互相帮助得以生存,于是在1921年产生了一种新的合作经济组织——莫沙夫。其主导思想是在坚持土地国有的基础上,成员相互合作、相互支持、民主管理、按劳分配。民主管理是基布兹和莫沙夫奉行的基本原则。基布兹和莫沙夫的最高权力机构都是社员大会,凡是合作社的成员每人都有一票表决权。基布兹每周召开一次全体会,每年选举一次管理机构——执行委员会和理事会。理事会有15—21名理事,委员会由主席、秘书、财务委员、采购委员、工作组织委员等组成。委员可连任,日常工作由执行委员会管理。而莫沙夫的社员大会通常是每6—8周召开一次,每年选举一次代表大会和委员会。代表大会是莫沙夫的执行机构,处理经济事务及政务,委员会则负责处理农耕、健康、教育、文化、吸收新成员等。此外,莫沙夫一般有2个脱产干部:一个是负责与政府机构、银行、销售部门打交道的外务秘书,一个是负责处理日常事务的内务秘书。以色列政府一般不直接干预农业合作社的经营,只是在政策、法律、经济和技术等方面为合作社提供支持,可以说政府是农业合作社发展的主导者,而合作社发展的主体却是广大社员。这使合作社可避免过多的政府干预,实现自主运营。合作社活动的开展虽取决于当选的执行委员会或代表大会,但合作社成员并不把合作社的运营

---

① 同春芬、党晓虹、王书明:《农村社区管理学》,知识产权出版社2010年版,第36页。

托付给他们,而是自己主动地参与运营。①

3. 欧陆国家赋予农业新价值的农村治理模式

伴随可持续发展经营理念的提出,欧陆国家的一项重要农业政策是说服农民在耕种过程,改变过去密集种植和带有大量化学成分助长的耕种习惯。在强调可持续发展的欧陆思维里,农村经济早被视为是整个国家可持续发展的重要内容。农民的角色与价值不再只是生产作物者,更被赋予维护世人所赖以维生的土地与提供更高质量作物的使命。当发达国家农业产值不断萎缩时,农业结构便需不断地进行调整以重建它的价值。随着环境问题日趋为世人重视,农业唯有建立在维护环境的价值里才能凸显其重要性。尽管农村社区的观点与意见已逐渐为世人所重视,但是解决农村社区发展问题时,既不能将社会议题抛弃在经济问题之后,也不能将两者分开来处理。同时,农村政策应超越农业本身,横跨多个领域与议题。欧洲农村发展通常建立在中央与地方政府"合作协调"机制上,各国政府已经普遍授权地方政府以及由下往上的策略与机制来促进农村发展。对于推动农村政策,则更强调"公私伙伴关系"以及维护公众参与的机制。即使政府不再垄断公共事务,并建立种种制度性方案如"公办民营"、"公私合产"、"公私协力"等方式来让民间参与,但是非营利民间组织在经营管理过程中可能出现"公益失灵"的困境,无法完全承担参与共同治理的责任。因此,欧洲国家政府还通过不同的指导与训练过程,让非营利民间组织具备基本的"治理能力",这样,非营利民间组织的公共"治理权"就具有正当合法性。②

二、我国农村社区管理模式的探索

进入21世纪以来,我国开始农村社区建设实验,各实验区充分利用改革先试权,在农村社区建设实验过程中形成多种农村社区管理模式。从农村社区事务治理主导角色看,目前我国农村社区体制改革与治理模式可归纳为村落自组织模式、村社合一模式、村企主导模式、联村建社模式③。

1. 村落自组织模式

村落自组织模式,是指在没有外部指令的强制前提下,村落社区成员通过面对面协商,自发组织并治理村落社区事务的制度安排和运行模式。该模式的代

---

① 张玉军:《以色列农业合作社的组织运营及其发展》,《世界农业》,2007年第8期,第41页。
② 王培刚、庞荣:《国际乡村治理模式视野下的中国乡村治理问题研究》,《中国软科学》,2005年第6期,第20页。
③ 同春芬、党晓虹、王书明:《农村社区管理学》,知识产权出版社2010年版,第40页。

表主要有江西省和湖北省秭归县。其特点是：以自然村落为治理空间,治理边界和受益主体清晰,治理空间较小；以村落民间组织为主要治理主体,在行政村党组织领导和村民委员会指导下建立村落社区志愿者协会或社区理事会从事村落社区治理；以自治和志愿为治理机制,民选经济能人或农村有威望的老人通过协商民主治理村落社区事务。其优点是：原生形态社区的空间定位和村落自组织的角色定位,为社会生活共同体和乡村自治新单元的构建提供了坚实的基础。从实践看,湖北秭归县和江西都是据自然属性定位社区空间,作为社区管理主体组织的村落社区志愿者协会和社区理事会都不是作为乡级行政机构出现,而是行政边界之外的民间组织；不是向上级政权负责,而是直接向农民负责,这既营造了乡村治理结构新元素,又提升了村民自治的生机和活力。其局限性在于：村落社区自组织的制度设计并没有触动村民委员会这一法定自治组织的行政化问题,而且由于村落社区自组织与村级行政机构的权责关系还存在一些"暧昧地带",村落社区自组织代行村民委员会许多功能,这一方面可能使得"后税费时代"的村民委员会出现贵族化和边缘化的问题；另一方面也可能导致村落社区自组织行政化问题。此外,社区自组织成员的志愿性和兼职化使村落社区自治热情面临挑战。

2. 村社合一模式

村社合一模式,是指村民委员会与社区管理组织在成员上交叉任职,在功能上合一的社区治理制度安排和运行模式。该模式的典型代表主要有山东省胶南市、重庆市永川区、南京市、湖南省、湖北省等地。其基本特点是：建制村与社区在空间上合一；村党组织和村民委员会主导社区建设,村"两委"下设社区管理组织,村"两委"成员与社区管理组织领导成员交叉任职；村民委员会自治管理与社区服务职能合一,村委会依托社区管理组织代理地方政府部门委托的各项涉农行政管理和公共服务事务；社区工作者队伍专职结合,以村"两委"成员为主体,动员和组建社区志愿者队伍或政府购买公益岗位,解决社区服务人员配置。该模式以建制村为社区空间设置农村社区管理组织,专门承接地方政府下沉职能,实现了村级政治资源、经济资源、社会资源和组织资源的整合,改变了传统农村组织重行政管理轻公共服务的倾向和行为,提高了政府公共服务效能,一定程度上改变了长期以来农村社区公共产品短缺的现象。与村落自组织模式相比较,本模式尤其注重市场中介组织的培育,农民在享受城市文明的同时,又获得了经济发展。其局限性在于：本模式由于村民委员会与社区管理组织在成员上交叉任职,在功能上合一,这将带来两个方面的问题,一是作为自治组织的村民委员会在功能和管理幅度上将日益扩大,村民委员会行政化趋势可能加重；二是社区管理组织的专业性质可能因与村民委员会一体化而被混淆和淡化,社区服务人员的兼职化和业余性使社区服务效能面临着严峻考验。

3. 村企主导模式

村企主导模式,是指村民委员会、村办企业(企业集团)、社区管理组织在成员上交叉任职,在功能上合一的社区治理制度安排和运行模式。该模式在江苏、浙江等集体经济较为发达的农村社区较为普遍,此外内蒙古东达集团建设的生态移民新村也属于此列。其特点:首先,组织结构上,村民委员会、村办企业(企业集团)、社区管理组织负责人实行"一套班子、三块牌子、交叉任职"。同时,农民大部分是村办企业(企业集团)的职工。其次,组织功能上,社区自治管理、社区行政管理、社区建设(服务)职能、企业经营管理没有分开。再次,主导力量上,村级组织是社区建设的主导者。由于有强大的集体经济支撑,社区建设的主要资金不是来源于政府拨款,而主要来源于村级组织。村级组织在社区规划、社区基础设施建设、村民社会福利、市场化服务、行政管理等方面扮演着广泛而重要的角色。该模式通过村企合一,以企业作为社区建设的主导力量,通过作为经济组织的企业与作为社会组织的社区管理组织和村民委员会相结合,把企业发展目标与社会发展目标相联系,可以实现社会效益和经济效益双赢,充分发挥作为资源配置手段之一的市场在社区建设中的作用。但从长远来看,这种模式的弊端在于:一是缺乏专业化。毕竟企业的长处在于发展经济,而不是社会管理,一味强调企业对社区的管理反而容易分散企业的精力,也不企业的专业发展。二是企业的市场化管理方式有其弊端,容易压抑居民群众的自我管理能力。市场化的管理方式特点主要是依靠经济杠杆,效率高,与经济利益直接挂钩。但社会生活中的问题,尤其是涉及人与人之间的互动,社区生活关系等问题不是单纯依靠经济调节就可能实现的。三是村民自治的缺失。由于村民委员会与社区管理组织、村办企业(企业集团)在人员上的同一、在事务上的繁杂,容易导向市场化管理替代村民自治管理,村民自治难以有效展开。

4. 联村建社模式

联村建设模式,是指介于行政村与乡镇政府之间,以一定服务半径设置社区服务(管理)组织,专门承接社区行政事务和公共服务的制度安排和运行模式。该模式创建于我国东部沿海经济发达的农村社区和一部分人口密度较大的中西部平原地区,其典型代表有山东诸城市和浙江舟山市。其特点是:以一定服务半径为标准在多个建制村的基础上设置社区;建立社区管理组织和社区党总支,两个组织交叉任职,成员主要来源于联合建社区的各村干部、乡镇干部调配或人事部门招聘的大学生村官;社区管理组织的性质定位为服务农民的平台,主要承接政府部门依法延伸的社区行政事务和社区公共服务,村民委员会回归法定的自治组织性质,主要承担村自治事务、互助服务以及村集体经济的运营。与村落自组织模式、村社合一模式、村企主导模式相比较,联村建社模式的最大绩效是,在乡(镇)村之间设置社区管理专门机构,剥离原来由村民委员会承接的社区行政事务,有利于村民自治组织从繁重的行政事务中解脱出来,真正履行自治职能,这是"村民自治制度的深化和完善"。但是,由于人事上的行政吸纳和职能上的行政化,在实践运作中社区管理组织容易成为乡镇政府的派出机构。这一制度安排将可能形成县政府—乡政府—社区组织纵向垂直管理体制,不仅导致委托代理链条的延长,行政成本的增加,而且有悖于我国相关法律。该模式同样没有完全解决政府行政管理、社区公共服务、社区自治管理、村级经济组织经营管理在组织、人员和功能上的分开。联村建设模式中,社区组织行政趋向难以避免主要表现为相互联系的两个方面:人事上的行政吸纳和职能上的行政化。

三、我国农村社区管理模式选择

我国农村新型社区管理体制模式选择的出发点,在于实现社区管理中国家、社区及社会力量之间的有机结合,使多元力量得以优化配置,多元利益得以有效整合。① 我国农村社区管理模式的选择,应该注意以下几点:

第一,建立多层级的管理体制。区别于之前"上面百条线,下面一根针"的倒金字塔直线模式,由市、区、社区或者县、镇、社区组成的三级管理模式中,各级关系明确,各司其职,各自在自己的活动范围内发挥自己的作用。市、县一级发挥主导作用,区、镇一级进行规划、监督和沟通,而社区一级具体负责落实社区发展中的各项事务。这样给社区赋予了更多的管理权限,使社区的管理更能接近民生,切合实际。

第二,成立多系统的管理机构。对于政府系统内的区、镇一级各个职能部门参与社区管理,为避免条块分割,驻社区内的政府职能部门应归社区领导;在社区内提供各类管理的社区管理体系和提供各类社区居民服务的社区服务体系要参与到社区的具体管理。即社区管理机构要由政府内的系统和社区内的系统共同构成,这两个构成部分有机结合,共同构建完整、配套的社区管理机构。

第三,建构多元化的管理主体。社区由多元主体构成,其事务也是多元的。实现农村社区的民主自治,须实现农村社区管理主体多元化。这有利于管理队伍社会化、职业化、专业化,也可有效地整合社区资源,综合社区力量,共同致力

---

① 程又中、李增元:《农村社区管理体制:在变迁中重建》,《江汉论坛》,2011年第5期,第19页。

于农村社区发展,形成群策群力建设农村社区的大好局面。

第四,建立多样化的运行机制。要摆脱单一的行政命令的管理手段,而实现行政手段、法律手段、经济手段的综合运用。要确立责任考评机制,以改变过去责任不明、职责不分、管理混乱的缺陷;要确立市场竞争机制,通过这一机制实现社区企业化的经营管理,加强社区的经济意识和服务意识;要引入法律机制,实现社区管理整个过程的法治化。

第五,因地制宜地选择农村社区管理模式。目前农村社区管理的宏观模式已经初步形成,如社区管理体制的组织架构、运行机制等。但是各地区微观的运行模式,应在遵循社区管理体制理念的前提下,形成富于灵活性和弹性的多类型模式,实现政府行政管理与社区自治的有效衔接。

复习思考题:

1. 什么是农村社区管理?试论述其特征和总体目标。
2. 试述新公共管理理论对农村社区管理的指导作用。
3. 我国农村社区管理的主体和客体包括哪些?应该怎样处理它们之间的关系?
4. 试述我国农村社区管理体制经历的三个阶段。
5. 目前我国农村社区管理模式有哪些?在模式选择中需要注意哪些因素?

案例:

贵州省遵义市余庆县辖9镇1乡,69个行政村(居委会),1810个村(居)。被确定为全国农村社区建设实验县以来,因地制宜地确定"一村多社区"建设模式,即:一个自然村或相连的几个自然村为单位设立一个农村社区。全县在61个行政村中建立了108个农村社区。为破解农村组织管理体制和运行模式难题,统筹城乡发展一体化进程,余庆启动新一轮改革探索,让农民从此告别村委会的"直管",转而代之的是农村社区的"代管"。

余庆县松烟镇友礼村白水组经济基础相对较好,而与白水仅一步之遥的兰木却是另一番景象。本着以强带弱的原则,该村将白水周边的4个村民组整合,组建起和平社区。在整合前,各个村民组思想观念不统一,组与组之间经常为田边土角的分界、水源利用、卫生保洁等问题争来争去,导致村寨联户路、电网改造、人畜饮水、村庄整治等基础设施建设不能达成一致意见,公共基础设施建设非常难办;整合后,这些问题迎刃而解,这4个组的400多人心往一处想,劲往一处使,村寨独特的山水和自然风光得到利用。和平社区公开竞选了社区主任,整合原村民组长的工资为社区主任的工资。同时,由镇财政每年补助社区工作经费,解决社区办公、活动需要。重新规划产业发展格局,使产业的辐射范围扩展到5平方公里。同时在社区的参与下,组建了2个专业合作社、3个产业协会,招商引资130余万元,新建净水厂1间、木花厂1间;流转土地近1000亩,种植绿茶400余亩、梨500余亩。形成了"公司+农村社区+协会+合作社"模式。目前,这个村正在着手规划建设旅游观光采摘园,进一步丰富文化产业内涵,拉长产业链条。建立完善服务中心,让社区居民享受到"面对面"的服务,社区的服务做到了小事当场办,大事代理办,只要不是很特殊的事,在农村社区都能享受到:看病,最多20分钟就能就医;买农资,社区超市的东西比镇里的商店还便宜;要学习,社区图书室全是我们老百姓的书。

像和平社区这样的新型农村社区建设,2012在余庆已经全面铺开。该县因地制宜,合理布局,把农村新型社区划分为城镇吸纳型、项目带动型、产业集聚型、村企复合型几种类型,将社区覆盖范围内现有行政村党组织、经济和社会组织党组织重新进行优化组合,有效地盘活资源、集聚产业、强化服务,此举不仅让村民享受到零距离的服务,而且让更多的农民变成了社区的居民。

以完善村民自治为出发点,以健全农村社区管理和服务体制为着力点,在全县的37个农村社区实验点推行"五组一会"制度,即生产发展组、民事纠纷组、治安保卫组、卫生管理组、文艺宣传组,一会:村民议事会。"五组一会"根据各自的职责,并结合实际,扎实开展创建工作。

如社区议事会组织社区村民议事,村级资金做奖学金、养老金、新型农村合作医疗筹资、开办沙石场、支助村小学等事项都必须由村民来决定。在社区提议的基础上,村委会召开全村党员大会和村民代表会议先后通过了《中关村老年人养老金发放办法》、《中关村沼气池建设补助办法》、《中关村教育教学奖励激励办法》、《中关村新型农村合作医疗筹资款补助办法》、《中关村低保人员名单确定方案》。

在农村社区建设的牵引下,农村内生动力不断增强,创新农村管理模式,促进城乡经济均衡发展、社会和谐进步,奠定坚实基础。这着实让余庆农民的生活又一次发生了实质性变化。余庆通过农村社区建设,展现出一幅幅祥和的画面。(李忠庆:《余庆农村社区,幸福就在这里》,《贵州日报》2012年1月19日)

讨论:

如何评价贵州省遵义市余庆县的农村社区管理体制和运行模式?

第四章 农村社区生态环境

☞ **学习要点**

理解生态环境的概念与主要理论,熟悉农村生态环境问题现状,充分认识农村社区建设生态环境的作用,了解农村社区生态治理的主要内容和农村景观营造原则,善于使用农村社区生态环境管理工具。

☞ **关键概念**

生态环境　农村环境问题　农村景观　农村社区环境管理

【引例】

近年来我国重金属污染事件频发。仅在2009年,湖南浏阳、陕西凤翔、湖南武冈、福建上杭、云南东川、广东清远等地发生了12起重金属污染的事件,这些事件导致4035人血铅超标,182人镉超标①,严重危害了人民群众的身体健康。

从2009年7月下旬开始,陕西省宝鸡市凤翔县长青镇马道口村、孙家南头村的村民陆续发现孩子血铅含量严重超标。村民们开始觉得,血铅应该与邻近的东岭冶炼公司有关。8月3日至4日,情绪激动的村民围堵了东岭集团冶炼公司的大门,致使该公司不能正常生产,双方发生冲突。事发后,凤翔县政府、宝鸡市政府等相继介入。8月6日,陕西《华商报》率先报道上百名儿童血铅超标

---

① 《2010年全国环境保护工作会议今天在北京举行》,http://www.cnr.cn/china/gdgg/201001/t20100125_505940869.html。

第四章 农村社区生态环境

之事。之后,凤翔血铅事件引起中央电视台、人民网、新华网、南方周末等媒体的广泛关注。最终据8月19日凤翔县新闻发布会公布的数据显示,事件共造成851名儿童血铅超标,其中174名儿童中、重度铅中毒,需要住院接受排铅治疗。东岭冶炼公司被认定为儿童血铅超标的重要污染源,并全面停产。宝鸡市承诺对血铅超标儿童进行免费治疗,同时对东岭项目区周边住户实施搬迁。12月底,宝鸡市对凤翔县委、县政府等部门的11名领导干部给予党纪政纪处分。

第一节 农村社区生态环境理论

生态环境是农村社区的一个基本要素。生态环境被破坏,意味着农村社区的生存受到根本性威胁,因而农村社区应高度重视生态环境的建设和管理。在阐述农村社区生态环境建设与管理问题前,应先了解农村社区生态环境方面的有关理论。

一、农村社区生态环境概念

当前学术界对生态、环境的定义及其相互关系,并未形成一致认识,通常在约定俗成的意义上加以使用。一般而言,生态是指生物与其生存环境的关系,常以生态系统来表述,指的是一定空间内的所有生物与其环境之间由于持续的物质循环与能量流动所形成的统一整体。据人类对生态系统的影响程度,可分为包括森林、草原、荒漠、湿地、海洋等在内的自然生态系统和按人类意愿建立或改造的人工生态系统。环境是一个相对的概念,与某一中心事物有关的周围事物,即是这一事物的环境。在环境科学中,一般认为环境指人类周围的空间以及其中直接或间接影响人类生活和发展的各种自然因素的总和。环境常被分为自然环境与人工环境两种类型,组成自然环境的要素包括大气、水、土壤、生物、各种矿物资源等,且诸多要素之间有着既相互依存又相互制约的关系;而人工环境是指人类以自然环境为依托,根据自身生产与生活需求对其进行改造或建设所形成的环境。可见,虽然生态概念较为侧重系统面向,环境概念更为侧重主客体关系,但实际应用时二者难以严格区分,常加以结合使用。

生态环境指生物有机体生存于某一空间的各种生态条件的总和,由许多生态因子综合而成,包括光、温度、水分、大气、土壤及无机盐类等非生物因子和植物、动物、微生物等生物因子。在自然界,生态因子不是孤立地对生物发生作用,各生态因子是相互联系、相互影响,在综合条件下对生物有机体表现出各自作用。① 人类既是生态环境的产物,又是生态环境的改造者,但由于人类认识水平和科学技术水平的限制,在改造生态环境中,往往带来意料之外的后果,产生生态环境问题。具体而言,生态环境问题大致分为两类:一类是不合理开发利用自然资源,使自然环境遭受破坏,即通常所说的生态破坏问题,如水土流失、植被破坏、荒漠化加速、生物多样性降低等;另一类是城市化进程加速、工农业高速发展以及日常生活排放的有毒有害物质增多而引起的环境污染问题。这两类生态环境问题常常相互影响与相互作用,彼此重叠发生,形成复合效应,造成更大的危害。

结合上述认识,农村社区生态环境是指以农村居民聚居地为中心的一定范围内的各种天然或经过人工改造的自然要素及其相互作用所构成的统一整体,包括自然环境、农业生态环境、村落生活环境等组成部分。农村社区生态环境问题则包括农村生态环境破坏与农村环境污染两大类,对农村居民的生存与发展产生深远影响。

二、农村社区生态环境的主要理论

诸多研究者从不同角度探讨生态环境与社会的关系、生态环境问题的根源及其影响、生态环境问题的应对等,形成了一些较具解释力的研究理论,如新生态范式、可持续发展理论、环境公正理论、生活环境主义、社会转型论等,对我国农村社区生态环境的建设与管理有着相应的借鉴意义。

1. 新生态范式

1978年,美国环境社会学家卡顿和邓拉普根据人类社会对于环境系统的依存性这一前提,提出了与传统社会学所持相对的、能够指导环境社会学研究的一种新范式②——新生态范式③(New Ecological Paradigm,NEP)。构成这一范式的基本假设为:第一,社会生活是由许多相互依存的生物群落构成的,人类只是众多物种中的一种;第二,复杂的因果关系及自然之网中的复杂反馈,常常使有目的的社会行动产生预料之外的后果;第三,世界是有限度的,故经济增长、社会进

---

① 《环境科学大辞典》编辑委员会:《环境科学大辞典》,中国环境科学出版社1991年版,第573页。
② 洪大用:《社会变迁与环境问题——当代中国环境问题的社会学阐释》,首都师范大学出版社2001年版,第44页。
③ 起初,NEP是表示"新环境范式"(New Environmental Paradigm),由于他们意识到在多数环境研究中日益广泛地采用生态学视角,所以于20世纪80年代将其重新命名为新生态范式。转引自〔加〕约翰·汉尼根:《环境社会学(第二版)》,中国人民大学出版社2009年版,第14页。

步以及其他社会现象,都存在自然的和生物学上的潜在限制。① 实际上,新生态范式强调生态环境因素对人类社会行动的影响,试图动摇与改造传统社会学信奉的"用社会事实解释社会事实"这一根本信条。

在上述理念的指引下,卡顿和邓拉普重视分析环境破坏的生态学基础,提出"环境的三种竞争性功能":供应站——是满足人类生活所需的各种可更新和不可更新自然资源的来源,对这些资源的过度使用会导致短缺和匮乏;居住地——为人类提供住所、交通系统以及其他生存资源,对其过度使用可能导致过度拥挤、堵塞以及其他物种栖息地的毁坏;废料库——堆放生活垃圾或其他垃圾、废水、工业污染以及其他副产品的地方,当废物淤积超过生态系统自身的吸纳能力时,就会导致各种源于有毒废物的人类健康问题以及生态系统的自身扰乱。② 并且环境的三种功能彼此竞争空间,常发生碰撞与冲突,带来诸多环境问题。

新生态范式试图打破"人类占据生态系统的中心位置,对其他物种加以支配"这一固有观念,强调物种之间的相互联系、相互依存与相互影响;强调生态环境的复杂性及其对人类活动的影响,在对人类社会行动的解释过程中纳入生态环境因素,拓宽了传统社会学的分析框架;指出生态环境服务于人类的三大功能之间存在竞争关系,往往诱发环境问题,故明晰相应功能的边界及理顺彼此间的关系,有助于生态环境问题的防范与解决。

2. 可持续发展理论

可持续发展理论是人们在环境不断恶化以及影响到经济社会发展的背景下产生的,自20世纪60年代开始围绕环境与发展之间的关系展开探讨,历经二十余年时间逐步发展而成。1987年,世界环境与发展委员会在《我们共同的未来》这一报告中首次提出"可持续发展"概念,并给出可持续发展的定义;之后的《里约环境与发展宣言》、《21世纪议程》、《森林问题原则声明》、《气候变化框架公约》、《生物多样性公约》等签署标志着可持续发展思想在世界各国取得共识。

与传统发展观相比,可持续发展涉及经济、社会与生态可持续发展三个方面的协调统一,要求人类在发展过程中不仅要追求经济利益,还要追求生态和谐和社会公平,最终实现人的全面发展。其基本内涵主要包括:第一,可持续发展以生态环境为基础,并与环境的承载力相适应。承认生态环境的价值,要求在发展活动的各个领域和各个环节贯彻保护生态环境的原则;环境保护是衡量发展质

---

① 洪大用:《社会变迁与环境问题——当代中国环境问题的社会学阐释》,首都师范大学出版社2001年版,第44页。

② 〔加〕约翰·汉尼根:《环境社会学(第二版)》,中国人民大学出版社2009年版,第19页。

量、发展水平和发展程度的重要标准之一,它要求在控制人口增长、提高人口素质和保护环境、资源永续利用的条件下进行经济建设。第二,可持续发展坚持以提高生活质量为目标,与社会进步相适应。发展的本质包括改善人类生活质量、提高人类的健康水平,创造一个保障人们平等、自由、安全的社会环境,即经济发展是基础,良好的生态环境和资源的永续利用是条件,社会进步是最终目标。第三,可持续发展重视同代人与代际间的平等。主张满足全体人民的基本需求和给全体人民机会以满足他们要求较好生活的愿望;同时要认识到资源的有限性,这一代人不能因为自己的发展和需求而损害后代满足需求的资源与环境条件。第四,可持续发展重视公众参与。走可持续发展之路,保护和改善生态环境,要求各个阶层、各类群体成员的广泛参与,故应重视增加公众的参与机会、增强公众的力量以及提高其参与能力。

可持续发展理论的贡献在于:强调经济、社会、生态子系统之间的协调发展,实现单纯追求经济增长到促进社会整体进步的目标转变,有利于满足人的基本需要,促进人的全面发展;突出发展的环境之维,充分考虑到了发展的环境影响与环境限制,谋求在实现发展的同时保护环境,通过完善社会结构与优化社会政治经济体制以增强社会的可持续性,从而促使环境保护和经济发展由对立关系走向一致与统一;从忽视公平问题到重视社会公正,将同代人之间、代际之间以及地区与国家之间的公平问题纳入发展战略之中,以实现公平的发展。

3. 环境公正理论

20世纪80年代以来,随着西方公众环境意识提高、环境运动高涨以及环境问题研究的深入,环境公正成为一个新的研究议题,引发多方广泛关注。截至目前,学界对环境公正尚无明确统一的界定,但多强调其核心思想,即在环境资源、机会的使用和环境风险的分配上,所有主体一律平等,享有同等的权利,负有同等的义务。[①]

而研究者从不同视角介入自然资源以及环境污染风险在社会成员中的分配,形成较具代表性的理论模型,如理性选择模型、社会政治模型、合作主义模型以及环境不公平形成模型等。理性选择模型认为,生产成本最小化而利益最大化的市场逻辑促使工业组织将污染设施安置在地价和污染损失赔偿较低的地区,而随着环境污染的加重,富裕群体逐渐搬离这一地区,而低廉房租等则吸引越来越多的低收入群体聚居在这一地区,进一步扩大了阶层间的隔离与差距。

---

① 洪大用、龚文娟:《环境公正的理论研究与方法述评》,《中国人民大学学报》,2008年第6期,第71页。

社会政治模型则强调低收入群体和少数民族群体等群体在政治、经济、资源动员等方面的脆弱性,致使其被排除在污染选址决策之外并无力抵抗污染转移,从而强势群体轻易地将污染转嫁给弱势群体。合作主义模型指出政府与工业资本主义利益共谋的局面和深层的社会结构,实际上屏蔽了公众的决策参与权,进而给其带来环境风险与环境危害。环境不公平形成模型则认为环境不公平并非一个阶级或种族单边地将环境风险强加给另一个阶级或种族,环境不公平是一种在多方利益者之间通过对话、竞争不断变化的互动关系,是一动态的演变过程。[①]

上述环境公正的理论模型均基于美国社会实际,着重考察环境问题与贫困、种族、阶级、性别、国籍等社会因素之间的内在联系,故在借鉴这些理论视角时,不能脱离我国处于社会转型加速期、城乡差距、地区差别以及阶层差异较为明显的社会背景;同时,其较为侧重环境风险的社会分配,故在环境建设与管理中应注重分析环境保护责任的社会分配。

4. 生活环境主义

生活环境主义是由鸟越皓之、嘉田由纪子等日本社会学学者于20世纪70年代末至80年代在总结与环境问题有关的人们的实践活动的基础上提出来的。[②] 与信奉借助技术革新与国家制度来解决环境问题的"现代技术主义论"以及推崇通过严格控制人类活动以减少对环境造成影响与危害的"自然环境主义论"不同,生活环境主义是指通过尊重和挖掘并激活"当地的生活"中的智慧,来解决环境问题的一种方法。即既能从生活的角度"安抚"自然,又能使其成果得到反馈,用来改善并丰富当地人的生活的一种方法。[③]

生活环境主义的内涵可归纳为以下三个层面:一是主体层面,强调生活者生活本身的重要性,这是与历史主体性有关的问题,是关于应该站在什么立场上说话的问题;二是环境现状与问题层面,即承认环境问题是现代化过程和发展模式所带来的,主张通过反思,认清人们的社会行为是导致环境问题产生的根源,在此基础上,认真思考人类生活与环境的本来含义;三是实践层面,即重视生活者在生活中所形成的对环境问题的看法以及处理环境问题的方式,以此作为解决当前环境问题的基础,通过人们的环境行为的改变,在实践层面上探索人与自然

---

① 洪大用、龚文娟:《环境公正的理论研究与方法述评》,《中国人民大学学报》,2008年第6期,第73—75页。

② 宋金文:《生活环境主义的社会学意义——生活环境主义中的"生活者视角"》,《河海大学学报(哲学社会科学版)》,2009年第2期,第18页。

③ 鸟越皓之:《日本的环境社会学与生活环境主义》,《学海》,2011年第3期,第43页。

和谐相处的可能性和可行性。① 生活环境主义模式由三个层次构成:第一是所有论,它与环境权这一观点密切相连,基于日本社区内存在的对所有权和利用权的理解,并从中提炼出"共同占有权"这一概念,将"共同占有权"存在于各个社区里这一现实传授给执政机构,并告诉政府的执政人员,尊重这一权利,就能帮助当地居民过上好日子。第二是组织论,它主要关注的是居民意见中存在的分歧,即面对某一具体的环境问题,居民的意见很难达成一致,这就是"说法"成立的前提,故需要通过考察各派别的理论和各派别构成人员的社会属性,并弄清居民的意见和组织的特性。第三是意识论,它主要是对生活意识的分析。社会中的个人依据自己的生活体验形成生活意识,当人们采取某种具体的行为时,这些生活意识就是他们做出各种判断的知识依据,包括个人的经验知识、生活组织(村落、社区等)内的生活常识、生活组织外的通俗道德。②

可见,无论当人与自然发生矛盾的时候,还是当人与人之间产生冲突的时候,生活环境主义都强调生活者生活本身的重要性,即重视生活者的智慧,主张从当地居民的生活历史和生活取向中,寻找解决环境问题的答案,这一微观视角有助于弥补宏观理论分析的不足。同时,伴随着消费主义、城市生活方式的扩展,生活污染已成为环境问题的重要方面,即公众的日常生活方式与日常行为很大程度上已成为环境污染与破坏的重要致因,故"站在生活者的角度思考",对解释和解决环境问题有着现实的意义。

5. 社会转型论

我国学者试图用不同于国外的理论范式来研究中国环境问题,其中较具代表性的是基于社会转型的背景,对我国环境问题的社会根源及其影响加以探讨。社会转型是指1978年以来,社会结构和社会运行机制从一种形式向另一种形式转换的过程;同时,社会转型也包括价值观念和行为方式的改变。③ 而以工业化、城市化和区域分化为主要特征的社会结构转型,以建立市场经济体制、放权让利改革和控制体系变化为主要特征的体制转轨,以道德滑坡、消费主义兴起、行为短期化和社会流动加速为主要特征的价值观念变化,在很大程度上直接加

---

① 宋金文:《生活环境主义的社会学意义——生活环境主义中的"生活者视角"》,《河海大学学报(哲学社会科学版)》,2009年第2期,第20页。
② 宋金文:《生活环境主义的社会学意义——生活环境主义中的"生活者视角"》,《河海大学学报(哲学社会科学版)》,2009年第2期,第18页。
③ 洪大用:《社会变迁与环境问题——当代中国环境问题的社会学阐释》,首都师范大学出版社2001年版,第67页。

剧了中国环境状况的恶化。①

有学者认为,当代中国城乡之间,在具体的防治与控制环境污染和生态破坏方面,实际上存在着很大的差异,这些差异可以概括为控制体系的二元性,具体表现为组织手段、制度手段、舆论手段以及城乡之间控制过程的二元性,而二元控制体系正是城乡环境问题发展表现出明显差异的重要原因。② 另以我国农村面源污染为研究对象,详细揭示了二元社会结构的作用是农村面源污染日趋严重的深层社会原因,而农村面源污染的加剧事实上又在某种程度上再生产或强化着已有的二元社会结构,进一步扩大了城乡差别并削弱着农村社会缩小城乡差别的能力。③ 当然,社会转型也为改进和加强环境保护提供了新的可能。特别是,由于发展战略的转变,意味着可能更加有利于环境保护。同时,社会转型也为环保组织创新提供了空间和有利条件。所以,社会转型对于环境不仅是消极的影响,也有积极影响的一面。④

社会转型论有助于我们更好地理解和把握我国环境问题的特殊性、复杂性、交织性以及防范与解决环境问题的困难性,同时亦提醒我们,社会转型也为环境问题的解决创造了新的条件。因此,社会转型论对当代环境问题的解释具有较强的解释,体现出我国学者理论自觉的意识以及试图构筑环境社会学中层理论的努力。正如任何理论都有着自身局限,社会转型论亦不例外,如有学者指出,社会转型论将环境社会学的真正主题定为"环境问题产生的社会原因及其社会影响",显然是源于建构主义影响,建构主义观点与生态学的观点在某种意义上是各执一端,互有偏颇⑤。

第二节 农村社区建设生态环境的缘由

准确理解与把握农村社区建设生态环境的缘由,有利于提高国民对农村社

---

① 洪大用:《当代中国社会转型与环境问题——一个初步的分析框架》,《东南学术》,2000 年第 5 期,第 48—51 页。

② 洪大用:《我国城乡二元控制体系与环境问题》,《中国人民大学学报》,2000 年第 1 期,第 41—44 页。

③ 洪大用、马芳馨:《二元社会结构的再生产——中国农村面源污染的社会学分析》,《社会学研究》,2004 年第 4 期,第 1—6 页。

④ 洪大用:《社会变迁与环境问题——当代中国环境问题的社会学阐释》,首都师范大学出版社 2001 年版,第 86 页。

⑤ 江莹:《环境社会学研究范式评析》,《郑州大学学报(哲学社会科学版)》,2005 年第 5 期,第 40 页。

区生态环境建设和管理的认识,增强农村社区对生态环境建设和管理的紧迫性。

一、农村生态环境问题现状

改革开放以来,我国农业和农村经济取得了巨大发展,但城乡二元结构持续存在,并且传统粗放的农村经济发展模式仍未得到根本改变,随着社会转型的加速以及工业化、城市化进程的加快,农村生活污水、垃圾、农业生产以及禽畜养殖废弃物排放量日渐增大,加之工业废弃物和城市污染向农村地区的大量转移,致使农村居民与生态环境之间的关系日趋紧张,农村地区的生态环境日益恶化。

1. 农村生态破坏突出

(1)水土流失加剧。我国是世界上水土流失最严重的国家之一,水土流失面积大、范围广、强度大,危害重、区域差异明显。据2005年7月至2008年11月水利部、中国科学院和中国工程院联合开展的"中国水土流失与生态安全综合科学考察"取得的数据表明:全国现有土壤侵蚀面积达到357万平方公里,占国土面积的37.2%,其中东部地区水土流失面积9.1万平方公里,占全国的2.6%;中部地区51.15万平方公里,占全国的14.3%;西部地区296.65万平方公里,占全国的83.1%。我国平均每年流失土壤45.2亿吨,平均每年因水土流失而损失的耕地约100万亩,尤其是北方土石山区、西南岩溶区和长江上游等地有相当比例的农田耕作层土壤已经流失殆尽,彻底丧失了农业生产能力。[①]

(2)耕地不断减量降质。人多地少是我国的基本国情,伴随着城市化进程的加速,虽有国家制度的严格控制,耕地面积仍呈锐减趋势。截至2010年底,我国耕地总数不足18.26亿亩,已经接近全国耕地保有量18亿亩的红线,较1997年的19.49亿亩减少1.23亿亩;现有人均耕地不足0.1公顷,不到世界平均水平的1/2、发达国家的1/4,只有美国的1/6、阿根廷的1/9、加拿大的1/14。[②] 与此同时,我国约有40%的耕地受到水土流失、风化与沙化的影响,耕地质量在退化。另外农村居民对土地的过度利用、农药、化肥及地膜的不合理使用以及污水灌溉、垃圾堆放造成的土壤污染等,亦进一步降低了耕地的质量。

(3)森林资源不足且破坏较严重。第七次全国森林资源清查结果显示,截至2008年,我国森林面积为1.95亿公顷,森林覆盖率达到20.36%。但我国人

---

① 孙鸿烈:《我国水土流失问题及防治对策》,http://npc.people.com.cn/GB/15097/13154691.html。

② 《中国耕地数量不容乐观,需转变粗放型城市化模式》,http://www.chinanews.com/gn/2012/02-15/3671190.shtml。

均森林面积仅为 0.145 公顷,不足世界人均占有量的 1/4;人均森林蓄积 10.151 立方米,只有世界人均占有量的 1/7,森林覆盖率亦只有全球平均水平的 2/3,排在世界第 139 位。同时,由于人们对森林的生态价值普遍认识不足,第七次清查间隔五年内林地转为非林地的面积依然有 831.73 万公顷,征占用林地有所增加,局部地区乱垦滥占林地问题严重。此外,由于商品的过度包装以及薪柴仍是农村地区的主要能源之一,致使大量森林资源被消耗与浪费。

2. 农村环境污染日益严重

(1)农业生产污染增多。农业生产强烈依赖于生态环境,但同时也给生态环境带来巨大影响。农业生产过程中过量使用农药、化肥和塑料地膜所产生的污染已成为我国非常严重且难以治理的环境污染之一。当前我国农药年施用量达 130 万吨,每公顷用量约 14 公斤,比发达国家高出一倍,而其利用率低于30%,70%以上的农药消失在土壤、水体和空气中,在降水和灌水作用下污染地下水,而且通过食物进入人体,给人们健康造成严重危害。同时,农药、杀虫剂等的过度使用导致某些物种死亡,造成部分地区的生态平衡失调,增加了农业生态系统的脆弱性。另据统计数据显示,我国每年化肥使用量超过 4700 万吨,平均每公顷施用量达 368 公斤,超出世界平均用量 1 倍多,而其有效利用率不到35%,其余 60%—70%经发挥和流失,进入大气、土壤、地表和地下水,造成大气污染、地表水富营养化和地下水污染。同时,过量使用化肥会改变和削弱土壤中的生物活动,使土壤中有机肥丧失,导致地力退化甚至衰竭,进而影响生态系统正常运转。此外,塑料薄膜覆盖技术因其具有保温、保肥和提高作物产量的作用,越来越广泛地应用于农业生产,但其具有强度低、易破碎、难回收且不易降解等特点,从而对深层土壤造成污染。据农业部的相关统计,1980 年地膜覆盖面积仅为 2.54 万亩,1990 年达到 4684 万亩,2004 年已达 1.8 亿亩以上,农用膜的实际消费量超过 110 万吨,到 2007 年,土壤中农膜残留量已达到年约 50 万吨。

(2)农村生活污染凸显。在生态破坏和农业生产污染依旧严重的同时,由于农村经济发展结构的变动使得人口居住特点逐渐由分散变为集中、消费主义与城市生活方式的快速扩展、社区规范弱化与失效以及农村居民环境意识较为缺乏等,生活污染已成为农村环境问题的重要方面,"生活者的致害者化"愈发凸显,即"以前作为受害者和牺牲品的社区居民或劳动者、消费者,则变成了环境问题的发生源,在日常生活的各个侧面,有时是直接地,有时是间接地引起了环境的污染或环境的破坏。"[①]如据测算,农村人均年产生活垃圾

---

① 〔日〕饭岛伸子:《环境社会学》,社会科学文献出版社 1999 年版,第 24 页。

约300公斤,而垃圾综合利用率一直较低,各种废弃物随意堆弃,另外农村每年产生的90多亿吨生活几乎全部直排,未做任何防治处理,严重污染农村的生态环境。

(3)农村工业污染增加。20世纪70年代以来,乡镇企业的迅猛发展推动了农村经济的协调发展、带动了小城镇建设,对农村的稳定和发展起着至关重要的作用。但绝大多数乡镇企业规模较小、工艺较陈旧、设备较简陋、能源消耗较高,且未采取防治污染的措施,加之农村环境防控和监管体制较薄弱,从而导致严重的环境污染。同时,随着城市产业结构的调整以及控制污染力度的加大,化工、造纸、金属加工等高耗能、重污染产业大肆向中西部农村地区转移,出现"东污西进"的现象,更是加重农村环境污染。除污染产业向农村转移之外,城市垃圾以及工业三废向农村转移问题亦相当突出,严重影响农村居民的生命健康和生活质量。

二、农村社区建设生态环境的作用

生态环境是社会良性运行与协调发展的外在条件,同时也是美好生活的内在维度。因此,农村生态环境建设是农村居民生存与发展的坚实基础,有利于提升其生活质量,并促进社会和谐与全面发展。

1. 农村生态环境建设是农村居民生存与发展的坚实基础

人类栖息于环境之中,并从环境中获取食物、饮用水、空气以及其他必需的生活资料与生产资源,如煤炭、石油、矿石资源等。即生态环境作为人类物质和能量来源的供应站,是人类得以生存与发展的前提。当前,我国农村生态持续破坏与环境污染日趋严重,日益侵蚀着农村居民的生存基础,致使农村陷于恶性发展困局。而农村生态环境建设旨在协调生态环境与发展之间的关系,坚持在保护环境中寻求发展,并且通过发展实现环境保护,从而为农村居民生存与发展奠定坚实的基础。

2. 农村生态环境建设是提升农村居民生活质量的有力前提

生态环境的另一重要功能是作为废料库,对人类社会经济活动所产生的废弃物进行消纳与同化,从而使得人们在生态平衡的情形下较好地安排生产与生活。而当前我国农村工业污染与生活污染的肆意排放以及城市废弃物的大量转移,远远超出了农村生态环境的自净能力,造成环境破坏与环境衰退,对农村居民的身心健康与美好生活产生较强的负面影响。而农村生态环境建设意在减少环境污染以及修复破坏的生态环境,最终给人们提供清洁、舒适而优美的环境,进而给其带来精神享受与心理愉悦,这与生活质量侧重满足人们精神与心理需求的主观面向相契合,从而农村生态环境建设是提升农村居民生活质量的有力前提。

3. 农村生态环境建设是促进社会和谐与全面发展的重要举措

尽管从长远和整体的角度看,环境状况的持续恶化最终将使所有的人蒙受灾难,但是从现实情况看,的确是有些人受益,有些人受损。进而当今环境问题不仅反映出人与自然关系的失调,而且越来越反映出人与人之间社会关系的失调。如城乡二元结构的持续存在使得城市环境污染向农村扩散,农村环境状况不断恶化;富人群体在攫取财富和享受富裕生活的同时,却不太愿意履行环境保护义务;当代人为了自己的需要,过分攫取资源,削弱了后代人满足其需要的能力与条件。由此,农村生态环境建设有助于更好地协调人与自然以及人与人之间的关系,实现经济、社会与生态系统的和谐统一,进而有助于优化社会结构以及缓解社会矛盾与社会冲突。

第三节 农村社区生态治理与景观营造

随着人口大增,人类为了解决食物短缺问题,大规模地开垦荒地、围湖造田;尤其自20世纪50年代全球开始大规模地使用化肥和化学农药进行农业生产以来;特别是近30年来,许多农村社区发展乡村工业,使农村社区的生态环境遭到严重破坏,导致农村社区自然景观的败坏、地表淡水的污染和枯竭,严重阻碍农村社区乃至整个社会的持续发展。因而,全人类必须齐心协力治理农村社区的生态环境问题。

一、农村社区生态治理的主要内容

以社区为边界,农村社区环境问题可分为农村工业污染与城市垃圾转移等外源式环境问题和农业生产污染、农村生活污染等内生式环境问题,因其成因与影响有一定差异,故相应问题的治理措施亦有差别。

1. 转变农业粗放型发展模式,大力发展生态农业

我国农村环境问题,很大程度上源于不合理的资源配置方式和粗放型的农业增长方式,故必须改变传统的农业生产方式,通过大力发展生态农业以降低有害农药的使用量,提高化肥的利用率,并且调整优化农业生产结构,最终实现从粗放型增长向集约型发展改变。生态农业是指在一定地域区域内,是按照生态学和经济学原理,运用系统工程方法,把传统农业技术和现代先进农业技术相结合,充分利用当地自然和社会资源优势,因地制宜地规划、设计和组织实施的一种综合农业体系。其突出特点在于：将粮食生产与多种经济作物生产相结合，将农林牧副渔业相结合，进而形成一个农业生态经济复合系统，能较好地协调生产发展、环境保护与资源利用之间的关系，进而实现既能满足当代人对农产品的需求，又不损害后代人满足需求的能力，具有可持续性、高效性及综合性等特点。

2. 逐渐打破城乡二元结构

所谓"二元社会结构"，是指在整个社会结构体系里，明显地同时并存着比较现代化的和相对非现代化的两种社会形态①，这是发展中国家现代化的一般特征。由于我国长期存在的分割城乡的户籍制度以及不适当的经济发展战略，使得二元社会结构的表现更为突出，其实质在于城乡不平等。在城市主导的发展取向下，城市享受着发展成果，而农村则承受着相应的代价，如污染产业以及城市垃圾轻易地转移到农村地区。故政府应树立城乡统筹发展的全局观念和城乡平等发展的国民待遇观念，阻止城市污染工业和废弃物向农村扩散。同时，政府应加大对农村环境治理的财政支持力度，并辅之以配套的制度支持，进而逐步改变农村环保基础设施建设滞后以及环境监管能力薄弱的局面，以防范与缓解农村环境问题。

3. 积极转变乡镇企业的生产方式

引导乡镇企业走向循环经济的发展模式，成为缓解农村当前日益严峻的水污染、大气污染、固体废弃物等环境污染问题的有效措施，而循环经济要求大力推行清洁生产，提高资源利用率，减少污染物排放。所以，乡镇企业必须走集约化道路，改变高投入、高消耗、高排放、不协调、难循环的粗放式的资源利用方式和发展模式，提高产品产出过程中每个环节的资源利用率，实现资源的再循环利用，减少污染物的排放，从而缓解农村环境污染的压力。与此同时，经由科学规划、合理布局，逐步提高乡镇工业小区的发展规模和效率。应根据"大分散、小集中"的原则，做好乡镇企业的选点布局，按照组织生产和保护环境的要求，划定发展不同工业的不同地段，确定环保目标与防控措施，做到增产不增污。

二、农村社区景观营造

景观是农村社区的物质要素，是决定村落社区特殊性的主要因素之一，对农村社区居民的生产生活有重要作用。因而，任何农村社区都应重视景观保护和营造工作。

---

① 郑杭生：《社会学概论新修（第三版）》，中国人民大学出版社2003年版，第347页。

1. 农村社区景观的内涵

不同的学科对景观有着不同的理解,有学者总结了对景观的六种认识:景观是地貌、植被、土地利用和人类居住格局的特殊结构;景观是相互作用的生态系统的异质性镶嵌;景观是综合人类活动与土地的区域整体系统;景观是生态系统向上延伸的组织层次;景观是遥感图像中的像元排列;景观是一种风景,其美学价值由文化所决定。生态学对景观的理解即是空间上不同生态系统的聚合。故农村景观是指农村地域范围内不同土地利用单元的复合体。

农村景观可从以下四个方面加以理解:从地域范围来看,农村景观是泛指城市景观以外的景观空间;从景观构成上来看,农村景观是由聚居景观、经济景观、文化景观和自然景观构成的景观环境综合体;从景观特征上看,乡村景观是自然景观与人文景观的复合体,是一种可以开发利用的资源,其特征是人类的干扰强度相对较低,景观的自然属性较强,自然环境在景观中占主体地位;农村景观具有能为生物生存提供最基本物质保证的生产功能、保护与维持生态环境平衡的生态功能及作为特殊旅游观光的美学功能等。

2. 农村社区景观营造的基本原则

为了更好地满足农业生产的需要、给社区居民提供各类活动场地和精神文化场所以及保护农村环境与农村景观特色,在农村景观营造中应从农村整体环境景观上加以把握,应遵循整体综合性、因地制宜、景观多样性、自然景观优先、可持续发展以及生态美学等六项原则。

(1)整体综合性原则。景观是由一系列生态系统组成的、有一定结构和功能的整体,是自然与文化生态系统的复杂载体,景观规划与设计需运用多学科的知识,将景观作为一个整体来思考和管理,以达到整体最佳状态,实现优化利用。

(2)因地制宜原则。农村的地形地貌、河流湖泊、绿地植被、山体坡度,以及有特色的民居庭院等要素都是宝贵的景观资源,尊重并强化原本的景观特征,使新建景观与当地环境和谐共处,更有助于农村景观个性与特色的创造,利用好自然条件,一方面可以保持本土特色,另一方面可以节约成本;同时,农村社区文化主题的体现、社区居民行为方式的延续、不同的风俗习惯的呈现以及地方性知识的借鉴等都是农村环境景观营造中保持地域性特色的规划设计要素,亦能促使社区居民更好地参与其中。

(3)景观多样性原则。多样性是生态系统中生物与环境资源变异性和复杂性的量度,包括物种多样性和景观多样性(即生态系统的多样性)两方面。多样性程度越高,生态系统的稳定性就越大;同时也使得景观更具有丰富的个体特性。

（4）自然景观优先原则。基于景观生态学原理的景观规划设计，要求人类对自然的介入应约束在环境容量以内，不破坏生态系统的物流、能量的基本通道，创造既服务于人，又与自然环境相融洽的最佳场所。

（5）可持续发展原则。可持续发展理论是对人类未来的重新认识和人类在发展过程中重新理解与自然环境关系的基础上提出的新的发展理念，寻求经济、社会、生态子系统之间的协调发展。农村社区的发展目标是实现区域的可持续发展和人类的全面发展，农村景观营造的过程就是实现可持续发展的过程。

（6）生态美学原则。生态美包括自然美、生态关系和谐美以及艺术与环境融合美，它与强调人为的规则、对称、形式、线条等形成鲜明对照，是景观规划与设计的最高美学准则。

第四节 农村社区生态环境管理与管理工具

生态环境在农村社区结构中的特殊地位和在保障农村社区持续发展中发挥的特殊功能决定任何农村社区都要重视对生态环境的管理。

一、农村社区环境管理内涵

当前学界对环境管理尚无一致的认识，不同的学者从不同视角有着不一样的认识。一般而言，狭义上的环境管理是指各级人民政府的环境管理部门依照国家颁布的政策、法规、规划、制度和标准，对一切可能涉及环境的经济活动和社会活动施加影响，从而实现经济、社会和环境的协调发展。[1]可见，狭义环境管理主要是指政府部门对人们不良环境行为的一种消极的控制，与对环境产生有利影响的一切建设性活动相对；同时受政府主导型环境保护模式的影响，仅强调政府在环境控制中的单一作用。

伴随着环境问题增多及其复杂性增强，狭义的环境管理愈加难以达到预期目标，需要政府机构、环境组织、大众传媒、公众等多元主体的共同参与。故我们认为，农村社区环境管理是指政府机构、环境组织、环保企业、大众传媒、公众等不同主体采取相应方式对损害环境质量的活动施加影响，以实现经济社会发展与环境保护相协调，在生态环境的容许范围之内满足人类的基本需要。需要注意的是，农村地区生态环境差异较大，加之各地区经济发展水平与社会发展程度差异较为明显，故在环境管理过程中并没有统一一致的模式，需结合社区实际针

---

[1] 吴忠标、陈劲：《环境管理与可持续发展》，中国环境科学出版社2001年版，第23页。

对性的采用管理工具。

二、农村社区环境管理的主要工具

长期以来,我国主要采取政府主导型环境保护模式,不可否认的是,其取得了不少成效,但随着市场经济的推进与社会转型的深化,其局限性日益明显,如成本急剧扩大、效率较为低下、环境侵害与环境冲突增多,甚至出现环境治理失灵的局面。与之相伴随,绝大多数农村居民普遍缺乏自发、自觉关心环境议题以及参与解决环境问题的意识,致使其在改善环境状况与提升环境质量等方面行动力不足。因此,只有摒弃单一政府主导型环境保护模式,倡导政府、非政府组织、公众等多元主体共同参与的农村环境保护活动,方才取得预期成效。

1. 政府政策

继续改进并有效发挥政府在农村环境保护中的作用,这主要体现在:一是切实贯彻落实科学发展观与生态文明建设的指导思想,在政策制定过程中理顺经济发展与环境保护之间关系,防止出现"侧重强调经济发展而忽视或牺牲环境保护"的情形;二是进一步完善环境保护法律体系,积极维护农村居民的环境权——对环境享有不受一定程度污染或破坏的权利,并充分发动农村居民参与环保执法,以切实做到有法可依、有法必依、执法必严、违法必究;三是推进社会体制改革,积极进行组织创新,通过大力发展民间环境保护组织以及有效营造农村居民参与环境保护的氛围等,最终实现农村居民环境保护的自我教育、自我管理与自我约束。

2. 环保组织

充分发挥民间环保组织在农村环境保护中的作用:一是发动与依托农村居民,对环境保护立法、政府环境保护活动、企业生产活动等进行监督,促使政府与企业积极开展有利于环境状况改善与环境质量提升的活动;二是通过在农村社区内以及公共场所围绕环境主题开展教育、宣传以及互助等活动,增强社区居民参与环境保护的责任感与凝聚力;三是倡导绿色生活方式和适度消费,增强农村社区成员实施积极环境行为的自觉意识,并促使其落实到日常生活实践;四是我国环境保护组织应借鉴国内外的先进经验,结合农村居民的日常生活实践,开展形式多样的环境教育活动,以提高农村居民的环境知识水平、环境认知能力以及环境行为水平。

3. 环境教育

总体而言,我国农村居民的文化教育水平比较低,而文化教育作为理解和接受环境知识与生态价值观、关注与探讨环境议题的基础,仍需加强。与此同时,在正规的学校教育中,应增设环境保护的课程,对小学生侧重进行浅层次的、与生活密切相关的环境知识教育和环境行为示范教育,对中学生侧重于环境价值观和环境态度的塑造,对大学生则侧重于引导其树立环境友好生活方式与行为方式。也就是说,将环境教育与个体社会化进程紧密结合起来,提升每一位社会成员的环境素养水平,促使其更关注农村环境问题。

4. 大众传媒

大众传媒应加强对环境信息的及时发布与披露,如与环境保护有关的法律、法规以及政策等、各种环境标准、全国以及地方的环境污染状况、各地环境衰退情形、突发的环境事件、企业环境信息等,以维护公众尤其是农村居民的环境知情权。其次,鉴于环境问题具有建构性,客观的环境状况需经过较为复杂的建构过程,才为政府与社会所关注与认定。而媒体的曝光度,对于环境问题从某种状况转化为议题,进而成为政策关注点,起着至关重要的作用;若没有媒体的报道,一个早先的问题进入公共话语领域或成为行政过程一部分的可能性很低[①]。故应充分发挥大众传媒在环境问题议程设置中的中介作用,引导农村居民更为积极参与环境问题的建构,进而提升他们的环境认知、环境关心水平以及环境行为能力。此外,应注意电视、报纸、杂志、广播、电影、互联网等大众传播媒介在受众方面的差异,将信息传达特质与环境教育、环境宣传、环境行为等活动更好的结合起来,促使受众在信息获取与接收过程中逐渐提升自身的环境素养。

复习思考题:

1. 简述生活环境主义理论及其对我国生态环境建设与管理的启示。
2. 简述我国农村社区建设生态环境的缘由。
3. 联系实际,谈谈你对我国农村景观营造的认识。
4. 试述农村社区环境管理的主要工具。

案例:

安吉县位于浙江省西北部,北靠天目山,面向沪宁杭,地处长三角腹地,全县辖10镇5乡1街道,人口45万,面积1886平方公里。从2008年初开始,该县创新开展了为期十年的"中国美丽乡村"建设工程。按照"尊重自然美、侧重现代美、注重个性美、构建整体美"四项原则,实施"环境提升、产业提升、素质提

---

① 〔加〕约翰·汉尼根:《环境社会学(第二版)》,中国人民大学出版社2009年版,第83页。

升、服务提升"四大工程。2008年以来,县财政每年安排2000万元生态建设专项资金和1亿元"中国美丽乡村"创建资金,对"中国美丽乡村"创建考核评定为精品村、重点村和特色村的,根据人口规模大小分别给予300万、200万、150万不等的奖励;对创建获得"国家级环境优美乡镇"和省、市"生态乡镇"的,分别给予50万元、30万元和20万元的奖励。(笔者根据该县于2011年9月5日提供的"全国农村社区建设实验全覆盖示范单位"自荐材料整理)

讨论:

结合所学基本理论和观点,分析安吉县建设"中国美丽乡村"的重大意义?

第五章 农村人力资源开发与社区教育

☞ **学习要点：**

精通农村社区人力资源、农村社区人力资源开发、社区教育的涵义；了解我国农村社区人力资源状况和农村社区教育的发展历程、基本内容以及管理模式；探索农村社区教育管理机制和农村社区教育发展的途径。

☞ **关键概念**

人力资源　农村社区人力资源开发　农村社区教育　社区教育管理

【引例】

宁波市白峰镇根据本地实际着力打造农村社区教育特色课程和项目。(一)开展特色课程建设。为了弘扬、传承总台山文化，白峰镇社区教育协调委员会组织有关专家和总台山文化研究会成员经过大量的调查研究，组织编写了《烽火魂，乡土情》社区教育特色课程。该课程重点描述了总台山烽火台在各个历史时期的作用，记录了总台山周围老百姓在900多年的沧桑岁月里所经历的抗倭、抗英、抗日和解放战争以及土地改革和中国特色社会主义建设的伟大事业中涌现出来的一大批仁人志士。另外，还编写了《篆刻》、《郭巨民俗》、《书法》等社区教育特色课程。(二)打造"一社一品、一村一特"的社区教育特色项目。峰城社区利用区域内社区居民爱好书画和区域内白峰小学作为全国书法实验学校之资源，成立社区书画协会，着力打造《翰墨飘香书画塑人》社区教育特色项目；西门村利用"抬阁"等非物质文化遗产传承基地和拥有一支民俗文化艺人队伍之资源优势,开展《承传民间艺术,弘扬民俗文化》为主题的社区教育特色项目;阳东村民学校的《现实版"开心农场"打造城乡互动新模式》项目,依托阳东村"都市农庄",让离土不离乡的农村居民和下一代到农场去种植蔬果,在休闲劳作中感受快乐、养身健体、认识各种农作物,达到寓教于乐的目的。2009年白峰镇被评为宁波市社区教育示范乡镇,2010年被评为全国社区教育示范乡镇。

(张银康:《农村社区教育特色项目、课程的建设与思考》,《中国农村教育》,2011(6):29—30)

第一节 农村社区人力资源状况

我国农村社区人口资源丰富,是任何国家无可比拟的。但由于农村人口的文化素质、科技素质相对不高,农村人口创造经济价值和文化价值的能力远低于城市人口,所以有必要大力开发农村社区的人力资源。

一、农村社区人力资源的定义

人力资源,是指能够推动整个经济和社会发展的、一定时空内的人口所具有的劳动能力总和,也可表述为一个国家或地区的总人口中减去丧失劳动能力的人口之后的人口。其质量指经济活动人口具有的体质、文化知识和劳动技能水平。人力资源由人们所具备的知识、智力、体力、技能等要素组成。

农村社区人力资源,指农村社区人口总体所具有的体力和脑力的总和,或者指农村经济中具有创造经济和非经济文化价值的人们的总和。农村社区人力资源具有劳动能力的人口属人力资源范畴,但一个劳动者的能力有大有小,所以,人力资源也存在质量问题。农村人力资源质量指农村人力资源的体力素质和智力素质。就一个群体而言,其农村人力资源质量指整个农村社区劳动力队伍的能力质量水平,是其体力、智力及技能等方面的有机统一;就劳动者个体来讲,农村人力资源质量指农村社区劳动者个体从事某种生产活动时所表现出来的体力、知识智力和技能水平。农村社区人力资源的质量构成包括身体素质、文化素质、技能素质、思想素质等。

二、我国农村社区人力资源现状

鉴于农村社区人力资源质量体现在农村社区人口的身体素质、文化素质、科技素质、政治素质等四方面,可从这四方面介绍农村社区人力资源状况。

1. 农村社区人口的身体素质状况

(1)农村社区有大量残疾人。根据《第二次全国残疾人抽样调查主要数据公报》,2006年我国的各类残疾人总数达8296万人,其中农村残疾人达6225万人,占残疾人总数的75%。(2)农村社区劳动者患病人数不断增加。由于农村水源污染、空气污染、农产品污染日益严重;农村社区接种乙肝疫苗的人很少;打工时身体慢性中毒和受伤害较多;不健康的饮食和生活习惯等原因,造成农村社区劳动者患病概率在增加,导致许多劳动者生病,失去劳动能力。(3)农村社区老龄化在加快。中国第六次全国人口普查数据显示,中国60岁及以上老年人口达1.78亿人,占总人口的13.26%,其中65岁及以上人口为1.19亿人,占总人口的8.9%。中国农村人口老龄化程度已达15.4%,比全国13.26%的平均水平高出2.14个百分点,高于城市老龄化程度[①]。即便老人能劳动,但他们的劳动能力受身体素质的影响,是无法达到年轻人的水平。

2. 农村社区人口文化素质状况

我国农村社区人口的文化素质不高。(1)从接受基础教育情况看,我国农民平均受基础教育年限不足7年,与发达国家已达到12~14年相比,少接受基础教育时间达5~7年。2008年2月27日国家统计局发布的第二次全国农业普查数据显示:2006年末,我国农村劳动力资源总量约5.3亿人,其中文盲约3593万人,占6.8%;小学文化程度约1.73亿人,占32.7%;初中文化程度约2.6亿人,占49.5%;高中文化程度约5215万人,占9.8%;大专及以上文化程度约648万人,仅占1.2%。[②](2)从接受农业职业教育情况看,据2003年统计,我国农村从业人员中受过各种职业技能培训的仅占9.1%。而2000年,德国有54%的农业劳动力受过至少3年的职业培训。相比之下,存在较大差距。

3. 农村社区人口的科技素质状况

我国农村社区科技人员奇缺,1949年新中国成立以来国家培养的中高级农林技术人员累计达247万人,但由于城乡差别大,收入低,农村生活条件差,大部分改了行或留在城市,留在农林业的农林技术人员仅有76.8万人。其中,在农村社区从事农业生产的农技人员更少,平均每万名农业劳动力只拥有21名科技人才,与每万名城市职工拥有专业技术人员2800多人相差甚远。据有关部门统

[①] 《中国农村人口老龄化程度高于城市》,新华网(2010):http://nf.nfdaily.cn/21cbh/content/2010-02/25/content_9505082.htm.

[②] 国务院第二次全国农业普查领导小组办公室:《第二次全国农业普查主要数据公报(第五号)》,2009;http://www.stats.gov.cn/tjgb/nypcgb/qgnypcgb/.

计,目前农村社区各类专业技术人才所占比例仅为其他部门的1/20,每一名农业技术人员负担约7000亩土地,每一名兽医人员负担约7000头牲畜,每一名林业专业人员负担约2万亩林木,我国农业科技人员在人口中的比例远远低于社会经济较发达国家水平①。

4. 农村社区人口的政治素质状况

我国农村社区农民的民主素质修养程度尚处初始阶段,主要表现是缺乏主人意识、平等意识、自主意识,依附观念浓厚。对于民主的操作知识和技能知之甚少,对非民主的家长制、宗族宗法观念和行为还缺乏应有的识别能力和抵制力。易受封建主义思想左右和侵蚀,民主意志易于动摇。对于村民自治机制、如何保障自己的民主权利,知之不多,行之无方。

5. 农村社区人力资源结构状况

目前,中国农村社区人口为72135万人②,占国内总人口的65%以上,其中有2亿多剩余劳动力。我国农村社区人力资源结构呈现如下状况:(1)东部、中部、西部分布不均衡,就接受初中教育的比例来说,这三个地区农村人口受初中教育的比例分别是19.5%、8%、5%,呈现明显的地区分布失衡现象。(2)行业分布不均衡,2006年农村社区从事农业生产的劳动力为28631万人,从事非农行业的劳动力为19459万人③,呈现出明显的行业失衡。(3)农村社区女性劳动力比例在上升,据统计,1980年农村社区女性劳动力为14456.2万人,占农村社区总劳动力的45%;2003年农村社区女性劳动力达到22850万人,占农村社区总劳动力的47%④。

农村社区人力资源的如上状况是农村社会现代化的沉重包袱。如农村人口的文化和科技素质不高,必然影响农业的技术进步,一些科技含量较高的农产品生产受到限制,农业科技成果难以推广,使科技进步对农业的贡献率不足1/3。政治素质不高,不利于村民自治制度的实施。因而要大力开发农村社区的人力资源,把沉重的人口负担转变为人力资源的优势。

---

① 田雪原:《提高农村劳动者素质治本之策》,人民网(2005):http://www.my.gov.cn/MYGOV/150662818591408128/20051010/52739.html。
② 申玉彪:《中国乡村人口超7亿》,中国广播网(2009):http://12582.10086.cn/xj/News/Detail/8001030。
③ 马晓河、马建蕾:《中国农村剩余劳动力到底剩余多少》,《中国农村经济》,2007年第12期,第4—9、34页。
④ 张希鑫:《论农村人力资源开发》,百度文库(2011):wenku.baidu.com/view/cd3a717ea26925c52cc5。

三、农村社区人力资源开发

农村社区人力资源开发是以农村社区人口为对象,在现有农村社区人口质量的基础上,利用培训和教育等多种渠道,提高农村社区劳动人口的技能水平,提升农村社区人口的整体素质和社会价值,实现农村社区劳动力在社会中的合理配置,将农村社区人力资源数量压力转化为农村社区人力资源质量优势,促进农村社区经济和社会发展。开发农村社区人力资源是要激发蕴藏在农村社区劳动力身上的潜力,将丰富的劳动力资源转化成为直接作用于经济和社会发展的现实生产力和强大推动力,农村社区人力资源开发将推动我国经济社会的发展。

1. 农村社区人力资源开发成就

改革开放来,特别是近些年,我国各地政府非常重视农村劳动力培训工作,我国在农村社区人力资源开发方面取得了可喜成就。如天津市在全国率先出台了《天津市农民教育培训条例》,坚持贴近农民、贴近农村、贴近实际,通过专题讲学、现场指导、参观考察、订单培训等多种方式,增强教育培训的针对性和实效性。高等院校、科研院所、职业学校、农科院所以及海河教育园区的公共实训中心、实验室等要向农民培训全面开放,组织专业配套齐全的教师队伍深入农村,满足广大农民多样化、多层次的培训需求。向农民系统传授农业科技创新知识,系统传授工业技能技术,系统传授现代服务业就业能力,使更多的农民具备就业创业所必需的职业技能。截止到2011年,天津市培训农民46.6万人次,有近36万人取得了相应证书,实现转移就业24.2万人[①]。又如成都将农民培训作为日常工作来抓,培训内容包括实用技术、农村产权流转、规模经营、返乡创业、农业面源污染治理,等等。市政府要求每个乡镇必须定期开展农民培训,还要如实填报农民培训信息表,作为检查该项工作的依据。现在全国各地乡镇社区都很重视农民培训工作,使农村社区人力资源得到一定程度的开发。

2. 农村社区人力资源开发存在的问题

虽我国各地农村社区人力资源开发出现良好势头,但由于资金不足、农民外出打工、师资缺乏等原因,目前农村社区人力资源开发存在一系列问题和困难。

(1)农村社区人力资源开发与城市社区存在较大差别。我国农村社区经济发展落后于城市,许多农业劳动者的温饱问题尚不能解决;部分农民的健康状况很不乐观,农村社区居民的身体素质普遍低于城市社区居民;农村社区公共基础

---

① 何会文:《天津市召开农民培训工作会议提高职业技能水平》,中国(2011):news.cntv.cn/20110430/101900.shtml 2011—04—30。

设施和公共服务水平都落后于城市,城乡社区公共卫生医疗和社会保障事业发展差距很大。农村社区条件比城市艰苦,发展前景不如城市,使得优秀人才不愿意来农村社区发展,而农村社区人才流向城市。其中,表现突出的是农村学校教师资源的流失。

(2)政府对农村人力资源开发中的主导作用有待加强。政府对农村社区教育投入不足,人均教育经费占有量仍然很小,经费不足严重制约农村社区教育的发展。同时,农村教育结构不合理,政府对农村职业教育和成人教育的投入和扶持力度不足,没有与基础教育形成良好的互动。农村人力资源开发过程中政府制定的制度供给严重不足,缺乏相应的制度来规范农村的人力资源开发和配置活动。

(3)农村社区尚未形成主动开发人力资源机制。目前,农村社区的农民培训,都是由乡镇和县政府推动的,而农村社区自身缺乏积极性、主动性以及相应的培训能力。特别需要乘国家进行农村社区的东风,大力开办农村社区教育,为农村社区人力资源开发创造必要的职业技能培训条件。

第二节 农村社区教育的人力资源开发优势

社区教育是社会发展和时代变革的产物,现代意义上的社区教育已有百年的历史。哲学、社会学、教育学等学科有关社区教育的理论,是开展社区教育活动的理论基础。

一、社区教育的起源

社区教育思想最早可追溯至丹麦人柯隆威于1844年创办的第一所"民众高等学院"。现代意义上的社区教育是在20世纪欧美一些国家出现的,至今已有百年历史。美国教育家约翰·杜威对社区教育进行研究,提出"学校是社会的基础"的思想,这一思想由曼雷和莫托在美国密歇根州进行实验,此实验方案把学校与社区沟通起来,学校成为社区的一种资源,被社区利用,为社区服务[①]。社区教育从居民需要出发,体现当地民众的需要和利益。进入20世纪后,随着工业生产的集中和扩大,城市开始支配工业国家人们的生活,教育在帮助人们进入和适应工业组织上的作用越来越重要,教育机会平等、民主的口号受到普遍认同,教育范围进一步扩大,社区教育在不同领域,从不同角度相继发展起来。在

---

① 张光辉:《我国社区教育发展探析》,《职业教育研究》,2010年第8期,第22—24页。

社区教育的发展过程中,不同国家走过不同道路,体现不同特色,形成对社区教育不同理解。如北欧诸国把社区教育界定为"民众教育";日本把社区教育界定为社会教育;美国把社区教育看做是向社会提供教育服务的非正规教育。也就是说,现代社区教育由于其发展历史不长,各个国家具体国情不一致,所遵循的发展历程和模式不一样。另外,因为现代社区教育体现的是一种全新的教育思想,是对传统教育观念的革命性发展,内涵具有前所未有的复杂性、包容性、边缘性和前瞻性,不是传统教育概念能轻易概括的。

二、社区教育的含义

尽管各国对社区教育的界定不同,采取的措施不相同,但经过各国之前的实践和切磋探讨,人们对社区教育的理解正在不断深化,并取得越来越多的共识:第一,社区教育是由社区举办的教育,是社区内所有教育机构、教育力量的协同教育活动,是学校教育与社会教育的结合。第二,社区教育是适应社会发展需要而产生的,它是为社区所有成员提供的教育服务。第三,社区教育不仅仅是专业学科的教育,已经发展成为扫盲教育、法制教育、道德教育、生态环境保护教育、人口教育、家政教育、妇女教育、卫生教育、艺术欣赏、闲暇教育、健康活动等多形式、宽领域、全方位的教育活动。[①] 由此来看,社区教育既包括学校教育,也包括校外教育和家庭教育;既包括普通教育,也包括职业技术教育和成人教育;既包括青少年教育,也包括学前教育和继续教育,乃至终身教育。从社区教育的机构来讲,既包括公立的文化或技术学校,也包括各种私立学校。就内容而言,既包括科学技术知识的教授,又包括思想观念、伦理道德的培育。另外,社区教育并不是仅仅指有关社区的教育,或为了社区发展的教育,它更重要的是社区的住民对教育拥有的决定权,以及为创造社区教育而负有的责任。

2006年12月,我国标准化管理委员会发布《社区服务指南第3部分:文化、教育、体育服务》,该国家标准对社区教育作下列定义:在社区中,开发、利用各种教育资源,以社区全体成员为对象,开展旨在提高成员的素质和生活质量,促进成员的全面发展和社区可持续发展的教育活动。[②]

综合以上对社区教育的各种定义,我们认为,社区教育是在一定地域范围内,充分利用各种教育资源,旨在提高社区全体成员整体素质和生活质量,促进

---

① 傅忠道:《社区工作基础知识1000答》,中国青年出版社2001年版,第404页。
② 中国国家标准化管理委员会:《社区服务指南第三部分:文化、教育、体育服务》,中国标准出版社2007年版,第8—9页。

区域经济建设、社会发展和教育自身发展的教育活动。在社区发展史上,社区教育的开展是一项意义重大的事件,它广泛地凝聚着社区居民,以丰富的内容、灵活多样的形式推动着终身教育体系的构建和教育改革的进行。

三、农村社区教育

农村社区教育是对农村社区内共同生活的人群组合所进行的由学校教育、家庭教育和广泛的社会教育组成的"大教育"。它既是一种区域性、整体性的教育活动,又是一种组织协调社区内、外各种力量参与本社区内的各种学习与教育活动,为提高社区成员素质,促进经济、文化发展而提供服务的教育新机制。农村社区教育的对象是农村社区内共同生活的人群。

农村社区教育在类别上包括该区域内基础教育、职业教育、成人教育和继续教育,在形式上包括学校教育、家庭教育和社会教育,其教育对象则是从幼儿到老年的社区全体居民。因此,农村社区教育不能理解为农村各级各类教育无序的总和,而是一个大教育系统概念。

农村社区教育包括以下基本要素:(1)农村社区与社区组织。社区作为社区教育的基本要素,为社区教育的开展提供必要的条件。由于社区内各个组织、单位的分散性,还需要建立一个相应的组织机构来统一、协调社区内各种力量。如社区教育委员会,能全面统筹教育、经济、社会协调发展的总体规划,发动社会各界参与教育,以推动社区教育的发展。(2)学校。学校属于社区的一个单位、组织,在社区教育中起着重要的作用。农村社区教育从一产生就利用学校向社区居民进行各种形式的教育。学校的设施是社区教育的物质资源,社区教育在很大程度上依赖于学校。(3)社会教育资源。包括社区各协作单位提供的可以作为教育基地的厂矿、科学实验站和农业示范区等,以及社区内的文化设施,如图书馆、体育中心、文化中心、历史纪念馆等。(4)参与者。社区教育的参与者就是社区的全体人员,人人是受教育者,人人同时又是教育者。社区和社区组织、学校、各类社会教育资源及社区成员构成了农村社区教育系统。在社区教育委员会的统筹管理下,以社区为依托,协调社区各种教育资源,调动社区成员的积极性,开展适合于当地的各种社区教育活动。

四、农村社区教育的人力资源开发优势

一般说来,教育是人力资源开发的可控的、见效快的途径,而个人自学或在实践中自我开发自己的潜能是难以预见的、见效慢的途径。故我们主张通过教育途径开发农村社区的人力资源。相对而言,社区教育比教育体系中的学校教

育、家庭教育、社会教育等三种方式在开发农村社区人力资源方面更具有优势。

1. 农村社区教育是体现社区自治精神的治理活动

由于社区是自我教育、自我管理、自我服务、自我发展的社会基层单位,要求实行自治,因而提高社区劳动者素质、开发人力资源是农村社区自我治理的神圣职责。故通过社区教育方式开发农村社区人力资源,是符合社区治理原则和本义的选择。何况社区教育深植于农村社区中,是最接近农民的教育形式。农村劳动者就在家门前的社区学院接受自己所要的专业知识和技术,有更大的主动权、自决权和选择余地。社区学院的管理者和教育者是社区的志愿者,非常了解职业农民的对科学知识和技术的需要,完全可以根据职业农民的要求开设课程,可以根据农民的要求外请专家或由有专长的社区居民来传授科技知识和技术。所以,这种教育方式能很好地保证社区居民的主人翁地位、体现社区自治精神。

2. 农村社区教育是综合教育体系

作为农村社区的生产单位,中国农民家庭多为多种经营者,即便职业农民外出打工,也是遇到什么工种就干什么活,也没有固定职业。所以,职业农民接受教育或培训,也没有固定内容,因而,社区学院不是专业学院,社区教育也不是培养专业人才的教育形式,实际上,它们只能成为开展短期的、实用的、综合性技术培训。农民的职业行为特征和农村社区教育的职责定位的相通性说明社区教育是开发农村社区人力资源的最佳途径。所以,农村社区学院应根据社区劳动者的需要开设多样化的课程,满足不同劳动者的多方面的技术教育需求。此外,社区教育还可根据社区治理需要,开展扫盲教育、普法教育、政策教育、生态保护教育、优生优育教育、党建教育、社区文化教育、市场知识教育、电脑知识教育,丰富社区居民的社会知识,提高他们的文化素质。

3. 农村社区教育属于农村社区公共产品

农村社区学院是农村社区设立的精神领域的公共设施,社区教育是农村社区组织开展的公共活动之一。农村劳动者参加社区学院举办的技能培训、文化培训,不用支付费用或只要支付少量费用。而且作为社区公共品,任何社区居民都可以参加培训,因为对公共品的使用不具有排他性。所以,农村社区教育能为社区的贫困劳动者提供学习科学技术的机会,这是学校职业技术教育难以做到的,也是家庭教育和社会教育无法做到的。可以说,农村社区教育具有普遍提高农村社区人口素质的优势,是开发农村社区人力资源的最佳途径。

4. 农村社区教育可根据农时组织教学

农村社区学院不是专业教育机构,只是开展实用技术培训和文化素质培训的临时性的短期教育机构。它不受国家教育法规和制度约束,只需根据社区居民或社区运转需要实施短期课程或讲座培训,不提供专业的系统教育。所以,农村社区教育完全可以根据农时规律安排教学活动。如果农民在农业生产中遇到技术问题,社区学院可以聘请专家来社区传授或解答技术难题。如遇到农闲时节,社区学院组织农民接受文化素质培训。它的教学活动不仅不会与农业生产相冲突,而且还能促进农业生产,提高农民的生产技能。农村社区教育就是这样通过灵活的教学安排来开发社区人力资源的。

第三节 我国农村社区教育发展历程

我国农村社区教育发展历程大体可分为三个阶段:20 世纪 20—30 年代的短暂高潮、建国初期的迅速推进和改革开放后的持续发展和兴起。

一、新中国成立前的乡村教育思想与实践

20 世纪 20—30 年代,中国乡村教育在理论上形成诸多学派,其中主要学派有陶行知的"生活即教育"思想、晏阳初的平民教育思想、梁漱溟的乡村建设与教育思想、黄炎培的职业教育思想。尽管他们的立场、观点和方法不尽相同,但都有一个共同特点,即符合人民的利益,因而具有历史的进步性与民主性。体现现代农村社区教育思想的萌芽,对当前农村社区教育有借鉴意义。

1. 陶行知的"生活即教育"思想

陶行知提出"生活即教育"、"社会即学校"、"教学做合一"的主张,形成"生活即教育"的教育思想体系。[①]

(1)生活即教育。"生活即教育"是陶行知生活教育理论的核心。在陶行知看来,教育和生活是同一过程,教育含于生活之中,教育必须和生活结合才能发生作用,他主张把教育与生活完全熔于一炉。"生活即教育"的核心内容是"过什么生活便是受什么教育"。陶行知所说的"教育"是指终生教育,它以"生活"为前提,不与实际生活相结合的教育就不是真正的教育。他坚决反对没有"生活做中心"的死教育。

(2)社会即学校。"社会即学校"来源于杜威的"学校即社会",是对杜威教育思想批判的基础上得出的。"社会即学校"的根本思想是反对脱离生活、脱离人民大众的"小众教育",主张用社会各方面的力量,打通学校和社会的联系,创

---

① 梁淑美、司洪昌:《对陶行知乡村教育思想的评述与反思》,《国家教育行政学院学报》,2009 年第 11 期,第 49—54 页。

办人民所需要的学校,培养社会所需要的人才。真正把学校放到社会里去办,使学校与社会息息相关,使学校成为社会生活所必须。因此,"社会即学校"的真正含义就是根据社会需要办学校。从教育内容说,人民需要什么生活就办什么教育;从教育形式来说,适宜什么形式的学校就办什么形式的学校。

(3)教学做合一。这是生活教育理论的教学论。"教学做合一"是生活法,也是教育法,它的含义是教的方法根据学的方法,学的方法要根据做的方法,事怎样做便怎样学,怎样学便怎样教。

2. 晏阳初的平民教育思想

晏阳初认为,人民是国家的根本。然而,当时中国虽号称有四万万人民,但其中80%以上是文盲。因此,为平民办教育,尤其是到乡村中去为农民办教育,开发世界最大最富的"脑矿",这是关系到"本固邦宁"的根本问题。从1926年以后,晏阳初把平民教育的重点从城市转到农村,心甘情愿"给乡下佬办教育"。晏阳初从事乡村教育的一个显著特点是进行实验研究。他根据中国农村社会的实际状况,主张以一个县为实验研究的基本单位。在进行广泛、深入、科学调查研究的基础上,最终选择河北省定县作为实验区。在中国乡村教育运动中,首创以一个县为基本单位从事乡村教育实验。

在定县实验中,晏阳初逐渐形成乡村教育的整体思路。他将中国农村的问题归为愚、穷、弱、私"四大病根",提出"四大教育"、"三大方式"。所谓"四大教育",即是文艺教育、生计教育、卫生教育和公民教育。"四大教育"的目的是克服当时社会存在的四大问题。其中文艺教育的目的在于培养知识力,解决"愚"的问题;生计教育的目的在于培养生产力,解决"穷"的问题;卫生教育的目的在于培养健康力,解决"弱"的问题;公民教育的目的在于培养团结力,解决"私"的问题。推行"四大教育",必须采用"三大方式",即学校式、家庭式和社会式。晏阳初还主张要"化农民",必先"农民化":知识分子到乡村去为农民办教育,要"化农民",自己首先必须"农民化"。要虚心向农民学习,给农民作学徒;要与农民共同生活和劳动,只有在同他们广泛深入的接触中,才能真正了解他们的需要,更好地为他们服务。晏阳初的教育思想,反映了他的拳拳爱国之心,不仅在当时产生了很大社会影响,且在当下也仍有很强的借鉴意义。[①]

3. 梁漱溟的乡村建设与教育思想

梁漱溟认为,中国一切社会问题的根本解决都取决于乡村建设,而乡村建设的成败又取决于乡村教育,乡村教育的目的在"谋个人的和社会的向上进步"。

---

① 刘豪兴:《农村社会学(第二版)》,中国人民大学出版社2008年版,第198—199页。

他认为,教育应当着眼一个人的全部生活而领着去走人生大路,于身体的活泼、心理的活泼两点,实为根本重要①。梁漱溟从乡村建设目标出发,提出"社会本位教育"主张,用以改造整个教育制度。所谓"社会本位教育",就是以社会教育为本,以全社会为教育对象,以民众教育、成人教育及终身教育为主体,建立全社会的教育系统。他指出,现代社会生活日益繁密复杂,现代文化日益进步,社会变迁日益剧烈,尤其是在除旧布新的改造时期,社会急需各种人才,人生需各方面的知识与能力。因此,教育必须着眼于全社会,着眼于成人、学校教育与社会教育要融合为一体,实现"社会学校化"。并以此为社会中心,改造社会,建设乡村。他的具体设想是按照国家行政和地方自治区域分别设置国学、省学、县学、区学和乡镇学五级,负责其区域内一切教育的责任和社会建设事业。他的这些思想为我国农村社区教育的发展奠定了基础。

4. 黄炎培的职业教育思想

20世纪20年代,黄炎培总结近十年职业教育发展的经验,提出"大职业教育主义"的观念,认为只从职业学校做工夫,不能发达职业教育;只从教育界做工夫,不能发达职业教育;只从农、工、商职业界做工夫,不能发达职业教育。即办职业教育必须联络和沟通所有教育界和职业界,参与全社会的活动和发展,更多地探寻职业教育外部环境的适应问题。进入30年代后,民族危机加深,黄炎培积极投身于民族救亡事业,职业教育思潮逐渐消退,但其职业教育思想继续影响着此后中国的职业教育实践。

5. 20世纪20—30年代农村社区教育的实践

20世纪20—30年代,陶行知、晏阳初、梁漱溟等有识之士不仅构建我国的乡村教育思想理论,且进行积极的实践活动。陶行知主张把学校教育与广泛的社会生活密切联系起来,认为教育的社会功能是"千教万教教人求真,千学万学学做真人",把培养具有"健康的体魄、科学的头脑、艺术的兴趣、改造社会的精神"的人才作为教育目标,在南京晓庄创办试验乡村师范学校,进行实验。晏阳初先生先后在华北、华中、华西等地推行文艺、生计、卫生和公民四大教育,进行社会式、学校式、家庭式有机结合的区域性乡村改造和平民教育实验。梁漱溟曾在山东邹平、菏泽、济宁等县进行广泛的实验,对他的"以教统政"、"政教合一"的具体设想进行尝试,试图以教育力量改造乡村、建设中国。他与同事身体力行,先是举办山东乡村建设研究院,培养有志于乡村建设的知识精英,后又直接到山东省邹平从事社会实验。因这些实验与客观现实条件不符以及主观改良的

---

① 梁漱溟:《教育文选》,江苏教育出版社1987年版,第9页。

不足,难于组织广泛的社会参与,也难于统筹管理域内各学校和其他教育因素,因而这些区域实验实际成效有限。可以说,乡村建设运动带有强烈的精英主义倾向,是以知识精英为主体的文化改良运动。

二、新中国成立初期的农村教育

新中国成立后,我国政府对农民教育很重视,对农民的教育问题也抓得很紧,积极采用业余教育的方式对农民进行教育。虽然社区教育这个概念曾一度消失,但灵活多样的业余教育,可以称得上是社区教育的另外一种形式。

当时的农村教育采取了识字班、训练班、工农干部速成学校、补习学校和"冬学"等形式,其中"冬学"是重要的教育形式。新中国成立伊始,党中央即发出《关于开展一九四九年冬学工作的指示》,"冬学"这种利用冬闲时间对农民进行教育的一种有效形式,在新中国成立后迅速发展起来。据统计,1950年全国办"冬学"29万余处,参加人数达到2500万以上[①],1952年多达4885万人。各地"冬学"都正确地贯彻执行了以文化教育为主,结合时事政治教育、生产技术教育与卫生科学教育的方针。1953年后,教育治理整顿,"冬学"的人数开始减少,此后农村"冬学"虽然在某些阶段也辉煌过,但总体在逐渐衰落。其原因是:(1)冬学组织片面强调正规化;(2)冬学内容过分强调政治化;(3)小农意识制约了农民求学的热情,也制约了冬学的发展。

三、改革开放后农村社区教育的发展与兴起

人民公社建立后,我国对农民的教育开始了新的探索。其间,农村教育经历了全民办学、全民上学,恢复时期的缓慢的向前发展。"文革"期间,农村业余教育的一度停滞。

改革开放后中国农村社区教育的兴起有其特定的社会背景和条件。一方面是我国城市社区教育的推动,另一方面是农村社会发展的需求和农村教育自身发展的必然趋势。20世纪80年代我国社区教育首先在城市兴起。到1990年,上海全市有2/3的区建立了社区教育委员会的区级机构,140多个街道中有126个成立了街道一级社区教育委员会。1994年上海创办了第一所经市府批准试办的社区学院(上海市金山社区学院)。1996年上海市社区教育研究中心成立。北京、天津等地也都开始试办社区学院,推行社区教育。[②]

---

① 郭沫若:《关于文化教育工作的报告》,《新华月报》,1951年,第11页。
② 杨应崧等:《各国社区教育概论》,上海大学出版社2000年版,第4页。

第五章 农村人力资源开发与社区教育

1990年以来，随着城市社区教育的不断发展，社区教育由城市迅速向农村发展，许多农村地区包括西部的一些边远贫困农村也建立了社区教育机构。目前农村社区教育方兴未艾，在经济发达地区，呈现出蓬勃发展的趋势。1993年《中国教育改革与发展纲要》提出"推进农村教育综合改革，促进教育同经济、科技的密切结合"的指导方针。我国农村各地在此纲要精神的指导下，社区教育得到进一步发展。1995年10月，国家教委会同农业部、国家科委召开"全国农科教工作会议"，提出农科教结合的诸多问题与解决办法。

1995年12月，国家教育委员会提出实施"燎原计划百千万工程"[1]，将农村教育综合改革县扩展到近千个，树立"燎原计划"示范乡近万个，以此加快农村科技的推广与普及，并确实取得一定成效。至1996年底，全国实施"燎原计划"的示范乡有近万个，这些乡镇的办学条件得到了改善，教育功能得到了较充分的发挥，劳动者素质得到提高。1998年10月，党中央、国务院召开十五届三中全会，专门研究农村问题，农村社区教育有新的起色。

1999年1月国务院批转教育部《面向21世纪教育振兴行动计划》，其中明确提出"开展社区教育的实验工作，逐步建立和完善终身教育体系，努力提高全民素质"。2000年4月，教育部职业教育和成人教育司在全国推行社区教育实验工作，下发《关于在部分地区开展社区教育实验工作的通知》，并确定首批八个实验区。至2007年，教育部先后确立了四批全国社区教育实验区，全国社区教育实验区已经发展到114个。在全国各地广泛开展社区教育实验的基础上，教育部于2008年2月命名了34个全国社区教育示范区。[2] 这些举措进一步推动农村社区教育实践的向前发展。

目前，我国农村社区教育正在积极地探索之中，部分地区取得可喜的成绩，积累了许多有益的经验。如江阴市社区教育发展迅速，在农村社区教育方面做出卓有成效的尝试。江阴市农村社区把教育与经济发展紧密结合起来，乡镇成人教育中心校为乡镇企业培养一大批技术骨干和操作能手，为企业的技术升级培养后备人才。在紧贴社区经济建设的同时，还根据社区成员的需求和社区发展的需求，担当起党团员教育、人口教育、计划生育教育、妇女培训、家庭教育的重任。与此同时，辖区内公园免费开放，成为市民陶冶情操、闲暇教育的场所；图

---

[1] "燎原计划"是经国务院批准，由国家教委提出并组织实施，以通过改革和发展农村教育，全面提高劳动者的文化技术素质，促进农村经济发展的计划。"燎原计划"与"星火计划"、"丰收计划"相配套，为其实施培训人才提供服务。"燎原计划"于1989年开始实施。

[2] 刘尧华：《我国社区教育发展现状、问题及对策》，《华中师范大学学报（人文社科版）》，2010年第4期，第144—150页。

书馆、书店、文化馆发展迅速,群众文体活动丰富多彩,社区文化建设形成特色。①

近几年,农民工群体是国家最关心的群体之一。然而,相对于城市居民来说,他们的科学文化水平、专业技术水平还是很欠缺的。广东省在农民工群体的社区教育方面做了很多工作。将社会工作者纳入农民工群体社区教育过程中来,运用助人自助、同理心、平等接纳的专业价值观,对其开展职业与技能教育、日常生活习惯教育、社会交往教育和心理层面的适应教育,让农民工群体内化城市社会的生活方式和文化价值观念,在心理上获得认同,在情感上找到归宿。在此过程中,农民工获得各方面的教育资源,政府、民间组织、用工单位、社会工作者共同构成了农民工融入城市的支持系统,一起构成了农民工完整的社区教育体系。②

四、当今中国农村社区教育发展困境

目前,我国农村社区教育开展面临着巨大的困境,主要体现在以下方面:

1. 农民接受社区教育的意识不够

在大部分农民的眼中,教育就是针对青少年或者适龄受教育者而言的。对于素质不高的农民来说,他们觉得自己与教育或者受教育一词毫无关系,农民一听到要发展社区教育大多表现出与己无关的态度。据朱拥军等人的调查,多达62.14%的农民参加培训的动因是政府要求或动员,只有28.36%的农民想通过学一点技术回来搞好生产。③

2. 农村社区教育师资队伍短缺

由于我国基层政府对农村社区教育的重要性认识不够,没有将农村社区教育纳入工作范围,造成农村社区教育师资不足。我国农村社区教育的专职教师少,且文化水平偏低,同时缺乏相应的专业技能。据哈尔滨市民政局社会福利处2007年的调查统计,在从事农村社区教育的教学人员中大学专科以上的只占15%,中等专业学校毕业的约占45%,尚有35%的人员只受过初中教育④,基本

---

① 刘素芬:《发达地区农村社区教育运行机制研究——以江阴市澄江镇为个案》,扬州大学硕士学位论文,2006年,第24页。
② 向鑫:《社会工作介入广东农民工社区教育服务的内容与路径》,《广东工业大学学报(社科版)》,2008年第7期增刊,第304—305页。
③ 朱拥军、成新华:《农民教育现状与农民受教育意愿分析》,《继续教育研究》,2008年10月,第32—36页。
④ 哈尔滨市民政局:《2007年哈尔滨民政事业发展统计公报》,http://www.hrbmzj.gov.cn。

上没有农村社区教育的专业知识。这种现状严重制约农村社区教育的发展。

3. 农村社区教育基地和教育设施严重不足

因缺少专门管理农村社区教育的队伍,农村社区教育的软硬件设施明显滞后。农村社区教育条件、工具跟不上时代要求,如没有设置专门的教室,更谈不上多功能室、活动室、图书室、办公室、计算机房等各类教学用房以及与教学相配套的各种教学设备的配备了。

4. 农村社区教育经费短缺

目前,投入到农村社区教育的资金来源主要有三个方面:一是政府对农村社区教育的经费投入。我国政府投入农村社区教育的经费比例偏低。有学者指出目前我国政府的这种投入只占20%左右,相对发达国家政府的投入达到60%而言,有很大缺口[1]。二是社会捐助资金投入。但是我国农村社区尚不富裕,能为社区教育捐资的人不多,无法成为农村社区教育费用的担当者。三是农村社区教育的自身积累。由于社区教育的福利性和公益性的特点,不可能像企业那样形成较强的自我积累能力,因而,这也难以成为农村社区教育开支的可靠保障。

第四节 农村社区教育的内容

农村社区教育的内容是多元、多层次的,主要包括公民素质教育、科学文化知识教育、职业教育、继续教育、终身教育和农业科技教育等。

一、农村社区教育的指导原则和目标

为了保证农村社区教育收到实效,需确立农村社区教育指导原则和工作目标。

1. 开展农村社区教育工作的指导原则

2004年,教育部就我国社区教育工作提出了若干指导原则[2],这些原则具有普遍性,适用我国农村社区教育:一是紧密围绕农村社区建设的总体目标,与农村社区建设的各方面工作沟通和衔接,组织和实施农村社区教育培训活动,形成合力和有机整体;二是加强农村社区各类教育文化资源的统筹,充分

---

[1] 江涛:《完善社区服务体系的思考》,《光明日报》,2007年9月11日。
[2] 《教育部关于推进社区教育工作的若干意见(2004)》,教育部(2004):http://www.moe.gov.cn/publicfiles/business/htmlfiles/moe/moe727/20101/xxgk78909.html。

利用、拓展和开发农村社区现有教育资源,推动各类教育资源面向农村社区居民开展教育培训活动,加强农村社区学校和学习型组织的建设;三是树立大教育、大培训观念,面向农村社区居民开展内容丰富、灵活多样的教育培训活动,提供全员、全程、全面的教育服务,努力满足农村社区建设和农村社区居民的需求;四要实行分类指导,分阶段实施,积极而扎实地推进农村社区教育的广泛深入开展,并把发展农村社区教育作为创建学习型社区的重要途径和措施。

2. 我国农村社区教育工作的目标

作为社会的人,终身生活在社区之中,社区伴随人的一生的发展。从这个角度来说,农村社区教育的实质是人的终身发展的教育,体现社会对人的人文关怀。其目标是提高农村社区成员的全面素质,促进农村社区成员的社会化、个性化,以利于个人与自然、社会和谐发展。可以说,农村社区教育是最能够满足农村社区成员日益增长的文化教育需求,最能满足农村社区成员终身发展需要的一种教育形态。

二、农村社区教育的主要任务

在提出社区教育工作的指导原则的同时,2004年教育部还确定我国社区教育的主要任务[①],这些任务也是我国农村社区开展社区教育的基本要求。

2. 开展丰富多彩的教育培训活动

开展教育培训是农村社区教育的基本工作。要始终重点抓好量大面广、受到农村社区居民普遍欢迎的各类培训活动,努力做好在职人员的岗位培训、无业人员就业培训、老年人群社会文化活动、弱势人群提高生存技能培训等各类人群的培训,积极抓好农村社区内的幼儿教育、青少年学生的校外素质教育,加强未成年人的德育工作。要紧紧围绕农村社区建设的中心工作和社区居民的教育培训需求,确定相关的培训课程和教学内容,加强培训课程和教材的建设工作,拓展和丰富教育培训内容,增强培训的针对性和有效性,积极创新培训形式,逐步提高农村社区居民教育培训率。

2. 开展"建设学习型组织"活动

要把创建"学习型组织"作为现阶段推进农村社区教育工作的重要内容来抓。根据农村社区内不同类型组织的实际情况,制订相应的学习型组织基本要求和标准,积极创建学习型乡镇、学习型村庄、学习型家庭等学习型组织,积极开

---

① 《教育部关于推进社区教育工作的若干意见(2004)》,教育部(2004):http://www.moe.gov.cn/publictiles/business/htmlfiles/moe/woe727/2010/xxgk78909.html。

展评估促进工作,使学习型组织的比例逐年提高,逐步实现有学习能力和学习要求的社区居民"人人皆学"的目标。

3. 建构农村社区教育培训网络

充分利用农村社区内现有各类教育资源,横向联合,纵向沟通,实现教育资源共享,使现有教育资源发挥更大的作用。各类学校和各种文化体育设施都要有组织、有计划地向农村社区开放,要依托农村社区内普通中小学和各类职业学校、成人学校面向居民开展教育培训服务,使其成为开展农村社区教育的重要力量;要在整合、利用现有教育资源基础上,形成以县农村社区教育中心为龙头,以乡镇社区教育学校为骨干,以村委会社区教育教学点等为基础的农村社区教育网络;要积极创造条件开展现代远程教育,构筑起农村社区居民全民学习、终身学习的平台。

三、农村社区教育的主要内容

社区教育的内容是多元、多层次的,是从实际出发的。社区教育从内容上包括政治理论教育、文化基础教育、继续教育、职业培训教育、生活技能教育、健康教育、娱乐教育、优生优育优教教育、法制教育和公民教育等。而在现实实践中,我国农村社区教育的内容主要有公民素质教育、科学文化知识教育、职业教育、继续教育、终身教育和农业科技教育等。

1. 公民素质教育

公民的素质教育作为基础性的教育,是必不可少的。素质教育仅仅靠学校教育是远远不够的,只有建立大素质教育体系,使素质教育渗透到社会生活的各个角落、各个层次,通过学校、家庭、社会的共同协作,才会起到真正而全面的素质教育的作用。对于农村社区教育而言,应通过显性课堂及各种隐性课堂、活动课堂的设置及灵活运用,注重对不同年龄、不同层次社区成员的思想道德素质、文化素质、心理素质、就业素质及创新能力的培养和提高。这种教育影响虽然不是系统的、专门化的,但通过潜移默化、润物细无声的点滴净化和引导,对社区成员产生的作用却是长远而持久的。许多地区将公民素质教育按照以下几个方面开展:时政常识、爱国主义、社会公德、法律常识、心理健康、文明礼仪、国学等。由于社区居民年龄悬殊,从事职业不相同,文化修养有深浅,接受能力分强弱,兴趣爱好有广狭,道德水准有差异。因此,社区居民素质教育不能搞简单灌输,

"一刀切",而要摸清情况,分清层次,因势利导,体现个性和艺术性。[①]

2. 科学文化知识教育

现代的国际竞争强调综合国力的竞争,并且越来越强调国家软实力的竞争。中国是一个农业人口占大多数的国家,要想提升国家的软实力,必须提升农村居民的科学文化素质。当前农村社区居民科学文化知识水平普遍还比较低。因而在农村社区教育方面,必须加强科学文化知识的教育。

我国正走向学习化社会,社区变成学习化社区,公众享受终身教育正在变成现实。对农村社区进行科、教、文、卫知识的教育是进行公民终身教育的一个有效的组成部分。在这个过程中,要用农村居民所容易接受的方式,用通俗易懂的言辞,通过合适的途径,将知识传授给他们,从而塑造新一代农民。

文化知识的范围很广泛,为了使农村社区居民"学有所教",要在调查了解的基础上,根据农村社区居民的需要,通过组织集体活动、集体讨论等方式设置切合实际的农村社区教育课堂[②]。在这一过程中会有很多困难,比如农村居民因自身基础差而不愿接受教育,或者因为忙于农活与照顾孩子而没时间接受教育,或者想打麻将、打牌而不愿学枯燥的知识,这时就需要采取灵活多样的方式来开展文化知识的教育。比如可以将课程安排在农闲时节,或者是采用上夜校的方式;针对积极性不高的问题,可以从对孩子的学习辅导入手,农村家长在辅导孩子学习方面都会有一种无力感,可以从其重视孩子教育的心理入手来开展文化知识的教育。

3. 职业技能教育

2010年教育部出台的《国家中长期教育改革和发展规划纲要(2010—2020年)》中明确要求大力发展面向农村的职业教育。发展职业教育是推动经济发展、促进就业、改善民生、解决"三农"问题的重要途径,是缓解劳动力供求结构矛盾的关键环节,必须摆在更加突出的位置。要强化省、市(地)级政府发展农村职业教育的责任,扩大农村职业教育培训覆盖面,根据需要办好县级职教中心。加强涉农专业建设,加大培养适应农业和农村发展需要的专业人才力度。支持各级各类学校积极参与培养有文化、懂技术、会经营的新型农民,开展进城务工人员、农村劳动力转移培训。逐步实施农村新劳动力免费劳动技能预备制培训。

---

① 张燕农、张琪:《社区教育发展模式的理论与实践研究》,首都师范大学出版社2011年版,第13页。

② 同上书,第14页。

4. 继续教育

继续教育是面向学校教育之后所有社会成员的教育活动,特别是成人教育活动,是终身学习体系的重要组成部分。要更新继续教育观念,加大投入力度,以加强人力资源能力建设为核心,大力发展非学历继续教育,稳步发展学历继续教育。要重视老年教育,倡导全民阅读,加快各类学习型组织建设,基本形成全民学习、终身学习的学习型社会;建立健全继续教育体制机制,政府将继续教育纳入区域、行业总体发展规划。

5. 农业科技教育

农科教结合是农村社区教育的基本方向之一。现代农业的发展对农民素质提出了新的要求,要求从业人员必须拥有一定的专业技能,加强对农民的农业科技培训,应放在农业和农村经济工作的重要位置。因而,农业科技教育也是社区教育的重要内容。

农业发展历史表明,农业生产水平越高,科学技术在农业中的重要性就越高,农业生产对科学技术的需求就越明显,农业生产的增长对科学技术的依赖性也就越大。农业的生产要取得质和量的增长,农民要增收,必须依靠现代科学技术,依靠技术教育与科技推广。农村社区要根据所在地区的实际,选择适合本地区的新科技,及时调整课程设置,加大农业科技教育比重,积极推动创业能力的发展。在这个过程中,各级领导的态度很重要。实践表明,哪里的领导重视,哪里的农村技术教育培训工作开展的就好。如山东省委、省政府重视农村人力资源开发,广泛开展农民科技教育培训,每年从地方上拿出近千万元资金用于农民培训,并制定了相关配套措施,完善奖励机制,取得了良好的经济和社会效益。

第五节 农村社区教育管理

农村社区教育管理是对农村社区教育资源进行合理组合,使之有效运转,以实现组织目标的协调活动过程,也是对社区内的教育资源进行开发、利用,以实现社区教育最终目标的一种组织力量。[①]

一、我国农村社区教育管理的主要模式

我国农村社区教育经过近二十年的发展,取得一些经验。加强对不同地区、

---

① 李静珠:《国内社区教育管理的研究综述》,《高等函授学报(哲社版)》,2011年第5期,第58—60页。

不同发展水平的社区教育模式的研究,构建科学合理、符合地方特点和发展水平的社区教育模式,将会有力地促进我国农村社区教育事业的发展。当前,我国农村社区教育管理模式主要有政府统筹型、学校辐射型、互惠型三种。

1. 政府统筹型

政府统筹型农村社区教育模式,是相应一级政府机关负总责,对辖区内农村社区教育的人、财、物等方面的资源进行统筹,使其合理流动,最大限度地发挥效益。同时,统筹农村社区教育目标和内容,使各种教育统一到为提高农村社区成员素质、促进农村社区全面进步与和谐发展上来,并对农村社区教育的开展情况进行指导和监督。政府统筹型,简而言之,就是党政统筹领导,教育部门主管,有关部门配合,社会积极支持、农村社区自主活动、群众广泛参与。

我国社会运行机制的特点决定农村社区教育主要是由党政牵头,联合社区内厂矿、企事业单位、学校、司法、驻军等单位部门,对农村社区教育进行领导和组织。党政统筹型农村社区教育模式具有权威性高、统筹性强和覆盖面广等特点,有利于对农村社区教育加以总体规划和资源统筹利用,有利于对教育实施配套改革和实现农村社区内各单位的特色组合等。根据出面牵头组织的党政部门的不同级别,统筹型模式又可分为县统筹型、乡(镇)统筹型等模式。

2. 学校辐射型

辐射型农村社区教育模式是以学校、企事业单位为中心,凭借自身的优势,使自身的教育功能外化,积极参与农村社区建设的社区教育模式。辐射型农村社区教育模式根据不同的牵头主办者可建构为不同的亚模式,如学校中心型、企业中心型等。

目前,我国部分农村地区推行的"农村社区学习中心项目"就属学校辐射型。该项目是由联合国教科文组织亚太地区教育局于1998年提出并实施的,中国、印度、泰国等20多个国家参与此项目的研究与活动。该项目旨在促使农村摆脱贫困,发展生产,改善环境,提高农村的生活质量,实现农村经济社会的可持续发展。与我国传统的农村成人文化技术学校不同,"农村社区学习中心"有着全新的理念:它面对农村社区的所有成员,为社区的每个成员提供学习的机会,并尊重学习者的学习选择;它是一所开放的学校,社区内的所有单位和设施都是社区学习中心的可以利用的资源;它相信每个人都有学习和提高自己生活质量的能力,自觉主动地参与到公共社会生活中去,并过上有尊严的生活。①

---

① 张全建、王凌:《农村社区学习中心的基本理念、发展模式与运作机制》,《成人教育》,2012年第3期,第31—32页。

在联合国教科文组织的指导下,该项目在我国的实施取得一定进展。目前,在我国甘肃、山东、浙江等地已设立多个实验点。"农村社区学习中心项目"作为一个全新的理念已深入到我国广大农村地区,是我国农村教育的新亮点。农村社区学习中心一般设在村内,采取外部资源支持和村民自主管理等方式,便于村民就近学习。据不完全统计,该项目自2004年在我国实施以来,仅微软与国内外非营利组织、政府及学术机构合作推出的社区技能培训项目,就已在15个省市建立39个社区学习中心,直接培训2万多人,惠及人群20余万。[①]

3. 互惠型

互惠型农村社区教育模式是指由两个或两个以上单位实体,根据自身需要,本着互利互惠和自愿的原则,联合举办农村社区教育的模式。这一模式的最主要特征就是自愿和互惠,因而更有利于发挥办学者的自主性和主动性,更能促进大教育体系的建立。目前,农村社区教育的"互惠型模式"并不多见,但也已艰难起步。如据刘素芬调查,江阴市把农村社区教育与经济发展紧密结合起来,乡镇成人教育中心为乡镇企业培养了一大批技术骨干和操作能手。1998年,以申港成教中心为主体的南华教育集团成立,把教育内部各类学校和教育外部社区乡镇企业集团加以联合,在承担乡镇企业职工岗位培训等的基础上,打破地域界限,最大限度地实行开放,互通有无,资源共享,构建起富有活力的企业教育体系。[②] 我国农村社区教育的发展没有固定模式可照搬,须据各地具体情况,多角度、多方面来研究适合我国农村的社区教育模式。

二、农村社区教育管理机制的完善

农村社区教育的管理体制包括六方面的内容:经费保障机制、管理运营机制、课程开发机制、就业服务机制、教育激励机制和督导评估机制。我国农村社区教育尚处于探索期,管理机制还不完善,需要从这六方面着手加以改进。

1. 经费保障机制

政府要扩大农村社区教育的经费投入,同时积极鼓励地方财政、民间组织、企事业单位和个人投入到这一进程中来。目前,我国社区教育的经费主要依靠政府有限的拨款维持基本的日常支出,社区教育受到了很大的发展限制。在美

---

① 陈晓娜:《农村社区学习中心:项目的反思及应对策略》,《江苏广播电视大学学报》,2010年第4期,第41—42页。

② 刘素芬:《发达地区农村社区教育运行机制研究——以江阴市澄江镇为个案》,扬州大学2006年硕士论文,第24页。

国,社区教育的经费是由中央政府经费拨款、地方税收拨款和社区力量捐资组成的。我国可借鉴这种经费投入的形式,同时在不影响社区教育公益性的前提下收取少许的学费。

2. 管理运营机制

管理运营机制是针对农村社区教育中的管理环节的运营机制,主要包括具体管理、配套制度、资源整合、统筹规划等层面的内容。

(1)具体管理层面,将农村居民纳入农村社区教育管理中来,做自己利益的直接代言人。社区教育管理是教育行政权或管理权的运作,所以权力是管理的基础。农村社区教育的最终目的是使农村居民受益的,那么农村社区教育的管理环节就不能离开农民的参与。要将农民纳入自己管理自己的轨道上来,让其有自己的发声渠道,推动村民直接管理社区教育。当然,农村社区教育的管理离不开政府的依法指导和积极推进,也离不开村委会组织村民的有效参与。

(2)配套制度层面,要建立健全农村社区教育相关配套制度。在农村社区教育过程中要建立健全相关配套制度:领导体制、目标责任制度、表彰与奖励制度、经费投入和使用制度、队伍建设制度、督导与评价制度、监督制度等。这些制度的建立和完善,对更好地促进农村社区教育工作的开展将起到有力的保障作用。必须明确各级政府、各职能部门、教育机构和居民个人在农村社区教育工作中应承担的责任和义务,明确管理职责,理顺管理体制,加强对农村社区教育工作的领导。目前,迫切需要建立农村社区教育领导管理部门,明确工作职责。并在此前提下,进一步明确部门职责,落实领导责任,认真制订农村社区教育工作规划与计划,采取切实措施完成目标任务,解决一些重大问题,把社区教育工作落到实处,逐步建立和完善相关配套制度,逐步建立良好的农村社区教育的管理体制与运营机制。同时确定农村社区内各类组织的职权范围及其相互关系,建立对各组织机构作的内外监督制度。

(3)资源整合层面,深入挖掘社区教育资源,逐步形成全社会参与的机制。农村社区教育不仅仅是社区教育部门的事情,而应是全社会的事情。社会各单位、教育机构应该从封闭走向开放,积极投身到农村社区教育中来。利用好社区中大量的隐性教育资源,如社区文化、社区认同感及归属感。相对显性教育资源,隐性教育资源是不容易察觉到的,要充分挖掘、利用这部分教育资源。另外,农村职业教育和农民培训中呈现多部门管理实施的格局,农业、教育、劳动、科技、扶贫等不同部门都掌握一定数量的政府资源,如何打破部门局限充分利用这些资源,避免重复建设和浪费就成为农村社区教育进程中一个需特别关注的问题。①

(4)加强统筹规划,促进农村社区教育的均衡发展。农村社区教育不仅仅是教育的发展,而且涉及政治、经济、文化等社会发展的方方面面,是一项系统工程。从微观上讲,农村社区教育要满足所有农村社区居民的教育需要,促进个人的终身发展;宏观上说,农村社区教育要服务于农村社区内的各项发展,为构建终身学习的社会做贡献。为此,必须根据目前的政治、经济、文化等社会的发展形势,对农村社区教育做出规划,在规划时也要考虑到前瞻性。具体制定规划过程中,要考虑近期目标与远期目标的结合、整体目标与局部目标的结合。

3. 课程开发机制

农村社区教育课程是为满足农民实际需要而开发的,农村社区教育课程以提高农民职业能力和发展个性为主要目的,因而,要选择知识性和技能性强的课程,尽量使课程学习具有可操作性,让农民学以致用。课程开发时,在充分考虑农民和社区实际需要的基础上,按学科知识的系统性、逻辑性来编写教材,以确保教材的适用性。课程展开的方式需强调实践性和体验性,重视基于农民的生活经验和工作经历的学习方式,所谓"大树下的培训"、"田间地头的培训"、"建在农场苗圃的教室"等培训模式是新农村社区教育的主要方式。②

4. 就业服务机制

开展农村社区教育中,要建立农村社区与就业单位之间的联系,有序做好培训人员的输出。农村社区教育不仅是人们采取的教育弥补措施,也是所有居民通过继续学习提高职业素质和技能水平的有效途径。农村社区教育应紧密围绕地方劳动力市场的发展变化和广大农民工的需求,发挥灵活、开放和市场适应性强等特点,成为开展农民工培训、促进农民工就业、安定农民工生活的有效手段。③

---

① 周耀华:《促进农村人力资源开发是职业教育的重要使命》,《国土资源高等职业教育研究》,2010年第2期,第20页。

② 杨文革:《谈新农村社区教育课程开发的特点和途径》,《经济研究导刊》,2010年第34期,第64—65页。

③ 陈晶晶、陈龙根:《农民工社区教育发展机制研究》,《中国职业技术教育》,2011年第12期,第71—73页。

5. 教育激励机制

农村社区教育队伍是搞好农村社区教育工作的中坚力量。要采取激励措施,解决好社区教育教师的各种待遇问题,留住优秀教师、各种科技人才、实用人才、志愿者。上海市妇联发布的《上海社区志愿服务状况的调查和思考》报告显示:有七成以上的人认为农村社区的志愿服务主要是依靠奉献精神在维系与发展;而当问及将来的农村社区志愿服务依靠什么来发展时,选择奉献精神的仅占17.6%,而八成以上的人都希望有各种奖励。[①] 有效的激励措施,可以激发社区教育工作者、志愿者内在的积极性,使他们参与农村社区教育的自主性提高,这是保持农村社区教育行动生命力的长久之计。

6. 督导评估机制

为确保农村地区社区教育工作不流于形式,农村社区教育委员会要根据本地实际情况,制定出切实可行的农村社区教育督导评估制度。对在农村社区教育工作中取得突出成绩者进行表彰奖励,对工作不力的单位实行相应的问责,确保社区教育工作落到实处。将农村社区教育管理机制和运行机制的各项工作情况,纳入学习型城区、学习型组织评选的考核范畴,制定相关工作的督导考核指标,公布具体的评分标准和综合评估标准等,定期对从事农村社区教育工作的有关部门进行考核。

三、发展农村社区教育的措施

要解决我国农村社区教育发展的一系列困境,需要采取以下措施:

1. 唤醒农村社区居民的社区教育意识

要唤醒农村居民接受社区教育的意识,可以从两方面入手:一是从他们最希望学习的技术入手,对其生活中需要的各种技术知识提供指导,增加其学习的动力;二是可以利用其"望子长才"的心理,从其孩子的教育方面着手,教授与孩子生命周期相一致的亲子关系辅导、科学知识辅导,辅导孩子学习时加以宣传,唤醒其接受社区教育的意识。同时,还可利用电影下乡、图画发放、喇叭广播等多种方式,唤醒村民主动接受教育,提高自身素质的意识。另外,还要发挥党员、村委会干部和农民中的积极分子的作用,通过这些人员的带动作用,从而使更多的农民群众自愿加入到农村社区教育中来。

---

① 中国妇女网,http://www.women.org.cn.2006-04-06。

2. 加强农村社区教育队伍建设

农村社区教育队伍是搞好农村社区教育工作的关键。我国农村社区教育队伍由四个方面组成:(1)社区教育管理队伍。主要包括乡镇领导、相关部门的分管领导及从事社区教育工作的管理人员、教学人员;从事农村社区教育办公室工作的专职工作人员;农村社区教育的指导员、联络员。(2)社区教育专职教师队伍。主要由承担教学任务的专职教师和兼职教师组成,他们的主要任务就是对农村社区居民开展各个门类的教育教学工作。(3)社区教育志愿者队伍。主要由农村社区内的离退休老干部、老教师和有助于农村社区教育的专业技术人员及能工巧匠、在校大学生组成,已成为农村社区不可缺少的力量。(4)社区教育研究者队伍。主要由高等学校和教育科研机构的农村社区教育研究工作者组成,农村社区教育一线工作者也参与了研究工作。这支队伍承担了农村社区教育的各级各类课题研究工作,是农村社区教育发展的指导者与引导者。

农村社区教育的开展,需要一批素质优良的农村社区教育队伍。目前农村社区教育的管理人才和师资队伍还非常缺乏。一方面应不断引进更多优秀的人才加入社区教育队伍中来,另一方面也应进一步落实农村社区教育教师的各种待遇,留住优秀教师投身于农村社区教育。同时,还要积极发掘农村社区内部师资力量,鼓励农村社区的各种实用人才、技术人才参与到农村社区教育中来,使其充分发挥自身潜力,促进农村社区教育的发展。

3. 加快改善社区教育设施

当前,我国农村直接实施社区教育的组织机构主要是各级学校,其中包括职业高中、电视中专、技工学校,以及大量的成人培训班、大专班和普通高中班。这些社区教育实体能有效与当地农村社区经济相结合,成为该农村社区人才培养、科学实验、生产示范、科技推广、咨询服务的基地。[①] 教育设施包括教学设施与教学设备两部分,它们是农村社区教育正常运作的物质基础。农村社区教育的教学内容非常广泛,这就对教学设备的配备有了更高的要求。有条件的乡镇社区教育中心,要有与其教学相适应的校舍,有满足教学需要的场所和与教学相适应的各种教学设备。

4. 保证农村社区教育经费供给

经费是实施农村社区教育顺利推进的保证。必须确立并强化政府在农村社区教育发展中的义务,才能保证每个公民享受平等的教育权,特别是在教育方

---

① 刘洋:《中国农村社区教育研究》,西北农林科技大学博士学位论文,2003年,第95—99页。

面,应对农民给以更多的教育关怀。① 农村社区教育属于公共事业管理的范畴,而这一范畴的实施者主要是政府,因此解决农村社区教育经费不足的问题关键在政府,我国政府应加大投入力度,保证农村社区教育经费的正常支出,促进农村社区教育的顺利实施。但农村社区教育本身面广量大,而且有多种层次性,全部靠政府拨款还不够,因而,还必须采取积极措施鼓励当地企业、社会组织和居民个人多方筹措,共同解决农村社区教育的经费投入问题。坚持以"政府为主,社会各方共同出资"的原则,保证农村社区教育经费供给。

复习思考题

1. 什么是社区教育？社区教育的相关理论基础有哪些？
2. 我国农村社区教育发展的三个阶段。
3. 我国农村社区教育的内容有哪些？
4. 当前我国农村社区教育管理模式有哪几种？如何完善农村社区教育管理？
5. 农村人力资源开发的含义。
6. 促进农村社区教育的途径有哪些？

案例：

甘肃省兰州市、定西市、庆阳市探索建立以"农村社区学习中心"为基础的农村职业教育体系。改革试点的总体目标是：整合优化服务新农村建设的各类社会资源,拓展新形势下农村社区学习中心的功能,依托农村社区学习中心,将职业教育延伸到村一级,将职业教育送到农民的家门口,使广大群众就近学习,掌握职业初级技能,加快推动社会主义新农村建设。建立新农村自我教育、自我管理、自我发展的终身学习机制,推动新农村文化建设,提高农民文化素质,帮助他们脱贫致富,促进农村经济社会的综合发展。②

首都大学生任教甘肃农村社区学习中心。2007年8月暑假期间,北京高校的4名大学生在参加了甘肃省教育科学研究所组织的支援农村社区学习中心的

---

① 张灵霞：《新农村社区教育模式研究》,山西财经大学硕士学位论文,2010年,第24页。
② 《甘肃兰州、定西、庆阳探索建立以农村社区学习中心为基础的农村职业教育体系改革试点实施方案》,教育部网站(2010)：http://www.moe.edu.cn/publicfiles/business/htmlfiles/moe/moe_1485/201012/112479.html.

培训后,在甘肃省镇原县方山乡张大湾村小学进行了为期 20 天的支教、支农等志愿活动。北京师范大学研究生李云云身兼数职。她除了支教、推广新的教育理念之外,还担任农村空巢家庭生活调查的调研组长。她说,这次的志愿者活动和农村社区学习中心的建设结合起来了,大学生志愿者能更好地发挥自己的优势,推动当地经济、文化的发展。(黄雯:《首都大学生任教甘肃农村社区学习中心》,《中国青年报》,2007 年 8 月 30 日)

讨论:

哪种管理模式最适合我国农村社区教育的开展?作为在校大学生,我们如何参与到农村社区教育中去?

第六章　农村社区经济

☞ **学习要点**

了解农村社区经济的定义和农村社区必须发展经济的理由,把握农村社区经济研究的发展方向和前沿问题。比较农村社区"以农为本"、"以工为本"、"城乡经济一体化"三种社区经济发展模式的利弊。分析转变我国农村社区经济发展方式的原因,思考将社区农业化学化经营方式转变为多功能化经营方式的方法。

☞ **关键概念**

农村社区经济　以农为本农村社区经济发展模式　以工农为本农村社区经济发展模式　城乡一体化农村社区经济发展模式　农业　农业多功能化生产　自然农业　有机农业　生态农业　能源农业　碳汇农业　文化农业　创意农业　旅游农业　"一村一品"经营模式　社区支持农业

【引例】

自 2008 年以来,陕西千阳县在农村社区建设过程中特别重视农村社区的经济建设。县委县政府提出了"一村一品"集体经济发展验收评估标准,其目标要求包括:有发展《一村一品规划方案》、《村级集体经济发展项目规划方案》,并实施;"一村一品"发展完成年度目标任务,主导产业收入占农民纯收入的 70% 以上,农民人均纯收入净增达到 260 元以上;做到发展村级集体经济与发展社区服务相结合,年集体经济收入达到 1 万元以上;集体经济收益用于扩大再生产,发展公益性事业,无浪费发生;专业经济协会由低级向高级、由分散向紧密型发展。

在县委县政府的领导下,千阳县农村社区经济发展较快,成效显著。到2011年,该县围绕奶畜、蚕桑、果蔬、食用菌和民间工艺品等主导产业,积极发展农民专业经济协会或经济合作社51个,为群众生产提供全程服务,加快农民增收步伐,促进农村社区经济发展。全县奶畜存栏达到14.4万头(只),奶牛存栏达到3.56万头,500头以上的奶畜大村达到22个,培育高产奶牛3500头,年畜牧业产值2.66亿元。建成优质桑园6.7万亩,年养蚕3.5万张,产茧1240吨,建成良桑育苗基地310亩。年种植蔬菜5.5万亩,苹果面积达到2.7万亩,新品种核桃面积达到5000亩。

正是该县重视农村社区经济建设工作,该县的农村社区经济发展较快,不仅为社区农户增收创造了条件,而且有力地推动了社区建设的其他工作。(案例资料源自该社区为民政部"全国农村社区建设实验全覆盖示范单位"评估组提供的汇报材料)

第一节 农村社区发展经济的理论逻辑

经济活动是农村社区的基本活动,社区经济是整个社会经济的有机构成,也是农村社区的基柱要素。农村社区经济是农村社区运行和建设的经济基础。因此,农村社区建设与管理科学应高度重视农村社区经济问题。

一、农村社区经济的定义

阐释农村社区发展经济的缘由,需先弄清什么叫农村社区经济。界定农村社区经济看似容易,实则困难。因为目前中国农村社区的经济结构和发展格局使界定农村社区经济概念面临逻辑推论与现实解释的分歧。

众所周知,农业是人类最早发明的产业,自人类定居下来从事种养业后,真正的农村社区才形成。自古以来,农村社区就建立在农业经济基础上,并随着农业经济的发展而进步,农业是农村社区的支柱产业,发展农业经济是农村社区义不容辞的职责。

可是,在工业化过程中,尤其在工业化早期,许多国家的农村社区受到工业经济的高利润诱惑和居民生计困难的压力,看到城市社区在工业生产领域存有较大的发展空间,就利用剩余资源在社区内开展工业生产。就中国而言,农村工业化运动可溯至20世纪30年代。当时农村社区存在大量剩余劳力,许多农民失业,形成大批流民。为解决农村人口过剩和生计问题以及提高农民生活水平,郑林庄、乔启明、李景汉、梁漱溟等学者提出发展乡村工业的农村社区建设思想①。中华人民共和国成立后,新中国从20世纪50年代开始发展社办企业,1978年以后兴起队办企业。直到1984年,社队企业更名为乡镇企业。其所有制类型包括乡(镇)办企业、队办企业、农民合作企业、个体企业等。到现在,我国农村社区已有包括食品加工、服装、机械、化工、电子通信、汽车、医药产业、电器、五金用具、文化用品、制造、建材、采矿等在内的工业产业,以及包括从事运输、贸易、零售、旅游、餐饮、修理、网吧、游乐室、农家乐等在内的第三产业。其从业人员近2亿,产值和收入远超农业经济。显然,在这种状况下,将农村社区经济界定在农业经济范畴内就不合农村社区实情了。

鉴于我国农村社区经济的发展轨迹和产业结构状况,我们将农村社区经济界定为:农村社区居民,为了生活和发展,利用区域地理条件、各种资源和劳动工具,在社区内从事农业和非农业劳动并获取农产品和非农产品的生产与再生产过程。这个定义的核心内涵是社区的生产活动,并不是社区的经济体系。突出的必要含义是社区范围内的、由社区直接操控经营的各种产业。凡是不为农村社区操控的、由外主体经办的各种经济服务组织,都不属农村社区经济的范畴。这样界定农村社区经济概念,一是为了保存经济的维持家庭生计的最初含义;二是强调农村社区一定要从事物质产品生产,尤其要直接提供农业产品,是物质产品的直接源地;三是便于农村社区从事农村经济建设和管理。

二、农村社区发展经济的因由

在常人眼里,社区是一定地域的、按社会制度和社会关系组织起来的生活共同体。社区主体只需建设社区生活设施、搞好生活服务、营造生活秩序、开展社会工作。至于发展经济,是国家和政府的责任。此种观点看似有道理,实际不符合人类生存和发展需要,不利于社区生存和发展。故有必要阐述农村社区发展

---

① 郑林庄在1935年1月发表了《我们可走第三条路》的文章(《独立评论》第137号),提出中国不宜立即由农业社会转向工业社会,而"应该有个过渡时期来做引渡工作。换言之,我认为我们所企望的那个工业经济,应该由现有的这个农业经济蜕化出来,而不能另自产生"。李景汉于1934发表《华北农村人口之结构与问题》一文,提出解决农村人口过剩问题,必须改进农业技术、增加农业生产,并同时发展工业。梁漱溟于1937年发表《乡村建设理论》,认为中国农村工业化,与西方国家近代的工业化道路不同的,"西洋近代是从商业到工业,我们是从农业到工业;西洋是自由竞争,我们是合作图存。"主张由农业引发工业,反对走发展商业资本的工业化道路。

经济的理由。其理由涵括:第一,农村社区须建立在社区经济活动基础上。恩格斯曾指出,人类社会"破天荒第一次被安置在它的真正基础上,一个很明显而以前完全被人忽视的事实,即人们首先必须吃、喝、住、穿,就是说首先必须劳动"①,生产劳动是整个人类生活的第一个基本条件②,是人的生命存在和社会生活存在及发展的物质基础。可以说,不从事生产劳动,亦就是说,不发展经济,社区居民就无法获得延续生命所需农产品,就难存活。若人饿死,意味社区无成员,自然就不会有社区。第二,社区的本质决定农村社区必须发展社区经济。众所周知,社区是生活共同体,农村社区是由农村居民形成的生活共同体。农村生活共同体是农村居民在共同地理空间和共同条件下结成的农村生活领域的利益团体。这决定农村社区建构人与自然的关系、人与人的关系。只有这样,农村社区才能生产物质生活资料、结成各种社会群体,为社区居民谋取物质利益和精神利益。可见,农村社区不发展经济,尤其不发展农业经济,农村社区就无法建立和延续人与自然的关系、人与人的关系,也就难以形成生活共同体。这个条件不能得到满足,农村社区就难存在。第三,社区的运行与发展决定农村社区必须发展经济。没有经济活动,就没有经济基础,农村社区的公共事业就无法开展,就难以保证农村社区正常运行和建设;经济领域是最有活力的社区领域,经济发达,社区的劳动分工就发达。发达的纵向和横向劳动分工增加社区互动频率和规模,直接形成日益复杂的职业群体和社会关系,为农村社区增加新生力量和新要素,使农村社区的有机团结和社会结构更紧密,提高农村社区整合度,为农村社区正常运行与发展创造保障机制。第四,增强村委会治理能力的需要。若农村社区不发展经济,尤其不发展集体经济,会造成村委会的经济力量不足。在这种情况下,村委会在面对村民想解决的问题时,很难发挥作用和保障居民利益,村委会就难调动村民的积极性。综上所述,农村社区应将经济活动作为社区必要内容。

三、农村社区经济建设及其研究成果

其实,我国早期的社会学家和乡村建设学者是较重视农村社区经济建设和研究的。只是当代,受所涉学科研究范式的囿制,鲜有社会学家研究农村社区经济问题;也鲜有农村经济学家从建设社区角度研究农村社区经济问题。故到目前为止,国内外学界关于农村社区经济的理论成果不多。

---

① 《马克思恩格斯选集》第1卷,人民出版社1972年版,第41页。
② 同上书,第508页。

如第一章提及,早在20世纪20年代,我国有乡村建设学派的学者从事乡村建设运动。这种运动是就一个农村或数个农村,划成一个适当区域,依照理想的能实现的预定计划,用最完善的最经济的方法、技术以化导训练本区以内的一切农民,使全区农民整个生活逐渐改进,由自给自立以达于自治,而"使"之意完成农村的整个建设。到20世纪30年代全国从事乡村建设工作的团体和机构达600多个,先后设立的实验区有1000多处。其农村社区经济建设体现在两方面:第一,引进和推广动植物良种。如山东乡村建设研究院,在山东邹平引入美棉,每大亩(合3市亩)可收获800斤棉花,深受当地农民欢迎;引进无毒优良蚕种、荷兰乳牛、瑞士乳羊、意大利蜂、俄罗斯长绒兔等,也得到大面积推广。为推广优良种苗、改良经营技术,该组织还在各区租借民地,设置实验区,试种各种农作物,农林事务所派员巡回指导。实验区内所有生产收入,全数归管理农户。又如中华职业教育社,在昆山县徐公桥推广麦(金大二十六号种)、稻(苏州改良种)、棉(江阴白籽棉种)等良种,介绍焚掘稻根以除螟害、用药粉杀菌使麦子黑穗渐减的方法等。第二,建立农民合作组织。开展乡村建设的各主要实验区,都建立生产、销售、消费、信用等合作社。如邹平实验区建立美棉运销合作社、蚕业产销合作社、林业生产合作社、购买合作社、机织合作社、蜂蜜合作社等;无锡实验区建立专卖蒿瓜的高长岸乡运销合作社;定县实验区建立信用合作社[①]。

此时期的农村社区经济研究成果有费孝通的《江村经济》。早在1936年,费孝通就对江苏吴江开弦弓村进行过农村社区职业调查。该村是中国江南的一个农业村落,是当时中国蚕丝业的重要中心之一。当年费孝通因伤拄着双拐串门访户、走田头、进工厂、坐航船、观商铺,收集大量资料。当年秋天,赴英国伦敦经济政治学院留学,对开弦弓村的调查资料进行研究,并于1938年用英文写成名为《中国农民的生活》的博士论文。他针对该村人多地少的问题,提出农村社区必须发展农村企业(副业),走农工相辅道路才能解决中国农村和土地问题的观点。他的这项研究成果得到国际学界的高度肯定,并于1981年获得国际人类学界最高奖——赫胥黎奖。

当今中国农村社区经济研究成果是由农村社区建设运动催发出来的。从2006年始,我国有组织地进行农村社区建设,许多省市在民政部有序地积极地推动下,以县为单位进行外推式的农村社区建设。其模式是"村改社区",绝大多数县(市)以行政村为实施单位,将行政村改建成农村社区,发展社区经济是

---

① 谷中原:《农村社会学新论》,武汉大学出版社2010年版,第262—264页。

其重要建设内容。这种建设运动催生实践家总结农村社区经济的发展经验、理论家开展农村社区经济的理论研究。其研究领域涉及国外农村社区经济、中国农村社区经济圈、中国农村社区集体经济、中国农村社区林业经济等。

在认识国外农村社区经济领域,取得的成果集中在特征和经验总结两方面。叶齐茂认为欧盟农村社区经济建设有经济活动趋向城市、发展绿色经济、走持续发展道路的特点[①];韦红认为马来西亚具有将农村社会政策与经济发展政策融为一体,注重在生产发展中实现社会目标的特点[②];陈东湘认为韩国具有把经济发展、科技发展和国家伦理道德建设结合起来,鼓励农村社区发展多种产业的特点[③]。有学者认为,日本在20世纪50年代就开始"农村经济更生运动",取得的经验有:第一,全面促进农业和农村发展以及粮食增产;第二,颁布农业基本法,提高农村社区的兼业化程度,调整农村社区的经济结构[④]。印度的农村社区经济建设经验主要有:第一,发展农业技术,推进"绿色革命",提高农业生产水平;第二,发展劳动密集的手工业和乡村工业;第三,大力建设以工业为主体的小城镇[⑤]。

在中国农村社区经济圈领域,有学者将农村社区经济圈界定为:以推动农村经济发展为目的,以农村社区管理服务中心为龙头,以各种经济合作组织为依托,以辖区村庄和居民为主体,以建立特色产业和规模产业、形成联动经济发展模式为目标,按照"政府引导、科学定位、贴近基层、服务农民、促进发展"原则建立的一种经济组织形态。它是镇街区域经济发展的一个单元、一个重要组成部分,并处于镇街和村级经济发展承上启下的中间环节。各农村社区管理服务中心是本社区经济圈建设的组织者、带领者。农村社区经济圈具有产业特色化、发展一体化、服务便捷化、分工协作化、强村富民双赢化等特征,已出现特色农业型、特色加工型、市场物流型、城镇依附型、资源开发型、外力帮促型等模式[⑥]。

在中国农村社区集体经济领域,有学者认为行政村社区集体经济为社区建设积累资金,加强村集体和农民之间的联系,有力地促进农村社区民主化治理和

---

① 叶齐茂:《欧盟十国农村建设见闻录之一》,《小城镇建设》,2006年第9期,第81—90页。
② 韦红:《马来西亚农村社会政策及其特点》,《当代亚太》,2007年第4期,第25—27页。
③ 陈东湘:《国外及我国台湾地区的乡村建设评述》,《科技经济市场》,2009年第11期,第85—86页。
④ 黄立华:《日本新农村建设及其对我国的启示》,《长春大学学报》,2007年第1期,第21—25页。
⑤ 陈东湘:《国外及我国台湾地区的乡村建设评述》,《科技经济市场》,2009年第11期,第85—86页。
⑥ 崔伟:《打造农村社区经济圈,为新农村建设提供动力支撑》,《潍坊学院学报》,2010年第3期,第7—9页。

推动新型农村社区建设。① 因此,农村社区应大力发展村集体经济。首先,提高村支书素质和村干部的待遇,依靠他们提高集体经济经营水平;其次,通过开发利用土地资源、组建建筑劳务公司、农副产品加工增值等途径增加集体经济收入;再次,加强规范村资产股份合作社、农民专业合作社、土地股份合作社及农民资金专业合作社等"四大合作社"建设,为强村富民和调整农业产业结构提供支撑;最后,发展民营经济,创办工商企业,采取规费减免、设立财政专项资金以及贴补办法扶持集体经济②。另外,有学者关注行政村集体经济改造问题,发现近年来,中国部分较发达农村地区出现将存续 50 多年的村级集体经济组织改制为农村社区股份经济合作社的浪潮。到 2008 年,江苏已有 2840 多个行政村一级的农村集体经济组织改造成农村社区股份经济合作社,有 322 万多农民成为社区股份经济合作社的股东;浙江也成立了 700 多个农村社区股份经济合作社;北京市丰台区一个南苑乡就有 11 个村级集体经济组织完成了产权制度改革。这些学者提出应对农村社区集体经济制度的转变,就必须研究农村社区股份经济合作社的社会意义、产权问题、组织管理、运作模式。他们认为农村社区股份经济合作社有利于推动农村民主制度建设、消除干群矛盾的根源、对原集体资产保值增值、增加农民收入、解决家庭联产承包制条件下分散经营与大市场的矛盾、加快农业产业化和农村城镇化、便于人口流动。发展农村社区股份经济合作社,关键在于产权改革,因为股权即反映集体成员对集体的贡献、对集体财产的占有数量,又反映集体成员对集体资产收益的分配情况。其操作步骤:首先对村级集体资产清产核资;然后在此基础上进行股权分配,设置集体股以解决村日常的行政、社会事业开支;设置人口股以体现集体资产共有和共同富裕原则;设置贡献股以体现村民对发展集体经济所作的贡献份额。第三步公布股权收益分配方案③。第四步设置机构,在村股份经济合作社下,设股东代表大会、董事会和监事会,并按股份经济合作社章程行使其职能④。有学者还总结出完善农村社区股份合作制经济组织管理和运作经验:第一,完善产权制度:设立"集体股","个人分配股"应有继承权。第二,完善分配制度:坚持按劳分配为主,股红分配为

---

① 孙正、张焘:《论农村集体经济发展对新型农村社区建设的推动作用》,《知识经济》,2011 年第 10 期,第 121—123 页。

② 徐寿发、汪菁:《村(社区)集体经济发展之策》,《江苏农村经济》,2011 年第 4 期,第 87—90 页。

③ 股权收益分配,一般是将当年的各项收入,减各项合同支出,减应缴纳的税金后,按规定的比例进行分配。

④ 孔有利、刘华周:《农村社区股份经济合作社产权分析——以江苏省村级集体经济组织股份合作化为例》,《中国农学通报》,2010 年第 23 期,第 167—169 页。

辅的分配原则;把握好积累和消费的比例,税后利润的60%用于扩大再生产,40%用于股金分红、集体福利基金、职工奖励基金等;合理提高股份合作企业经营者和技术骨干的报酬。第三,完善内部管理制度:股金管理制度、基金提取制度、民主理财制度、股息红利分配制度、工资奖金分配制度、福利制度、固定资产折旧制度等①。

在社区林业经济研究领域,有学者将社区林业概念界定为用来描述社区参与森林资源管理和利用的术语,认为它以农村社区为对象,村民参与为主体,通过各相关利益群体参与林业生产与经营管理活动,获得自身生存与发展所需的环境和森林产品的森林经营管理活动。社区林业经济包括公共林业、农场林业和联合森林管理等活动②。1978年10月16日至28日,联合国粮农组织在印度尼西亚首都雅加达召开第八届世界林业大会,此后,世界许多发展中国家扭转传统林业脱离社区发展的倾向,将林业纳入为社区发展服务的轨道。我国于20世纪90年代初引入社区林业理念。目前已有学者建立社区林业经济理论体系和社区林业治理理论。2008年,文冰与赵璟合作出版《社区林业经济理论与实践》一书③,建构社区林业经济理论体系。他们认为社区林业经济理论应研究社区林业经济系统构成要素、社区林业经济发展环境、林产品供需关系、林产品消费与生产选择、林业投资项目财务评价、林产品市场与价格、林产品营销与对外贸易、森林生态效益补偿、社区森林旅游开发等。2010年,秦政强与叶彩霞合作发表《社区林业治理结构分析》一文,提出社区林业治理理论。他们认为,林地分布的广阔性、监测的复杂性和利用的不可逆性决定林地治理离不开社区居民的参与。社区居民参与治理模式与国家集中控制与私人市场运作这两种治理模式相比,在理论上和在实践中都有独特优势。由于集体参与治理,在减少林地利用中的不确定性、节约林地管理的信息成本和协议成本以及实施成本方面,比个体参与治理更有优势,故农村社区林业治理模式应选择社区居民集体参与治理模式。鉴于农民专业协会既能代表社区居民的个人利益又具有集体性质、在农民与政府之间起着桥梁和纽带作用、解决农民单家独户办不了而地方政府做不了的许多事情、引导农民组织起来共同走向市场并改变他们在市场经济中的弱势地位,在社区林业治理中,应将农民专业协会建成农村社区林业集体参与治理的

---

① 孙莉、耿黎:《农村社区股份合作制经济组织管理和运作模式探析》,《农业经济》,2010年第5期,第81—82页。
② 秦政强、叶彩霞:《社区林业治理结构分析》,《现代物业》,2010第9期,第75—76、94页。
③ 该书于2008年由中国林业出版社出版。

中枢。这些学者认为农民专业协会是利用沟通、信任和声誉等三大手段在社区林业治理中发挥作用的,并提出为防止农民专业协会治理模式在社区林业治理中失灵或社区林业治理结构解体,地方政府应对其进行管理:第一,控制农户规模,以保证集体治理效率;第二,预防农民专业协会形成壁垒,以便新农户的加入;第三,防止协会权力集于少数农户手中,维持社区治理的公平性和收益分配的合理性[①]。

第二节 农村社区经济的发展模式

从国内外经验看,世界各地农村社区发展经济的模式不外乎"以农为本"、"以工为本"、"城乡经济一体化"三种类型。

一、以农为本的农村社区经济发展模式

以农为本的农村社区经济发展模式,视农业为社区根本、把农业作为社区经济的主业、将农业经济作为社区发展支柱。

1. 以农为本的农村社区经济发展模式的合理性

(1)农业是社会系统的根本产业。农业是人类的衣食之源、生命之源;是人类社会和文化系统发展的母体,人类一切文化源自农业,人类的复杂的社会组织系统源自农业分工;农业为社会系统的存在和发展保护着自然生态环境,环保型的农业生产修补和改善着自然生态环境,同时充当人类家园中最重要的生态链,一方面把自然界的蛋白质营养物质转移到社会圈,另一方面又把社会圈物质能量转移到自然圈,形成保证人类社会运行的良好的生态链条。农业不仅关系到自然环境再生产质量和规模,且直接影响着人类社会的生存环境、生存潜力、生活质量与健康水平。可以说,农业是人类社会的根本产业,没有农业,人类就无法开展各种社会活动。

(2)农业支撑着社会发展。农业是人类从自然界索取生存资料过程中创造出来的最早文明之一。自古以来,农业就为人类提供食物,具有生存功能;为国家提供赋税,具有财政功能;为植物、动物移栽和培养提供地域空间,具有生态功能;为百姓休闲娱乐提供活动场所、为帝王游猎休闲提供园林园艺场所、为居民生活美化庭院,具有生活休闲功能;为人类创造农耕文化提供劳动过程,具有文

---

① 笔者根据秦政强和叶彩霞合著的《社区林业治理结构分析》一文整理,该文载 2010 年第 9 期《现代经济(现代物业中旬刊)》的第 75—76 页和 94 页。

化功能;为社会运行提供物质基础,具有社会功能。农业以多元功能支撑人类社会的运转和进步。

(3)农业是农民最熟悉的职业。农民是从事农业生产的职业群体,经过千百年来的经验积累,熟习农作物种植、禽畜、水产养殖、加工技术。农村社区发展农业,劳动力资源丰富,技术成本低。只要采用先进的农业生产工具、生产模式、开拓更广阔的农产品市场、发展规模经营;只要国家采取农业保护和支持政策,农民就能获得较高回报,能发家致富。

(4)农业自然资源是可再生性资源。农业生产所需要的自然资源拥有工业资源无法比拟的优势。工业资源的使用价值有时效性,经过一段时间的使用,工业资源要么消耗殆尽,要么有用性大大降低,要么使用价值消失。而农业自然资源的多种使用价值只要利用适度和用亲自然的方式开发,农业自然资源就可永续利用。农村社区发展农业经济,不用担心农业资源的供给问题。

2. 以农为本的农村社区经济发展模式的实践经验

(1)开发农业人力资源、扩大农民的就业空间。把农业作为农村社区发展的支柱产业,需要大力开发农业人力资源,增强农业劳动者的劳动技能和经营素质。建立绿色证书制度和农村社区学院,举办农业职业教育,扭转因进城务工造成的农业劳动力素质不断下降的趋势,建立优质的农村社区农业劳动队伍,为发展新型现代农业奠定人力基础;建立农民合作组织,提高农民群体的市场竞争能力、社会活动能力、政治参与能力、社会地位;发展农业企业,通过产业融合、创意经营等途径拓展农业经营领域;通过产业化途径增加农业生产环节,扩大农民的就业空间,使农村社区成为农民就业首选地和安居乐业的至善家园。

(2)建立农业工人制度。引进工业生产模式,加速耕地流转,发展农场或农业企业,促使农业走上规模经营轨道。按工厂经营制度,招募农业工人,进行专业化生产。按农业生产规律对不同农业领域以及不同生产环节进行职业分工,将不同技能的劳动者安排在整地、播种、间作、收割、分拣、包装、运输、销售等各工序上,培养熟练农业工人,提高农业产业化水平。为此,农村社区要建立促使小农经营和农民发生职业分化的社区经济运行机制,将农民转变为农业工人,使农村社区的农业经济与工业社会协同进步。

(3)完善农村社区生产生活设施。修建水利、道路、电网、饮水、通信、广播、电视、农产品交易市场等生产设施,为农业经济发展创建条件;组建由社区各界代表和基层政府代表组成的农村社区生活设施建设共同体,以人为本地、因地制宜地、全面地建设农村社区公共生活设施,改善社区居民生活环境。

(4)在自然农业之外的农村社区发展设施农业。设施农业是一种使用人工设施,人为控制生产环境因素,使农业摆脱自然气候和土壤等自然条件制约,使动植物获得最适宜的生长条件,从而延长生产季节、获得更多产出的农业经营方式。设施农业用工业设施装备农业,使农业生产拥有固定的生产车间(温室)、产成品加工车间、生产设施和工具装备,按生产计划、生产工艺、技术标准、工业化作业流程组织农业生产,保证农业实现工厂化连续作业,周年生产,促使农民增产增收,提高农村社区农业经济生产效率。

(5)加快农业产业化步伐。第一,以乡镇农业企业、农民联合自办的农业专业合作经济组织、农村社区农业合作经营组织、具有辐射能力的农产品批发市场为主体组建农业龙头企业,带动社区农民致富。第二,把社区主导产业的形成和农业龙头企业的组建结合起来,坚持突出特色、围绕龙头、连片开发的原则,有计划、有步骤、统一规划地建设农业产业基地。第三,建立农业龙头企业与农户的利益连接机制,保持和增进农户的利益。用这些措施解决因规模过小产生的经营上的种种弊端;将先进技术推广到农业生产中,促进农业生产专业化;将农民变成平均利润的分享者,改变农民在经营中利益受损状况。

(6)建立克服农业弱质性机制。农业的弱质性表现在:第一,抗风险能力较弱。农业生产既是经济再生产过程也是自然再生产过程,一方面对自然条件依赖性强,生产中会遭遇洪涝、干旱、沙尘暴、病虫害和瘟疫等灾害,有很大的不确定性;另一方面农产品的价值实现取决于市场供求状况,在需求弹性小于供给弹性的情形下,价格波动较为剧烈,存在经营风险。第二,农产品生产周期长、季节性强,当期的生产计划基本上根据上期价格走势确定,供给调整滞后于市场需求变化,无法随着市场需求变化及时做出调整。所以,农业相比工业、服务业而言,竞争能力较弱,有时还会蒙受较大经济损失。第三,农业生产投资回报率低。农业生产普遍存在资金周转缓慢、固定资产利用率偏低、投资回收周期较长和资本利润率不高的情形,无法吸收逐利资本。故以农为本的农村社区应发展克服农业劳动时间小于生产时间缺陷的农业经营模式、建立减少农业市场风险的补偿机制、建设提高农业抵抗自然灾害能力的基础设施、转变落后的和对生态环境有破坏性的农业经济发展方式,促使农业走上可持续发展轨道。

二、以工为本的农村社区经济发展模式

以工为本的农村社区经济发展模式,视工业为富裕农村社区的根本、将工业作为推动农村社区进步的主要经济动力、把工业作为农村社区经济的主业。

1. 以工为本的农村社区经济发展模式的合理性

(1)农业受土地资源约束,无法吸收农村社区剩余劳力。中国人多地少,人

地矛盾突出。据土地抽样调查结果分析,全国实有耕地18亿亩,人均耕地仅有1.54亩,每个农业劳动力占有耕地仅5.29亩。我国一些省份的农村社区人均只有4分耕地,无法吸收农村社区农民从事种植业。从充分利用耕地资源角度出发,每个农业劳动力至少要耕种12亩土地,才能形成规模效益。据此推算,全国只需配置种植业劳动力1.5亿人,加上林牧副渔业只需6000万人,目前从事农业的劳动力总量保持在2.1亿人左右较适宜。据国家统计局2010年2月发布的《中华人民共和国2009年国民经济和社会发展统计公报》,中国农村约有1.7亿剩余劳动力。可是城市非农产业无法吸收这么多剩余农村劳力,开辟乡村工业是吸收剩余劳力的可靠途径。

(2)农业设施化水平不高,无法吸收季节剩余劳力。绝大多数农村社区的农业生产是在野外自然环境里进行的,农业生产主要依靠人畜力,易造成农业劳力的季节剩余。许多农民只能农忙时务农,农闲时务工经商。我国农村社区转移的劳动力绝大多数都不是永久性转移,都是农民工,在城市社区没有固定的职业和住房,在找不到工作的情况下,都会回到家乡。这种季节性农业剩余劳力和失业性农民工也只有依靠农村社区发展非农产业来吸纳。

(3)工业利润高于农业。许多乡镇和行政村领导甚至许多农民认为发展工业利润大,收入多,远比发展农业划得来。故一些邻近城镇的具有区位优势的农村社区和地下矿藏储量大的农村社区,就自发办起工矿企业,走工业化道路,为本地的农业剩余劳动力提供就业机会,增加乡镇和本村财政收入以及农户收入。

(4)农村社区发展工业也能兼顾农业。与城市社区发展工业不同,乡村工厂的工人是"离土不离乡"、"进厂不进城"的农民。农民亦工亦农,农闲时进厂做工,农忙时回家务农,实现粮食和蔬菜自给,又能通过做工获得稳定的经济收入。所以,农业资源较缺乏的农村社区就发展社区工业。改革开放以来,我国乡村工业吸收大多数的农业剩余劳力,缓解农村人地矛盾。我国乡村工业职工数在20世纪90年代就占全国农村劳力转移量的48%,工业产值占全国工业总产值的36.8%,工业职工数占乡村劳力的比重由5.7%上升到14.5%,占全国工业劳动者的比重,由28.5%上升到62%。[①] 这说明我国乡村工业早具规模。

2. 以工为本的农村社区经济发展模式的实践经验

(1)大力发展乡村非农企业。非农企业是指农村集体经济组织或者农民投资的、建在农村社区的多形式、多层次、多门类、多渠道的合作企业和个体企业的统称。它包括乡(镇)办企业、村办企业、农民联营的合作企业、其他形式的合作

---

① 魏后凯:《中国乡村工业化的代价与前景》,《中州学刊》,1994年第6期,第25—27页。

企业和个体企业五类。乡村非农企业涉及工业、交通运输业、建筑业、商业、饮食、服务、修理等行业。乡村非农企业在很大程度上推动了农村社区经济发展：第一，改变农村社区经济科技含量低的现象，使农村社区也拥有了一些新兴产业。目前，在我国转让的专利中，约有60%的技术专利被农村社区非农企业购买和使用，不少农村社区非农企业建立自己的研发机构，开发新工艺、生产了新产品。通过科技引进，农村社区传统产业得到改造，出现一些新兴产业。现在农村社区已有食品加工、服装、机械、化工、电子通信、汽车、医药产业。第二，改变农村社区成员分层结构。在农村社区没有发展非农企业前，农村社区只有农业劳动者、农村知识分子、乡村管理者、个体劳动者等四个阶层，乡村非农企业发展起来后，出现企业管理者、私营企业主、农民工、雇工等新社区阶层，使乡村社区的社会结构发生较大变化。第三，在非农企业发达的农村社区，农民的劳动方式、生活方式随之变化，接受了工业社会、城市社区的生活方式。第四，一定程度上提高农村社区的农民群体的综合素质。

（2）加速农民非农化步伐。乡村社区工商企业吸纳不少社区剩余劳力，成为农民增收的一条重要渠道。现在许多发展工商业的农村社区，越来越多的农民乐意成为社区工商企业的工人。以工为本的农村社区采取许多可行措施将社区农民培养成为从事非农产业的社区工人，使他们在职业、技能、身份、劳动方式、生活方式、社会福利等方面转化为非农劳动者，更好地发展农村社区非农产业。另外，一些农村社区还建立一些能够进行劳动力市场行情分析何预测的中介组织，及时地给农民提供各种市场信息咨询；通过政策、法律和各类专业技术的培训，提高农民在非农产业领域谋生挣钱的能力；开展融资、技术转让、生产安全、工商税务等服务，为农村社区工商业主营造良好经营环境。

（3）积极发展小城镇。非农产业尤其是工业需要聚集开发，而非农产业的聚集开发极易促使生产要素和资源的集中，所以农村社区发展非农产业需把非农产业集聚地区发展成小城镇。小城镇的地理空间比自然村大，人口较密集，能带动农村社区基础设施和服务体系的建设，能为乡村工业创造良好的社会环境。农村工业化与建设小城镇相结合，互相促进。发展小城镇，不仅能为乡镇企业提供较好的基础设施和社会服务支持，且能促进劳动力、资金、设备和技术等生产要素自由流动，实现资源优化配置，增强企业竞争能力，提高经济效益；发展非农企业，能加速人流、信息流、资金流、物资流的集中，吸引更多客商来社区投资兴业，促使乡村基层政府开发工业园区，加快乡村城镇化步伐。

（4）营建资金支持机制。工业是资金密集型产业，农村社区走工业化道路，没有可靠的资金来源是不可能的。城市工业发展很快就是有一个强大资金支持系统,但农村社区发展工业就缺乏这个基本条件。就我国来说,农村社区没有商业银行体系,农户也没有充足的剩余资金可供乡村企业吸收,而且我国农村社区一直存在资金外流现象。农村工业化融资可能的途径有:第一,农业剩余直接转化为工业及其他非农资金;第二,融通民间资金;第三,由银行、信用社或其他金融组织贷款支助农村社区兴办非农企业;第四,引进外来资金。总之,选择以工为本的经济发展模式的农村社区,需要探索农村工业化资金流通的新方式和新途径,推进农村工业化。

三、城乡经济一体化的农村社区经济发展模式

城乡经济一体化模式是化解城乡分割的二元社会结构,促使生产要素在城乡社区之间合理流动和优化组合、城乡经济协调发展并融为一体的社区经济发展模式。这种模式是工业化社会里出现的模式,因为进入工业化社会,人类才开始出现明显的城乡经济和社会非均衡发展现象。所以,越来越多的工业化国家推行城乡社区经济一体化模式。

1. 城乡经济一体化的农村社区经济发展模式的合理性

(1)需要消除城乡社区在经济发展上的差距。长期以来,我国城乡社区经济发展水平差距很大。城市社区经济以非农产业为主,用先进技术生产;乡村经济大多以农业为主,用落后技术和传统经验进行生产。城市社区聚集了多数资源要素,能获得较高收益;而乡村只提供土地、农产品和劳动力等基础性资源,比较收益小。此外,城乡社区的居民家庭人均收入差距很大。我国 2010 年至 2011 年,城镇社区居民人均可支配收入分别是乡村居民人均纯收入的 3.23、3.13 倍[①],直接导致城乡社区居民在消费水平上出现较大差距。而且这些差距在短期内难以消除。为了尽快消除这些社会差距,让农民群体像市民一样同等地享受社会进步的成果,使农村社区获得与城市社区同步发展的机会,国家和一些地方政府选择城乡经济一体化的社区经济发展模式。

(2)需要尽快消除城乡差距给乡村发展带来的消极影响。城乡社区发展差距给乡村发展带来的消极影响主要表现在:第一,造成农民收入增长趋缓,使农户失去了积累资金的基础,制约着乡村经济生产积累、不利于农户扩大再生产,甚至导致农民生活出现危机,打击了农民的生产积极性,也限制着劳动力素质提高和人力资源开发,也导致农村经济发展慢。第二,动摇农业的基础地位,最终

---

① 谢伟:《城镇居民人均总收入近 2.4 万》,搜狐财经(2012):business.sohu.com/20120120/n332780586.shtml 2012-4-5。

削弱了农村社区进一步发展的经济基础,阻碍乡村小城镇的发展或农村城镇化进程。第三,使农村社区富余劳动力大量滞留在越来越少的耕地上,造成人地关系高度紧张,无法实现农业规模化生产,使种植粮食的农户不能获得规模收益,影响农民粮食生产积极性,导致粮食短缺,供给不足,威胁着整个社会的稳定。为了防治这些消极影响的扩大并最终完全消除之,促进农村社区健康发展,需要采取城乡经济一体化的社区经济发展模式。

2. 城乡社区经济一体化模式的实践经验

(1)法国经验。1900年法国实施城乡社区经济一体化策略:一是在巴黎附近建立卫星城,以此均衡人口的分布,缓解巴黎市和巴黎地区过分膨胀的问题。二是鼓励工业分散、开发落后地区扩散,禁止在巴黎、里昂、马赛三大地区新建和扩建工厂。与此相配合,地方政府修建了众多深入农村社区和落后地区的公路、铁路,促使工业合理分布。三是振兴农村社区经济,在国家预算中专列"农村发展整借基金",拨巨款整顿、改造衰老的农村地区;四是补贴农业、增加农民收入。

(2)美国经验。1950年后,美国通过交通、通讯科技的发展和革命,促进美国城乡经济一体化。通过发展第三产业,通过产业及就业活动郊区化促使经济活动和人口由市中心向外围地区扩散;由大城市向中小城市转移,实现城市人口减少、郊区和小城镇社区人口增加,小城镇数增加,促使城乡社区经济协调均衡发展。

(3)韩国经验。20世纪60年代,韩国政府进行城乡经济一体化建设:一是将优先发展工业的不平衡发展战略调整为工农业均衡发展战略,以发展农业和农村社区来振兴国民经济。二是发展农村社区工业增加农民的非农收入,走出了一条由政府有力推进的、扩散型的农村工业化道路。首先,实行改善农村居住条件、吸引工业企业家到农村社区投资"新农村工厂计划";其次,实行促进传统的农村社区工业发展的"农户副业企业计划";再次,实行进一步推进农村社区工业化的"农村工业园区计划"。三是通过新乡村建设运动来改善农民的生产和生活环境,在农村社区修路、电力、水利、修建住宅等。

(4)日本经验。1974年,日本进行城乡一体化改革:一是成立国土厅,专责国土整治、开发、利用,按照开发成熟程度把国土分成"人口过密地区"、"整备地区"和"开发地区",分别采取不同政策;二是通过银行低息贷款和国家财政补贴,筹措农村社区经济建设资金,在农村社区大兴土木,扩建农村社区交通网,修筑桥梁、绿化环境、组织水电供应;三是建设小城镇,在新开发的小城镇兴建住宅、医院、学校、商店和各种文化设施;四是高度重视农业的基础地位,制定了一系列涉农法律、法规体系,支持和保护农业和农民利益,保证农业增产,缩小城乡差别,促进流通①。

(4)中国经验。进入21世纪后,我国意识到城乡二元社会结构是造成我国城乡非均衡发展的社会根源,开始探索消解二元社会结构,促进城乡经济一体化的途径。2003年四川成都开始全面实施城乡社会经济一体化改革实验;2007年6月7日国务院同意国家发改委批准重庆和成都作为"全国统筹城乡发展综合配套改革试验区",使中国消除城乡二元经济结构,促使城乡社会经济一体化建设上升为国家层面的实验改革。目前的经验有:第一,建立城乡社区一体化的经济制度。在废除限制乡村经济发展和农民增收的各项不合理法规条文基础上,对某些带有政策缺陷的涉农规定进一步清理或修改;建构促进乡村经济发展的所有生产、交换、分配、消费等经济活动环节上的涉农法规和政策;改善乡村经济发展制度环境的宏观管理措施,为城乡社区经济一体化提供有效的制度保障。第二,建设城乡社区一体化的市场环境。在宏观层面上,建构乡村经济低成本进入城市社区市场和国际市场、提升农户家庭和乡村企业参与市场竞争能力的市场环境;建立乡村经济与城市社区经济一样获得平等发展空间的健康的生产要素市场的保障体系;消除城乡社区市场长期分割的原因并加快城乡社区有形市场硬件建设如交易场所、仓储系统、物流系统、信息收集传递系统、乡村交通网络化等,为城乡社区经济一体化创造良好的市场环境。发挥市场机制的基础性作用,引导城乡社区资源通畅流动,优化配置城乡社区资源,提高资源利用效率。第三,建设促进城乡社区一体化的物质基础。主要包括城乡社区交通、供排水系统、垃圾处理系统、电力供应等设施建设,为城乡社区一体化创造一个必要的物质环境。在统一制定土地利用总体规划的基础上,明确分区功能定位,统一规划基本农田保护区、居民生活区、工业园区、商贸区、休闲区、生态涵养区等,使城乡社区发展能够互相衔接、互相促进。第四,对城乡社区生产要素跨业界重组,为城乡社区经营主体创造获得必要生产要素的平等机会。清除生产要素流动壁垒,改变城乡社区要素流动的单循环状况,即改变国家通过政策大量积聚农村生产要素发展城市社区工业的做法,建立城市社区生产要素流入乡村的制度。

四、政府对待农村社区经济发展模式的策略

这三种农村社区经济发展模式都能促进农村社区发展,在当代社会都有存在理由。从功能角度看,它们都值得国家重视和发展。政府应采取如下策略对待各种农村社区经济发展模式。

---

① 赵宝佑:《统筹城乡协调发展的国际经验与启示》,《学术论坛》,2008年第3期,第73—76页。

1. 在保障基本生活资料供给安全的前提下发展非农产业

食物、水、氧气是人存活的基本生活资料,如果一个国家不能保障这三种基本生活资料的正常供给,那么,其国民的生命会受到威胁,甚至死亡。而在当今产业体系中,只有种养业才能生产食物;只有林草业才能营造森林和植被,改善自然生态环境,生产氧气,促使空气中的碳氧平衡,保护水土、净化陆地水域。所以,任何一个国家时刻都要重视农业生产,发展农业经济。只有在保障基本生活资料供给安全的前提下,才能发展非农产业。因此,一个国家是绝对不允许所有农村社区都去发展非农产业,也绝对不允许发展乡村工业的农村社区污染农村社区的自然生态环境,危及粮食安全和生态安全。国家和政府应合理地规划和调控这三种农村社区经济模式发展空间,使农业、工业、第三产业保持合理比例。

2. 引导农村社区据资源禀赋选择经济发展模式

中国幅员辽阔,地形复杂多样,气温带跨度大,地理环境差异大。各地农村社区所处的地理环境、拥有的自然资源和交通区位、历史文化和经济基础以及社会环境,都有较大差别。这些都是每个乡村选择社区经济发展模式时须考虑的因素。那些农业资源丰富、生态环境较好、农耕文化发达的农村社区须选择以农为本的社区经济发展模式;那些矿产资源丰富、耕地少、工商基础好、交通区位优越的农村地区可选择以工为本的社区经济发展模式;那些城乡社区比较接近、工农业互补性强而且发展空间较均衡、城乡社区生产要素跨界流动频繁、一体化的经济和文化基础较好的农村社区可选择城乡经济一体化的社区经济发展模式。

3. 监督农村社区将经济发展模式建立在产业基础上

一个社区没有自己的独特产业基础和产业体系,是无法独立生存和发展的。从我国农村社区的相关事实看,所有富裕的乡村都是经济发达的社区,都有相对完整的产业体系。没有产业的社区是无法生存的社区;没有产业支撑的社区是没有生命力的社区。只有将农村社区建设寄托在产业基础上,才能为农村社区发展提供永恒的经济支持。以农为本的乡村肯定是将社区建立在农业基础上;以工为本的乡村肯定是将社区建立在工业基础上;即便是城乡一体化的乡村地区也应找准自己的产业基础,尤其要发展将工业和农业融合起来的新型现代农业;发展资源节约型和环境友好型产业,使社区产业产生经济效益、生态效益、社会效益和人文效益,为农村社区发展创造更好的产业基础。

4. 激发每种农村社区经济发展模式发挥特殊功能

这三种社区经济模式都有自己的特殊功能。以农为本的农村社区能为城乡社区居民提供必要的生态产品、食物产品、文化产品、园林园艺以及自然景观产品、林业产品、工业产品。以工为本的农村社区能为城乡社区居民提供工业产品、服务产品、生产资料、消费农产品;城乡经济一体化的农村社区能为城乡社区居民提供城乡文化交流平台、平衡城乡社区发展空间和工农业发展空间、促进产业融合、创造城乡居民平等发展的社会机会和社会制度。它们的社会功能是互补的,它们创造的物质和精神成果都是人类所需要的,因而国家和政府在任何时候都应采取有效措施激发不同农村社区经济模式产生特殊功能。

第三节 转变农村社区的农业经济发展方式

在社会分工体系中,农村主农业。这是社会分工自然进化的结果,也是农村社区在经济系统中的定位。当然,有的国家也容许农村社区在经济资源剩余的情况下,发展非农产业。不过,如果一个国家片面地发展工业,过多地占用社会的经济资源,必将造成农业生产和农业经济发展不足,导致"三农"问题。故国家须保证足量的农村社区发展农业经济。但长期以来形成的农业经济发展方式不仅造成农户农业收入增长缓慢,而且导致严重的生态问题、食品安全问题、健康问题,需转变农业经济发展方式。

一、转变农业经济生产方式

19世纪以来,世界人口猛增,食物供给短缺,引起社会动荡。为解决食物短缺问题,人类开始大肆毁林造地、围湖造田,扩大粮食种植面积,增加粮食产量。在这种掠夺式生产方式无法保障食物供应的情况下,人类便开始研究并使用化学肥料[1]和化学农药[2]来提高农业产量。20世纪50年代世界许多国家在农业生产中大量施用化肥和化学农药,标志农业化学化生产方式开始普及。经过半个

---

[1] 1840年,德国化学家李比希出版《化学在农业及生理学上的应用》一书,创立植物矿物质营养学说和归还学说,引发农业理论革命,为人类生产能提高粮食产量的化学肥料提供理论基础。1842年英国乡绅劳斯发明磷肥、1850年李比希发明钾肥、1850年左右劳斯与吉尔伯特合作发明氮肥、1909年德国化学家哈伯与博施发明氮肥规模生产技术。这种生产方式为解决世界粮食短缺问题发挥了巨大作用。据联合国粮农组织统计,化肥使农作物增产40%~60%的粮食。就中国而言,以占世界7%的耕地养活占世界22%人口,化肥起了特殊作用(笔者根据通过百度和谷歌等搜索引擎收集的资料整理)。

[2] 化学农药研制始于19世纪。1851年法国M. Grison用等量的石灰与硫黄加水共煮制取最早的无机农药—石硫合剂;1882年法国P. M. A. Millardet在波尔多地区发现硫酸铜与石灰水混合有防治葡萄霜霉病的效果,生产波尔多液;1939年瑞士化学家Paul Muller发现DDT(早在1874年被德国齐德勤氏合成)有杀虫功效;1940年法国和英国的昆虫学家发现六六六(1825年由英国化学家法拉第合成出来)有杀虫功效,成为人类最早使用的有机合成杀虫剂;1947年,法国化学家希拉德尔对有机磷剂的研究宣告成功,标志着农药的发展进入"高效"时代。自1950年以来,化学农药使用量比过去增加了50多倍,每年使用量达250万吨(笔者根据通过百度和谷歌等搜索引擎收集的资料整理)。

世纪的使用,化肥和化学农药对生态环境、食物安全、生命安全造成严重危害[①]。为克服在农村社区实施半个多世纪的农业化学化生产方式产生的这些社会问题,国内外许多农村社区或一些学者、机构,在克服农业化学化生产方式过程中,逐渐兴起了农业多功能化生产方式。

1. 农业与农业多功能化生产的内涵

农业是人类利用现代社会系统中的各种有用资源、手段、方法,使各种生物体按照自身需要发生量变、质变、结构变化和经营场位变化,从而创造劳动价值和各种产品,获得劳动收入的综合生产部门。其内涵包括:第一,劳动对象是生物体,这是农业有别于其他产业的本质特点。第二,生产过程表现为生物体的量变、质变、结构变化、经营场位变化。第三,使用人类社会的各种有用资源、手段和方法进行农业生产。不仅农村社区的各种自然资源、人文资源和经济资源,而且城市社区的各种资源,都可为农业劳动者所利用。采用各种理念、思想、方法、手段和技术进行农业生产,目的是在生物体上获得产品和收入。第四,在现代社会,农业不再只是提供食物的物质生产部门,而是一个承担更多社会义务的、负有更多社会使命的,能提供生态产品、食物产品、文化产品、旅游产品、生物能源产品的,发挥经济、生态、人力和社会等综合功能的产业部门;是促使第一产业、第二产业、第三产业在农村地区融合的生产部门[②]。

农业多功能化生产是工业社会的人类,为了克服农业掠夺式和化学化生产的种种缺陷以及造成的一些生产弊端,以农业的多功能性为依据[③],使农业生产

[①] 施用化肥产生的危害:扰乱植物生长周期、土壤板结、杀死土壤中的微生物和昆虫、通过污染水体导致鱼类和其他生物死亡。施用化学农药产生的危害:毒死传粉的昆虫、影响男性生育能力和胎儿发育、通过污染水体导致水生物死亡、通过残留使食用者中毒等。

[②] 谷中原:《新农村建设中农业多功能经营发展方式研究》,武汉大学出版社 2011 年版,第 37—38 页。

[③] 农业是具有经济、生态、社会、人文等多元功能的产业。其经济功能表现在:农业是其他经济活动和产业部门的基础;为工业发展积累建设资金、提供劳动力、原材料、消费市场;能为国家提供财源、供应生物质能源、为国家挣取外汇。其生态功能表现在:农业生产有利于大气中碳氧平衡、营造农业生态环境、修补被破坏的自然生态环境、塑造地面景观、保护人类生活地理空间和自然地理空间、净化空气、防止水土流失。还表现在,政府可以利用水生植物和藻菌共生系统形成的氧化塘处理城市工厂污水和治理被污染的内陆湖;市民可以利用农业美化城市、改善城市公共空间和社区、家庭生态环境等。其社会功能表现在:农业能保持农民安居乐业的心态、可通过平抑零售物价上涨维持社会稳定;农业能给社会提供社会福利和社会公益产品;也能提供就业机会等。其人文功能表现在:农业为人类提供衣食保障;农业能存续人类的生命,提供生活娱乐方式;农业能维系乡村生活;更重要的是农业孕育了人类文化,传承了农耕文化和农村手工艺以及农村习俗。基于农业的这些功能,1988 年欧盟在名为《乡村社会的未来》的文件中提出 Multifunctional Agriculture 概念,20 世纪 90 年代,日本、法国学者提出农业多功能性概念。现在世界上许多国家的学者在展开农业多功能性的理论和实证测评研究。

同时产生经济、生态、人力和文化等综合效能,并实现农业生产的经济、生态、人力和文化效能的平衡,而创造出来的促使农业经济走上可持续发展道路的一些新型农业生产方法和形式。其特征如下:第一,农业多功能化生产与农业化学化生产的目标不同。农业化学化生产的目标是追求产量;农业多功能化生产以促进农业和农村社会可持续发展为根本目标,承担使农业资源、农业生产、农村社会走上可持续发展道路的使命。它不仅要追求产量,更要追求产品品质。第二,农业多功能化生产的基本要求是使农业生产同时发挥人力功能、经济功能、生态功能、文化功能;要实现农业的经济效益、生态效益、文化效益、人力效益。农业多功能化生产既是一个以营利为目的的生产活动,又是一个能兼顾生态效益或不对生产环境施加负面影响的生产活动,同时还要承担提高农民素质、开发农村社区人力资源、吸纳农村剩余劳力、传承农业文化、建设社会主义新农村服务的社会责任。第三,农业多功能化生产所利用的生产资源是农村社区的所有资源,包括农村的自然资源、人力资源、财力资源、文化资源、信息资源、技术资源。不像传统农业在自然经济或产品经济的封闭状态下,仅充分甚至是过度使用自然资源进行生产。它要在市场经济环境里,以市场为轴心,充分利用农村社区一切可用资源,进行农业生产,实现农村资源商品化,提高农业生产商品化水平。

2. 农村社区的产生多元功能的农业生产体系

从 20 世纪后半期以来,在探索农业多功能化生产方式过程中,世界各地农村社区在根据农业多功能性原理和使农业产生经济、生态、文化、人力等综合效能和效能平衡的经营要求,培育出一些能产生多元功能的农业经营模式:(1)包括从古代农业生产经验中挖掘自然化、有机化生产和废物循环利用的生态化农业生产方法,培育出来的自然农业、有机农业和生态农业;(2)延伸农业价值链,将农业横向与能源产业结合,利用生物能源植物和生物能源生产技术,实现农业能源化生产,开拓农业领域的能源产业,形成能源农业;(3)顺应当今产业结构软化和软产业[1]不断增加的趋势,将农业横向与旅游产业和创意产业结合,利用旅游和创意产业经营技术,实现农业的旅游化和创意化经营,培育旅游农业和创意农业;(4)以传承和创新农业文化为经营使命,充分利用农村社区文化资源,将农业横向与文化产业结合,通过建立农业文化载体化生产设施[2],培育出文化

---

[1] 主要指第三产业的比重不断上升,对管理、技术、信息和知识等软要素的依赖度加深的产业发展趋势。

[2] 农业文化载体化设施有本土良种保护区、农耕文化博物馆、农产品加工工艺及产品消费园区、农产品标本制作工艺公司、本土农作物种植展览园、传统农艺传习所、农产品销售会节、农产品博览会等。

农业;(5)在生态补偿理念指导下,生产并向碳源单位提供碳汇交易产品,孕育出来的碳汇农业。这八小类多功能产业,根据其产品性质,可归纳为实物产品型、服务产品型、综合产品型等三大类农业多功能化产业。那么,农村社区的农业多功能化生产体系可用图6-1表示。

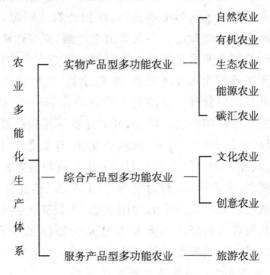

图6-1:农业多功能化生产体系示意图

  自然农业是指以尊重植物和动物的基本权利为生产理念,遵循自然格局,自然地、最大限度地利用天然资源和自然能力,从事农业生产的农业多功能经营模式。自然农业生产模式能简化和序化田间作业过程、减少劳动用工、提高农田保水培肥能力;能使农田环境处于自然相对平衡状态。虽然能产生多元功能,但从技术构成来看,自然农业属于传统农业经营模式,至少在中国园艺社会农业史中能找到许多同类经营方式。自然农业模式主要用于食物生产。如果从产业类型角度看,应该称为自然食物农业。

  有机农业是根据季节和生态自然规律,采用一系列可持续发展的农业技术,进行计划性耕种和饲养的农业多功能经营类型。有机农业,在生产中使用有机化生产技术包括适时农作技术、多样化轮作技术、固氮技术、绿肥技术、病虫害生物和物质防治技术、有机农产品检测技术等;拒绝使用任何基因技术、核辐照技术、人工合成的农药、化肥、激素、饲料添加剂等任何危及人体健康的生产手段,目的在于建立健全持续的、稳定的、安全的、生态的农业生产体系。从其技术构成来看,有机农业也属于传统农业经营模式,至少在中国农业社会时期的农业史中能找到大量同类经营方法。有机农业模式也主要用于食物生产。如果从产业类型角度看,应该称为有机食物农业。

生态农业是在现代化学农业面临严重挑战时,在总结和吸收人类社会所经历的多种农业生产实践成功经验的基础上,根据生态学原理,应用现代生态科学技术和方法所建立起来的一种多层次、多结构、多功能的集约经营管理的农业多功能经营模式。从其技术构成来看,自然农业既有传统农业经营技术也引进了现代农业经营技术。生态农业模式也用于食物生产。这种经营模式与自然农业和有机农业一样生产出来的农产品都是有机食品。如果从产业类型角度看,应该称为生态食物农业。

能源农业是人类种植生物能源植物,并利用生物能源植物和其他农业生产资源以及生物能源生产技术,制取各种生物能源的农业多功能经营模式。这种经营模式是能源化的农业经营模式,生产出来的产品是生物能源产品。它既是现代农业经营模式,也是能源工业的新型生产模式,是将来替代石化能源最有保障和最安全的产业,也是可持续能力很强的产业类型。

碳汇农业是农业经管者利用海洋中的浮游生物和陆地上的森林吸收并储存二氧化碳的功能,开展繁殖海洋浮游生物、植树造林、经营管理森林、恢复森林植被等增汇减排活动,生产碳汇交易产品,并按照相关规则,通过碳汇交易,向大气中释放二氧化碳的碳源单位提供用于抵消其碳减排指标的碳汇额度,从而获得较高经济收入的农业多功能经营模式。它是林业碳汇化生产的结果。目前,碳汇农业只发展林业碳汇。森林碳汇农业是最好的森林生态补偿机制,属于现代农业的新型产业类型。

文化农业是将传承和创新农业文化融入农业经营活动中,从而获得较高经济收入的农业经营模式。这种经验模式直接促成农业与文化产业的结合并形成农业与文化的交集产业,生产出来的产品既有文化品质也有农业品质。这种模式开展的经营活动包括:利用本土良种从事传承本土农耕知识的本土农业生产;利用本土物产开发农业工艺品;挖掘和利用本土饮食文化开发饮食产品;借用文化产业经营理念从事民俗文化表演;借用文物展览经营理念和技术从事农业展览;将农产品销售与节日庆典活动结合起来举办农产品促销节等,既提供实物产品也提供服务产品。文化农业是现代新型农业产生的一种途径,是现代农业的新领域和新型产业类型。

创意农业是农业经营者为了提高农业生产经营的市场竞争能力,抛弃传统的循规蹈矩的生产习惯,采用创意生产理念和方法,利用农村社区的生产、生活、生态资源,对所有农业经营类型和生产环节以及所有农业部门进行创意设计的农业多功能经营模式。农业的创意经营包括对农、林、牧、副、渔等传统农业部门的各生产环节进行创意设计，也包括对旅游农业、食物农业、文化农业、能源农业、碳汇农业等不同产业类型进行创意设计。所以，创意农业生产出来的产品既有实物产品，也有服务产品。

旅游农业是农业经营者为了获得更高利润，借用旅游业经营技术，在农村社区利用农业景观和农业生产过程，为游客提供观光、休闲、娱乐、运动、生产体验、吃住、购物等有关旅游服务的农业多功能经营类型。这种模式是工业社会的农业经营模式，是农业与旅游业的结合，是农业的旅游化经营，提供产品是旅游服务产品。

这些新型多功能产业，因渗透着创造者的使农业产生多元功能的设计意图、拥有能产生多元功能的生产技术和运营机制、或因生产具有竞争力的优质产品，或因借助非农产业获得更大的市场空间，能产生一定的经济、生态、文化和人力功能，能增加经营者的经济收入、改善农村社区生态环境、促进农村社区公共事业发展、传承和保护农业文化。

3. 农村社区实现农业多功能化生产的保障措施

（1）选择在非国家粮食主产区和商品粮地区以及尚未实现乡村工业化的农村社区推行农业多功能化生产方式，发展多功能产业。因为国家粮食安全决定我国在自然农业、有机农业、生态农业不能达到化学农业的产量的前提下，要在现有商品粮基地和粮食主产区实行农业化学化生产和发展化学农业，以保障国家粮食安全。已经走上工业化道路的乡村，基本上将本地农业资源转化为工业资源了，农业文化为工业文化所代替，因而，工业化乡村缺乏开发多功能农业的基本条件。而且工业化乡村的产业结构已经稳定，创造的物质财富和文明成果也是工业社会的重要组成部分，抛弃现有工业经济，经营农业经济，也是一种浪费，也会引发现有经济秩序的波动。故不宜在工业化的农村社区推广多功能农业。

（2）选择生产条件较好的农村社区实现农业多功能化生产方式，发展多功能产业。必要的地理条件、主体条件、交通条件才能保证多功能农业发挥多元功能。有什么样的地理条件，就开发什么样的多功能产业。哪怕是文化农业也需要人文地理条件，也依赖自然地理条件，才能经营好文化农业项目。地理环境不同，资源禀赋就不一样。从事农业多功能经营需要相应的资源，只有立足本地优势资源，才能开发多功能农业。由于农业多功能经营集中在技术密集型产业中，所以，多功能农业生产需要一定的科技素质。此外作为参与市场经济运行的产业模式，其经营者需要一定市场经济知识、收集信息的能力。另外，市场经济也是交通化经济,没有相应的交通条件,多功能农业就难以发展。

(3)创造和应用多功能生产技术促使多功能农业产生多元功能。利用自然种养技术、本土知识保障自然农业产生综合效能;利用有机种养技术、本土知识与科学知识相结合的方法保障有机农业产生综合效能;利用生态工程技术和循环生产技术保障生态农业产生综合效能;利用生物技术、循环生产技术以及工业设备保障能源农业产生综合效能;利用碳汇林业技术和碳汇交易渠道保障碳汇农业产生综合效能;利用农村文化经济价值开发技术和农产品文化促销策略保障文化农业产生综合效能;利用"三生"结合技术(生产、生活、生态结合)和农业生产的旅游包装技术保障旅游农业产生综合效能;利用创意技术保障创意农业产生综合效能。

二、转变农业经济的营销方式

农村社区在转变农业化学化和掠夺式生产方式的同时,还需转变自己的农产品营销方式。社区农户要在满足温饱基础上致富,就要将自然经济的经营模式转变为商品经济的经营模式;将小农经济的营销模式转变为规模经济的营销模式。就我国而言,那种在责任田里单家独户生产生活所需的农产品,然后在满足生活消费所需的前提下才将剩余产品用"提篮小卖"方式在农村集市销售,以换取零用钱,难成富户。所以,我国广大农村社区要积极探索、乡镇政府要积极推行适合本地农业经济实际的商品经济和规模经济营销方式。

1. 推行"一村一品"经营模式

针对我国农村社区实行的家庭联产承包责任制造成的耕地分割和农户小规模多种经营以及由此导致的农业商品化生产较落后的情况,我们主张农村农业经济实行"一村一品"经营模式。所谓"一村一品"经营模式①,是一种在政府引导和扶持下,以一个农村社区为单位,根据自身的条件和优势,开发一种或少数几种有特色的、在一定的销售半径内名列前茅的拳头产品的社区农业经济经营模式。"一村一品"不限于有特色的食物产品,也包括特色旅游农业、文化农业、能源农业产品。此模式的好处是在不改变国家农村土地制度和中国农民单家独户生产习惯的前提下,实行农业商品生产,通过标准化生产一种或少数几种特色社区产品,将分散的农户经营统一起来形成社区农业经济的规模化的商品生产,有效地增加农户收入。目前我国不少农村社区在发展经济过程中,推行"一村一品"经营模式,如宁夏回族自治区吴忠市利通区在82个农村社区建设中实现

---

① "一村一品"经营模式源自日本大分县前知事平松守彦于1979年提出的"一村一品"运动。

"一乡一特色、一村一品牌"建设目标;浙江省湖州市安吉县在建设"中国美丽乡村"过程中要求每个农村社区突显"一村一景、一村一品"的独特魅力。

"一村一品"经营模式要领:第一,抓产地和基地建设。每个地方政府要围绕农村社区培育优特农产品,以自然村或行政村为基本单位,因地制宜地建立农业产业基地,如香菇产业、香料产业、水果玉米产业、土种黑猪产业等基地等。第二,培育农产品牌。一个农村社区只生产一种或少数几种农产品,而且生产目的是销售,须着力打造品牌,提高市场占有率。为此,社区农民要树立农产品品牌化是发展效益农业和家庭增收的有效途径的经营观念;充分挖掘和利用地方特色的农业资源,如本地优质良种、特有技艺来开发农产品牌;制定产品生产标准,以标准化统率农产品生产;进行商标注册,将按标准生产出的农产品到工商行政管理部门登记注册,获得商标;实施质量监督,严防不合质量标准的农产品入市,树立和保护品牌形象。第三,抓产品初加工,增加产品附加值。就目前中国绝大多数农村社区而言,把农产品生产的一次产业直接提高到加工业的二次产业较难,但把农产品略作加工,提高一次产品的附加值是可行的。与农业初级产品相比,农产品粗略加工具有生产专业化、高效增值性、直接满足终端消费需求的特点,能大幅度提高农村社区农业经营收入。第四,开发特色农产品市场,促进农产品流通。每个农村社区围绕特色品牌产品,组建销售公司,开展购买业务和销售业务,通过组织农家开展联合销售和购买,形成批量买卖,从而在农产品销售市场、农产品生产资料市场争取有利价格,阻止中间商坑农。

2. 推行社区支持农业经营模式

社区支持农业实际上是城市社区支持农业。此模式源于20世纪70年代的瑞士,发展于日本,盛行于欧美。是消费者为寻找安全的食物,与那些希望生产有机食品并建立稳定客源的农民达成供需协议,直接由农村社区的农场将有机农产品送城市社区客户的农业经营模式。这是一种在城市社区与所支持的农场之间建立风险共担、利益共享的农业合作经营模式。英语称之为 Community Supported Agriculture,简称 CSA。社区支持农业经营模式注重环保,要求一切农活进行手工操作,禁止使用化肥、农药以及除草剂、催熟剂等影响庄稼正常生长的化学药物。现在欧洲、北美、大洋洲、亚洲都有社区支持农业模式。仅北美就有上千个 CSA 农场,为超过 10 万户家庭提供服务。大部分 CSA 为顾客提供多种季节性蔬菜,促进城乡互动,让城里人与农民直接见面,从而建立起相互支持、平等友好的关系。CSA 作为一种正在发展的农业经营模式,推行的是有机农作物生产及健康的生活方式,它把城市社区里的消费者和农村社区的农场或者农民有机地结合在一起,使农村社区的经济、生态环境和居民之间的关系得到可持续发展。

城市社区支持农业的途径有三：第一，城市社区的消费者在年初预付购买乡村农场生产的有机蔬菜的费用；第二，乡村农场吸收城市社区消费者的股金，使之成为乡村农场的股东，以便分摊生产成本、承担经营风险；第三，城市社区的消费者直接投入劳力，用劳动报酬购买乡村农场的产品。

城市社区支持农业的生产模式是有机农业，生产出来的农产品是有机产品。原因是化学农业提供的农产品危及人体健康，市民尤其是高收入群体愿舍近求远，联系农村社区的农场，亲自参与农产品的种养过程。CSA的销售渠道有：第一，入户直销渠道。入户销售的市场目标是不乐意成为公司股东的城市社区消费者和需要有机蔬菜但没有劳动能力的年老消费者。其办法是，先与城市社区居民建立一种长期合作的关系，然后把每个社区的订单整合，按社区配送发货，再按照每张订单要求给居民送货上门，打造社区蔬菜快递模式。其特点是生产者和消费者直接交易。直投蔬菜新鲜又安全，同时减少了流通过程中的损耗，保证了蔬菜的品质。这种模式不需要店面，节省中间环节，公司在准确把握供求信息基础上，降低库存风险、销售成本，使公司产品在价格上有更大的竞争力。也可让利于民，稳定消费群体。第二，代理销售渠道。对于其他非直接目标市场，生产者选择经验丰富、资信良好的代理商来共同开发市场，借助代理商的力量迅速增加销售额，使其成为稳定的合作伙伴来承担销售、集成、服务等众多业务。第三，电子网络销售渠道。这种销售渠道一般是生产者的销售渠道趋于完善，并且已占据稳定的市场占有率和具备充足的投资资金的基础上，才可能发展网络营销。利用电子商务交易平台，实现有机蔬菜生产和有机蔬菜产品营销的网上订购。第四，店面销售渠道。这是农村社区的有机蔬菜形成品牌，拥有较高知名度并具备充足的投资资金的基础上，生产者才在城市社区开设有机蔬菜专销店，供市民选购。

正是这些经营途径和销售渠道把城市社区的消费者和当地农村社区的农场或者农户有机地结合在一起，使城乡社区居民建立了相互支持、平等友好的沟通联系，通过有机农产品的经销在城乡社区架起一座稳定的、持续的互动桥梁，有力地推动城乡文化的交流。也使农村社区的农业经济、生态环境和城乡社区居民之间的关系得到持续发展。目前，社区支持农业模式在北京、上海、广西柳州等个别农村社区已得到不同程度的发展。

复习思考题

1. 什么叫农村社区经济,农村社区发展经济的原因是什么?
2. 评析农村社区经济发展模式的利弊,阐述农村社区必须发展农业经济的理由?
3. 为什么必须转变农村社区的农业化学化经营方式?
4. 农业多功能化生产体系是如何形成的?
5. 在农村社区发展农业经济过程中推行"一村一品"经营模式有说明好处?
6. 如何发展社区支持农业经营模式?

案例:

泾龙社区位于银川市金凤区良田镇东侧,南北长3公里、东西宽3.5公里。辖6个村民小组,定居农户779户,总人口3033人,属纯回族居住区,现有耕地4350亩。在宁夏推行农村社区建设中,该社区大力发展农村经济。推行"百万农民培训工程",先后组织300多人,实现劳务输出860人。到2011年,建成416栋8627间温室种植大棚,建成34户养殖园,而且每户占地462平方米。开展实用技术培训;成立劳务中介公司,组织劳务输出,2010年劳务输出总收入516万元;发放创业小额贷款,鼓励村民自主创业,开办小企业。2010年社区人均纯收入3470元,同比增长22%,成为良田镇村级脱贫致富典范。经济桥村社区位于银川市贺兰县习岗镇,在石中高速公路西侧,与宁夏回族自治区设施园艺产业园、农产品物流中心相邻。有11个村民小组785户,总人口2538人。社区支部以"富一方百姓"为己任,大力发展社区农业经济,主打蔬菜产业,成立蔬菜产供销合作社,成功打造出"经济桥黄瓜"品牌,2010年蔬菜种植收入2000万元。另外,发展劳务经济,向企业输送富余劳力,解决失地农民创业就业问题。2010年末社区农民人均纯收入7100元,位居全县前列。(案例资料源自该社区为民政部"全国农村社区建设实验全覆盖示范单位"评估组提供的汇报材料)

讨论:

农村社区如何发展农业经济?

第七章 农村社区文化

☞ **学习要点**

了解农村社区文化的含义、特征与功能。把握我国农村文化建设的发展历程以及当前新农村文化建设的主要任务和目标。了解目前我国农村社区文化建设的主要困境以及解决途径。

☞ **关键概念**

文化 农村文化 农村社区文化 农村社区文化功能 农村文化建设 农村公共文化设施体系 农村公共文化服务网络 民间文化组织 非物质文化遗产。

【引例】

最近几年,国家在农村文化建设方面投入的资金可谓不少。但这些看起来成绩辉煌的文化项目,其实不少是不切实际的"面子工程"。花了钱,费了力,看着热闹,但文化扶贫没有考虑到西部山区实际,没有扶到农民心坎上。国家投入了不少钱,干部费了不少神,可仍然有很多农民不闹饥荒闹心荒。

近几年全国启动乡镇标准文化站建设,一个乡镇花费两三万元建设乡镇标准文化站,设置多功能活动室、图书室、远程教育室,配备现代的音响设备、远程教育设备和摄影器材。但标准文化站的建设,实际上就相当于国家拿钱给乡镇文化站干部新建且装修豪华的办公室,改善文化站几个干部的办公条件。远程教育设备从安装起就没有真正使用过,灰尘蒙满机器。电脑、摄像机、投影仪等根本就没有被群众使用,没有为丰富农村文化发挥作用。

建设农村体育设施,上级要求每个村平整硬化一个篮球场,安装篮球架和乒乓球台子。看起来确实是为农民提供了体育活动的场地和器材。可是,在山区,一个村面积十来平方公里,多数群众到辖区内这唯一的篮球场活动需要步行几十分钟乃至一个小时。作为天天面朝黄土背朝天,累得看见板凳就想坐下的农民,他们哪有心思再走这么远的路去参加所谓的体育健身活动?上面出台政策的初衷是好的,可见,这只是他们的"一厢情愿",脱离了实际,群众并不买他们的账。而且,这些"免费"送来的体育设施,质量并不过硬,风吹雨淋,一两年就烂得"支离破碎"。

文化演出下乡,一次,县上歌舞剧团到我乡"送文化下乡"。结果,除了演出场地所在学校的学生之外,当天赶集的农民观看的不上 100 人。再说电影下村。有时,一个村放电影时,到场观看电影的农民坐不了一席,甚至出现过一个观众都没有的局面。电影惠民工程,一个乡镇一年投入 6000 元,一个县几十万元,花了这么多钱所发挥的作用真不像一些新闻中所描述的那么"群众所盼,满意得很"。看着国家花在文化方面的钱没有发挥真正的作用;看见农民依然天天围着麻将桌,我焦急担忧。(时英:《如此文化建设,农民咋能不闹心荒》,《乡镇论坛》2009 年第 25 期)

第一节 农村社区文化概述

界定农村社区文化是建设农村社区文化的逻辑前提,从实践角度解读农村社区文化利于农村社区文化建设与管理。

一、文化的含义

研究农村社区文化须先理解文化含义。关于文化,中外学者从不同学科、不同层次及不同视角进行过考察。在中国,文化一词最初源于《易经》:"观乎天文,以察时变;观乎人文,以化成天下。"[①]它在中国古籍文献中是文治和教化的总称,有形而上精神层面的意义。在西方,文化一词最早起源于拉丁语中的 cultura,其词根是 colere,原意是耕作土地、饲养家畜、种植庄稼的意思。15 世纪,它的含义开始引申为对人的品行智能的培养,几近于文化的中国古义。最早对文

---

① 《周易·象上传》。

化做出权威定义的是英国人类学家 E. B 泰勒,他在 1871 年出版的《文化的起源》中认为,"文化,就其在民族志中的广义而言,是一个复合的整体,它包含知识、信仰、艺术、道德、法律习俗和个人作为社会成员所必需的其他能力及习惯"①。在此,泰勒强调了文化的精神因素。英国人类学家 B. 马林诺夫斯基从文化功能回溯文化形态,获得与泰勒不同的认识,扩大了文化的内涵。他在 20 世纪 30 年代所著的《文化论》中提出:"文化是指那一群传统的器物、货品、技术、思想、习惯及价值而言。这概念包含并调节着一切社会科学。我们亦将见,社会组织除非视作文化的一部分,实在无法理解的;一切对于人类活动,人类集团,及人类思想和信仰的个别专门研究,必会和文化比较研究相衔接,而且得到相互的助益。"②显而易见,这个定义兼具文化的精神与物质形态,且将社会组织归入文化的组成部分。

以结构功能观点研究文化是英国人类学的传统。英国人类学家 A. R. 拉德克利夫 - 布朗认为,文化是一定的社会群体或社会阶级与他人的接触交往中习得的思想、感觉和活动的方式。文化是人们在相互交往中获得知识、技能、体验、观念、信仰和情操的过程。强调文化只有在社会结构发挥功能时才能显现出来,如果离开社会结构体系就观察不到文化。例如,父与子、买者与卖者、统治者与被统治者的关系,只有在他们交往时才能显示出一定的文化。法国人类学家 C. 列维 - 斯特劳斯从行为规范和模式角度给文化下定义,提出文化是一组行为模式,在一定时期流行于一群人之中,……并易于与其他人群之行为模式相区别,且显示出清楚的不连续性。英国人类学家 R. 弗思认为,文化就是社会。他在 1951 年出版的《社会组织要素》中指出,如果认为社会是由一群具有特定生活方式的人组成的,那么文化就是生活方式。美国文化人类学家 A. L. 克罗伯和 K. 科拉克洪于 1952 年发表《文化:一个概念定义的考评》。他们在分析考察了 160 多种文化定义后对文化下了一个综合定义:"文化存在于各种内隐的和外显的模式之中,借助符号的运用得以学习与传播,并构成人类群体的特殊成就,这些成就包括他们制造物品的各种具体式样,文化的基本要素是传统(通过历史衍生和由选择得到的)思想观念和价值,其中尤以价值观最为重要。"③克罗伯和科拉克洪的文化定义为现代西方许多学者所接受。

---

① Edward Burnett Tylor, *The Origins of Culture*, New York: Harper and Row, 1958: 1.
② 马林诺夫斯基:《文化论》,费孝通译,商务印书馆 1945 年版,第 4—8 页。
③ A. Kroeber and C. Kluckhohn, *Culture: A Critical Review of Concepts and Defintions*, New York: Vintage Books, 1963: 83.

我国学者吴文藻指出:"文化最简单的定义,可以说是某一个社区内的居民所形成的生活方式,……也可以说是一个民族应付环境——物质的、象征的、社会的和精神的环境——的总成绩。这样的文化可以分为四个方面:1.物质文化,是顺应物质环境的结果;2.象征环境,或称为'语言文字',系表示动作或传递思想的媒介;3.社会文化,亦简称为'社会组织',其作用在于调适人与人之间的关系,乃应付社会环境的结果。4.精神文化,有时仅称为'宗教',其实还有美术、科学与哲学也须包括在内,因为它们同是应付精神环境的产品。精神的文化是文化的结晶,是与各个特殊的文化系统相别的枢纽……精神文化固为文化的重心,但不是独立的,而是与文化其他方面如物质文化、象征文化、社会文化交互作用,相互维系的。"①实际上,"文化是一个有机的整体,发生作用时,不是局部的,而是全部的,当然不容加以人为的机械的分割"②。

马克思主义者把文化分为广义和狭义两种。广义的文化是人类在社会历史实践中创造的物质财富和精神财富的总和。包括三个层次:精神文化、制度文化和物质文化。狭义的文化专指精神文化层面,即社会意识形态以及与之相适应的规章制度、政治和社会组织、风俗习惯、学术思想、宗教信仰、文化艺术等。

上述各种文化定义,正如墨子所言:"一人一义,十人十义",互有长短,反映了近现代人类学家、社会学家和社会心理学家对文化认识的历史过程。从社会学的视角看,我们认为文化是指在社会历史发展过程中,在各种社会实践中,人类为了满足生存与发展需要,不断创造和积累而成功的物质的、精神的和制度的成果总和。它包括语言、符号、价值观念、规范体系、物质产品、行为方式等等。

二、农村社区文化的含义

理解农村社区文化,除把握文化含义外,还需理解什么是社区文化。"社区文化"(community culture)一词由美国学者梅森首先提出。社区文化的研究,在我国是从20世纪80年代中期开始的,对社区文化的含义,学界有不同理解。张健认为:"社区文化是指在特定区域内的社会生活共同体所反映出来的有关人的行为模式、社区习俗、生活方式、价值观念、思维走向等文化现象的总和。"③郑杭生认为:"社区文化包括物质生活方式和精神生活方式两方面。前者主要是指人们衣食住行以及工作和娱乐的方式;后者主要包括人们的价值结构(追求、

---

① 吴文藻:《人类学社会学研究文集》,民族出版社1990年版,第146页。
② 同上。
③ 张健:《论城市社区文化的功能与发展》,《学术交流》,2001年第1期,第86—89页。

期望、时空价值观等)、信仰结构和规范结构(风俗、道德、法律等)诸方面。"①毕天云认为:"社区文化是指社区居民在长期的生产和生活过程中产生和形成的并为社区居民分享的思想价值观念和行为规范的总和。"②孟固、白志刚认为:"社区文化是社区成员为保护、改善聚居地的条件、形态、氛围,并使自己与之相融而形成的精神活动、生产方式和行为规范的总和。"③

对农村社区文化,多数学者习惯于在已有对"社区文化"界定的基础上加上"农村"二字。赖晓飞、胡荣认为,社区文化是我国新时期兴起的一种社会文化形态,农村社区文化建设作为农村社区建设的重要方面,已不仅是一种文化娱乐、文化设施,还影响和包容着人们的行为规范、民情习俗、信仰观念、人际关系等。张桂芳认为,农村社区文化就是由居住在农村的一定地域范围内(非严格的行政区划)的人们,由一定的纽带和联系而形成的共同价值观、生活方式、情感归属和道德规范等。从形态视角出发,农村社区文化可分为三个层次:物质文化、制度文化和观念文化。三者缺一不可,相互联系,相互促进,构成社区文化统一体。张兴杰等认为,农村社区文化是由居住在农村的一定地域范围的人们,由一定的纽带和联系而形成的共同价值观、生活方式、情感归属和道德规范等。④

吴理财认为,对农村社区文化的理解需要采取"经验性研究"。也就是说,需要社会实践,在理解的基础上对社会实践作出阐释。他认为农村社区文化是"一群农民日常生活所共同享有的处境化经验及其价值规范"⑤。可从如下方面理解:(1)农村社区文化是一种在地性文化。在地性具有本地性、地方性和区域性等多种意涵。(2)农村社区文化具有特定的社会适应性。每个具体的农村社区文化只适应那个农村社区的社会生活需要,与该社区特定的物质条件和生产方式相统一。(3)农村社区文化跟农民的日常生活相关联,不是脱离日常生活的独立实体。尽管农村社区文化生成后有一定独立性,但这种独立性也只是相对生活于其中的个体而言。即便如此,个体行动,一方面虽然受制于该社区文化,另一方面却也在某种程度上实际影响该社区文化。(4)农村社区文化是生活经验的表征。经验是一种实践性知识,因此农村社区文化是农村社区日常生

---

① 郑杭生:《社会学概论新修》,中国人民大学出版社1997年版,第363页。
② 毕天云:《社会文化:社区建设的重要资源》,《思想战线》,2003年第4期,第85—88页。
③ 孟固、白志刚:《社区文化与公民素质》,中国社会出版社2005年版,第4页。
④ 张兴杰、游艳玲、谭均乐:《农村社区建设与管理研究》,华南理工大学出版社2007年版,第111页。
⑤ 吴理财:《处境化经验:什么是农村社区以及如何理解》,《人文杂志》,2011年第1期,第142、147。

活实践理性的表现,跟这个社区农民的生产和生活相联系。这种实践性知识是长期累积的结果,在当地反复进行实践,并被实践所检验、印证和改造。传统的农村社区里长老有很高的威望和权力,是因为他们人生阅历的丰富而拥有应付该社区生产、生活几乎一切的实践知识或生活经验。如果该社区成员脱离这种生产和生活实践领域,这一农村社区文化对他就失去作用。譬如,一个农民进城务工后,如果他的工作脱离农业生产,其生活的重心转向城市的话,不但原有农村社区文化和社会资本无益于他现今的工作和生活,且对他产生不了规制或约束作用,其行为必然脱离原来社区的道德生活,产生一种"脱域"状态。(5)农村社区文化是一套经验体系,既包括具体的生活经验知识,也包括与之相应的意识形态和价值规范。所谓的意识形态,实际上是一种论证性话语,它常常论证并维护某一社会结构的合理性。严格地说,农村社区文化本身具有一定的层次结构,基础层次是一套生活经验知识,其次是与这套经验知识相适应的意识形态和价值规范。意识形态论证该套生活经验的合理性,价值规范则规约人们按照这套经验知识去行动。(6)农村社区文化呈现差序格局。由于生活经验体系是有层次的,农村社区文化也因此而具有一定的差序结构。一个具体的社区生活经验只是符合该社区的生活需要,与该社区处于同样物质条件和生产方式的相邻社区一起则表现同一区域的文化形态。譬如,皖南农村地区文化与皖北农村地区文化不同,华南农村文化与华北农村文化相差异,农业文化与游牧业文化相区别。从一个具体的农村社区由内向外看,农村社区文化呈现出明显的差序格局。

据以上讨论,我们可从广义和狭义两个方面理解社区文化。广义的社区文化指社区居民在特定区域内长期实践中创造出来的物质文化、观念文化和制度文化的总和。它对人们的思想观念、道德情操、人格理想以及行为方式的形成和发展有重大影响,对当地经济、社会的发展有相当大的制约作用。狭义的社区文化是社区居民在特定区域内,经过长期实践逐渐形成和发展起来的具有地方特色的群体意识、价值观念、行为模式、生活方式等文化现象的集合。其中,价值观是社区文化的核心。将社区文化的广义和狭义的理解结合起来,才能正确揭示社区文化的内涵。在此基础上,我们认为农村社区文化是由农村社区居民在社会实践过程中创造出来的一切物质的、精神的、规制的成果总和,包括物质文化、精神文化、风俗习惯、村规民约、生活方式、行为模式等。

三、农村社区文化的构成

农村社区文化是内涵丰富的体系,由众多子系统组成,其形态表现各异。根据不同标准,可将农村社区文化划分为不同类型。①

1. 农村社区文化的形态类型

以文化形态分,农村社区文化可分四类:(1)农村社区物质文化。农村社区物质文化是农村社区成员共同创造、维护的自然环境与人文环境的结合,是社区精神物质化、对象化的具体体现,包括农村社区的村貌、休闲娱乐环境、生活环境、文化设施以及活动场所、文化产业和文化网络、居民衣食住行的用品等。农村社区物质文化带有浓厚的乡土色彩。(2)农村社区行为文化。这类文化是通过农民行为表现出来的文化,是农村社区成员在交往、学习、经营、生活、娱乐等过程中产生的活动文化。这些活动反映出农村社区的风尚、精神面貌、人际关系范式等文化特征,动态地勾勒出社区精神、社区理想等。活动是文化的重要载体之一,我国目前的许多农村社区文化建设都围绕社区活动而落实。农村社区居民的活动范围有地域限制。有社会学家称其为民俗社会。雷德菲尔德认为:"民俗社会的典型形态是和现代社会相对立的,小型、封闭性、不开化和同质性是这种民俗社会的基本特征;而且这种社会还具有很强的群体团聚感,民俗社会的行为是传统的、自发的和个人的;没有立法和经验惯例,也没有对理智、目的的思考;家庭包括它的各种关系和制度就是典型的经验范围;而家庭群体是行动的基本单位。"②(3)农村社区规制文化。这类文化是农村社区成员在生活、交往、学习、娱乐等活动中形成的,与社会观念相适应的规章、制度、公约、伦理道德等。它是农村社区居民价值观的外在表现,对农村社区文化持久健康地开展有一定约束力和控制力。(4)农村社区观念文化。它是农村社区居民在长期的社会活动中培养形成的人生观、价值观念、社区意识(法治意识、科学意识、市场意识、公德意识、参与意识等)、审美观、艺术修养、生活情趣等,也称社区精神。农村社区精神是农村社区文化的核心,是农村社区成员的精神支柱和活动源泉,存在于每一个社区人的内心世界,支配社区居民的生活目标和生活方式的形成。它是以农村社区居民为主体的区域亚文化,是农民在长期的历史进程中创造和形成的精神文明的总和。在农村社区文化系统中,物质文化是基础,行为文化是载体,制度文化是保证,观念文化是灵魂和核心。物质文化、行为文化、规制文化都是观念文化的外在体现。观念文化对物质文化、规制文化具有灵魂和生命力的作用。

---

① 于显洋:《社区概论》,中国人民大学出版社 2006 年版,第 235、246 页。
② 〔美〕赖特·米尔斯等:《社会学与社会组织》,浙江人民出版社 1986 年版,第 7 页。

2. 农村社区文化的要素类型

以文化要素分,农村社区文化可分九方面:(1)环境文化。环境文化不仅仅是自然景观,还是社区文化的重要内涵,而且前农村社区的环境状况并不理想,随地吐痰、乱扔垃圾、践踏草坪等现象屡见不鲜。(2)民俗文化。指农村居民的风俗习惯,包括饮食衣着、待人接物、婚丧嫁娶、宗教信仰等。(3)文艺文化。指农村居民从事的业余文学艺术活动。(4)体育文化。指农村居民为了保持身体健康而进行的体育活动。除了传统的太极拳、秧歌、气功等传统体育项目,农村社区也出现了歌舞厅、篮球等新型体育项目,同时也增添了篮球场、健身器材等体育场地和设施。(5)教育文化。指除学校教育之外的其他教育。在农村社区,社区教育主要是幼儿教育,成人教育和职业教育的发展还不是很完善。[①](6)农业科技文化,包括各个农业生产领域和各个生产环节的农业文化。(7)观念文化,包括价值观、乡土观、人情观、生态观等。(8)心理文化,包括思维方式、社会心理、情绪、个人偏好、理想等。(9)制度文化,包括用文字写成的各种制度、规章、法规、戒条、民约等。

3. 农村社区文化的性质类型

以文化属性分,农村社区文化可分三类:(1)某些农村社区文化元素是在农村社区共同体中间逐渐凝聚起来的相同文化体验和认识。生活在同一农村社区的人们之间会建立各种基本联系,这些联系往往是面对面的、直接的、充满感情色彩的、亲密无间的、非正式的、初级的和自然本色的。农民的行为取向正是对农村社区初级社会联系的自然认同,即文化认同,包括两个方面:一是其他人对该社区的文化共性的认识和标记性的总体把握;二是农民对本社区共同文化的感知和理解。(2)某些农村社区文化元素是农村社区特殊的文化传承。农村社区文化包括全部传统文化遗产、民俗等,是农村社区文化资源的综合。任何一个农村社区在历史发展过程中,都会形成自己独特的文化。这种文化凝聚着农村社区居民的集体智慧和创造精神,其中富有特色的优秀成果经过当地居民祖祖辈辈的创造、筛选、加工、充实和提高,成为能集中体现农村社区居民价值观念、情感因素和审美心理的文化精品。所以,农村社区的建筑、民俗、风土民情、手艺等都是农村社区文化的重要内容。(3)某些农村社区文化元素是农村社区群众的文化活动。农村社区文化的另一层含义便是农村社区范围里的文化体育活动。包括文化体育实践和文化体育活动。通常情况下,文化设施越先进、越丰富,农村社区的文化就会越发达。

---

① 同春芬、党晓虹、王书明:《农村社区管理学》,知识产权出版社2010年版,第71—72页。

四、农村社区文化的特征

农村社区较城市社区相比,它的区域性、乡土性、特色性更为明显。几千年的农业文明,孕育出乡土中国的过去和现在。乡者,故乡也;土者,民间也。土,其貌不扬,价值不大,难登大雅之堂,但它是人类赖以生存之壤。一方水土养一方人,也滋生一方的乡土文化。正如费孝通在《乡土中国》所说,中国乡土社会的基础结构是一种"差序格局",是一个"一根根私人联系所构成的网络",个体是社会关系中类别的基础。家的各个成员联系起来的基本纽带便是亲属关系。五代以内同一祖宗的所有父系后代及其妻,属于一个亲属关系集团称为"族",族的最重要的特征就是同一族人都有着共同的血缘关系。而当一个血缘社群繁殖到一定程度,土地面积的需求会不断扩大,因此在血缘结合的基础上,出现更高一层次的结合——地缘的结合。但不管是血缘的结合或是地缘的结合,农村社区总是不能脱离一定的地域,总是受自然环境直接支配的作用较强,农村聚落点受社会生活的基本要素——主要是土地和人口的支配,总是限定在一定的规模或空间的范围之中,不仅农作物的种植带有地域性,而且人与人之间的关系也带有地缘的色彩。农村人口散居在广大的地域上,人口密度相对较低,人口的流动率小。

由于农村文化乡土性的特点,农民很少与外界交流,使得农村社区文化较封闭,传统文化占主导地位,如家族观念、祭祀仪式等。但随电视、电脑等传播媒介的普及,农村社区文化的闭塞性有所改善,农村居民试着接受城市文化的影响,尤其是年轻一代的农村居民,极易被新潮文化影响,但面临如何选择的问题。

由于上述诸种特征的影响,农村居民心理趋于保守型和情感型,地方观念重,乡土观念浓,家庭至上及祖先崇拜,重视风水,具有浓厚的迷信色彩。各村落除以祖先崇拜为基础的家族祠堂、鬼、神信仰外,最能集中反映村落民间信仰的就是村落中建造的各类庙观。在传统农村社区的现实生活中,几乎每个村落都有敬奉各类神灵的神庙,村民对神的信仰构成他们共同的价值观念,村落庙观每年在村落规定的岁时年末举行地域性的各种民间庙会文化活动及隆重的祭祀仪式等,调动全体村民的广泛参与,成为村落中的一件大事。神庙相对于家族祠堂来说更能整合区域的整体力量,是本村落与其他村落之间互相接触、往来的主要途径;各类庙会在村落生活中占据着重要的地位,神庙作为地域性的组织成为村落历史发展线索的表征,与村落息息相关,构成村民的信仰中心。

五、农村社区文化的功能

由于共同生活需要人类创造文化,文化在它所涵盖的范围内和不同的层面发挥重要功能。农村社区有丰厚的地域文化积淀,这种历史悠久的社区文化因乡土气息浓郁,易被社区成员接受,所以发挥不可估量的作用。农村社区文化不仅影响社区居民一生中的各个时期,还影响着其生活的众多方面,其功能主要体现在这样几方面[①]:(1)价值导向和行为规范功能。农村社区文化影响和制约着农民的价值观念和行为方式。农村社区文化产生和发展于农村居民所居住的自然环境和赖以谋生的方式。农村社区文化的主导性价值取向对农村社区居民的价值观念和行为方式有不可忽略的影响作用。农村社区文化的形成也是一种信息互动过程。当农村社区居民潜意识中的道德观念和现实情况发生碰撞时,农村社区居民在议论和评价的过程中,逐渐形成一个大致赞同或反对的意见。这种意见是农村社区文化中的道德规范因素,主导着农村居民的价值选择,使农村社区居民的正确行为得到肯定和鼓励,不良行为受到抑制和及时改正,引导农村社区居民作出正确行为选择,起到规范农村社区居民行为的作用。(2)提高农村社区凝聚力功能。农村社区文化渗透到农村社区居民生活中的方方面面,通过沟通农村社区居民的感情,培养和激发农村社区居民的群体意识,从而提高农村社区凝聚力。农村社区文化鲜明的地域性特征通过农村社区居民的生活习惯及其言行特点得以表现,从思想上和心理上对农村社区居民起着维系作用,有助于农村社区居民对自己的社区产生认同感和归属感,甚至自豪感,进而激发责任感,将自己的感情和行为与所属社区联系起来,提高社区凝聚力。(3)传承农村传统文化功能。虽随生产力发展和生产方式改变,农村由传统社会向现代社会转变,农村社区文化也随之越来越开放,但农村社区传统文化的影响依旧不容忽视。这种农村社区传统文化是农村社区长期保存、积累和传承的成果,对民族文化具有重要的历史意义。农村社区文化传承功能不仅使农村社区原有人文精神和优秀品质得以保存,且在此基础上不断适应社会变迁作出相应的调整,吸收外来文化的精华部分,并继续流传。另外,农村社区文化不仅影响当代农村社区居民,且影响和塑造下一代。(4)优化人际关系功能。人际关系是人与人相处、交往所遵循的道德规范和达到的境界的外在表现。农村社区的单位是村落,其人际关系网络主要以血缘关系为纽带,建构在一定的地域范围内,故血缘和地缘融

---

① 同春芬、党晓虹、王书明:《农村社区管理学》,知识产权出版社2010年版,第71—72页;王霄:《农村社区建设与管理》,中国社会出版社2008年版,第132—137页。

为一体成为农村社区文化的基础,农村社区人际关系依据约定俗成的礼俗进行调节。农村社区文化的各种传统活动,如秧歌、龙灯等,易于把农村社区居民吸引到一起,有助于农村社区居民进入到更广阔的交际空间中去,增强农村社区居民之间的联系。同时,范围更广的农村社区文化活动不仅可以促进本社区之内成员的交流沟通,而且有助于增强农村各社区间的联系。(5)整合功能。整合是指用正确的理论来规范人们的行为,用合理的制度和法律约束人的行为,以此来保障社会的稳定有序。农村社区文化整合功能使农村社区更加团结。组成农村社区的成员十分复杂,他们的道德观念、价值观念甚至生活习惯都有差异,但农村社区文化可使一个社区的道德、风俗、价值观念基本趋于一致。故农村社区文化在社区整合中发挥重要作用,有助于农村社区居民达成共识,真正实现农村社区居民对本社区的认同感、归属感、责任感。(6)娱乐与教育功能。社区文化有陶冶人、教育人的功能。农村社区经常举行各式各样的文化活动,农村社区居民参与越广泛,农村社区整体文明水准就越高。这是因为通过文化活动,农村社区居民能够发现自身的才能并充分发挥自己的聪明才智,创造出更丰富的农村社区文化。(7)经济功能。农村社区文化一般不带经济色彩,但在一些具有独特文化的社区,却会产生直接和间接的经济效益。如具有独特自然和人文景观的社区,成为旅游的目的地。民俗、民居和农村生活成为对城市居民有强烈吸引力的旅游度假目的地。特别是当前重建农民合作经济的过程中,文化往往成为一个最好的切入点。正是文化的凝聚力,引导出经济的合作。(8)环保功能。一是体现在农民对社区环境的营造与爱护,二是体现在当出现影响环境质量的事件时,会促成农民共同行动,进行必要的抗争。如果不是一种共同的利益为基础的文化观念作为支持,农民不可能集体行动起来。

六、中国农村社区文化的变迁与认同危机

从历史角度考察,中国的农村社区文化是不断变化的[①],而且这种变化造成了农村社区的文化认同危机。

1. 新中国农村社区文化的变迁

自从新中国建立以来,农村社区文化有了很大变化。尤其是20世纪80年代以后,农村社区文化发生了裂变。

1949年10月中华人民共和国成立,农民当家做了主人。全国范围的土地改革,使接近全国耕地面积43%的土地被再分配,消灭了地主和富农阶级。社

---

① 于显洋:《社区概论》,中国人民大学出版社2006年版,第235、246页。

会主义改造运动使几乎全部的农村私有财产集体化了，社会主义集体经济在农村占主导地位。社会主义制度的确立，是中国数千年历史上最伟大最深刻的变化，构成社会主义新文化产生的基础。以社会主义制度为中心的政治文化深入人心，以爱国主义、集体主义为中心的道德文化在农民思想深处占主导地位，社会主义建设中农民们将爱国家、爱集体、爱社会主义化为实际行动，为社会主义中国工业化做出巨大的贡献。但新中国成立后长期的城乡二元社会结构，使农村社区文化保持超稳定性。而几千年来形成的农民深层文化结构，如农民的价值观念、思维方式和行为取向等基本上没有发生实质变化。

1978年的改革开放是一场巨大的社会变迁，它逐步打破了城乡二元社会结构，突破了对农村的封闭。家庭联产承包责任制、创办乡镇企业和"民工潮"，使农村社区文化发生真正变化。家庭联产承包责任制带来生产的社会性、科学的生产工艺、新的产品经济结构、市场的交换关系和社会分配。乡镇企业的发展和"民工潮"改变农民与土地的关系。农民开始摆脱土地的束缚，发生真正意义上的文化变革。

1978年以前，国家严格限制农民进城，城乡二元社会结构泾渭分明，城市是工商、文化中心，农村则在结构、人口、文化上有很强的同质性。改革开放后，农村率先引入市场经济机制，工业化、城市化进程在农村迅猛发展，纯农业的社区结构开始分化，农民依靠自己的力量在农村建成独特的工业、农业、商业、建筑、运输、服务业等产业结构。农业产业结构和社区结构的分化，对中国农村和农民具有决定的意义。农村社区分化的实质是农村产业结构的分化。农村社区结构是农村社会体系的骨架，农村社区分化反映农民生活基本格调的变化。

农民通过向城市的流动与交往全方位地接受现代文明，罗吉斯在《乡村社会变迁》中指出："交往是引起现代化的关键因素，正是交往的压力，带来了传统社会的土崩瓦解，新的思想从外界进入乡村并在农民中蔓延。""交往就像社会中射出的一道霞光，照进他们与世隔绝的社会，使传统农民逐渐开始进入现代世界。"[①]现代城市和工业文明培育农民的现代性，培养农民的风险精神、商品意识和市场观念，开阔眼界，打破行为保守性和心理封闭性，提高农民的自我效能感。

生产力的发展，生产方式的改变，社会体制的渗透，改革开放的推进，生活态度的更新，促使我国农村社区由传统社会向现代社会过渡。社会的法律规范和政治规范已经渗透到村落共同体中，传统的礼俗在大多数场合降低到次要地位，法理的因素在乡村生活中明显上升。农村社区文化由传统走向世俗，农民向开

---

① 〔美〕埃弗里特·M.罗吉斯：《乡村社会变迁》，浙江人民出版社1988年版，第309页。

放、进取、理性、效能型的社会人转变。但同时也要看到,传统的影响仍不可忽视。由于我国地区差距很大,农村社会体系结构分化和社会文化世俗化发展不平衡。

2. 中国农村社区文化的走向

当前,改革开放继续深入地进行,在小康社会目标全面展开和实现的新形势下,中国农村社区文化体系的建设面临着前所未有的条件和机遇[1]。

第一,改革开放的深化使农民获得思想解放和自主发展空间。在改革开放政策引导下,在城乡比较利益等驱动下,农民开始其艰辛而执着的致富之路。在致富之路上,农民感受到不同文化观念的碰撞,自觉或不自觉地认识到,引进外来文化将促进本土文化系统较快发展;自觉或不自觉地改变过去那种封闭状态,将自身文化建设成开放性的文化系统;为此而将农村文化系统与其他文化系统进行多层次、全方位的接触。强化农村文化系统的选择功能,健全与完善农村文化系统的生产与消费机制,使农村文化体系从一个消费领域(依靠来自其他文化体系的传播而获得的文化进步)成长为一个生产领域(有能力创造和产生具有进步意义的原创性文化)。

第二,市场大潮给农村社区文化带来极大冲击。自给自足的农村社区传统经济形态逐渐让位于商品经济。市场经济体制的建立给农民提供众多发展空间。农民的自主性增强,发财致富的愿望被极大地激发出来。价值规律和市场竞争,对重农抑商的价值观、以血缘为纽带的社会关系和社会组织模式形成很大冲击。农民大批离开土地,务工经商,基于乡土的传统文化的纽带松弛,使农民的观念得到更新。较明显的文化变化是农村社区的纯农耕方式的突破,使社区内外交易越来越多,农村社区由封闭走向开放,农民乐意接受新经验、新观点,开始变得思想开放、头脑灵活,他们开始走出世世代代居住的土地,走向全国、走向世界。农村社区成员行为理性化,具有明显的个人效能感,注重成本效益分析,谋求最大功效。农民头脑更冷静、更务实,他们重新确立公与私的关系,明确个人利益的重要地位。过去在公与私的关系处理上,由于"公"带有意识形态色彩,"私"总是处于极端劣势。改革开放后,家庭联产承包责任制使个人利益受到保护,集体经济随股份制改革与个人利益联系起来。

第三,乡镇工业的发展增强农村社区文化的异质性。乡镇工业的发展使农村社区产生新的社会分层——乡镇企业家和乡镇企业工人。新阶层的兴起孕育新的文化,整体观念、时间观念和效率观念在加强。作为农村社区先行一步的乡

---

[1] 于显洋:《社区概论》,中国人民大学出版社2006年版,第235—246页。

镇企业家和乡镇企业工人,代表着全新价值观和规范,引导农村原有文化传统的革新。农民职业选择多样化,生活变得丰富多彩,农村出现前所未有的生机与活力。随着改革的深入,社会体系结构分化和社会文化的制度性障碍——模糊的产权和过时的户籍制度的改革已启动,以及社会流动和社会开放的加速,中国农村社区开始走上经济、政治、社会、文化等众多领域共同发展之路。以社会体系结构分化和社区文化世俗化为标志的农村发展必将持续下去,推动中国社会走向成熟。

第四,城市文化的渗透促进农村社区文化更新。城市是文明的发源地,强大的辐射功能示范效应,带来城市的价值观和生活方式被越来越多的农民所接受。进城的农民工回到家乡所在地,用城市先进的文化反哺农村。向农村社区输入新的文化因素,原有的农村社区文化因素得以丰富和提高。尽管农村社区人际关系依然是血缘型的,但血缘关系的社会意义已基本丧失,不再构成决定人们社会地位的根本依据,以社会关系为依据的新的地位体系已形成。

第五,科技发展和农村教育的普及改变农民原有生活方式。科学技术是改变传统农民文化的主要动力。现代科学技术改变农民原有的生活方式。扩大农民的活动范围,促进农村社区向专业化和分工协作方向发展,改变原有的以家庭和宗族为基础的社会制度,原有的简单的社会关系逐渐让位于复杂的社会关系。现代科技与生产的发展对劳动力的素质提出越来越高的要求,教育需要进一步发展。

3. 中国农村社区文化变迁带来的认同危机

而今,随着现代化的快速推进和知识经济的蓬勃发展,充斥着现代元素的大众传播工具迅速普及,传统农村社区文化受到巨大冲击。在传统与现代的碰撞下,农村社区产生新的文化认同危机,农村社区的文化认同趋向衰落。[①] 其表现为三方面:(1)农村社会阶层分化带来社区文化认同危机。家庭联产承包责任制的实行使得广大农民获得生产经营上的自主权和对自己劳动产品的支配权,于是一些善于经营的农民就依靠自己的智慧和勤劳获得更多的经济收益,与此同时会有一部分人因为种种原因经济收益较少。另外,拥有自主生产经营的农民可从事非农行业。这一切会导致农民经济收益上的分化、从事行业的分化。根据冲突理论,社会分层带来社会主体的分化与异化,进而造成他们利益的分化

---

① 不少学者通过实地调查,都表明了这样的观点。如:吴理财:《农村社区认同与农民行为逻辑——对新农村建设的一些思考》,《经济社会体制比较》,2011年第6期,第123—128页;贺雪峰:《当代中国乡村的价值质变》,《文化纵横》,2010年第3期,第87—92页。

与矛盾,分化的阶层之间必然存在社区文化的认同问题。(2)农村人口流动带来社区文化认同危机。改革开放以来,随着城乡二元户籍制度的日益松动和城市用工制度的改革,吸引了大量的农民进城从事二、三产业,实现农民在城乡间的自由流动,改变农村社区的封闭性,使得大量的农民突破长期的地缘限制,进而也使村民与农村社区发生疏离,社区中的村民逐渐趋于分散化,农村社区呈现出萎缩态势,社区发展陷入"空心化"窘境。在这种情势下,农村社区很难产生文化认同。(3)村民功利世俗的价值观带来社区文化认同危机。改革开放以来,在市场经济和家庭联产承包责任制的联合冲击下,理性的经济利益原则和个人主义的价值观迅速渗透到农村社区中,村民开始执着于追求个体经济利益。而与此同时乡村社区中传统文化的内生规则,包括道德约束、舆论制约对村民的规范能力不断削弱。个人意识的过度膨胀使得农村社区蜕变为个体相互分裂的原子化状态,村民陷入了疏离、孤立、分散的境地,这种关系下的村民很难产生农村社区文化认同。

第二节 中国农村社区文化建设的困境

文化是农村社区的支柱要素,农村社区文化不仅是农村社区居民赖以生存和发展的支持资源,且是农村社区运行的复合条件。故农村社区建设与管理须加强社区文化的建设和管理。为保证我国农村社区文化建设收到实效,先了解我国农村社区文化建设面临的困境。

一、当代中国农村社区文化建设的体制性困境

农村社区文化建设是国家动员或利用各种资源并采取行之有效方法,促进农村社区文化事业全面发展的过程。农村社区文化现状受制于当前社会经济基础结构,当代中国农村社区文化特点是当前中国政治经济和文化改革发展进程的缩影。农村社区文化的体制性特点包括农村社区文化的投入体制、组合体制和评价体制等多方面困境。

1. 投入体制困境

尽管中央财政投入比例逐年增长,但总体上,国家财政对文体广事业费的支出不足。2010年文化事业费占国家财政总支出中的比重,多年在0.3%~0.4%之间徘徊。2010年全国文化事业总计323.04亿元,仅约相当于教育事业费的1/30,卫生事业费的1/13,科技事业费的1/9。而文化事业经费投入的城乡差距和区域差距较大。如2010年各级财政对农村文化的投入仅占全国文化事业费

的36%;对西部地区的投入仅占全国的24%。[1]

农村社区文化发展需有文化设施作为载体和基础。各地农村社区文化公共投入在配置上不尽合理,国家对农村社区文化的有限投入主要集中于农村基础文化设施建设,且大多数是一次性基建投入。中西部地区县下很少考虑对文化人才培养,几乎没有保证文化设施正常运行经费,绝大多数只管"建设",不管"运转",存在明显的"重物轻人"、"重投轻管"特点。目前农村社区文化设施有文化活动室、电影放映室(院)、录像厅、戏台(戏楼)、有线电视(电视差转站)、图书室(馆)、有线广播、公共电子阅览室(公共网吧)、篮球场、排球场等体育场地、阅览室、老年活动室、文化大院、个体文化室、祠堂、寺庙、教堂等。实地调查的结果是,在中西部大部分农村社区,仅有少量藏书和文化设施的文化站(馆)设置在乡镇政府所在地,很难覆盖到农村社区的其他农民群体。政府对于农村社区文化馆(站)的经费投入很有限,少量投入仅能保证馆(站)管理人员的工资,很少有经费购置图书、光碟、电脑、电视等文化设施,馆(站)设施陈旧。从整体看,农村社区大部分乡镇文化馆(站)处于一种半开放或停止开放状态。设置于农村社区的文化设施主要有老年活动室、文化大院、个体文化室。除东部个别发达地区外,广大中西部地区因村级经费困难,基本不能保证老年活动室、文化大院、个体文化室的活动经费,大多数的老年活动室、文化大院、个体文化室都依靠"积极分子"的捐助来维持运转。中西部大部分乡镇社区一级文化馆(站)与村级社区的老年活动室、文化大院、个体文化室等处于不良运转中。与公共文化设施严重老化衰败相对照的是电视、影碟机等现代文化设备快速普及到家庭,从投入主体看,随着科技的发展、大众文化时代的到来,当代中国农村社区文化设施的投入开始进入一个以个人(家庭)为主的时期。

2. 组织体制困境

我国农村社区文化建设责任分属多个行政部门。在县一级,县广电局负责电视广播,县文化局负责群众文化,县体育局负责群众体育活动,县委宣传部负责群众文化宣传工作。在乡一级,党委有党委组织的文化活动,教育办(所)有教育办(所)组织的文化活动。在村一级,党支部由党支部组织的文化活动,妇联有妇联组织的文化活动,老年人协会有老年人协会组织的文化活动,村小学(中学)有村小学(中学)组织的文化活动。这些活动内容重复率高,组织形式简单,政出多门,领导网络不健全,分类不明确,边界不清,谁都组织管理农村文化,

---

[1] 郭瑞:《公共文化服务体系建设六个方面问题需要关注》,http://news.hexun.com/2012-03-12/139230907.html。

谁都不负全责,谁都没有同其他部门协同起来做统一的规划与投入,这样做的结果是使农村有限的文化资源无法发挥应有的效益。看来当今中国农村社区文化建设面临"行业部门分割、重复建设、文化资源难发挥效益"的组织体制困境。

3. 评价体制困境

绩效评价对于农村社区文化建设是一项不可或缺的工作,它对农村社区文化建设起着监督管理和激励约束的作用。但当代中国农村社区文化建设评估工作机制不全,评价标准存在着"形式主义倾向",评价的标准就是多少平方米的建筑面积、多少本藏书、多少盘光碟、多少台电视、有无正式的规章制度等,很少涉及诸如社区文化设施能在多大程度上满足人民群众的需要,文化设施的使用率等指标。调查结果表明,当前的评估一般都是一次性评估,缺乏一个事后的反馈监控机制,一些已建成的农村社区文化设施很难得到有效使用。看来当今中国农村社区文化建设面临"重形式轻效果、轻后期管理与评估"的组织体制困境。

二、当代中国农村社区文化建设的结构性困境

从结构和功能角度观察,农村社区文化结构是把握当代农村社区文化现状的一条有效途径。我们可从农村社区文化的供给需求结构、城乡结构、地缘结构三个方面解读当代中国农村社区文化建设的结构性困境。

1. 农村社区文化在供求结构上的部分不对称

当今,政府供给的农村社区文化活动与农民的文化活动需求之间基本一致,但也存在一定程度的脱节。在农村社区文化设施建设方面,政府提供的农村社区文化设施排在前五位的分别是:有线电视或电视差转台、文化活动室或图书室、农民技术学校、有线广播、老年活动室;而农民对政府提供文化设施的需求排在前五位的分别是:文化活动站或服务中心、图书馆(室)、农民技术学校或培训班、体育场地和体育器材、青少年活动中心(馆)[①]。有必要说明的是,由于政府供给的有线电视或电视差转台普及率已较高,农民对这一设施的需求也相应地降低,导致农民文化需求中有线电视或电视差转台等设施没有排进前五名,但这

---

① 课题组:《中国农村文化建设的现状分析与战略思考》,《华中师范大学学报(人文社科版)》,2007年第7期,第104页。(财政部教科文司与华中师范大学联合课题组于2006年3—7月组织了全国农村文化调查。调查按东部、中部、西部以及宗教地区和少数民族地区五大类选择了19个省(自治区)的70个县(市)200个乡镇进行问卷调查和实地调研,共发放农民调查问卷18500份、乡镇干部调查问卷4500份,收回有效农民问卷17971份,收回有效乡镇干部问卷4332份,共完成22303份问卷、630万个数据的统计和分析,得出一些较重要结论。)

并不等于农民不需要电视。造成这一错位的原因,不能仅仅理解为农村社区文化资源贫乏,而是一些文化产品供给过剩而另一些供给不足这一结构性矛盾造成的结果。

2. 农村社区文化在城乡结构上的边缘性和滞后性

与城市社区文化相比,目前农村社区文化处于边缘化境地。自改革开放以后,农村以家庭消费文化为核心的"私性文化"有长足发展,与城市社区公共文化设施相比,农村社区的公共文化设施却日益衰败,特别是一些健康、文明的公共文化形式更趋于式微。虽然在各级政府和文化部门的努力下,农村社区文化基础设施和公共文化产品及其文化服务有所改变,但在整体上仍滞后于农村社区经济发展。农村社区是城市盲目的追随者和模仿者,但农村社区却在追随和模仿的过程迷失了自我。从农民对文化活动的选择偏好中可发现,农民对文化活动以及文化设施的偏好具有明显的模仿都市社区的痕迹。农民使用频率最高的是电视、广播、书、报纸杂志等现代媒体,普及率较高的是各种现代文化传播工具,但在文化内容的供给方面,仍然大大滞后于城市。当代中国的中心文化是现代都市文化,农村社区文化始终处于这一中心的边缘。

3. 农村社区文化在地缘结构上的相对封闭性

中国农村社区文化具有地域文化的丰富多样性,真是"百里不同风,十里不同俗"。新中国成立后,随着农村社区宗族逐步消减,亲缘、业缘对农村社区文化的影响力也在不断消退,而基于地缘之上的地域文化特点保存相对完整。据课题组对东、中、西部农村的实地考察①,当代中国农村社区文化体现在地缘结构上仍然具有一定的封闭性,即不同地域的农村社区文化差异很大,地域文化特色往往与当地的方言、风俗习惯、宗教信仰等紧密结合在一起而成为一种文化的系统结构,具有较强的稳定性。不同地域的农民很难轻易融入其他地区的文化体系中去,例如,各地方戏曲都具有相对稳定的观众群体。这种地域文化的差异在一定范围内造成了农村社区文化在地缘结构上的相对封闭性。

4. 农村社区文化在层次结构上的差异性

农民群体是一个庞大的群体,根据年龄、文化程度、宗教信仰等标准可分为不同的次级群体,形成不同群体亚文化。群体亚文化既是层次分化原因,又是层次分化结果。故农村社区文化体现在层次结构上有一定封闭性,不同层次、归属不同的亚文化的农民有相同和相近的文化消费取向,一般不会融入其他文化交

---

① 课题组:《中国农村文化建设的现状分析与战略思考》,《华中师范大学学报(人文社科版)》,2007年第7期,第104—105页。

往圈子。有资料显示,不同文化程度的农民对文化设施的需求很相似[①],但不同年龄的农民对于文化设施的需求则有很大差异,当前农村社区文化消费出现大众化趋势,一种文化样式难以满足所有农村社区亚文化群体的文化需求,农村社区文化在层次结构上有一定程度的差异性。

三、中国农村社区文化发展中的变迁性困境

随社会经济基础变迁和科技进步,当代农村社区文化在新中国成立后特别是改革开放以来发生了巨大变化。但这种变化给中国农村社区文化建设带来了一些困境。

1. 农村社区文化建设面临有力主体缺乏的困境

除东部发达地区之外,我国广大中西部地区大多是劳动力输出地。调查结果显示,被调查家庭平均每户就有1人外出打工。中西部农村外出打工人员一般要占全村总人口的25%~30%,西部个别地区可能达到40%。[②]

农村社区公共文化服务的对象主要是儿童、妇女和老人,而对于农村社区发展具有主导作用的中青年人却处在农村社区公共文化服务的范围外。一方面农村社区中坚层流向城市削减农村社区文化发展的后劲,造成农村社区文化传统的断裂;另一方面,公共文化服务因为缺乏农村社区中坚力量的参与,客观上使其日益边缘化。看来农村社区文化建设缺乏可靠的建设主体。这要求农村社区文化建设,作出相应的调整以适应变化了的客观情况。在社区文化建设中,广大农村社区需要将文化程度较高、思想敏锐、富于改革和进取精神的中青年农民转变成农村社区文化事业的主体。引导他们以农村社区文化市场为导向,组建各类农村社区民间职业剧团、农民业余文艺队或民间演出队等社区文化组织,采取适宜的文化活动形式,开展丰富多彩的社区文化活动。

2. 农村社区文化建设面临民间传统艺术日渐消失的困境

眼下农村社区原有的文化价值体系和社区记忆在逐步消失,特别是一些优秀的传统文化和民间艺术在现代化的车轮挤压下,生存空间日益萎缩。一些民间艺人也随着生活的压力等原因相继转换岗位,一些经典文艺活动和文艺人在人们的生活中渐行渐远。与此同时,原有社区公共文化空间的瓦解浇灭了农民文化参与热情,原已发展起来的唢呐、秧歌、皮影、戏剧、舞龙、舞狮等农村班社,

---

① 课题组:《中国农村文化建设的现状分析与战略思考》,《华中师范大学学报(人文社科版)》,2007年第7期,第104—105页。

② 同上。

随着集体经济生活方式的瓦解逐渐解散,民间艺术很难吸引年轻人参与。与此同时,集镇生活对现代都市生活的模仿和对周边农村社区的辐射,带来城市社区文化下沉和农村社区文化模仿都市社区的双重动力。同时,农民工大军在城乡间的大流动,使广大农民有更多了解城市、参与现代生产和文化生活方式的机会,农民工在城乡间往返,把开放程度高、经济发展快的沿海地区所形成的富有时代新意的文化带到农村社区,电视、广播、书刊、报纸、杂志等现代大众媒体也逐渐占据当代中国农村社区文化的主导地位,广大农民群众模仿城市人的文化消费方式,现代文化消费需求不断上升,这与农民群众文化参与热情的减退形成鲜明的对照。可见,在现代城市文化冲击和农村民间艺人逐渐减少的双重压力下,农村社区文化建设面临优秀传统文化日渐消失的困境。

3. 农村社区文化建设面临民间传统艺术难以进入电子媒体的困境

当代中国农村社区文化是传统和现代的统一体。在当代农村社区存在着戏曲杂技、电影、电视和计算机互联网等多种文化类型。传统戏曲杂技以人的身体为介质,电影基于近代光学技术,电视基于现代电子技术,计算机互联网则是当代众多高新技术的集成,这些不同的文化类型构成一个从低技术含量到高技术含量的等级阶梯。技术进步同样影响到农村社区文化消费方式的变化。随着当代农民自己拥有的现代文化设备愈来愈多,低技术文化服务产品愈来愈不能满足农民的文化需要。戏曲传统开始在农村社区出现断裂,"有线广播"和老式胶片电影这些文化服务方式,无论是在农民心目中还是在乡镇干部眼中,都没有得到认同。社会经济愈发展,这种趋势愈明显。调查发现,西部地区由于相对封闭,现代经济生活对传统文化的影响比东部要小得多,传统文化艺术形式(主要是地方戏曲)保存相对完整,民间"自乐班"发展较好,电脑和互联网开始进入农民家庭,但普及率不高。东部发达地区农民家庭已经进入到一个电脑和互联网服务快速发展时期,调查表明,广东有5.7%的农村家庭能在家中上网,26.3%的农民家庭拥有电脑设备,高新科技的文化载体发展迅速[①]。看来,在微电子技术日益普及的时代,农村社区传统戏曲杂技艺术难以进入电子媒体,面临着失去农民观众的危机。

4. 农村社区文化建设面临公益文化活动退缩的困境

20世纪80年代以后,随着国家逐步降低对农村社区的介入程度,乡镇和村一级的经济实力弱化,除东部个别地方之外,中西部的绝大部分乡镇和行政村都

---

① 课题组:《中国农村文化建设的现状分析与战略思考》,《华中师范大学学报(人文社科版)》,2007年第7期,第104—105页。

不再有文化设施上的资金投入,乡镇文化站、村一级的老年活动室、文化大院、村组文化室大都处于闲置状态。县乡文化机构组织的"文化下乡"、"电影进村"活动,有一定的效果,但这种"喂食"式的文化建设机制,往往是政府唱独角戏,难以有效激发农民群众心中的文化热情,也没有点燃农村社区的文化火种。几十年的建设和努力依然没有培养出农村社区文化的造血功能,农村社区公共文化活动逐步退缩。看来,农村社区的公益文化活动正在萎缩。为此,在农村社区建设过程中,国家应大力支持农村社区发展文化产业,资助乡镇政府办电视差转台;鼓励农村社区组建个体电影放映队,兴办舞厅、游戏厅与网吧等,丰富农村社区的农民文化生活。

5. 农村社区文化建设面临社区精神文化日渐淡隐的困境

伴随着城市化的进程,农村社区传统精神文化受到现代化越来越强的冲击,现代化过程中的拜金主义、个人主义、享乐主义的滋长,导致农村社区传统美德日渐式微。道德失范、社会正义感淡化、责任感和义务感不强、是非感和荣辱感不明,尤其千百年形成的中国农村社区的勤俭节约、艰苦朴素、温良谦让、尊老爱幼、睦邻友好等传统美德渐行渐远。与此同时,一些文化糟粕,正在农村社区以"新瓶装旧酒"的方式出现。这些都是当前农村社区文化建设面临的危害巨大的困境。因为它们侵蚀农村社区居民的美好心灵,威胁着农村社区的凝聚力和运行秩序。为此,农村社区的文化建设应加强农村社区的精神文明建设,促进乡风文明。

第三节 中国农村社区文化建设方略

针对我国农村社区文化建设面临的多种困境,为了保证农村社区文化建设取得成效,有必要采取如下四方面的农村社区文化建设方略。

一、把握中国农村社区文化建设模式发展趋势

1949年新中国成立以来,中国的社会基础结构经历社会主义计划经济体制、过渡期混合体制和社会主义市场经济体制三个阶段。作为上层建筑的部分,农村社区文化建设进程受制于国家政治经济体制改革的进程,不可能超越经济基础所能提供的改革空间限度,不可能超越政治经济体制改革所能提供的潜在范围。因此,新中国成立以来我国农村社区文化发展呈现出从计划控制模式、过渡转型模式向公共发展模式层次递进的趋势。它们的差别是,计划控制模式以行政力量和国家文化动员为主,充分发动广大农民群众,实现广泛参与,在充分保障广大农民群众文化参与权的同时,部分地满足农民群众的文化享有权,这种模式在农村公社时期得到完整体现。过渡转型模式以国家供给为主,动员社会力量参与,实行国家和市场双重主导,尽可能地保障广大农民群众的文化享有权。公共发展模式作为一种预设的理想模式,必须借助于国家宏观政策主导和制度安排,通过政策导向和利益引导等途径,调动国家公共资源并引导社会资源参与,整合各种社会力量,才能实现。

当代农村社区文化建设模式是一种以保证农民群众文化发展权为核心的公共发展模式。文化参与、文化享有和文化发展构成当代农村农民群众完整的文化权利形态。一方面,政府保证农民的文化参与、文化享有是实现文化发展权的基础;另一方面,文化发展权又寓于群众文化参与和文化享有的过程中。在具体的文化生活实践中,由文化参与、文化享有和文化发展权构成的完整文化权益很难完全分开。当代农村社区文化建设的实现途径,应是以保障农民群众的文化发展权为最终目标,体现为一种由过渡转型模式向公共发展模式演进的过程。

二、瞄准中国农村社区文化建设的目标定位

长期以来,我国农村社区文化建设一直未解决目标定位问题。20世纪30年代,中国知识先觉者意识到改造中国农村社区文化的重要性,发起农村社区文化建设运动,如陶行知的"晓庄试验"、黄炎培的"农村改进试验"、晏阳初的"定县平民教育实验"、梁漱溟的"乡村建设运动"等[①]。这些试验尽管取得局部成功,但在当时历史条件下,学者行为未转变为国家行为,对于中国传统乡村文化改造收效不大。其中一个重要原因是缺乏国家力量的主导。而在"文化大革命"时期,国家力量对农村基层全方位强力介入,改变中国农村社区文化发展的自然进程,对农村社区文化生态环境的破坏造成重大文化损失。因此,当前对于国家力量在农村社区文化发展过程中的作用进行准确定位,具有重要的理论和现实意义。

1. 当代农村社区文化建设的目标指向

按农村社区文化建设从属社会主义新农村建设大局,服从和服务于社会主义新农村建设的总目标、总要求的原则,农村文化建设的核心内容是:围绕由传统农业向现代农业、由传统农村向现代农村转变的需求,培养一代具有较高思想道德素质、文化科技素养和专业职业技能的新型农民。据调查,当前农民群体中初中以下文化程度者占近80%,大专及大专以上文化程度者仅占3.1%,这一群

---

① 郭晓君:《中国农村文化建设论》,河北科学技术出版社2001年版,第128—140页。

体的绝大部分缺乏自我文化提升的能力,需要政府的帮助。① 因此,当代农村文化建设的目标定位是:通过建立健全国家农村社区公共文化服务体系和农村社区文化市场服务体系,提升农民的素质,保证农民群体的文化发展权。包括:第一,通过文化的方式提升农村社区农民的政治参与能力、经济保障能力和自我学习能力;第二,通过文化的途径来构建农村社区居民的素质基础;第三,通过文化的渠道来提高农村社区居民日常生活需求和权益表达的能力;第四,通过提升文化的价值来重构城乡差距背景下的农村社区的生活意义。

2. 当代农村社区文化建设的目标定位

第一,界定农村公共文化服务范围,建立健全农村公共文化服务体系。当代农民群体存在两种文化消费需求:一种是基本文化需求,满足的是他们作为社会主义劳动者的基本文化诉求,对于整个农村地区具有共性;另一种是享受型文化需求,满足的是农民群体中较高层次的文化消费和自我实现的需要,具有较强的个性。由于存在这两种不同的文化需求,故在当代农村社区文化建设中存在着"公共实现模式"和"市场实现模式"两种满足方式。满足基本公共文化需要是政府的职责,满足享受型文化消费需求是文化市场的功能。因此,必须区分政府和市场的职能。当代政府在农村社区文化建设中的角色定位是:(1)建立健全农村社区公共文化服务体系,满足农民群众最基本的公共文化需求;(2)引导农村社区文化市场服务体系发展,满足农民个性化和较高层次的文化消费需求。

第二,厘清农村公共文化需求类型,满足农民群众基本公共文化需要。当前政府介入农村社区文化建设的重要途径是建设农村社区公共文化服务体系,从而为广大农民群众提供基本的公共文化产品,因此,必须对何为"基本公共文化产品"进行界定。界定农村"基本公共文化产品"的方法和途径就在于找出不同地域、不同年龄、不同文化层次、不同信仰的人群所具有的共同的文化需求。② 通过对不同农民群体的文化需求差异进行比较,东、中、西部地区农村社区的文化设施和文化活动需求,尽管在个别项目和需求强度上有差别,不同年龄的农民群体的文化需求也稍有差别,但在整体上具有较高的一致性。根据当代中国农村东、中、西部不同群体的基本公共需求,可以初步确定当代我国农村社区基本公共文化产品供给范围。如在公共文化设施方面,文化活动室或图书室、电影放映室或电影院、有线电视或电视差转台、公共电子阅览室等文化设施是普遍的共

---

① 课题组:《中国农村文化建设的现状分析与战略思考》,《华中师范大学学报(人文社科版)》,2007年第7期,第107页。

② 同上。

同需求;在公共文化活动方面"文化下乡"、放电影和演戏、花会灯会歌会等传统娱乐项目是不同群体的共同需求。

三、明确中国农村社区文化建设任务

有学者提出当前农村社区特别是西部农村社区文化建设"双赢或三赢"的目标,其基本内容包括农村社区文化进步、农村文区经济发展和农村文化生态保护。① 也有学者提出当前农村文化建设"思想道德建设"和"教育科学文化建设"两大基本内容。② 这些理论观点的长处是对农村文化建设的主要内容有一个基本的范围界定;不足之处则是内容庞杂且责任主体不明确,使农村社区文化建设缺乏必要的可操作性。我们认为农村社区应该长期开展如下文化建设工作。

1. 持续建设农村社区的公共文化设施

第一,建设农村公共文化设施体系。结合社会主义新农村的总体规划,推动县、乡、村公共文化设施和阵地的配套建设,构建县以下面向农村社区的公共文化设施支撑体系。坚持以政府为主导,以乡镇为依托,以村为重点,以农户为对象,建设县、乡、村公共文化设施和文化活动场所,构建农村社区公共文化基础设施网络。通过政府和社会的紧密结合,逐步形成以政府为主导,社会广泛参与,结构合理、发展均衡、网络健全、服务优质、覆盖农村社区的比较完备的公共文化设施体系。建设兼有体育健身与文化活动功能的村落社区文化活动场所。

第二,健全农村社区公共文化服务网络。农村社区公共文化服务网络建设要以文化工程项目为基点,加快推进农村社区文化工程,健全农村社区广播电视、文化信息和电影服务网络,满足农村社区居民基本公共文化需求。不仅要确保中央业已确定的农村社区文化项目的建设与完成,还要建立保证这些项目长期正常运行的长效机制。如:大力推进"村村通"工程,尽快全面实现广播电视进村入户;以国家文化信息资源共享工程为基础,健全"人"、"机"配套的激励约束机制,开展农村社区数字化文化信息服务;大力推进农村社区数字电影放映,探索农村社区电影发行放映新机制。逐步建立以数字化放映为龙头、以乡为重点、以村为基点、公共服务和市场服务相协调的农村社区电影放映体系。

2. 长期开展农村社区非物质文化保护和文化下乡工程

第一,引导地方和社会资金支持农村社区非物质文化遗产保护项目。农村非物质文化遗产内容十分丰富,它基本上是公益文化产品,应该纳入公共财政的

---

① 聂华林、李莹华:《中国西部农村文化建设概论》,中国社会科学出版社 2007 年版,第 64 页。
② 郭晓君:《中国农村文化建设论》,河北科学技术出版社 2001 年版,第 100—126 页。

支持范围，国家应加大对农村社区非物质文化遗产保护的财政投入。

第二，引导社会公益组织和个人投入开展文化下乡活动。农村社区的图书和报刊数量少、实用性差。应长期开展"送书下乡"项目，"送书下乡"要求送到乡镇文化中心，有村级文化室（中心）、"农家书屋"的地方。在条件允许的情况下，在"送书下乡"项目中引入竞争机制，放开对社会中介组织的准入限制，提高"送书下乡"的效率和服务水平。长期支持"送戏下乡"项目，鼓励城市社区文化团体彩排农民群体喜闻乐见的文艺节目，然后将流动舞台车开进农村社区，满足农村社区居民的文化需求。

3. 大力培育农村社区文化建设的民间力量

第一，培养农村社区文化精英。历史证明，尽管几十年来国家对农村社区一味地"送文化"，花费了不算小的公共资源，但效果不佳，没有从根本上改变农村社区文化的落后面貌。因为这种"植入式"的农村社区文化建设方式，政府利用行政力量推行的文化服务项目是一种"无根"文化，难以在农村社区中植根、发育、开花、结果。一旦政府力量从农村社区中撤出，这种"无根"文化就会凋谢。所以，我们主张通过国家公共财政引导的方式，在农村社区建立一支农民化和本土化的农村社区文化精英队伍，使之成为农村社区文化的承载者和传播者。

第二，培育农村社区民间文化组织。通过民办公助、公办民助，以多种形式支持和鼓励农民自办文化团体，将农民培养成农村社区文化的建设主体。奖励"农村文化大院"、"农村电影队"、"业余剧团"、"农家书屋"，鼓励农民从事文化经营活动，允许其以市场运作的方式开展形式多样的文化活动，奖励农村社区的文化保护、开发项目，以此改善当代农村社区的文化状况。

第三，支持农村社区经营文化产业。地方政府应鼓励农村社区采取集体开发、招商开发、个体开发、共同开发等灵活多样的开发模式，经营文化产业；国家可从政策、法规、税收、信贷、技术、人才培养等方面扶持农村社区发展文化产业。

四、建立健全农村社区文化建设的支持体系

我国绝大多数农村社区经济落后，公共财政基础薄弱，难以靠自身力量全面建设好社区文化事业，特别需要国家建立健全农村社区文化建设支持体系。

1. 体制支持

第一，实行农村社区文化建设重心下移体制。改革乡镇政府建设和管理农村社区文化事业的模式，在行政村范围内建设农村社区公共文化服务体系，建设相应的文化设施、开展相应的文化活动。建设村级文化交流平台，将村落社区公共文化服务场所建设纳入农村社区公共文化服务体系。

第二,实行农村社区文化资源整合体制。将分散在各部门的农村文化建设资源集中使用,在县或乡一级"打包"整体下拨至行政村一级。盘活农村社区文化资源存量,将农村社区的已有的"村村通"等相关的硬件设施、废置的村小学校舍、农村党员远程教育网络等文化资源,整合后加以综合利用,使农村社区公共文化的有限资源实现效益最大化。

第三,实行城乡社区文化建设一体化体制。城市社区始终处于现代化的主导和中心地位,而农村社区文化处于被边缘化地位,是"晚发外生型"现代化模式的陷阱。这种状况不利于国家的可持续发展。因此,我们必须充分认识并统筹城乡社区文化建设的重要性和紧迫性,把统筹城乡社区文化建设的理念贯穿于国家文化设施布局、文化经费投入、文化活动安排、文化产品生产等各领域,并在政策和投入等方面向农村社区倾斜。建立城乡社区互动、互利双赢、协调发展的社区文化建设统筹体制,促进农村社区文化事业大发展。

2. 资金支持

国家公共财政投入是改变农村社区文化落后状况的主要途径之一,但仅靠国家财政支持是不够的。在促进农村社区文化事业发展上,需要激发政府和社会两个积极性,要在农村社区文化建设中引入"民办公助"和"公办民营"等多种资金支持模式。"公办民营"是通过政府搭建基础平台,吸收社会力量参与,政府与社会两种力量通过整合,形成合力,来改变农村社区文化发展落后状况。"民办公助"则以民间力量为主体,公共财政予以补贴奖励,引导民间力量服务于农村社区文化建设。这两种农村社区文化建设的资金支持模式一定程度上解决公共文化投入责任主体不明、效率不高的问题。所以,国家公共财政投入和利用民间资金相结合是比较有效的农村社区文化建设资金支持机制。

3. 行政支持

由于中国是行政主导型社会,国家行政体系的作为是农村社区文化建设取得良好效果的一种高效保证。所以,我国应该将农村社区文化建设事业纳入各级党委和政府的必要工作范围。加强各级党委和政府在农村社区文化建设上的责任,把农村社区文化建设纳入地方政府的经济和社会发展规划,纳入地方财政预算,纳入干部晋升考核指标,确保农村社区文化建设各项目标和任务的实现。

复习思考题

1. 如何理解农村社区文化?它具有什么特点?
2. 分析农村社区文化的构成类型与功能。

3. 分析社会转型期影响农村社区文化变迁的因素。
4. 分析当前我国农村社区文化建设的主要困境。
5. 分析当前我国农村社区文化建设的基本内容。
6. 如何建立健全农村社区文化建设的保障机制？

案例：

近年,新农村建设和城区扩建工作力度正逐步加大,很多古老建筑群纷纷被拆迁,文物资源流失严重。再因许多民间艺术传承人断层,很多民俗文化濒临灭绝和失传的危险,宝贵的农村文化资源正日渐萎缩,保护农村文化遗产迫在眉睫。

中国大量文化遗产的载体都在古村落里,如果没有村落,这些民间文化遗产也将不复存在。然而,在一些先富起来的地区,很多传统民居已经被不伦不类的小洋楼取代。一些开发商更是将一些古村落变成景点,在村落里涂红抹绿,编造一些民间故事。由于没有相关的保护法规,古董贩子乃至外国人在农村尤其是古村落廉价搜寻宝贵的文化遗存。我们必须清醒地认识到,新农村建设不是简单的拆旧房建洋楼,不是简单的建新村建洋村,而是要结合实际,使本地具有传统文化特色的古老村落和建筑得到保护,并使之焕发生机。因为村庄不仅是农民生产和生活的物质载体,而且还有在意识形态领域的政治体现、艺术欣赏和历史见证的作用。农村历史文化遗产保护应该成为新农村建设的一项议题。

为了不让农村文化遗产消失,我们应在建设新农村同时,对农村文化遗产现状进行调查,将具有文化特色的村落分类,对民俗去粗取精,使之集中、系统。有针对性地制订切实的保护方案,不仅要保护有形文化遗产,对无形的农村文化遗产诸如民间故事、民间表演艺术、音乐舞蹈、节日习俗等,也要努力使之得以传承。同时,通过新闻媒体和农村宣传阵地,大力宣传新农村建设的准确含义以及农村文化遗产保护对于新农村建设的重要意义。按照"因地制宜体现特色、量力而行务求实效"的原则,防止"跟风"和"克隆",培养农民群众尊重和保护文化遗产的意识,引导和鼓励他们参与文化遗产的保护,使他们充分认识到农村文化遗产的"不可替代"性和"不可复制"性。并且,国家要加大对农村文化遗产保护的投入力度,设立农村文化事业专项基金,适当向现有文化遗产保护倾斜。（魏方：《新农村建设不能忽视文化遗产保护》,新华网（2012）：http://www.ha.xinhuanet.com/xhzt/2012-04/05/content_25010950.htm）

讨论：

新农村文化建设中为什么要保护文化遗产？保护的途径是什么？

第八章 农村社区组织

☞ **学习要点**

本章主要阐述农村社区组织的定义、类型和发展历程,社区基层党组织与村民自治的关系,几种主要农村社区组织的发展现状及其在农村社区建设中的作用。本章的重点是掌握各类农村社区组织的内涵,以及农村社区组织在农村社区建设中的定位和作用。

☞ **关键概念**

农村社区组织　村民自治　社区整合

【引例】诸城农村社区党旗红

在城乡一体化过程中,基层党建如何紧跟和时代步伐? 山东诸城以农村社区为单元,统筹推进公共服务、经济、政治、文化和组织等集聚式发展。目前,全市形成了以社区党组织为核心、自治组织为主体、群团组织和各类经济社会服务组织为纽带的农村基层组织新体系,为城乡一体化发展提供了强有力的组织保证。以东山社区为例,东山社区是诸城208个农村社区之一,有7个自然村,2010年6月,依法撤销了社区内各村民委员会,选举产生了社区党委和居民委员会。同时,打破社区内村庄界限,创新设立了社会事业发展、调解维稳、种养业、个体工商业和老党员等服务型党支部,同步健全了社区群团组织,既减少了村干部职数,又强化了管理。(山东省委机关报网站(2011):http://dzrb.dzwww.com/sxzc/zc/201109/t20110910_6636656.htm)

第八章　农村社区组织

第一节　农村社区组织概述

农村社区组织是农村社区的主体要素,对农村社区活动和社区发展起特殊作用。农村社区建设和管理需要了解农村社区组织的基本规定性。

一、农村社区组织的内涵和外延

农村社区组织是指在农村社区内有目的、有计划地建立起来的满足一定功能的各种团体和机构[①]。它是农村社区的基本要素,为满足农民的各种需要应运而生,发展农村社区组织是我国农村社区建设的必然。目前我国农村社区组织大部分是在政府主导下建立起来的。根据农村社区组织的作用形式,可将其分为以下几类[②][③]。

1. 农村合作经济组织

农村合作经济组织是农民为在农业生产经营中保护自己的经济利益或实现更大经济利益而组成的经济组织。其作用在于以市场为导向,以维护农民利益为宗旨,实现农户与市场的连接。根据其目标和功能,可将其分为两类:农村社区合作经济组织和专业合作经济组织。(1)农村社区合作经济组织,是指以乡镇、行政村区域为范围,以农村土地集体所有制为基础,在农村实行家庭承包制的过程中形成的从事农业生产经营和管理为一体的社区性综合性合作经济组织。农村社区合作经济组织作为农村土地的所有者,主要履行管理农村集体土地和其他集体财产的功能。(2)专业合作经济组织,是指农民在市场竞争中为了追求经济利益、维护共同利益,按照自愿、公平、民主、互利等原则,通过共同经营活动建立起来的经济组织。这一组织是我国农民在适应市场竞争中自发性的创造,主要包括各种专业合作社、专业协会、专业技术协会、联合协会等。

2. 农村基层政治组织

农村基层政治组织是协调乡镇政权与农村社区居民关系的综合性农村社区

---

① 余素芳等:《社会主义新农村建设中的农村社区组织建设研究》,《江西农业大学学报社科版》,2006年第4期,第65—67页。
② 张雅静、洪传春:《论福建省农村社区组织发展的战略选择》,《安徽农业科学》,2007年第35期,第11623—11625页。
③ 鲁可荣:《建立新型农村社区组织制度及发展模式》,中国乡村发现网(2012):http://www.zgx-cfx.com/Article_Show.asp?ArticleID=48284。

治理组织,包括乡镇政府组织和农村基层党组织。这类组织是我国行政体系在农村社区的延伸,起着贯彻党和国家方针政策,进行农村社会综合治理的行政职能。

3. 农村社区自治组织

农村社区自治组织指我国农村实行村民自治后设立的村民委员会。村民委员会是我国农村居民的社区性的群众团体,主要履行村级社区的自我治理功能。基本职责在于协助乡、镇人民政府开展工作,支持和组织农民依法发展各种形式的合作经济和其他经济,承担本村生产的服务和协调工作,促进农村生产建设发展,保障本村村民合法的财产权和其他合法的权利和利益。

4. 农村社区文化组织

农村社区文化组织指以满足农村社区居民各种精神文化需求为目标,以开展各种文化活动为基本内容的农村社区组织,包括农村中小学校、宗教组织、科技文化组织、农民文娱组织等。这类组织可以提高农民科学文化知识,促进农村社区健康活泼文化娱乐生活的开展,有助于推动农村乡风文明和精神文明建设。

二、我国农村社区组织的演变与发展

新中国成立前,村落社区构成中国乡土社会一道独特风景。家族、宗族、邻里、民间精英与具有基层政权性质的乡里组织(如乡里、里甲、保甲等),在基层社会治理中一直扮演着重要角色。新中国成立以后,保甲制度被废除,宗族组织受到挤压。与此同时,基于通过农业集体走向共产主义的信念,20世纪50年代中期以后,在党和政府的动员下,农民先是在农业生产中组成互助组,后来又相继成立初级农业合作社和高级农业合作社,1958年在全国普遍建立政社合一的人民公社。人民公社在所有制上以"三级所有,队为基础",即分生产队、生产大队、公社三级核算,生产队是基础,但在政治色彩浓重的行政性指令干预和"一大、二公、三纯"的意识形态支配下,生产队和农民在生产经营上和其他集体事务管理上并无真正的自主权,生产队只是农村人民公社体制下的生产单位,农民则是其中的"社员"。人民公社集工、农、商、学、兵、经济、政治、文化、组织管理于一体,成为党和政府对农村实施全面管理和控制的全能型行政组织。可见,在计划经济时期,我国农村没有完整意义上的社区和社区组织。

改革开放后,随着1980年9月中共中央75号文件的发布,家庭联产承包责任制迅速推广,人民公社制度解体。当人民公社、生产大队、生产队这些在计划经济体制下的农村管理组织解体后,农村不免出现了组织管理上的"真空"。同时,获得"第二次解放"的农民,在拥有生产经营自主权后,要求在农村基层经济、社会和其他公共事务方面享有应得的权益,希望建立能够体现自身利益和要求的组织。1980年在广西壮族自治区出现村民自治组织——村民委员会,这一创举受到各级政府和中央的重视和充分肯定。1982年底,村民委员会正式载入我国宪法。1987年11月全国人大常委会通过《村民委员会组织法(试行)》,对村民委员会的法律地位、职责、设立的原则、组织构成、工作方式、村委会成员选举等作出规定。按照该法规定,村委会既是村民自我管理、自我教育、自我服务的基层群众性自治组织;又要协助乡、镇政府开展工作;而且应支持和组织村民依法发展各种形式的合作经济和其他经济,承担本村生产的服务和协调工作,促进农村生产建设和经济发展。可见,村民委员会是一种集行政性、社会性与集体经济管理于一身的综合性群众自治组织。1998年11月全国人大常委会通过《村民委员会组织法》,2010年又做进一步修订,为村委会的完善提供法律保证。

村党支部等党组织是中国共产党在农村的基层组织。党的基层组织如何定位并发挥作用,这是村民自治实践和村委会建设中面临的必须解决好的问题。在总结经验的基础上,1998年《村民委员会组织法》较试行法增加了"中国共产党在农村的基层组织,按照中国共产党章程进行工作,发挥领导核心作用;依照宪法和法律,支持和保障村民开展自治活动、直接行使民主权利"等内容。此后全国农村社区普遍建立支部委员会和村民委员会在讨论重要问题上的"两委联席会议"制度,较好地处理了党的领导和村民自治的关系。2010年修订后的《村民委员会组织法》修改为"中国共产党在农村的基层组织,按照中国共产党章程进行工作,发挥领导核心作用,领导和支持村民委员会行使职权;依照宪法和法律,支持和保障村民开展自治活动、直接行使民主权利"。

随着农村经济发展和市场化改革的深入,除村委会具有集体经济管理职能外,农村社区兴起其他类型的集体经济组织。主要有村办企业和社区专业合作经济组织。后者是农民在市场经济条件下基于自愿、互助、民主、公平基础上建立起来的合作经济组织,是农业产业化经营的重要组织载体。尽管其经营活动范围也不局限于本村和邻村,但作为农村社区发展的重要支持力量,农村合作经济组织是农村社区组织的重要构成部分。①

除了上述组织外,按要求,农村一直有共青团、妇联、民兵这些群团组织。近年来,随着农村经济、社会的发展,老年协会、村民互助会、文体类团队等民间组织开始活跃,一些城市周边的农村社区,在开展农村社区建设中还由政府设置社

---

① 如上内容引自杨贵华:《我国城乡社区组织发展与"村改居"社区组织建设》,《福建行政学院学报》,2011年第3期,第25—32页。

区服务站。总体而言,目前农村社区的组织发育程度还较低,特别是社会性组织的种类较少,组织结构相对简单。以苏州新型农村社区组织建设为例,至2009年底,苏州全市已有88%的村建成集行政办事、文化教育、医疗卫生等多种功能为一体的农村社区服务中心,涌现出一大批功能布局优、配套设施全的新型社区。目前苏州新型农村社区组织中只有党组织、居委会组织相对成熟,其他如志愿者组织、物业公司、业主委员会等在组织建设方面尚处起步阶段[1]。

三、农村社区组织的功能

农村社区组织的发展和完善是我国农村社会经济可持续发展和新农村建设的重要保证[2]。代表并维护农民利益、服务农民是农村社区组织最根本的功能。具体而言农村社区组织的功能主要体现在以下几个方面:

1. 延伸、补充和深化村民自治制度

20世纪50—60年代的人民公社是我国农村唯一的社区组织形式,其目的主要是执行国家行政指令,其并未从根本上代表农民的利益。20世纪80年代中期人民公社制解体,村民委员会开始成为农村社区的主要组织。但在其成立之初仍是以执行上级命令为主,直至80年代末我国部分地区试行村民自治,开始转变职能成为真正的农民自治组织。20世纪90年代末《中华人民共和国村民委员会组织法》的颁布标志着村民委员会的自治职能得到法律承认和支持。在全面推行社会主义新农村建设的今天,包括村民委员、农村社区经济合作和农村社区文化组织在内的各种农村社区组织从经济、政治、文化等多个角度进一步体现了农民的主体利益,成为村民自治制度的延伸、补充和深化。

2. 协调配置公共资源并为村民提供公共产品

土地、水、山林等是我国农村最基本的资源,由于公共资源具有外部性特征,因此必须有相应的社区组织来协调资源的使用,实现资源的合理使用。此外,农村社区基础设施建设是影响农业发展的主要因素。而这类公共产品显然是单个农户无法独立完成的。这就需要社区组织村民委员会起带动组织作用,为社区做好修路、水利、通电、治安、卫生、兴办教育、计划生育等公共事业。

3. 提高农村资源配置效率并协助农民进入市场

不同农村地区具有不同的资源优势。由于农民对市场信息不能充分掌握,

---

[1] 周国平、徐成华:《苏州新型农村社区组织建设实证研究》,《唯实》,2010年第9期,第175—178页。

[2] 余素芳等:《社会主义新农村建设中的农村社区组织建设研究》,《江西农业大学学报社科版》,2006年第4期,第65—67页。

这样就需要社区组织引导其发挥资源优势以增加农民收入。社区组织要成为农户和市场以及从事农产品销售、农用生产资料供给、信贷、运输、能源及其他服务项目的机构之间的联结体，消除农民进入市场的壁垒和障碍。作为社区成员和市场进行交易的中介，农村社区组织如各种合作经济组织，可以通过向农户提供更多生产经营方面的信息，以减少信息的不对称性对农民生产和经营的影响。此外，农村社区组织采取"集体行动"，按生产、加工、销售一条龙服务，使农民既降低了经营风险减少了成本，又增加了市场竞争力。

4. 为农民就业和增收创造更多机会

农村剩余劳力的存在是农民增收难的主要影响因素之一，社区组织可通过组织农民参加职业培训，提高农民就业能力，实现外出就业。由社区组织兴办的各种企业，可直接为社区内不断增加的剩余劳力提供就业机会。既提高了劳动生产率，又增加了农户的非农收入。此外，一些社区中介组织通过有效利用农民的资源配置权和生产经营权，增强市场竞争力以保证农民收益的增加。并且通过中介组织的联合经营，依靠集体力量引进和推广先进技术，还能有效地降低农产品的产业成本。同时，农村社区组织作为农民利益的代表，可尽力维护农民合法权益，抵制各种不合理收费，在直接降低农民负担的同时也间接地增加了农民收入。保护农民的合法收入也是提高农民收入的有效手段。由于体制原因，农民进城打工常遭工资歧视、雇佣歧视、职业歧视、劳动合同签订率低、劳动安全无保障和社会保障缺失等不公正对待，一些农民借助打工中介组织如"小强热线"及时采取措施维护自身的合法利益，保护了自身的合法收入。

5. 助推社会主义新农村建设

社会主义新农村建设涵盖物质文明、精神文明、政治文明和生态环境建设等诸多方面。而当前农村社区建设明显滞后于城市社区建设，村庄布局缺乏规划指导，建设杂乱无章，环境恶劣，管理和社区服务功能薄弱，基础设施建设缺乏投资等现象比比皆是。而农村社区组织除了自治的功能外，另一项基本功能就是为村民服务，因此农村社区组织发展、完善并充分发挥其功能是十分必要的，它是农村社区发展的关键因素，是新农村建设的助推器。

第二节 坚持党的领导与村民自治的关系

自从国家颁布《村委会组织法》以来，农村社区的组织建设出现了一个新课题，即如何处理好在农村社区坚持党的领导与实施村民自治制度之间的关系。全国各地在进行农村社区建设中都在寻找这个课题的合理答案。

一、村民自治的缘起和主要内容

20世纪70年代末,随着家庭联产承包责任制在我国农村的逐步实行,原有的人民公社体制开始走向解体。为了弥补乡村社会基层组织功能的缺失,党和政府在全国范围内推行村民自治制度。它的推行使基层农村政治权力的结构发生了巨大变化,由原来集权的、自上而下的、一元化权力结构,转化成基层政府权力与村民自治权力并存的"国家与社会"或"乡政村治"格局①。这种权力结构的改变,是在执政党和各级政府领导下,在农村基层社会成员自发创造性的基础上,附以政府主导和推动的双向构建过程:一是建构全新的与以往完全不同的村民自治权力;二是建构与人民公社不同的代表国家政治权力的基层政府权力。

村民自治是在党的领导和乡镇政府的指导下,村民群众按照党的方针政策和国家的法律法规,通过直接选举村民委员会的干部,直接决定村级的重大事务,直接参与村务管理,直接监督村民委员会的工作和村委会干部的行为,实行自我管理、自我教育、自我服务的农村基层最直接的民主形式。村民自治包括民主选举、民主决策、民主管理和民主监督四个内容。其中民主选举是村民自治的基础,民主决策是村民自治的核心,而村民自治过程表现为民主管理,民主监督是村民自治的生命。村民自治本质上是一种民主化的村级治理,是我国基层民主政治的重要实践形式,是发展社会主义民主的基础性工作,也是社会主义民主政治的有机组成部分。村民自治在中国基层民主中占有十分重要的地位,村民自治建设是我国民主政治建设的历史性突破,对农村治理和社会主义新农村建设产生了深远影响。

二、党的领导与村民自治的关系模式

农村党支部是中国共产党在农村的基层组织,而村民委员会是基层群众自治组织。因而党的领导与村民自治关系则主要表现为农村村党支部与村委会之间的关系。目前就两者的关系模式而言,可分为以下三种。

1."村支两委"一体化

"村支两委"一体化,即实行"村党支部与村委会两块牌子,一套人马",由村党支部书记兼任村委会主任。这种模式也包括有部分交叉的情况,比如由党支部副书记或委员任村委会主任,党支部的多数成员也是村委会委员等。潘允康通过实地调研发现这种模式中又包含两种情况:一是两委的自然合一,即在村民

---
① 王海胜:《当代中国村民自治问题研究》,吉林大学博士学位论文,2011年,第5页。

委员会选举中,党支部的组成成员得到群众的拥护,又被选进村委会任主任或委员;另一种情况是两委的人为合一,即没有认真实行村民委员会组织法,没有进行民主改革,仍然以各种方式确定原党支部的干部为村委会干部,由原党支部行使村委会的各种职权①。"两委一体化"使两委的矛盾和冲突不复存在,却面临着是否能真正推动农村的民主化进程与改革的问题。比如,人为的"两委合一",职能不分,既不利于加强和改善党对村民自治的领导,又容易伤害村民自治的原则,滞缓农村的民主化进程。

2. "村支两委"各司其职但又密切合作

这是目前一部分农村村委会和党支部关系的现状。这些地方多数党支部和村委会目标一致,齐心协力,团结合作,分工明确。如天津市蓟县出头岭镇中裕村,2000年村委会换届选举前村党支部和村委会两委班子不合,经济基础薄弱,村级各项制度不健全,村民贫穷。自2000年换届选举后,两委调整了关系,明确了分工,各司其职。党支部主要负责党的建设;领导开展"十星级文明户"、"遵纪守法户"、"十佳公民"等评比活动;发挥党员的模范作用,建立党员责任区;开展精神文明建设,组织花鼓队、电影放映等活动。而村民委员会主要负责经济、村务、村的管理和建设。2001年村党支部被评为县乡先进党支部,村委会班子也赢得了群众的信任②。这种模式既发挥了党在农村中的核心领导作用,又保证了村民依照宪法和法律开展自治活动,直接行使民主权利。其符合农村政治体制改革和基层民主建设的需要。

3. "村支两委"分开且互不干预

农村社区党支部和新成立的村委会在组织成员的安排上互不重叠,而且村支两委互不干预对方的工作。这种关系模式虽不普遍,但也的确存在。这种关系模式容易造成"村支两委"的矛盾和纠纷。其矛盾和纠纷的中心是权力之争。以一起典型的两委不合的事件为例③:2001年天津市东丽区无瑕街杨家泊村实行"海选",村民依法直接投票选出这届村委会。新村委会成立,也成了该村混乱的开始。村"两委"互相拆台、村务瘫痪的情况十分严重。一时间村里一些养殖户所需场地没人给批,村办的农工商公司的业务停顿。由于看法上的巨大分歧,杨家泊村通过民主选举产生的新的村委会一直无法开展工作。一般而言,两委不合的主要原因在于对权力的争夺,由于存在权力寻租的可能,为获取更多的

---

① 潘允康:《"二元"体制下村民自治的理性思考》,《社会科学研究》,2003年第3期,第17—21页。
② 同上。
③ 同上。

人权和财权,两委明争暗斗。而这种情况显然将对村民自治和基层民主建设带来极大的伤害。

三、正确处理坚持党的领导与村民自治的关系

《村委会组织法》规定:"中国共产党在农村的基层组织,按中国共产党章程进行工作,发挥领导核心作用;依宪法和法律,支持和保障村民开展自治活动、直接行使民主权利。"因此,村党支部在村民自治中处于领导核心地位,村民自治必须坚持党的领导,不能脱离党的领导。农村党支部与村委会之间是领导与被领导关系,村民自治是党领导下的村民自我管理、自我教育、自我服务的行为,村委会必须在党支部的领导下开展工作,这是我们正确认识和处理"两委"关系必须始终坚持的一条重要原则。而基层党组织在农村中的作用具体体现在两个方面:一是要按照党的章程进行工作;二是要支持和保障村民自治。要正确处理党的领导和村民自治的关系,即处理好"两委"关系,须把握好党的领导、人民民主和依法治村这三项原则的有机统一:

1. 准确认识和强化村党支部在村级组织中的核心领导地位

党支部要领导和支持村委会依法开展工作,村委会必须把自己置于党支部领导之下,定期向党支部汇报工作和反映民意,属于村委会职责范围内的事情要主动负责地做好。村内的重大事项未经党支部和村委会会议研究,不能提交村民会议或村民代表会议研究[①]。在具体的农村事务管理上,充分发挥党支部和农村党员的带头作用,逐步实现从注重行政管理手段向注重运用法律、经济和教育等手段转变,积极探索村级事务管理的新模式。

2. 党员干部要发挥模范作用

要注重在优秀村委会成员和村民小组长、村民代表中吸收发展党员,不断为农村基层党组织注入新生力量。基层党组织和党员要带头学法、用法、执法,做依法治村的带头人。同时要充分发挥党员在发展经济、科技示范、扶贫济困和农村各项工作中的先锋模范作用,在参与管理农村事务中树立良好形象,取得群众的信任和支持。要以开展保持共产党员先进性教育活动为契机,重点加强对农村党员、村"两委"成员的教育,通过开展理论学习,交流思想,认识党员所应具备的先进性,树立为民服务的意识,纠正思想上存在的偏差。同时,对村委会成员要进行有关工作程序和知识的教育,使他们提高工作能力和水平,自觉在党的

---

① 王妍蕾:《加强村民自治应处理好的几个关系》,《山东社会科学》,2009年第5期,第130—131页。

领导下开展自治工作,切实提高新形势下领导村民自治工作的能力。①

3. 选好"一把手",配备好村支两委班子

加大村党支部成员"两推一选"力度,公开选拔村党支部领导班子成员特别是党支部书记。党支部通过支持其成员当选村委会委员的方式实现党对村民自治组织的领导。党支部领导班子成员与村民委员会成员交叉任职,村党支部书记与村委会主任"一肩挑"。只有这样,才能使政权领导通过党的领导深入到农村基层,实现固本强基。②

第三节 农村社区管委会与"村支两委"的关系

在农村社区建设中,许多地方的农村社区为贯彻村民自治制度和村委会组织法,在社区内部成立社区管理委员会。这使农村社区出现社区管委会与"村支两委"并存的现象。为促进农村社区组织建设,需阐述社区管委会与"村支两委"的组织关系。

一、农村社区管委会的发展现状

国家民政部于2006下半年在全国部署"农村社区建设"试点工作,作为深入推进社会主义新农村建设的途径,一些地区如浙江舟山、四川宜宾等开始在农村社区建设中推行"社区管理委员会"体制。

以浙江舟山为例③,舟山市在并村设社区后,重新组建村党组织(社区党组织)、村民委员会、村经济合作社,在新组建的党组织、村民委员会、村经济合作社的基础上,设立"社区管理委员会"。社区管委会一般有3—5人编制,人员经费和工作经费由市县(区)乡(镇)三级财政承担。按照舟山市委2005年1号文件规定:"管委会主任由乡镇、街道党委、政府按干部任用程序决定选任"。事实上,管委会主任也是村(社区)党组织的书记,管委会其他成员,则由村"两委会"的其他主要干部担任。对于"社区管委会"的职能,舟山市委文件规定:社区管委会作为为民办实事的长期机构,在社区党组织的领导下,对本社区区域"履行

---

① 任艳妮、吕翔:《完善党组织领导下的村民自治运行机制——以陕西省S县为例》,《西北农林科技大学学报(社科版)》,2008年8月第3期,第5—8页。

② 王妍蕾:《加强村民自治应处理好的几个关系》,《山东社会科学》,2009年第5期,第130—131页。

③ 李勇华:《管委会PK村委会——对浙江舟山农村社区管委会体制的调研》,《农村工作通讯》,2009年第2期,第51—53页。

统一的服务、管理职能"。具体包括：动员和组织群众完成政府依据法律、法规和国家政策下达的各项任务，如公共卫生、计划生育、征兵、社会保障、殡葬等各项社会事务；统筹规划建设本社区的公益设施，兴办、管理本社区的公共事务和公益事业；做好社会治安综合治理工作，调解民间纠纷，维护社会秩序；组织开展就业培训、扶老托幼、助残帮困、法律援助、全民健身等各种为民办实事的事务；向政府反映群众意见、要求和建议；其他上级交办的事项。从舟山农村社区管委会职能可见，管委会实际上是乡镇的派出机构，对所辖社区（即新建村）实行统一的管理。

从浙江舟山农村社区管委会的实践看，"管委会"体制反映新形势下国家政权重返农村基层的现实要求。从立法看，"乡政村治"体制下作为国家政权体系的国家政权机构只到乡镇为止，未能直达村一级，村民委员会作为群众行使"社会自治权"的基层组织，与乡镇政府只是"指导、支持、帮助"和"协助"的关系。同时，由于村委会治理的"公共事务"极其宽泛所形成的实际权力巨大，形成了一些国家法律、司法、行政都难以进入的"独立王国"式的"失控村"和"专制村"。建立"管委会"体制，就是为"消除新农村建设的体制性障碍"或"村民自治组织的局限性"，"直接架起政府与农民之间的桥梁，把党和政府的方针政策贯彻到底"；避免税费改革后由于"无钱办事"、"无人办事"导致"治理真空"①。随着新农村建设的推进，愈来愈多以国家名义出现的公共事务将进入乡村，而这些又往往是村委会难以全面协助办理的，因此需要由政府直接委托工作人员办理，因而"管委会"的出现，是农村社区建设的必然，其正是国家政权"下沉"到广袤的农村，在国家最基层的农村建立的政权式或准政权式国家权力的延伸。

此外，"管委会"体制在某些方面也是对"村委会"模式的修正。"村民自治"制度从1987年试行至今取得了很大成就，但也不得不承认，村民自治制度还存在不少诟病。其中最大的问题之一是村民委员会"行政化"，使得村民委员会与"基层群众直接自治"的内在追求渐行渐远。其直接表现为：在治理事务上，村委会"村务""政务"一肩挑，角色混杂，政社不分，导致村务可推、政务难违，村委会大部分精力是承接政务；在与政府关系上，乡、村关系"剪不断、理还乱"。由此，导致全国许多地方的村委会运行方式摆脱不了传统的行政模式，表象自治化、实质行政化，村委会只是乡镇政府的下属机构，难以发挥自治功能。而浙江舟山的"管委会"模式，从职能设置上来看就是为了把村民自治组织承担的行政

---

① 李勇华：《管委会 PK 村委会——对浙江舟山农村社区管委会体制的调研》，《农村工作通讯》，2009年第2期，第51—53页。

职能剥离出来,交由乡镇、街道下派的社区管理委员会承担。因此,农村社区管委会的设置可在一定程度上理顺"基层政权"与"自治组织"、"行政"与"自治"的关系,促进村民自治制度的深化和完善。

然而,目前我国农村社区管理委员会的建设和发展形势却并不尽如人意。以四川宜宾为例,2007年以来,宜宾市先后组建了农村社区177个,在组建过程中形成了社区村民委员会、社区管理委员会、社区理事会、社区协调委员会和社区工作委员会五种社区组织结构。然而,2010年初,宜宾市委、市政府决定:全市各地统一采取"一村一社区"模式组建农村社区,农村社区与村民委员会合二为一,将村民居住相对集中、村庄已经形成或初具规模的行政村村民委员会改设为社区村民委员会,实行一套班子、一套人马、一块牌子的管理模式,同时取消包括农村社区管理委员会等在内的其他四种农村社区组织机构名称。其理由在于农村社区管理委员会无法插手管理村上的日常事务,农村社区管委会既管理不了行政村村民委员会,更无法插手管理村委会的日常事务。可见,由于目前农村社区管委会与村委会之间的关系尚无法理顺,导致部分地区农村社区管委会的建设迟缓,甚至被撤销,另有部分地区甚至没有建设农村社区管委会,从而无法实现管委会在延伸国家(准)政权,分担村委会行政职能的功能。

二、农村社区管委会与党组织、村委会之间的关系

新型农村社区组织应该包括党组织、管理委员会、综合服务中心及各类社会组织等,但如何理顺各类组织之间的关系,是农村社区组织建设中必须解决的重要问题。若职责不清,关系不顺,则有可能出现社区组织名实不符的情况,给农村社区建设带来困难。

1. 农村社区管委会与农村社区党组织

农村社区党组织是党在农村社区的基层组织,是党在新型农村社区全部工作和战斗力的基础,是农村社区各类组织和各项工作的领导核心。其职责在于贯彻执行党的路线、方针、政策和上级党组织及本级党员大会决议,讨论决定本社区经济建设和社会发展中的重要问题;整合本社区各类资源,团结、组织党员干部群众,协调社会各方面力量;发展农村社会事业,组织开展社会化公益、互助服务;领导本社区群众自治组织和其他各类组织,支持和保证其依法充分行使职权;负责本社区干部的教育管理监督,统筹推进本社区党支部建设;抓好自身建设,对本社区的党员进行教育、管理、监督和服务,做好发展党员工作。可见农村社区党组织是包括农村社区管委会在内的其他组织的领导组织,其与社区管委会是"领导"和"被领导"关系,社区管委会必须在党组织的指导下开展工作。

2. 农村社区管委会与村委会

从现有大多数农村社区管委会与村委会的关系看,其表现为一种"领导"与"被领导"的上下级关系。以浙江舟山为例,管委会相当于在原本实施村民自治制度的同一个建制村内插入的一个乡镇派出机构,加上这个派出机构的负责人又担任了作为村级各类组织"领导核心"的村党组织的书记,难怪人们会担心甚至质疑:"管委会"体制是否冲击、瓦解乃至取代了"村民自治"的法定制度①。

然而从管委会本身的职责考虑,其应是为村民提供政府性产品和服务而设置的行政组织②,其职责表现为以下方面:完成镇(功能区)政府(管委会)布置的任务;召集和主持农村社区居民会议,定期向农村社区居民会议报告工作,执行新型农村社区居民会议的决定,完成新型农村社区居民会议提出的各项任务,教育、引导居民遵守新型农村社区居民会议的决定;组织实施辖区内建设规划和重点项目建设,指导村民住宅建设;统筹管理辖区内村民集体所有的土地和其他财产;支持和组织村民依法发展各种形式的合作经济和其他经济;管理辖区内的公共事务和公益事业,为村民提供基本公共服务和生产生活服务。而按《村民委员会组织法》规定,村民委员会不是国家一级权力机构,而是"基层群众自治组织",其主要职责是"办理本村的公共事务和公益事业,调解民间纠纷",只是"协助"乡镇政府办理政务,其是自治而非行政组织,在社区公共服务和产品的提供上,其主要是为村民提供村庄性产品和服务③。

因此,农村社区管委会与村委会之间并不构成"领导"与"被领导"的上下级关系,它只是乡镇、村之间"指导、支持、帮助"和"协助"的关系的自然延伸④。农村社区管委会主要承担的社区范围内政府性公共产品与服务供给的"服务"职能,而村委会则主要承担社区范围内村庄性公共产品与服务职能。只是由于在我国目前农村社区建设阶段,这两类服务还难以明确划分,落实政务仍旧离不开村委会的协助;治理村务也不能缺少管委会代表政府的支持。因此,今后在很长一段时期内,仍然会出现农村社区管委会和村民委员会双方合作治理社区的情形,只不过两者主要负责的事物性质有所不同。

---

① 李勇华:《管委会PK村委会——对浙江舟山农村社区管委会体制的调研》,《农村工作通讯》,2009年第2期,第51—53页。
② 李勇华:《农村社区管委会:对村民自治的除弊补缺——公共服务下沉背景下农村社区管委会体制的实证研究》,《学习与探索》,2009年第2期,第76—80页。
③ 同上。
④ 李勇华:《管委会PK村委会——对浙江舟山农村社区管委会体制的调研》,《农村工作通讯》,2009年第2期,第51—53页。

第四节　农村社区中介组织与非营利组织

近些年,随着农村社区建设和农村市场经济的发展,农村社区兴起一些中介组织和各种非营利组织,成为农村社区的重要社会力量,在促进农村社区经济和公共事务发展过程中发挥了重要作用。

一、农村社区中介组织概述

了解农村社区中介组织不仅需要知晓其含义,还需认识它的基本特点,分析它的类型构成。

1. 农村社区中介组织的概念和特点

农村中介组织是我国特有概念,其大致对应于国际合作经济界的合作组织、合作社、合作经济概念。在国际合作经济界,有 Cooperatives(合作社)、Farmer Cooperatives(农民合作社)、Agricultural Cooperatives(农业合作社)、Rural Cooperatives(农村合作社)和 Cooperative Organization(合作组织)等称谓,不过常见的为前三者,后二者极少见到。[①] 唐兴霖等认为,农村中介组织指的是农村社会、市场与政府之间的中间性组织,本身不生产和经营任何商品,其功能主要是向农村发展提供信息服务,维护农村社会和谐。它具有志愿性、非政府性、非政治性和互益性等特征[②]。而农村社区中介组织则是改革开放以来,随着经济和社会的变迁,在各种原有的农村社会组织逐渐变化、分化、衰败和解体的过程中,产生出来的新的中介组织形式[③]。农村社区中介组织是指以农村社区居民为成员、以农村社区地域为活动范围、以满足村民的不同需求为目的、在政府扶持和村委会指导下,在法律、法规允许范围内,由村民自主成立或参加、介于社区主体组织(社区党组织/村党支部和社区居民委员会/村委会)和村民之间,以及村民和村民个体之间的组织。

与其他农村社区组织和城市社区中介组织相比较而言,农村社区中介组织具有如下特点:

---

① 李华君:《农村中介组织网络模型及其治理研究》,华中科技大学博士学位论文,2010 年 5 月版,第 1—154 页。
② 唐兴霖、王立军:《我国农村社会中介组织:理论、功能与发展建议》,《行政论坛》,2007 年第 3 期,第 80—84 页。
③ 史传林:《农村新型中介组织发展与和谐社会构建》,《社会主义研究》,2007 年第 1 期,第 77—79 页。

(1) 自发性。农村社区中介组织的发育虽然离不开政府的扶持,但其产生动因是村民对自身利益的诉求和表达,因而带有强烈的内生性和自发性特点。

(2) 民间性。农村社区中介组织是农民出于经济、社会和道德等多种动因而自愿成立的组织,它诞生和成长于基层社会,有强烈的非政治化和非官方化色彩。在体制上独立于政府,在经费、人员、活动方面有很强的自愿性。当然,它必须接受政府的监督和管理,要在法律允许的范围内自律诚信地开展相关活动,必要时可以接受政府资助,吸收政府人员参加活动,同时对政府行为进行监督。

(3) 服务性。农村社区中介组织的基本功能在于为社会提供公共产品和公共服务。因而,农村社区中介组织,无论它是经营什么项目,都是为农民、农业、农村社区服务的组织。而由于目前大部分农村社会中介组织还处于政府主管与市场运营相结合的准政府状态,因而其还承担着一部分社会管理和公共服务职能。农村社区中介组织通过自身所提供的公共产品和服务实现对社会的管理和服务。

(4) 中介性。农村社区中介组织的中介性是由其本质决定的,它介于政府与农村社区、政府与市场、政府与企业之间,发挥着承上启下的中介作用。此外,农村社区中介组织往往还承担着沟通农村和城市(镇)的作用,可为农村和农村社区建设争取有利的外部环境。

(5) 公共性。农村社区中介组织往往表现为群众团体,代表着一定的社会公民或者某一类社会组织的利益,具有较为广泛的社会联系,在一定程度上承担着政府所不能承担的社会公共职能。因此,从职能的角度来看,农村社区中介组织具有公共性的特点,它是组织成员的利益的代表。

(6) 现代性。农村社区中介组织是在社会主义市场经济体制下不断发展起来的,与计划经济体制下的传统农村组织有着本质区别。这类组织在产生时即应当具有产权清晰、责权明确的制度安排;建立在契约关系而非宗族血缘关系的基础之上;组织内部依据理性的制度和规则运行,具有科学合理的内部治理结构和科层制度;组织成员之间人格地位平等;组织成员崇尚民主、法制、自由、平等的价值目标,具有竞争、服务、效率等现代理念。

(7) 单一性。城市社区在其建设过程中发展出了不同类型的社区中介组织,目前大概有四种类型:文体活动型、社区维权型、社区服务型、社区救助型。而由于我国农村社区建设尚处于起步阶段,目前的农村社区中介组织也主要集中在生产服务方面,另有一些经济合作组织,也主要是以为农民提供市场服务为主要目标。与多样化的城市社区相比,我国农村中介组织类型和功能还较为单一。

2. 农村社区中介组织的类型

我国学者将中国农村社区中介组织分为如下四类[①]：

(1)政治表达型中介组织。它介于农民与政府之间，是农民向政府表达政治诉求的载体，对国家农业立法和政府的公共政策施加影响。这种组织在西方国家比较常见。在我国，农民的政治表达一般则通过村民委员会、村党支部和群团组织来实现。

(2)市场服务型中介组织。主要包括农产品行业协会和农民专业合作经济组织等。这类组织有三种生成方式：一种是纯粹由农民自觉自愿发起成立的；一种是大型农产品加工企业组织兴办的；一种是政府扶持和帮助农民发起设立的。它们是市场经济和社会分工不断发展的结果，在政府、企业和农户等市场主体之间起中介作用，能有效保障市场主体的合法权益，降低市场交易费用，提高市场运行效率。

(3)要素服务型中介组织。主要是指那些为农民生产经营和日常生活提供资本、科技、法律、财务、信息、人才、劳动力、土地和房产等生产要素服务的中介组织。如农村社区专业技术协会、农业科技成果转化中心等科技中介组织，以及律师事务所、会计师事务所、职业介绍所和劳动力市场在农村社区设立的分支机构和代理机构等均属于农村社区要素服务型中介组织。

(4)社区服务型中介组织。主要是指向农民提供除政治经济服务以外的社会公共服务的组织，其最大特点是不以营利为目的。如以提高农民福利为目的的公益性互益性组织——老年人协会、志愿者协会、慈善基金会、社区互助组、红白理事会、扶贫协会、妇女协会、残疾人协会、合作医疗组织等；以休闲或文化体育娱乐为主的读书会、养花协会、秧歌队、庙会、体育协会等。

二、农村社区中介组织发展现状

近年来，我国农村社区中介组织有很大发展，组织类型呈多样化趋势。但就目前发展状况而言，我国农村社区中介组织存在一些问题，主要表现在以下几个方面：

第一，农村社区中介组织还落后于国外水平，地域和类型发展不平衡。我国农村中介组织出现较晚，农村社区的经济合作组织按组织数量说，最多的前五名是山东、湖南、陕西、河南和湖北，按社员数占乡村总数看，最多的是北京、陕西、

[①] 史传林：《农村新型中介组织发展与和谐社会构建》，《社会主义研究》，2007年第1期，第77—79页。

吉林、河南和黑龙江。① 而如新疆等地农村中介组织的发展，无论从整体数量上，还是入会人数上，都处滞后状态，与当地的农业发展不协调。就我国农民合作经济组织在东中西部地区的情况而言，据全国人大农业与农村委员会课题组《农民合作经济组织立法专题研究报告》中的统计数据，东部地区共有29837个，中部地区共有40249个，西部地区有22594个。② 从这些数据中不难推断出我国农村社区中介组织的发展情况。与城市社区相比，目前我国农村社区中介组织的类型较为单一，社区政治表达型、要素服务型和社区服务型中介组织的发育较慢，大多数农村社区中介组织属于市场服务型的组织。

第二，农村社区中介组织存在产权不清和交易成本过高等问题③。产权不清和交易成本过高是农村中介组织普遍存在的问题，就农村中介组织而言，同样如此。随着农村经济经营一体化的推进，在农村社区中，有的农民自发组织从事农产品生产、加工、流通等经营活动，也有农民、加工企业和流通企业联合，以加工和流通企业牵头，通过建立农产品生产基地与农民结成利益共同体，将过去商品买断关系转变为经济合作关系。但由于产权关系不清和管理体制僵化等原因，本应具有优势的社区经济组织在代表农民利益、竭诚为农民服务方面都有不尽如人意之处。贸工农一体化经营模式有效地节约市场交易成本，然而在"公司＋农户"或"公司＋基地＋农户"的一体化经营体系中，公司与农户均是独立的利益主体。农民作为生产者和原料供给者，不是公司的所有者，对合约和剩余的控制权极为有限，因而在合约订立上处于不利地位。公司作为一体化体系中的原料需求者和市场开拓者，以所有者身份拥有对合约和剩余的控制权，确定产品种类、数量、质量及选择生产者，尤其是拥有重大的人事和经营决策的控制权。出于利益最大化的考虑，公司可能会从自身利益出发，将农户的剩余索取权压至最低限度，使农户承担内部机会主义造成的危害，从而无法保证农户从一体化经营中取得收益。

第三，农村社区中介组织自身体制机制不够健全，人员素质偏低。目前我国农村社区中介组织的体制机制还不够健全，一是农业社区中介的组织化程度低，在现有的农村社区中介组织中，大多数处于放任自流的自发状态，社区中介组织中的队伍很不稳定，难以在为村民提供服务时形成紧密的经济利益共同体。二

---

① 唐兴霖、王立军：《我国农村社会中介组织：理论、功能与发展建议》，《行政论坛》，2007年第3期，第80—84页。
② 同上。
③ 李华君：《农村中介组织网络模型及其治理研究》，华中科技大学博士学位论文，2010年5月，第1—154页。

是农村中介组织的运作不规范。目前不少农村社区中介组织没有在工商和税务部门依法登记,因此不具备独立承担民事责任的法人资格,这样就难以从事更大规模的农业生产经营活动,服务农民的作用也很有限。三是在目前部分农村社区中介组织中,还存在组织章程不明确,组织制度约束力不强等问题,不利于其自身的有序竞争和良性发展。此外,目前,农村社区中介组织成员中能够掌握现代管理知识的很少,而懂管理技术的人就更少。这就在很大程度上制约了农村中介组织的良性循环和有序发展。

三、农村社区中介组织的作用

在新农村建设中,农村社区中介组织的作用主要表现在以下方面:

1. 农村社区中介组织起安全阀的作用

和谐社会是广大人民群众能够充分表达自己利益诉求的社会。当前我国农民的利益诉求没有很好地得到表达,农村社会冲突加剧、农民上访次数增加、民工子女教育和工资问题,以及受歧视等问题都是农民与社会冲突的表现。而我国农民当前尚无完善的利益诉求机制和畅通的意见表达渠道,农民的利益诉求必须要通过农村中介组织才能得以合理表达。农村中介组织的发展,减缓了农民与政府、农民与市场之间的直接冲突,起到了安全阀①的作用。但是需要注意的是,农村中介组织的安全阀功能也只是暂时减缓冲突,不能根本解决社会冲突。

2. 农村社区中介组织起协调剂的作用

农村中介组织是"协调剂",能改善政府、企业与社区村民间的沟通联系,发展现代农业。经济体制改革之后,中国农村和城市先后产生了大量游离于传统单位组织体系之外的多元利益主体,这些多元利益主体掌握了自由流动的社会保障资源和自由活动的空间,政府与这些多元利益主体之间形成了权力真空和信息的堵塞。因此,政府需要有中介组织起到信息沟通的桥梁作用,并帮助政府维护市场与社会秩序,从而减少政府的社会管理成本、提高政府的效率。而作为发展现代农业的另外两个主要参与者:企业和农户,他们都有着追求自身收益最大化的取向,尤其是单个的农户、个体户、私营企业等。这些新的利益主体在激

---

① 所谓安全阀,社会学家科塞认为,安全阀(制度)指的是将敌对情绪引向替代对象的制度(或为这种转移提供替代手段的制度)。安全阀(制度)可以使冲突不表现出来。这种安全阀制度可以为人们提供排泄敌对情绪和进攻情绪的制度。安全阀制度通过阻止其他方面可能的冲突或通过减轻其破坏性的影响,从而维护整个社会系统,构建和谐社会。(转引自唐兴霖、王立军:《我国农村社会中介组织:理论、功能与发展建议》,《行政论坛》,2007年第3期,第80—84页)

烈的市场竞争中需要有新的组织形式来维护自己的利益,农村社区中介组织的产生和发展在很大程度上顺应了这种需求。

3. 农村社区中介组织起服务器的作用

农村社区中介组织的"服务器"作用体现在农业经济服务和农村公共事业服务两方面。市场经济充斥着大量错综复杂的信息,供求变化多端,难以掌握。加上市场调节功能的增强,使得农产品在生产、供应、销售各环节出现时间差,农民仅靠自己的供销渠道难以适应。这需办事公正、简练、行动快捷、熟悉情况、收费低廉的中介机构去代理。随着对外开放格局的形成和市场经济体制的完善,市场竞争更激烈,农村社区不同层次需求的利益主体迫切需农村中介组织为其提供如联合、促销、培训等多种服务。此外,尽管随着公共财政覆盖农村的各项政策相继出台,国家财政对"三农"投入空前增长,但总的来看,政府对农村公共事业的投入远不够。这就需要农村社区自发成立一些以提供公共服务为目的中介组织,以有效促进公共事业的发展。如我国农村社区的老年协会,在承担农村老人福利事务的同时,也改善着农村的社区治理。以湖南浏阳沙市镇桂花桥村的老年协会为例,其在组织老年人的娱乐活动、保健卫生活动的同时,还负责组织全村公益活动,如主持红白喜事仪式,组织村民公祭、组织文艺演出,负责调节农村纠纷等。可见农村社区中介组织在一定程度上可弥补基层政府职能的缺失,为农村公共事业服务。

4. 农村社区中介组织起资源库的作用

农村社区中介组织在一定程度上能平衡社会资源在农村的合理配置。农村社区中介组织作为政府、农民与市场的中间地带,在配置社会资源,推动农村生产力水平的提高,推进农村经济持续快速健康发展等方面都可发挥积极作用。首先,农村社区中介组织信息集成度高,资源充沛,可以有效地整合社会资源,沟通交流渠道,提供各种社会服务工作,推动社会广泛关注与帮助农业的产业化、市场化与高效化,以提高农业综合生产能力。其次,农村社区中介组织能够通过社会捐助,动员社会各方面资源参与农村发展,将筹措到的大量民间资金,运用于农村社会公共事务,有助于填补政府用于农村发展方面的资金不足,改善现代农业的发展环境。再次,农村社区中介组织能动员社会力量、组织更多的民众参加到科技兴农之中,并成为农村发展科技的主体,配合政府、支持政府、监督政府搞好农村的科技建设工作,实现科技和农业的合理搭配。

四、农村社区非营利组织概述

了解农村社区非营利组织不仅需要知晓其含义,还需要认识它的基本特点,分析它的类型构成。

1. 农村社区非营利组织的概念和特点

非营利组织被认为是20世纪最深刻的组织革新与社会变革之一。"小政府,大社会"目标模式的提出和市场经济体制的建立,为我国非营利组织开创了巨大的生存与发展空间。① 国内外研究者和相关机构从法律、组织的资金来源、组织的"结构与运作"和组织特征入手对非营利性组织给出了不同定义。② 综合各方定义,所谓非营利组织是指不以营利为目的、主要开展各种志愿性、公益性或互益活动的非政府社会组织。从非营利组织的定义不难发现,它与社区有紧密关联,社区一般指聚集在一定地域范围内的社会群体与社会组织,社区组织是构成社区基本细胞。就农村社区而言,其非营利组织是指在农村社区范围内由社区村民组成的各种组织,它是以本社区成员为主体,本社区区域为主要活动场所,遵守国家法律、法规和社会公德,以自我管理、自我教育、自我服务、自我娱乐为主要活动目的,社区村民自发形成的非营利性的群众团体队伍或组织。

农村社区非营利组织在发育、发展中,由于其具有特定的内涵和公共服务功能,从而表现出如下不同于其他社区组织的特征。

(1)非营利性。非营利意味着组织的利润不能分配给所有者和管理者,也不能在组织成员内部进行分配。非营利组织的功能是实现社会公益,而不在于营利,因此这一点可将农村社区的非营利组织与其他商业性中介组织区别开来。

(2)组织性。组织性意味着组织有内部规章制度(可以是不成文的)、有负责人、有经常性活动。农村社区是一些非正式的、临时性的、随意性的群体,不能算作非营利组织。

(3)非政府性。非政府性意味着农村社区非营利组织在体制上独立于政府,既不是政府的一部分,又不受制于政府,也不受政府官员的直接领导,其是具有民间性质的自组织形态。

(4)自治性。自治性意味着农村社区的各非营利性组织是自己管理自己的,既不受制于政府和企业,也不受制于其他非营利组织。农村社区非营利组织应该是农民自己的组织,具有独立的人格,组织成员平等参与组织的管理决策,组织成员与领导层由选举产生,其中农民应该占大多数。

(5)志愿性。志愿性是指组织的创建和运行是依契约并在自治的基础上进

---

① 王建军、曾巧:《我国社区非营利组织建设中的问题及对策分析》,《社会科学研究》,2003年第3期,第110—113页。
② 同上。

行的,社员的入社和退社完全遵循自愿原则,不受外来强制与干涉。组织成员是自愿地、无偿地参与组织的领导、计划、经营、管理等活动的。

(6)公共性。所谓公共性是指农村社区非营利组织不是为某些特定对象或人的利益服务的,其着眼的应该是整个社区的公共利益,表现为一种公共服务性。

2. 农村社区非营利组织的类型

按农村社区非营利组织服务对象,可将其分为两大类:即奉献于组织内成员的公益性非营利组织和奉献于社会的公益性非营利组织[1]。

我国农村社区公益性非营利组织的内容与国际合作社联盟所规定的合作社内涵基本一致,包括我国农村社区传统的农业合作社、农村供销合作社、农村信用合作社。目前,我国农村社区公益性非营利组织指各种各样的农村专业合作社,主要可以为两种类型:一是协会型。这是从事专业生产的农民,在技术服务、生产、加工、储运、销售等环节上联合起来建立的社团性合作经济组织。这类协会不以营利为目的,利益关系较松散,主要围绕一种主导产品的发展,为农民提供产前、产中及产后服务。二是专业合作社。它是合作经济组织的典型形式,是以为社员服务、保护劳动者利益为宗旨组织起来的合作经济组织。其性质是劳动者自愿联合的组织,实行一人一票制,民主管理;入股只是取得社员资格,若分红要受到限制(按社员与合作社交易量分红)。合作社不以营利为目的,把所获得的利润,按交易量返还给农民,这是合作社与其他经济组织所区别的重要特征。

我国农村社区公益性非营利组织主要分布于社保和教育领域。如我国部分农村社区设置的农村合作医疗站就是典型的非营利组织。而一些社区中的扶贫救济、社会优抚安置、捐资助学等非营利活动多由社区的非营利性组织负责实施。如济南市长清区万德镇小万德村的"绿星之家"就是一个以农村残疾人为服务对象,为农村残疾人提供资源并帮助他们改善现状的农村民间非营利组织,是中国第一家具有残疾人创业性质的助残机构[2]。

五、农村社区非营利组织发展现状

农村社区非营利组织是非营利组织在地域上的一个分类。我国农村非营利组织的发展是和我国的改革开放联系在一起的。进入20世纪90年代后,我国

---

[1] 王长寿:《中国农村非营利组织发展研究》,西北农林科技大学博士学位论文,2003年。
[2] 绿星之家网站(2012):http://www.nccjr.org/。

政府认同市场经济体制,确立"小政府、大社会"的改革目标,经济体制转轨和政府职能的转变为农村非营利组织的发展提供较为广大的空间,非营利组织开始出现在广袤的农村。农村非营利组织在实现农业产业化、推动农村各种医疗保健、生态环境保护、教育、科学、文化、卫生、体育事业等社会公益事业发展上起着不可或缺的作用,既满足了农民的实际需要,又能使他们在精神层面得到某种满足,因此得到广大农民的欢迎。然而目前农村非营利组织发展存在着很多问题和障碍,其发展远远滞后于城市非营利性组织的发展。这些问题影响着农村社区非营利组织发展。

1. 思想认识不足

由于非营利性组织概念主要来自西方,对农村社区非营利组织,大多数人对其重要性、必要性缺乏足够的认识,这是导致农村非营利组织发展缓慢的重要原因,有些农民对参与合作的作用不了解,缺乏参与的使命感。而非营利组织的存在与发展离不开志愿者的参与,如果没有志愿者的参与,非营利组织就不复存在。然而,一般而言,志愿者的多少及参与程度与经济发展水平的高低存在一定关系,我国广大农村地区经济发展水平有限,农民忙于生计,难以将过多时间和精力花在参与非营利性组织上。由此出现了老年人成为农村社区非营利组织中的中坚力量,而中青年群体则成为"场外人"的局面。

2. 官办色彩浓厚,过于依赖政府

自主性和自治性不够充分制约了非营利组织的健康发展。由于种种原因,非营利组织过于依赖政府,缺乏自主性。以农村社区中典型的非营利组织——专业协会为例,不少专业经济协会在开拓农产品销售市场方面还缺乏自主性,在相当程度上还依赖政府,每年都由镇政府出面牵头,处于一个明显的从属地位。而农村专业技术协会则被归入了各级科学技术协会和民政部门共同管理的社会团体范畴,并作为各级科协的组成部分。加之我国对于非营利组织的登记管理的限制,非营利性组织经费来源渠道的单一,各种非营利组织往往只能在政府部门的指导与规范的范围内开展活动。很多非营利组织虽然为农民自发组织,但其职能的发挥还依赖于政府,没有真正实现"民办、民管、民享"。

3. 自身管理体制和机制不健全

不少农村社区非营利组织存在内部管理体制不完善,组织结构不健全,公信力不高,自身发展不规范等问题。一个非营利组织一旦登记成立,除了统一的年检之外,几乎没有必要的评估和社会监督机制制约。一些组织在基本制度建设如理事会制度、社会监督机制、财务公示制度等方面还不健全,存在无章可循、有章不循的问题。部分非营利组织还存在一定的贪污腐败现象,社区"小金库"现象有所抬头①。

4. 运转经费不足

经费不足,极大地制约了农村社区非营利组织职能作用的发挥。由于非营利组织具有非营利性和公益性等特点,其资金主要来源于政府的支持和社会捐赠,经费渠道来源单一,在一定程度上影响了组织的发展和作用的发挥。部分社区非营利组织在思想上和思维上还停留在"等、靠、要"的层面,思想观念陈旧,引资、筹资发展社区经济的思路不清,引导和组织社区民众积极投资社区建设的主动性不强。加之农村社区多数非营利组织从事的都是与农业相关的业务,本身也难以吸纳资金。而非营利组织的筹资在很大程度上取决于公民的志愿性和社会经济发展水平。只有经济发展到一定水平,公民才愿意捐资给非营利组织。我国农村经济发展相对落后,大部分人属于受捐助对象,就是有捐助意识,往往也有心无力,从而导致筹资难。另外,由于人们对非营利组织认识上的不足和一些非营利组织本身运作的不规范,使得公众对非营利组织的资金管理和使用拥有较低的信任度,也严重影响了非营利组织的资金筹措。

5. 人才匮乏

相对于企业和政府组织,非营利组织的工资一般较低,因而对高素质专业人才本身缺乏足够的吸引力。就农村社区非营利性组织而言,其更加难以引进高素质专业人员。因而,农村社区非营利组织的成员多以农民为主,当然,其中也不乏一些素质较高的领导成员,但他们也基本上是农业技术型人才。组织中较为缺乏专业的、熟悉市场经济、熟悉法律事务等其他非农技术的人才。此外,目前我国非营利组织的专兼职工作人员较少,志愿者更少,对于农村社区非营利组织而言,大多数的中青年农村劳动力都加入了进城务工的行列,或是在家从事农业生产活动,经济上的巨大压力,使得其少有精力和时间以志愿者的身份加入农村社区非营利组织。反而是赋闲在家的老年人成为农村非营利性组织的主要力量。

六、农村社区非营利组织的作用

尽管我国农村社区非营利组织发展规模有限,但其在推动农村政治经济发展上起着十分重要的作用。

---

① 李向品、史伟:《非营利组织与社区治理》,《湖北经济学院学报(人文社科版)》,2007年第6期,第101—102页。

1. 推动农村经济发展

首先，农村社区非营利组织可提高农民进入市场的组织化程度。农村社区一些专业合作的组织形式可有效发挥懂技术、懂市场的农村专业大户的带动作用，使农业科技信息、产销渠道在组织内部进行共享，帮助农民克服封闭、落后经营方式，实现千家万户分散的小生产与千变万化统一的大市场的对接。其次，农村社区非营利组织可提升农民的市场意识。农民在农村社区非营利组织的带动下，在集体闯市场过程中，经历商品经济和市场经济的洗礼，可学会经营、谈判等技巧，增强商品意识、市场意识、竞争意识。再次，农村社区非营利组织可促进农业产业化经营。在农村，许多非营利经济组织是一个小"龙头"，直接带动农户，调整农业产业结构。同时又是龙头企业和农户之间的重要中介，既维护农民利益，又降低龙头企业与众多分散农户连接交易的成本。最后，农村非营利组织可加快农业技术普及。这类组织根据市场需求引进和推广新产品、新技术，针对性强，有效地促进有农产品结构的优化和质量的提高。

2. 直接为农民提供公共服务和保障

由于基层政府财力、人力有限，农村社区所需部分公共产品供给不足，非营利组织在这方面即可发挥突出作用。非营利组织在政府不能有效管理和市场不愿管理的公共事务领域，如教育、卫生、社会福利、扶贫以及救灾救济等领域，发挥着重要的作用。如专为农村妇女服务的非营利组织开展的农家女百事通、生命危机干预社区项目、扫盲项目、参政议政项目、打工妹服务项目等，解决了农村妇女面临的诸多困难。这类组织能深入社区，贴近农民大众，在扶危济困、帮助弱势群体方面也能发挥特殊作用。这类组织还能有效监督政府的公共权力运作，协同政府做好公共服务和公共管理，化解农村社区矛盾。如大批农村剩余劳力进城务工带来的农民工子女入学、农民工权益保障等社会问题的解决都离不开非营利组织。

3. 促进社区管理和培育新型农民

我国农村人口多，经济发展水平差异大，农民文化水平不高。农村社区非营利组织能培育农民的责任、自治、参与、决策、协作、民主意识，提高农民参与经济、政治、文化生活和社会管理的能力，推进农村社会发育，扩大农村社区自治权。同时，作为一种社区自治机制，农村社区非营利组织在培养新型农民，提高农民素养上也扮演着重要角色。非营利组织的一个特点是它的社会参与性强，其扎根于农村社区，有广泛的群众基础，可通过积极的社会动员，鼓励、支持农民进行自我管理、自我行动和自我约束。不仅从生产技术上，同时还从思维方式、生活习惯上改造农民，提高农民文化素养、打破农民小农意识、培养新型农民。

4. 促进农村乡风文明建设

乡风文明、村容整洁是新农村建设的基本要求。改革开放以来,广大农民在物质文明上获得极大发展。但农民的文化生活不充裕,有些地区还存在赌博、封建迷信等活动。农村社区非营利组织是农民自我组织、自我管理、自我完善的组织,能传播先进文化,使农民形成与乡风文明相适应的习惯与意识,既"治贫"又"治愚"。目前我国农村社区非营利组织围绕农村产业化、商品化生产,以推广、应用、普及先进科学技术为中心,通过科技培训、科普宣传、科技示范、技术交流等活动冲击旧思想、旧观念,促进农民科学文化素养提高和思想观念改变。科技致富提高农民对文化、科技、知识的渴求,带动青年学技术、文化、知识的良好社会风气,减少打架、斗殴、赌博、偷盗等现象,使社会治安更加稳定。

5. 农村社区非营利组织能够有效沟通政府与农民

农村社区非营利组织作为一种利益表达机制,在政府与农民之间发挥着纽带作用,是政府和农民沟通的桥梁。一方面,各种社区非营利组织可以及时把社区成员对政府的要求、愿望、建议、批评集中起来,转达政府;另一方面,又可以把政府的意图和对相关问题的处理意见转达给社区成员。社区非营利组织在这一利益表达和利益协调过程中,可有效缓冲不同利益群体的矛盾,尤其是农民群众与政府及其他组织的矛盾,推动政府与社区成员的合作,共同促进社会公平与稳定。

第五节 农村社区组织与社区整合

农村社区整合是农村社区建设的难题。农村社区以农民为主体,而大多数农民有原子化特征,这使他们难以形成共同的社区意识,加之单个农民很难支付合作成本,必致农村社区难整合①。因此,农村社区组织必须发挥其在社区整合中的功能,促进农村社区整合。

一、农村社区组织为社区整合奠定制度基础

民主意识是一个开放的现代国家公民们必须具备的基本意识。培养民主意识有助于形成共同的社会政治观,可以使农民群众积极地参与到国家政治生活中来,形成更加强大的社会凝聚力。而一种强大的社会凝聚力无形之中就能促进社区整合的顺利进行。据哈耶克分析,"在社会中存在着自觉遵从约定性规

---

① 罗满妹:《农村民间组织的社区整合功能——基于国家与社会的关系视阈》,《湖南农业大学学报社科版》,2008年第2期,第58—61页。

则而无须服从命令就能得以维护的秩序,尽管一些群体会为了实现某些特殊目的而组织起来,但是所有这些分立的组织和个人所从事的活动之间的协调,则是由那些有助于自生自发秩序的力量所促成的"[①]。村委会是目前农村社区中最重要的群众性自治组织,对激发农民的政治参与意识,唤醒农民的政治觉悟有巨大作用。村委会通过实施基层民主建设,如民主选举、民主监督等措施,发挥着其在村民自治中的作用,使民主的理念深入人心,在农村形成参与政治的社会热潮,众民一心促进民主制度的健康发展的同时也促进了社区整合的顺利进行。此外,村民委员会的设立,也可以把分散的村民组织起来,进行制度化的利益表达,使农民通过组织表达自己的经济、政治和文化利益,实现政府与村民的双向沟通:一方面它代表村民利益向政府表达,另一方面它又可以充当政府代言人的角色,向村民表达国家意志,协调国家与社会的关系,成为沟通国家与社会、政府与村民的重要渠道。而当人们有更多的渠道参与社会,就不会形成太大的社会张力,这有利于社会稳定,增强社会的向心力和凝聚力,从而促进社区整合。

二、农村社区组织为社区整合提供经济动力

实现农村社区整合,构建有效的农村社区整合机制,须大力发展社区经济,以经济发展为农村社区整合提供强大的物质保障。社区经济发展的质量、速度、结构、规模和效益是农村社区整合的内在动力。而社区自组织和社区中介组织在农村劳动密集型经济中发挥着主体作用。在社区村民委员会和各种经济合作组织的有效引导下,我国拥有巨大的劳动力成本优势的农村社区,可以抓住"工业反哺农业"的发展机遇,发挥劳动成本优势在劳动力密集型经济方面的主体作用,在调动农民的积极性、主动性和诉求性的同时,提高公共产品供给的针对性、及时性和有效性,促进农村剩余劳动力的就业,提高农民的经济收入,最终实现农村社区的经济发展、社会稳定,保障农村社区整合机制的功能得以发挥。同时农民通过各种经济合作组织,发展联合经营,实现利益共享,也可以在一定程度上培养市场合作意识,这在一定程度上也有助于社区整合。

三、农村社区组织为社区整合创造文化力量

农村文化建设是农村社区整合机制发挥作用的精神灵魂,它为农村社区建设指明了方向,提供了精神动力。通过改变农民的思想观念、习惯意识、行为方

---

① 〔英〕弗里德利希·冯·哈耶克:《法律、立法与自由(第一卷)》,中国大百科全书出版社2000年版,第68页。

式等可促进农民利益的整合,同时文化的整合、驱动、导向机制也有助于实现农民利益的协调发展。社区组织在建设特色社区文化上发挥着重要的作用。农村社区文化组织一方面保护和弘扬了我国农村的一些传统文化,使得一些农村的仪式、风俗、习惯、信仰得以保留和传承,部分还得到了发扬光大,使得这些传统优秀文化成为新农村建设的文化基础,并且发挥着新的贡献和作用。另一方面,一些以文化活动为主的社区服务型中介组织,如读书会、养花协会、庙会等,可以通过向农民提供相关的社会公共服务提高农民的文化素养,改变农民一些传统的思维观念,培养开放意识,促使农民以更加开放的视野看待社区整合。

四、农村社区组织为社区整合营造公共精神

公共精神是指公民具有积极参与公共活动,热心提供公共非营利性服务,关心公共事业的精神。社区公共精神可以促使该社区居民形成共同的社会心理和社会认同感,而相近或相同的价值观的形成往往有利于社区构造共同的社会理念,促进社区整合。社区组织尤其是非营利组织是培养强大的社区凝聚力,弘扬社区公共精神一种重要的资源,它能够强有力地动员组织成员达致共同的目标。农村社区的非营利组织可以自己的奉献和服务带来良好的外部效应:一方面能在实际上帮助社区中有困难的群体,解决他们的具体困难,削弱社会排斥,促进社区中的社会团结;另一方面也有助于传诵美德,培养农民的志愿精神。同时,农村社区非营利组织的活动还可以有效地强化农民的责任意识和合作意识,培育公益精神,使农民从浓重的小农意识逐渐走向社区集体主义精神,使农民心中除了"自我"还有"他人"和"集体"。农村非营利组织开展的志愿活动所形成的志愿精神在推动社区非营利组织自身发展的同时,也无形地促进了农民公益精神的形成,使分散的农村社区形成巨大的凝聚力。

五、农村社区组织为社区整合培育信任环境

信任是社会关系中的黏合剂。培养农村社区信任即在"原子化"的村民之间形成一种相互信赖的关系,使人与人之间的关系融洽和谐[1]。良好的社区信任可在农村社区建立稳定的社会秩序,使其由无序走向有序,从而有助于农村社区的整合。在当今社会信任程度低下的情况下,培养高水平的社区信任是一项较为艰巨的任务。而各种农村社区组织在培育社区信任方面发挥着巨大作用。

---

① 罗满妹:《农村民间组织的社区整合功能——基于国家与社会的关系视阈》,《湖南农业大学学报社科版》,2008年第2期,第58—61页。

首先,农村社区组织开展的各种娱乐活动,可以使原本互不关心的村民们因为相同的目的(如健身、娱乐)而聚集一起,进行各种思想交流和沟通,而长时间的相处和交流则有助于信任的形成。其次,农村社区组织通过组织村民参加公益活动,构筑起密切的横向社会关系网络,由于地位的平等,这种横向互动有助于维系社会信任。再次,农村社区组织如老年协会在调解纠纷的过程中也会促进社会信任精神的形成。纠纷得以顺利调解的一个重要前提是村民必须信任这些在社区中具有威望的人,于是调解的过程也成为社会信任精神的形成过程。最后,社区组织的存在使得社会网络的联系更加密集,使社会互动更加频繁,有利于消除误会,融合人际关系,而这些都有利于农村社区形成稳定的社会秩序,有利于社区整合。

六、农村社区组织为社区整合不断化解社区冲突

社区冲突是社区整合的天敌,化解社区冲突是社区整合过程中必须解决的首要问题。在农村,社区组织在调解农村社会纠纷、化解矛盾等方面发挥了重要作用。目前,在农村使用的规范或称为控制的手段主要有三种:大传统、小传统和国家法律。大传统是指古代以来所形成的行为方式和价值观念。大传统对社会控制的依据是"礼"。小传统是指新中国成立以来所形成的一套行为方式和价值观念。法律则是指现行的国家立法,即法律规范体系。[①] 对于农民来说,三种规范取向提供的纠纷解决途径分别属于两个领域:私人领域和公共领域。私人领域是基于社会网络的调解,是民间法认可的解决途径,它所依赖的原则是"人情"、"道理"。所谓"调处以情",主要包括宗族调解、亲友调解、乡里调解和行会调解等形式,这种调解方式主要建立在血缘、亲缘、地缘和业缘的关系上。由于农民对这种调解方式所需要的知识、运作方式、成本和收益最为清楚和熟悉,因而大多会选择社会网络调解纠纷[②]。而运用社会网络调解纠纷时,农村社区组织扮演着重要的角色,如我国农村社区的一些老年协会,在承担农村老人福利事务的同时,还承担着调解纠纷的职责。农村社区组织通过自身的努力,在消除影响社会团结的因素方面做出了巨大的努力。而只有不断地消除社区冲突,才能建构和谐社区,才能实现社区整合。

---

① 郭星华:《中国农村的纠纷与解决途径》,《江苏社会科学》,2004年第2期,第71—77页。
② 罗满妹:《农村民间组织的社区整合功能——基于国家与社会的关系视阈》,《湖南农业大学学报社科版》,2008年第2期,第58—61页。

复习思考题

1. 农村社区组织有哪些主要类型?
2. 在农村社区组织建设中应如何处理党的领导和村民自治的关系?
3. 农村社区管委会的职责有哪些?如何处理社区管委会与村委会的关系?
4. 农村社区中介组织在农村社区建设中的主要作用是什么?
5. 农村社区非营利性组织存在的主要问题是什么?应如何解决?
6. 农村社区组织在农村社区整合中发挥着怎样的作用?

案例:

位于广西壮族自治区中部偏东金秀瑶族自治县的大瑶山居住着盘瑶、坳瑶、茶山瑶、山子瑶、花篮瑶五个瑶族支系,集中了世界上最多的瑶族人口。石牌制是历史上金秀瑶族人民为求生存发展,对外抵御外界侵扰、对内保持社会安定而建立的自卫自治的法律制度和社会组织,是为维护社会秩序和生产秩序而共同订立,并镌刻在石牌上或抄写在纸上、木板上,供大家共同遵守的规约。从明代以来,它一直在瑶山社会管理中起着重要作用,较好地维护了金秀瑶山的社会秩序。

1992年金秀瑶族自治县长垌乡长垌村六架屯重新恢复石牌,在村中立了《长垌乡六架村石碑》,将新定的石牌律刻在石碑上,新石牌组织开始运作。石牌组织作为六架屯的社区组织,通过组织实施项目和管理项目,培养石牌组织成员的能力,从实施管理养殖项目、种植项目开始,逐步延伸到管理社区的各种事务。其已逐步发展成为一个自我组织、自我发展的农村自治组织。

2007年制定的《六架屯新石牌条例》规定,石牌组织由村民大会选举产生头人1名,副头人2名,会计1名,出纳1名。任期三年,可连选连任,若有不胜任者,召开村民大会重新选举;群众对其不信任、意见特别大的,可随时召开村民大会免去其职务。财务公开,一年一次以口头和书面两种方式公布。石牌组织是一个参与、公平、公正、公开和透明的组织,由全体村民共同监督其工作。

石牌组织管理社区是一种社区共管[①]的组织形式。石牌组织是经村民大会以不记名投票的方式选举产生的组织。按照村民讨论得出的工作职责和签订的

---

① 社区共同管理(社区共管)也被称为参与式管理、合作管理、共同管理,是管理自然资源、管理社区的一种多元化的方法,就是让社区村民成为社区资源利益和保护的主体之一,促进自然资源可持续利用,促进生物多样性,使社区自然资源和传统文化得到有效保护。

协议,协助社区村民对社区内自然资源、社区项目进行有效保护、合理利用、共同管理、利益共享、风险共担的草根组织。其指导思想,首先是承认社区村民及其集体是当地自然资源的主人;其次是充分相信村民具有管理好本社区资源的能力,社区资源、发展项目需要全体村民共同管理和监督。石牌组织受到参与式发展理念的影响而逐步明确自身的发展方向,即以人为本,消除贫困,关注弱势群体,共同发展。为达此目标,社区组织采取自我组织、自我发展、共同管理的运作模式。石牌组织管理模式如图1所示。从图1可见,石牌组织、监督小组都是由全体村民选举产生的,是全体村民的代表,他们在组织活动、管理社区的过程中承担着组织者和协助者的角色,而由村民代表组成的各管理小组具体管理不同的项目活动,农户也参与管理,只是分工不同而已。因此整个项目管理由不同管理小组在石牌组织统一协调下共同实施,村民在其中充当了重要的角色。

石牌组织中各种不同功能的管理小组,均由村民选举产生,履行不同管理职能。体现在:(1)共同做决策。凡遇重大事情,均由石牌组织在征求全体村民和各个利益相关者意见的基础上,经村民大会民主讨论、表决作出决定,即由全体村民共同决策。(2)共同规划。在项目确定后,全体村民共同讨论规划项目。(3)共同实施,共同管理。项目是由全体村民共同实施的,在实施过程中,有不同管理小组,这些小组背后有很多的村民参与管理和监督,如社区老人主要参与监督石牌组织的项目运作及工作方式和方法;社区妇女参与刺绣项目、养猪项目等活动,共同实施和管理项目活动;社区年轻人则参与社区文化活动和生态多样性活动,管理文化活动中心的各项活动以及生态农业项目;而基金管理即有男性村民,也有妇女参与管理;其他的项目活动全体村民都参加,同时参与管理和监督。这些小组和村民实际是在履行社区共同管理的职能,是一种社区共管的模式。而石牌组织在社区共管中的角色是组织者和协调者,组织召开村民大会,组织村民讨论、发表意见、达成共识,组织村民实施项目,组织村民参与项目管理,协调各方面关系,解决各种矛盾和纠纷等等。

社区共管功能还扩展体现在管理社区公共事务上。如公共水源问题,由于水源在山上,处于山腰密林处,经常有落叶、杂草、石头等杂物掉进水池,卫生及安全是水源长久以来需要解决的问题,但长期以来无人问津。石牌组织根据群众的意愿,组织全体村民讨论如何解决,并达成一致意见,集资买水管,将水源水引到山脚下,水源有专人负责管理,每十户人左右组成一个小组,轮流负责水源的清洁及保证水源水引到山下,同时维护水源附近的植被不被砍伐,保证水源得以长期饮用。石牌组织用集资的钱买材料,组织大家埋水管,维修护理水源,使社区群众有干净的饮用水。

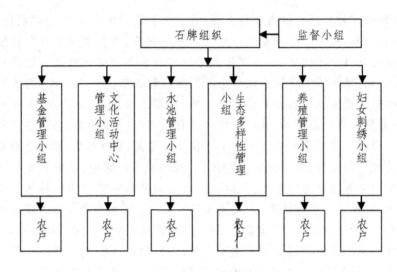

图 1　石牌组织管理模式

在社区,除石牌组织之外,还有一个与石牌组织平行的机构——监督小组,监督小组的工作主要是监督石牌组织的工作,包括工作程序如石牌开会讨论各种事务、作出决策的过程。而监督小组是由全体村民选举产生的,代表不同村民群体及其利益,他们有责任完成以下职责:一是定时或不定时向村民汇报监督工作情况,让村民了解项目进展、石牌组织工作情况等。二是随时收集相关信息,及时向石牌组织反馈村民的意见和建议,以促进石牌组织在组织协调、项目实施、工作方法等方面的改进和完善。同时,村民也参与到社区的监督工作中,他们随时可以向石牌组织反映情况,提出意见和看法。

新石牌组织在协助社区村民共同管理农村社区方面成效显著。新石牌律制定并实行以后,社区更团结和谐,村民更关心社区公共事务,更热衷于参加集体活动,也更重视瑶族传统文化。(邵志忠、过竹灵韵:《瑶族传统社区组织与社区共管——"传统知识与农村可持续生计行动研究"系列调研报告之二》,《经济与社会发展》,2011,9(11):110—116)

讨论:

本案例体现了农村社区组织在社区共管中的哪些重要作用?

第九章　农村社区公共设施

☞ **学习要点**

掌握农村社区公共设施的概念及其供给与建设的基本理论,学会农村社区公共设施供给不足的成因与对策,充分认识农村生产设施建设标准化与生活设施建设模式多样化的意义及实现途径,熟悉农村社区公共设施管理的基本内容与改进方法。

☞ **关键概念**

农村社区公共设施　农村社区公共设施供给　社区生产设施建设标准化　社区生活设施建设模式　农村社区公共设施管理

【引例】

自 2009 年 11 月我国山东省发布《中共山东省委、山东省人民政府关于推进农村社区建设的意见》以来,截止到 2010 年 10 月底,山东全省农村社区建设实验投入资金 20 亿元,其中 38 个实验县(市、区)投入达 10.6 亿元。各地把建设农村社区公共设施放在突出位置,积极改善社区办公和服务条件,建起了集办公室、警务室、图书室、文化室、居民学校、文化健身广场为一体的,设施比较完备、功能比较齐全、服务质量较高的农村社区服务中心。同时,注重抓好村庄综合整治,搞好农村道路、水电、通讯和污水、垃圾处理等基本生产生活设施建设,净化、绿化、美化社区环境。

第一节　农村社区公共设施建设

公共设施是农村社区的物质要素之一，对农村社区运行与发展起重要作用，故公共设施是农村社区建设与管理的重要对象。

一、农村社区公共设施的概念与功能

学界关于社区公共设施建设的研究较丰富。从1912年"邻里单位"概念的提出到20世纪30年代邻里单位社区规划思想在美国诞生，再到20世纪90年代"新城市主义"的提出，许多学者涉足这一研究领域，他们都将这种研究置于城乡规划和社区规划范畴中，形成相对独立的研究体系，并取得大量研究成果。农村社区公共设施从概念上属社区公共设施的组成部分。

1. 农村社区公共设施概念

广义理解，农村社区公共设施指一切为农村社区提供公共服务的设备或措施。广义农村社区公共设施包含农村社区治安绿化、医疗健身、文体教育、生活服务、卫生福利、公共屋、乡规民约、组织管理设施等涉及社会管理、社会生活、社会福利三方面[①]的内容。如，幼儿园（托儿所）、小学、中学、中等专业技术学校甚至社区大学、职业培训机构、特殊学校等教育设施；卫生院、卫生站、防疫及保健站、急救网络设施等卫生保健设施；群艺馆、图书室、青少年活动中心、文化馆、影剧院和书店等文化娱乐设施；体育馆、运动场、游泳跳水馆等体育设施；敬老院等社会福利设施；商业街、商场、综合超市、小超市、便利店、餐饮店等商业服务设施；村委会、办事处、派出所、治安联防机构、人防、物业管理、会议室、多功能社区活动中心甚至社区规章制度等等，都属于农村社区公共设施范畴。

另外，农村社区公共设施通常还包括以下一些方面：(1)道路交通设施，如乡村公路、公交场站、停车场、油气站等；(2)给排水设施，如给水泵站、污水泵站、雨水泵站等；(3)电力设施，如变电站等；(4)通信设施，如电话电报局、宽带(IP)局址、移动通信基站等；(5)广电设施，如有线电视分中心、有线电视小区管理站等；(6)燃气设施，如液化石油气储配站、天然气站、燃气抢修站等；(7)消防设施，如小型普通消防站、林区特勤消防站、消防培训基地、消防修理分队等；(8)环卫设施，如垃圾转运站、垃圾填埋处理场等。

---

① 陈伟东、张大维：《社区公共服务设施分类及其配置：城乡比较》，《华中师范大学学报（人文社科版）》，2008年第1期，第19页。

第九章 农村社区公共设施

狭义理解,农村社区公共设施指为农村社区提供公共服务的基础设施、硬软件设备等物质条件。狭义农村社区公共设施概念主要指称的是农村社区公共健身器材、通信工具、水电管网、诊所影院、道路仓库、消防用具、场馆建筑等具体物质对象。一般讨论中经常使用的正是农村社区公共设施的狭义概念。比如,农村社区中的绿地、道路、路灯、地下(上)线路和管道、停车场(库)、配电房(室)及电器设备、水泵房(室、井)及水泵、会所、门卫室、人防用房及设备、消防用房及设备、电梯、假山(水)、健身娱乐设施、公告牌等,都属狭义公共设施。

由于农村社区地理位置的特殊性,农村社区和农业生产活动区域紧密相连,农业生产设施如农田水利、仓库等也因此成为农村社区公共设施的一部分。另外,道路交通等基础设施既服务社区成员生活也同时服务于农业生产。因此,狭义农村社区公共设施又与通常讲的农村基础设施概念有密切联系。所谓农村基础设施,是指为农村社会生产和农民生活提供公共服务的工程技术类设施,是用于保证农村地区经济社会活动正常进行的公共服务系统。它是农村社会赖以生存发展的一般物质条件。农村基础设施一般包括:交通设施、农田水利设施、水电通信设施、基础教育设施、医疗文卫设施等。

2. 农村社区公共设施的功能

从社会学角度讲,公共设施是满足人们公共需求(如便利、安全、参与)和公共空间选择的设施,其社会功能在于为农村社区社会活动的开展提供技术性支持条件。农村社区公共设施正是农村社区得以存在的重要物质基础,是农村社区开展生产生活等经济、社会实践活动的重要工具。所以,农村社区公共设施既具有直接的社会服务功能,作为经济基础又能产生更深远的影响。

(1)为农村社区生活提供便利。具体表现在如下方面:第一,净化美化居住环境,比如垃圾桶、植绿、假山水池、乡村小公园等。第二,方便日常生活,比如一些商店、健身器材、水电设施、公路、通信设施等。第三,提供健康的精神生活和发展性服务,比如,文化室、图书室、学校等。第四,提供安全与保障,比如物业、诊所、互助中心等。

(2)为农村社区生产活动提供必要服务。直接为农业生产服务的农田水利设施,主要有水库、河道、机井、仓库等。

(3)有助于提升农村社区整体品质。具体表现如下四个方面:第一,可获取最大的社会效益。因免费使用带来的好名声和体现人文关怀,利于树立塑造现代化的、高度文明的新农村形象。这样的效益远比收费取得的经济效益大,充分展示现代社区"一切为社区成员,为社区每一个人"的价值理念。第二,容易和迅速凝聚人气。因社区公共设施免费使用将大大降低社区常住成员的生活开支,同时吸引更多外来人入住,增加社区税收,提升社区公共财政能力。第三,有利于消弭贫富差距带来的社会冲突或对抗。从社会产品分配意义说,免费公共设施越多,意味着社会财富分配越公正,经济收入低的人越会从中分享到农村经济高速增长带来的成果,从而放弃或减轻仇富心态,促进社会和阶级的和谐。第四,有助于提升人的素质。人们在接受公共设施免费服务中,感受最多的是现代文明的舒适温馨,从而强化现代公共意识、养成良好的消费习惯,有利于构筑农村社区健康的精神家园,打造完美的现代乡村精神,增加社区品牌价值。

二、农村社区公共设施供给与建设条件

鉴于公共设施对于农村社区的特殊功能,任何农村社区都应加大公共设施的供给和建设。

1. 作为公共产品的农村社区公共设施的供给

(1)经济学视野中的公共产品。公共设施是由属于社会的公众享用或使用的公共产品或劳务。根据公共经济学的观点,公共设施是一种公共产品或劳务。公共经济学认为[①],一些产品或劳务因自身的特点会导致市场失灵。其中,公共产品或劳务具有与私人产品或劳务显著不同的三个特征:效用的不可分割性、消费的非竞争性和受益的非排他性。凡是可由个别消费者占有和享用,具有竞争性、排他性和可分性的产品就是私人产品。介于二者间的产品称为准公共产品或俱乐部产品。

在农村社区公共设施中,纯公共产品和俱乐部产品都存在。比如乡村公路、环境绿化的使用过程就具有非排他性,任何人也不能排斥别人使用。乡村公共文化与信息设施的使用就具有非竞争性,个别人使用与许多人使用的成本差别不大。即使对农田水利和一些休闲娱乐设施而言,使用效用也不好明确分割。特别是对于水电气等公共设施,属于自然垄断行业,村民或个别供应商无力提供,也需要公共部门积极发挥作用。针对其中的覆盖面广、需求迫切的公共设施,农村社区政府要勇于承担供给任务或组织统筹工作,满足村民日益增长的生产生活、物质文化等多种需求。

(2)农村社区公共设施的供给理论。从理论上讲,纯公共产品需由公共部门供给;俱乐部产品需社会统筹,使用者须承担部分使用成本。在农村公共设施供给中,要区分纯公共产品和俱乐部产品,以及全域性(区域性)和局域性(邻里性)公共产品。相对而言,农村社区公共设施中的纯公共产品主要有环境绿化、

---

① 〔英〕拉本德拉、贾:《公共经济学》,中国青年出版社2004年版,第72—75页。

医疗诊所、幼儿园、道路交通以及其他基础设施,需由政府统一提供。俱乐部产品包含范围非常广泛,它的提供可运用社会统筹方法。所谓全域、局域公共设施,是相对而言的:第一,全域性公共设施是指覆盖较大区域的公共设施,空间范围较广,由全社区成员共享。主要有区域性图书馆、信息网络中心、区域性文物馆及展演中心、专门医院、区域体育场馆、区域文艺中心、区域文化中心、健康与信息咨询服务中心等。第二,局域性公共设施指小区的公共设施,覆盖的空间范围较窄,距离部分社区成员很近。主要有户外开放场地、邻里绿地、小型运动设施、小区活动中心、儿童游戏场地、幼儿园、公共厕所、消防站、变电所、垃圾站等。

全域性与局域性公共设施的提供将会涉及农村社区政府的不同管理层次及统筹涉及面。经济学的实证分析表明,社区政府依托社区公共设施提供的公共服务是整个社会公共服务的一部分,性质上不同于具有社会导向的公民个人服务或私人服务(如心理咨询治疗、职业咨询、家政服务、身心保健等)。无论是全域性公共设施还是局域性公共设施,它们主要的服务对象都是有着公共需求或者共同偏好的群体,如社区的老人群体、儿童群体、妇女群体、外来流动人口等。凭借和依托农村社区公共资源,社区提供的公共服务会愈来愈普及,社会成员的受益面会更广、受益人数会越来越更多。

2. 农村社区公共设施建设条件

(1)农村社区公共设施建设政策与社会环境条件。

农村社区是现代社区的一种独特类型,是在人口密度、社会分工及制度组织上具有鲜明特色的社区类型,在人类生活进化谱系中既有悠久历史又有现代气息。从哲学上看,农村社区公共设施本质上是一种人化或人工自然,其本身也是社会的产物,具有社会性。据社区社会学研究,当代社区早已不是自给自足的、同类的村庄,而是连接到更大规模的社会共同体之中[①]。所以,社区公共设施建设高度依赖政策和社会环境。农村社区公共设施建设与社会政治经济体制特别是农村经济政策密切相关。以我国为例,改革开放以来,特别是农村实行"包产到户"政策以后,农村社区公共设施建设一度出现萎缩。截止到2010年,农村人口占总人口的比例虽已从70%以上降到50%左右,但目前农村的基础设施、公共产品、公共服务等建设大大落后于城市。

随着国家现代化建设的不断推进和社会主义市场经济深入发展,政府财政收入和农民收入在逐步提高。农村社区在逐步成长,并成为不同于传统意义的乡村社会。农村社区公共设施应越来越多,公共设施与村民的关系应越来越密

---

① 徐琦等:《社区社会学》,中国社会出版社2004年版,第18页。

切，与社区经济应越来越紧密，政府对社区公共设施的关注度会愈来愈高。中国共产党十七次全国代表大会明确提出"把城乡社区建设成为管理有序、服务完善、文明祥和的社会生活共同体"，强调要把农村社区建设置于与城市社区建设同等位置。

在改革过程中，我国各级政府逐步明确职责定位，加大对公共产品的投入力度。进入21世纪后，建设现代公共政府已成为政府行政管理改革体制的主要内容和目标。在此背景下，农村社区政府发生了五大转变：由管理型政府向服务型政府转变；从利益政府向中立型政府转变；由全能政府向有限政府转变；从神秘政府向透明政府转变；从权力政府向责任政府转变。在新型的政府行政管理体制中，农村社区作为公共管理组织，主要任务之一就是整合社区公共资源，运用公共财政提供包括公共设施在内的社区公共产品，满足社区成员对公共设施需求，使农村社区真正变成公共行政型单元，做到以社区单位为社区、以人为本的发展。

另外，提供公共服务的非政府组织在成长壮大，村民自治范围正逐步扩大。这些也都是目前农村社区公共设施建设受到关注的体制性背景。

进入工业社会后，农村社区成员对公共空间的要求越来越高。公共空间是公共生活展开的舞台，生活在农村社区的人几乎都有一种自发地保持与他人行为活动相协调的愿望和同他人交流信息、互动的动机。满足这一愿望和动机，构成农村社区公共设施之所以被人们需求的心理基础和共同利益基础。公共空间越大，公共生活的舞台也就越大，人民的生活质量也会越高。而公共设施正是提供公共空间的平台和手段。

可见，农村社区公共设施直接关系到农村社区成员的切身利益，没有一定数量的公共设施，就不成其为农村社区。相反，生活在一个公共设施完备的农村社区，人们的生存条件和生活质量、对公共生活的参与、和谐的人际关系培育将具有充分的物质基础。正是从这个意义上讲，没有公共设施以满足社区公共空间需要，农村社区发展将是一句空话。提高社区公共设施的数量和品质，在未来农村社区发展中将占有越来越重要的地位。

经济和社会的现代化进程为农村社区公共设施建设提供了契机。在计划经济时期，私人空间和公共空间几乎合而为一。但鉴于经济水平，农村社区公共设施的建设一直处于低水平状态。另外，计划经济时代的社会同时也是相对封闭的社会，这种社会中一切都按规矩和程序办，人们参与交流的机会少，对公共空间的要求较低。改革开放以后，我国社会从封闭式逐步进入开放社会，经济在高速增长，人们的需求层次在不断提高，希望公共空间能更大一些。所以，社会的进步和经济条件的改善不仅有利于农村社区公共生产设施建设,更极大地推进了社区公共生活设施建设和公共空间的迅速扩展。

(2)农村社区公共设施建设的科技支撑。

农村社区公共设施建设涉及农村社会学、技术经济学、设备管理学、物业管理、环境科学、土木工程、电力工程、给排水工程、农业工程、系统工程等广泛的科学技术专业领域。比如,从农村社会学和经济学视角,对农村社区公共设施的分类及发展趋势做出分析,正确制订农村社区发展战略,从而更合理地规划和建设公共设施,使农村社区管理体现以人为本。设备和物业管理等管理学有利于农村社区公共设施日常管理的科学化,有利于公共设施的维护和有效利用。环境科学、建筑规划、水电工程等科技知识为农村社区公共设施技术方案设计和科学施工提供科技支撑,特别是要能结合农村社区人口、资源、环境实际特点进行创造性研究开发与设计。

与城市社区相比,农村社区公共设施建设中容易出现专业、专职管理人员数量不足,实用型工程科技人才缺乏的现象。政府有关部门要重视农村社区公共设施建设工作,主动培养或聘请农村社区公共设施建设专门人才,负责组织实施、沟通协调、管理维护具体工作。要大力建立一支稳定、能吃苦并善于因地制宜创新的应用型、复合型农村社区公共设施建设人才队伍。大力推进"方便群众、便于管理、共驻共建、资源共享、节约成本、提高效率"的农村社区公共设施建设。

第二节 农村社区公共设施供给短缺之因

虽然完善的公共设施是农村社区特别需要的,但受多种原因制约,我国农村社区公共设施供给,相对城市社区而言,严重不足。故农村社区建设须设法解决这个问题。

一、农村社区公共设施供给不足现象

由于种种原因,农村社区公共设施供给不足成为制约农村社区开展公共服务和村民正常生产生活的一大障碍。农村社区公共设施供给不足现象大致分三类:

1. 公共设施总量供给不足

此类情况包括基础设施建设滞后、公共设施覆盖面狭小、质量低下、未能实现均等化、软件建设不受重视等。基础设施建设滞后是工业化、城镇化早期阶段农村社区公共设施供给最易出现的问题。随着经济和社会发展,农村社区基础设施供给不足现象虽会得到缓解,但问题不易得到根本解决。以我国为例,目前农村基础设施建设中的农村交通、电力、通信、医疗等方面取得很大成绩,但在文化体育、环境卫生、市场建设等方面供给严重不足。其中虽然有些方面在覆盖率上有所提高,但其供给质量较低、可及性差,发达地区与中西部未能实现均等化。以湖南中部地区为例,据一项调查研究显示,与旺盛的需求相比较,农村社区公共设施建设存在供给短缺问题[①]。统计结果显示,在所有农村社区公共服务设施中,覆盖率达到100%的只有2项,即村组织办公用房和信息服务。覆盖率在50%至100%区间的也只有两项,即村级诊所(96%)和小学(60%)。覆盖率低于50%的有9项,其中室外健身活动场所覆盖率最低,25个样本社区中只有2个农村社区拥有室外活动场所。并且,目前社区公共服务设施配置不仅存在城乡失衡问题,而且存在村际失衡问题。从2005年全国百城社区公共服务设施覆盖率看,文化站(图书室)、养老院(托老所)、治安室(警务室)分别为66.69%、32.32%、80.11%,分别比样本农村社区高30.69、14.32、44.11个百分点。可见,农村社区公共服务设施配置现状不仅存在短缺问题,而且存在城乡失衡问题,未能实现公共设施服务均等化。另外,农村社区公共设施可及性较差。农村社区公共设施可及性是指农民享用社区公共设施方便的程度。相对于城市社区而言,农村社区成员居住分散、人口密度低,如果供给密度不够,易产生社区公共服务设施可获得性低问题。

2. 发展性和非基本性公共设施供给不足

此类情况易造成基础教育、文化体育、休闲娱乐、可持续发展等公共设施建设落后状况。据马斯洛需求层次理论[②],农村社区公共设施需求,随经济发展、农民生活水平提高将逐步转向较高层次。故在经济高速发展时代,农村社区可能出现公共设施供给"青黄不接"的结构性困境。据统计,目前我国农村边际消费倾向中,文教娱乐、交通运输、医疗保健的消费倾向分别为0.1925、0.1861、0.1625,而食品、居住、衣着、家庭设备及服务则分别为0.1608、0.037、0.1256、0.026。[③] 农民文化体育等非基本类公共需求激增。但由于观念滞后等因素,农村社区经常会出现文体活动场地面积不足、设施陈旧老化、利用率不高甚至被挤

---

① 湖南师范大学课题组:《散居型农村社区公共服务设施建设的问题与对策——基于湘中25个行政村的实证研究》,共青团湖南省委,2011年。
② 彭聃龄:《普通心理学》,北京师范大学出版社2004年版,第330页。
③ 李英哲:《我国农村公共产品供给不足的实证分析及建议》,《财政研究》,2009年第2期,第42页。

占挪用等情况,客观上造成这类公共设施供给不足。特别是,有利于农民自身及农村经济增长的发展性需求,如教育需求非常迫切。而公共教育不足导致中小学校舍破旧,教学设施简陋,教师工资拖欠情况严重,教学质量低下,农村后备人才缺乏。农民素质不高,不能适应农业经济发展需要,不能适应农业规模化、产业化的生产方式,长此以往必将阻碍农村经济进一步增长。

3. 满足差异性需求的公共设施供给不足

因未能细分因地域、人群、经济发展水平差异而带来的差别化需求。不同地域的人群其需求会有差异,比如北方农村社区有供暖要求。农村社区中的文化水平较高阶层、回乡民工、老年人等不同人群需求差异较大。经济发达地区农村社区对商业购物、保健、休闲等方面的需求更强烈。如果不能细分这些需求差异,则可能一方面会造成一些农村社区公共设施资源配置浪费,同时又却带来了另一些公共设施供不应求问题。这属于农村社区公共设施供给不足的较复杂情形。

二、农村社区公共设施供给不足之因

以上农村社区公共设施供给不足现象,是由如下原因造成的:

1. 相关制度造成农村社区公共设施供给不足

(1) 不合理的财经制度造成农村社区公共设施供给不足。以我国为例,新中国成立以来长期实行的"城乡二元"体制和"以农补工"政策,中央财政对农村公共设施建设的投资较低,农村公共设施建设很大一部分是由基层政府,主要是乡镇政府组织实施。在国家财政支持有限而大部分乡镇政府财力困窘情况下,为弥补制度内筹资不足,乡镇政府转而向农民进行预算外和制度外筹资。乡镇政府可就办学、计划生育、优抚、民兵训练和交通这五项公共事业所需经费在全乡统筹,村委会向农民收取三项提留,即公积金、公益金和管理费,农村公益事业兴建则由农民以"义务工"和"积累工"的形式承担。鉴于实际生产力水平和农民经济承受能力,加上农民其他不合理负担产生的"挤出效应",农村社区公共设施供给不足问题也由此产生。据统计,目前乡村负债的15.20%—25.80%是由中央支资金配套造成的问题,在现有政策不改变情况下,其状况可能进一步恶化[①]。从经济学观点看,配套资金问题实际上是由基层政府的财权与事权不统一,全国性公共产品与地方性公共产品、跨地区性公共产品的供给责任划分不明

---

① 温铁军等:《中央支农资金配套制度对中国乡村负债的影响:一个初步估计——以中西部地区贫困县为例》,《中国农村经济》,2009年第2期,第13页。

确以及"行政软强制"的综合产物。尤其是在经济发展放缓的情况下，中央转移支付的地方配套资金更难筹措。农村社区公共设施供给因而成为无源之水。

（2）农村社区公共设施建设法律法规缺失造成农村公共设施供给不足。主要表现在：第一，对政府提供公共产品与服务范围、责任、方式、监督的法律缺失。这既是造成我国基层政府事权、财权不对称法律层面的原因所在，也导致中央支农资金的转移支付多表现为临时应对性强、缺乏长远规划与资金转移的稳定性。中央政府与地方政府在农村公共设施供给责任上划分不尽合理，农村基层政府的事权大于财权，承担着许多应该由上级政府承担的支出，如基础教育等。实行九年义务教育是我国的一项基本国策，目前义务教育投入中，70%以上由乡镇负担，9%左右由县财政负担，中央及省财政只负担17%。税费改革之前农村义务教育投入已经不足，但尚可勉强维持运转。税费改革后，义务教育的经费来源更加紧张，农村义务教育的投入受到严重影响，投入不足的问题更加严重。法律制度的缺失不仅造成资金供给不稳定，还加大公共产品提供的政府"交易成本"。为加强我国农村公共设施建设，2008年2月，国务院出台《国务院农村综合改革工作组、财政部、农业部关于开展村级公益事业建设一事一议财政奖补试点工作的通知》。毋庸置疑，一事一议制度充分发挥了政府投资的导向作用，取得一定成效。但同时由于政策宣传不到位，导致信息不对称，再加上政府在整个运行过程中有着政治上和经济上的主动权，作为经济人的政府有追求自身利益的最大化的倾向，导致出现类似新型医疗合作制度推行过程中的"套资"冲动和"钓鱼"工程，使政策执行出现偏差。第二，民间资本参与农村公共设施提供缺乏操作性强的制度支持与保障。国家对民间资本参与农村基础设施建设及其他公共产品与服务的提供往往采用"定性"性规定，如鼓励、提倡、加大等措辞，缺乏民间资本进入许可、优惠政策、市场银行融资、监督管理等方面的定量性规定，这就导致民间资本发挥作用的制度导引、辅助、监管机制的整体性缺失。

2. 供给管理决策和运作方式造成农村社区公共设施供给不足

除制度和体制方面的原因，管理决策和运作方式也是影响农村社区公共设施供给的重要因素。

首先，"自上而下"的公共管理决策程序不尽合理。如果农村公共产品的供给主要不是由乡、村社区内部的需求来决定，而是由上级的指令来决定，就无法反映乡、村内部的真实需求。在这种机制下，不可避免地增加无效公共产品的数量和超越农民经济承受能力，浪费本来就十分紧张的公共设施供给资金。在运作方式上，以我国为例，农村社区公共设施的提供与生产主体基本上由政府承担，民间资本很少涉足。由于政府失灵的存在，对于俱乐部产品以及公共设施具体运作方式来说,结合市场机制来供给的效率要大于政府直接生产供给的效率,政府的越位不仅造成供给效率低,而且造成自身负担过重,最终影响农村社区公共设施的供给。目前,我国农村公共设施建设主要采用的是政府出资承包给法人,在政府招标过程中,往往是政府先与法人就项目资金、质量标准、交付期限等协商一致。接下来,存在三种可能运行方式:第一种情况是政府先付资金,法人后建设,政府验收。由于政府担心失去对项目建设的监控权,政府不愿采用。第二种情况是法人先建设,政府验收合格后支付资金。由于法人需要足够的资金,而且承担着"沉淀成本"的风险,法人不愿采用。第三种情况是项目开工前按一定比例预付资金,待验收合格后支付剩余资金。由于其折中了前两种方法,第三种成为最佳途径。但是,由于双方都以对方承担着"沉淀成本"风险而分享对项目的控制权。在政府与法人的利益博弈下,政府不愿意默认自己当初抉择的错误或法人满足政府官员个人利益的情况下,接受质量不高甚至不达标的项目。由于建设过程中主体环节的脱节,导致出现问题后互相推诿,更为重要的是政府缺乏成本意识,造成农村社区公共设施供给效率和服务质量低。

另外,农民的主体地位被忽视也对农村社区公共设施供给状况产生影响。农民的有效参与是保证农村社区公共设施符合民意的关键。在我国目前农村社区公共设施建设中,民众的参与性被忽视,结果造成供给效率低下,甚至适得其反。随着我国现代化建设事业的推进,我国农村社会呈现出阶层化现象。我国农村社会主要出现了以下几种阶层:农业经营专业户以及乡村工商业个体工业户阶层;学历较高和老革命阶层;乡镇和村级干部阶层;"纯农民"或农民工阶层。社会资源分配的不均衡导致纯农民阶层在农村建设中的人微言轻,而很多农民工又长期在外务工,加之我国农民的参与意识整体性不强,导致农民主体地位被严重忽视。所以往往缺乏自下而上的利益需求表达动力和机制,结果造成农村社区公共设施供给效率低。

三、农村社区公共设施供给不足之对策

农村社区公共设施问题是农村社区发展不可回避的问题,愈来愈受到农村社区政府乃至现代公共政府的关注与重视。但是在实践过程中,农村社区公共设施供给不足又是一个亟待解决的复杂问题,需要在体制制度、管理运作方式等方面进行改革和完善。要着重从以下几个方面考虑对策。

1. 加大农村社区公共设施建设的财政转移支付力度

明确各级政府的职责,全国性公共产品如环境保护、大江大河治理、义务教育、农业基础科学研究等由中央政府提供财政支持。有些跨地区的农村公共设施建设可由地方政府承担为主,中央政府给予一定的财政补助,并做好地区间的协调工作。同时要按照事权和财权一致的原则,赋予地方政府一定的财权,完善分税制,使农村公共设施的供给在制度上有一定的财政来源保障。国家要本着公平原则,对贫困地区通过转移支付形式对农村公共设施包括农业基础设施、卫生防疫、义务教育、环境保护等建设项目予以支持。

2. 尽快出台农村社区公共设施建设规制

加强制度建设,加快制定农村社区公共设施建设法律体系,通过法治化途径使农村社区公共设施建设获得稳定的制度性保障。通过制定相应配套和程序性法律法规,保证政策执行既有指导思想有"轨迹"可循,提高政策的可行性。制定并颁布农村社区公共设施建设法规和制度,为农村社区公共设施供给提供规制保障,推动农村社区公共设施建设。

3. 完善农村社区公共设施供给决策机制

尽快建立由农村社区内部需求决定公共设施供给的机制,完善农村社区民主建设;公共设施供给的决策需经民主表决,对重大投资决策做到一事一议。加大对财政等农村社区公共资源使用的监督和检查力度,增加资源使用的透明度,坚决杜绝权力腐败行为。在我国,特别要注意认真贯彻执行《中华人民共和国村民委员会组织法》,使农民有组织地参与管理社区事务,充分发挥农民在农村社区公共设施建设中的主体作用。

4. 拓宽农村社区公共设施的供给渠道

在目前基层政府财力不足的情况下,政府无法投资兴建大量公共设施,因此我们要积极探索、努力实现农村社区公共设施供给方式的创新。可以借鉴城市社区公共设施建设的经验,在明晰产权的前提下,积极引进民间资金和外资,加强社会统筹,构建农村社区多元化的公共设施供给渠道。具体来说,就是那些进入成本不高、可以利用收费来进行排他的准公共产品类设施,按照谁建设谁收费、谁受益谁付费的原则,通过市场机制来收回投资。政府只是予以监管指导,并创新农村金融机制、提供信贷优惠。比如,就具体方式而言,在我国社区建设中目前较为流行的模式有"BOT"模式和"PPP"模式。但是由于农村公共设施盈利性特别弱,有些甚至没有,政府参与可以适当降低投资方的风险,又可增加公共设施供给的公平性。因此,相对而言,PPP模式较适合我国农村公共设施建设。

5. 促使农村社区公共设施建设主体达成共识

农村社区公共设施建设是不同利益主体博弈的对象,站在不同立场上会有不同的考虑和算计。农村基层政府负责人要做出政绩,树立社区品牌,希望在公共设施项目上搞些形象工程；农村社区成员特别是经济收入不高者，从自身利益出发，希望农村社区公共设施更多些；商业经营者和房地产投资者，视中标公共设施项目为赚钱盈利的机会，极力主张多上一些公共设施项目；从国家宏观政策来看，进行大型的农村社区公共设施建设，可以说是最典型的集体消费，不仅可为农村社区劳动者提供就业岗位，还可拉动需求，吸引投资，发挥对农村旅游、文化等相关产业的牵动作用。所以，加大对农村社区公共设施的投入容易成为各方主体的共识。只要各方主体达成共识，农村社区公共设施建设就更快。

第三节 农村社区生产设施建设标准化

生产设施是农村社区发展社区经济的基本条件，自然成为农村社区特别需要的公共设施。不过建设农村社区生产设施，必须标准化，否则难以保证农村社区生产设施发挥实际功效。

一、农村社区生产设施标准化的内容与意义

标准化指为在一定的范围内获得最佳秩序，对实际的或潜在的问题制定共同的和重复使用的规则的活动。它包括制定、发布及实施标准的过程。农村社区生产设施建设实行标准化包含了丰富内涵及深刻现实意义。

1. 农村社区生产设施标准化的具体内容

生产设施指直接服务于农业生产或为社区日常活动提供技术支撑的基础性的设施。比如，农田水利、消防照明、道路交通、水电管网、建筑场馆等。由于社区生产设施建设标准化既包含局部设施建设，又包含整个农村社区生产设施的统一配套工作。所以，农村社区生产设施标准化包括技术及配置标准化等具体内容。

首先是生产设施的技术指标要实现标准化。这既是农村社区生产设施建设标准化的重要内容，同时又是整个农村社区生产设施建设标准化基础和前提。如道路交通设计时要尽量采用最新的国家等级标准，堤坝房屋设计施工是要参考国家防洪抗震和消防新规程。要尽量优化技术参数，做到安全科学、切实可行。比如，建筑面积、空间距离、容量功率等指标都要有明确参数标准。

从农村社区规模上，还要实现生产设施配置标准化。生产设施间配套、按人口数配套等都要实行统一标准。由于现代工业生产的特点，上下游产品之间技术上都有接口问题，农村社区公共设施之间的配套问题务必引起高度重视，特别是新旧技术兼容问题。如电脑与一些终端设施之间连接问题、水电气与土木工

程施工的配合问题都不应忽视。农村社区生产设施配置总量还应与社区人口数量、社区开展活动规模和社区等级相适应,不能大小社区一个样。比如,消防器材人均配备量、活动中心密度、各类服务机构覆盖率等,都应标准化。

2. 农村社区生产设施建设标准化的意义

(1)有利于实现农村社区规划科学性、管理规范性和设施使用可靠性。首先,生产设施标准化建设利于实现农村社区规划和设计的科学性与合理性。传统上,城市社区建设有市政工程部门、资质企业专门负责,而农村建设依靠土方法甚至受到封建迷信思想影响,农村社区规划建设缺乏现代科技的有力支撑。结果,整个农村社区格局散、乱,既浪费宝贵的土地资源,有些地方甚至还隐藏消防等严重安全隐患。大力推进农村社区生产设施标准化将对提升农村社区规划建设科学化水平具有重大意义。其次,生产设施建设标准化对于社区建设实现规模经济,并为管理规范性提供基础和动力。根据经济学理论,标准化可以产生规模经济效应、节约生产成本。同时,生产设施标准化对于提高农村社区生产效率,提高公共服务质量,特别是促进社区管理相应规范化、科学化具有重要作用。当然,标准化可以增加农村社区生产设施使用上的可靠性、方便性和安全性。在现实中,使用上的安全可靠是衡量农村社区生产设施功能水平的重要标准,也是考量农村社区提供公共服务水平的最终依据之一。

(2)有利于推进农业现代化、农村城镇化、社会服务均等化。农业现代化是我国现代化建设事业的重要组成部分,农村社区生产设施标准化对于推进农业现代化具有十分重大的意义。首先,可以抵御各种自然灾害的影响,并极大地提高农业劳动生产率。据研究,现代农业有从"平面式"向"立体式"发展趋势。通过利用各种农作物在生育过程中的"时间差"和"空间差"进行合理组装,精细配套,可组成各种类型的多功能、多层次、多途径的高优生产系统。这就需要农业生产设施建设密切配合,做到生产设施种类齐全、技术标准统一。另外,农村社区生产设施标准化对于推动农业工业化、多功能农业的经营发展也具有不言而喻的意义。生产设施的标准化有利于提高农村社区生活的现代化水平,推进农村现代化。特别是,社区生产设施和服务的改善,将有助于实现农村城镇化。从而稳定农村人口数量,缓解大城市扩容压力。农村社区生产设施标准化还将有助于实现社会服务均等化。地区差别一直是我国经济社会发展不平衡的重要原因之一,通过生产设施标准化建设将有助于缓解社会服务不均等态势。当然,彻底统一标准和实现服务均等将具有逐步性和过程性,必须充分尊重区域差异的客观现实性。

二、农村社区生产设施建设标准化的实施条件及对策

农村基层政府推动标准化的意识和决心是农村社区生产设施标准化的制度前提。这是由于生产设施的供给者主要是地方政府,并且由于标准化实施的涉及面广,也需政府统一组织、领导、监督、协调。同时农村社区标准化生产设施的设计、安装和维护需要相应的技术条件和实施条件。特别是,如果缺乏对口设计人才、施工队伍和维护管理人员,农村生产设施标准化就无法实现。农村社区生产设施标准化还需在使用过程中用户的素质相应提高。标准化意味着更高的科技含量,如果村民使用不当,则生产设施标准化的最终价值并为实现,这同时会制约农村社区生产设施标准化工作的继续深入开展。还须注意生产设施标准化与因地制宜的关系。由于农村社区所处地理位置、所面临的环境千差万别,比如有的地处平原、有的在丘陵,有的地方水利资源良好、有的地方大牲畜资源丰富,有的地方原有设施布局情况复杂,所以生产设施标准化特别需要考虑因地制宜,不宜千篇一律。如我国农业生产的机械化运动在丘陵地区就无法真正实施。

在实践中,农村社区生产设施标准化的实施总会遇到各种问题。比如,社区领导推动标准化的意识不强,措施不力;缺乏因地制宜标准化设计和维护人才;农民对待标准化态度消极、有的甚至有抗拒心理等。所以,要加强对政府领导人员以及农民生产设施标准化意识教育。通过反复讲解标准化的好处以及标准化发展趋势,使其改变态度、形成共识、提高积极性。造就一支农村社区生产设施规划设计、组织施工和管理维护专业队伍,保证农村社区生产设施达到标准。

特别是,各级政府要在农村社区生产设施标准化方面加强规范指导、加大投入,从政策、人才、财力等方面进行支持引导。比如,农田水利设施是农业生产的重要基础设施,是农村经济社会发展的基本保障条件,也是农村社区生态文明建设的重要支撑系统。在实践中,可以在政府统一领导下,因地制宜,采取有效措施,通过加大投入,用农田水利设施标准化建设来推进农业现代化。

首先,要明确目标,在标准上求统一。我国大多数农村,人多地少,水资源时空分布不均,农田水利设施仍然是农业农村建设中的薄弱环节。政府必须高度重视农田水利工作,根据当地具体实际,制定出关于开展农田水利标准化建设的指导意见,通过建立和推行科学、统一的建设标准,大力开展农田水利标准化建设,增强农业综合生产能力。为加快农田水利设施标准化建设,浙江制定了《浙江省粮食生产功能区和现代农业园区农田水利建设标准》,明确该标准为全省农田水利建设的指导性标准,并列入省级地方标准申报计划,各涉农部门农田水

利项目建设都必须严格按照执行①。

同时,加大投入,在政策上加强保障。为实现目标,建立健全公共财政对农田水利投入的稳定增长机制。明确规定新增建设用地土地有偿使用费等土地整治资金用于农田水利基本建设和保护方面的支出比例。同时,从标准化的管理机制上解决农田水利标准化建设中工程监管体制以及基层水利服务体系中存在的问题。积极推进流域水利服务机构建设,加强乡镇农业公共服务中心的水利服务功能,明确公益性职能。通过政策导向、资金扶持,推广成功经验,确保农田水利设施长期发挥效益。

第四节 农村社区生活设施建设的多模式策略

生活设施是满足农村社区居民生活需要的物质条件,也是农村社区特别需要的公共设施之一。由于地理环境的差异,农村社区生活设施建设须走多样化道路。

一、农村社区生活设施建设模式多样化的意义

农村社区生活设施是指直接满足社区村民生活和福利需求的公共设施,比如餐饮娱乐、运动健身、文化休闲、卫生保健设施等。农村社区生活设施建设模式指生活设施的种类、风格、特色等方面的特征,比如采用中式、西式还是中西结合式,或突出"绿色社区"、"和谐社区"、"人文社区"等主题概念。农村社区生活设施建设模式多样化的意义非常大。

1. 发挥社区公共设施服务功能

由于人们生活需求具有高度的主体性特征,生活设施建设模式的单一化不利于真正满足实际需要。要真正发挥农村社区生活设施的功能,就必须在建设模式上实现多样化。以医疗设施为例,由于医务人员数量偏少、缺乏全科医生,农村社区医疗站点的服务内容往往仅限于诊治极少数、极普通的几种疾病,并且其预防保健功能并未充分体现出来。

2. 满足村民丰富多彩多种生活需求

随着农村经济的发展和农民消费观念的转变,农村社区生活设施建设模式多样化已越来越迫切。主要表现为农民医疗保健服务需求增加、精神文化类消

---

① 《用"标准化"助推"现代化"——浙江积极推进农田水利标准化建设》,余姚水利局网(2012):www.yywater.gov.cn/art/2012/2/3/art_19824…2012-2-3。

费需求增长、对物质类消费品的品种和质量要求越来越高。根据发展经济学,经济发展到一定阶段以后,恩格尔系数会降低,社会消费需求就会向非生存性、非基本性的高级化方向发展。特别是,社会老龄化是一种世界性趋势,随着我国社会老龄化趋势越来越明显,老年人生活需求对农村社区生活设施压力越来越大。老年人具有日常生活、护理保健、运动休闲、精神文化多种需求,甚至需要农村社区举办老年大学等公共设施。另外,现代农村早已不是传统的封闭社会。许多新的社会阶层居住在农村社区,他们的需求与城市社区并无差别,对新兴生活方式感兴趣。比如,目前我国社会中的农民工是一种特殊现象,农民工对国家经济建设做出了重要贡献。长久工作在城市的经历对返乡农民工的生活观念和消费意识产生了重要影响,他们的生活需求也是农村社区生活设施建设应考虑的重要问题。

3. 提升社区品牌品味促进社会返魅

生活设施丰富多样、别具特色对于树立农村社区品牌、提高社区品味档次、增加社区吸引力极为重要。这不仅可以增加社区知名度,还可以增加社区经济收入。如可以通过提供附加服务收取一定费用,通过吸引外来成员入住社区增加社区收入,甚至通过提供观光旅游服务获得经济效益。近代以来,工业化、技术化带来的是单向度的祛魅社会。所以,从社会学意义上说,生活设施丰富化可以促成农村社区和社会返魅。值得一提的是,通过精心设计,把农场式农业生产改造成农业公园,集农业种植、绿化环境、观光旅游等为一体,农业劳动将成为一项愉快的工作,从而有利于克服劳动异化,这种天然优势是城市社区所无法具有的。

二、农村社区生活设施建设模式多样化的实现方式

以下措施是我国实现农村社区生活设施建设模式多样化的可靠方式。

1. 从整体特色和具体服务内容等多方面入手

打造社区整体特色是农村社区生活设施建设模式多样化的首要途径。整体特色可以从宏观上体现社区的多样化。另外,因为整体特色必须从具体生活设施方面体现出来,比如"和谐社区"必须体现在周到而丰富的大众可及类生活设施上,而"绿色社区"必须体现在可持续发展类生活设施上,"运动社区"必须在现代化的体育运动场馆和丰富的运动设施上体现出来。所以,凸显整体特色对于农村社区生活设施建设模式多样化意义重大。其次,农村社区生活设施建设模式多样化还体现为具体服务内容的多样化上。比如,既可以设立传统医疗站点,还可以吸引部分外来投资建设内容更丰富的现代化保健康体中心。既可以设立老年人活动中心,还可以根据条件创设老年文体队伍,比如老年人时装表演队、秧歌队,等等。最好是在具体服务方面做出特色、扩大影响、形成品牌。

2. 按社会学要素细分消费群体

在建设多样化的农村社区生活设施过程中,主要是要细分消费群体。要加强调查、统计,按年龄、文化程度、性别、职业、民族等社会学要素区分人群细化需求。这样才能有的放矢,提供多样化的、切合实际需要的生活设施。同时要加强科学的动态预测,准确把握不同发展阶段的社会需求,及时调整和丰富生活设施的品种和服务内容。如,对于儿童,要有幼儿园、婴幼儿商店、游乐场所等生活设施;对于青少年,要有小学、青少年宫(或类似物);对于成年人要有购物中心、文体健身、餐饮娱乐等生活设施;老年人的生活需求更是必须高度重视。特别是,要有体现现代生活时尚的设施,以满足富裕农民、返乡民工、高学历者的需求。要结合现代科技文明特点,大力建设满足农民精神文化需求的生活设施,比如网络宽带、数字影院等。

3. 充分突出地域文化特色

农村社区生活设施建设模式多样化过程中要引起充分重视的是保留、体现、突出社区所在的地域文化特征。地域文化是实现农村社区生活设施建设模式多样化的有利条件。比如民族特色、传统文化特色甚至农业产业特色,都是可以利用的天然优势和资源。我国地域辽阔、民族众多、历史悠久,有丰富多彩的文化宝藏[①]。比如,我国从风俗习惯上就可分为东北、游牧、长江流域、云贵、闽台等风俗文化圈,各地具有丰富多彩的岁时习俗、人生习俗、衣食文化,乃至宗教禁忌。在现代化过程中,农村文化也在经历着变革,但一部分传统文化在今天仍具有强大的生命力。在农村社区生活设施建设过程中必须考虑农村文化的多样性,并积极利用这种多样性为社区特色建设服务。如,就休闲娱乐、健身运动设施而言,可以多采用体现当地传统特色的建筑场馆、设备器材和服务内容。二人转、花鼓戏、秧歌、相声、评弹、武术等就各具地方特色,可以因地制宜融入社区生活设施服务内容之中,有针对性地搞建设,这样既有群众基础又能彰显文化含量。

三、农村社区生活设施建设模式多样化的制约因素

实现农村社区生活设施建设模式多样化往往会受到许多因素制约。

---

① 刘兴豪:《农村社会学》,中国人民大学出版社2004年版,第285—291页。

1. 农村基层政府的服务意识与服务能力

社区政府以人为本的服务意识与服务能力是最终实现农村社区生活设施建设模式多样化的关键条件。如果社区管理部门人浮于事,只讲政绩搞面子工程,则切实丰富的生活设施建设就很难推行。在现实中,这方面的因素已成为对我国农村社区生活设施建设模式多样化的一大制约因素。另外,由于农村社区经济社会发展相对滞后,加之又需要大量调研和细致的规划论证工作,农村社区政府在生活设施建设方面的组织管理能力也往往落后于城市社区。

以公共文化设施为例,文化设施的数量和种类可以作为衡量社区生活设施丰富程度的一个重要指标。在我国,目前城市社区除了拥有文化中心(文化站)、图书室等基础性的文化服务设施外,还拥有艺术表演场所、剧场、影剧院、音乐厅、图书馆、美术馆等多种文化服务设施,而农村社区则只拥有少量的乡镇文化中心和文化站,很少拥有社区图书室等其他文化服务设施,即使拥有少量的文化服务设施,也一般位于乡镇政府所在地的社区,居民的可获得性较低。截至2005年末,我国共有社区文化服务设施379507个,其中,城市社区文化服务设施344914个,占90.88%,农村社区文化服务设施34593个,占9.12%,城市拥有的社区文化服务设施大约是农村的10倍。从社区对文化服务设施的拥有率来看,城市社区文化服务设施的拥有率为431.43%,农村社区文化服务设施的拥有率为5.62%,也即是说,每100个城市社区拥有431.43个文化服务设施,而每100个农村社区只拥有5.62个文化服务设施[①]。所以,除提高农村基层政府相关人员的服务意识外,还应组织他们到经验丰富的地方考察参观、学习交流,以开阔眼界、增长见识、学习经验,增强多样化建设农村社区生活设施的本领。

2. 建设多样化生活设施的经济技术条件

由于需要以必要的经济技术条件作为基础,这也是现实生活中农村社区生活设施建设模式多样化的重要制约因素。多样化生活设施的建设本身就意味着财政负担的增加。另外,从技术经济学角度看,多样化产品的提供成本也高于标准的单一化模式。同时,多样化的实施从技术上也会受到社区规划的统一标准制约。比如,古典型建筑与现代建筑的设计标准有差异,歌厅酒吧不宜与医疗站、图书室相邻,等等。所以,农村社区政府必须在生活设施多样化建设方面增加投入,必要时可以加大社会统筹力度,以及实施多种经营模式筹集资金。在财政吃紧的情况下,甚至可以携手农村社区居民共同满足多种生活需求。以目前

---

① 陈伟东、张大维:《社区公共服务设施分类及其配置:城乡比较》,《华中师范大学学报(人文社科版)》,2008年第1期,第20页。

英国为例,在小到不能设立诊所、邮局、图书馆、幼儿园的农村社区,英国推出了移动服务,如厢式货车邮局每周一次向英国168个农村小社区提供邮政服务,医疗队定期借用村公所出诊,流动图书馆定期下乡,村民合资购买中巴跑客运,村民集资办商店、酒吧,幼儿家长合作开办幼儿班,等等。这也可以说是实现了生活设施建设模式的多样化。另外,要积极探索农村社区生活设施多样化建设的具体技术标准,争取避免文化冲突,强化农村社区的整体协调性,提高审美性,克服仅仅依靠主观判断的状况。

第五节 农村社区公共设施管理

建设农村社区公共设施是一码事,使之发挥效用,造福农村社区居民是另一码事。为此,农村社区需要加强农村社区公共设施的管理。

一、农村社区公共设施管理的必要性与基本内容

在阐述农村社区公共设施管理措施前,需要知晓对农村社区公共设施进行管理的因由和基本内容。

1. 农村社区公共设施管理的必要性

农村社区公共设施,如果疏于管理,会直接造成安全隐患、使用不便和利用率低下,结果会威胁社区和谐、影响村民生产生活、加重公共负担,最终会影响社区形象和公共设施的供给。比如,农村社区中,电力线路老化、道路失修、公共建筑消防设施不足、健身设备不当或过度使用等问题就很常见。如果不及时处理,会严重影响村民生活,甚至社区稳定。还有一类常见问题是需要加强对村民的管理。比如,一些村民因装修或维修需要,擅自开启一些公共设施的井盖、电箱门、水表总闸;随意使用、损坏、拆动小区内的消防设施、设备;砍伐、攀折花木、践踏草坪、向绿化地带倾倒生活污水杂物;在道路路面、楼宇间及楼梯平台等公共场所随意晾晒谷物、衣服和堆放杂物;私自接引和改变各类管线设施、设备;私自挖掘道路、公地进行施工等等。这类问题也给农村社区公共设施管理带来挑战。相反,良好的公共设施管理不仅对于提高设施使用效率、降低供给成本,而且对于农村社区的社会和谐稳定、广大村民的安居乐业具有重大意义。

2. 农村社区公共设施管理的基本内容

从流程上看,农村社区公共设施管理将贯穿公共设施的规划设计、安装施工、使用维护和折旧更新过程,涉及公共事业管理、物业物流管理、设备物资管理、土木工程管理等内容。有的属于政策法规宏观层面;有的直接就是技术性工

作。如从宏观层面看,涉及政府环保部门对农村社区公共设施建设规划项目的环境评价和依法审批等问题,而设备和道路维护工作则又是微观层面的技术性工作。以小区物业管理为例,从国外物业管理的起源看,近代意义的物业管理源于19世纪60年代的英国。1908年,由美国芝加哥大楼的所有者和管理者乔治·A.霍尔特组织的芝加哥建筑物管理人员组织(Chicago Building Managers Organization,CBMO)召开第一次全国性会议,宣告全世界第一个专门的物业管理行业组织的诞生。物业管理涉及对区分所有建筑物共有部分以及建筑区划内共有建筑物、场所、设施进行管理,具体包括对房屋建筑及其设备、绿化、卫生、交通、治安和环境容貌等公共设施和项目进行维护、修缮等活动。可见,物业管理涉及面相当广泛。2003年9月1日,我国第一部《物业管理条例》正式施行,对规范物业管理,维护业主和物业管理企业的合法权益,改善人民群众的生活和工作环境,提供重要的法律依据。可以看出,农村社区公共设施管理是一项复杂系统工程,随着农村社区公共设施数量、质量和品种的快速丰富,其专业化水平也会越来越高,需要农村社区政府和社会各界共同关注。

三、"公地悲剧"与影响农村社区公共设施管理的因素

对农村社区公共设施实施有效管理,需先了解影响农村社区公共设施有效管理的机理和制约因素。

1. 经济学的"公地悲剧"理论

公共经济学中有一个关于牧民与草地的经典故事。当草地向牧民完全开放时,每一个牧民都想多养一头牛,因为多养一头牛增加的收益大于其购养成本,是有利润的。尽管因为平均草量下降,增加一头牛可能使整个草地的牛的单位收益下降。但对于单个牧民来说,他增加一头牛是有利的。可是如果所有的牧民都仅看到这一点,都增加一头牛,那么草地将被过度放牧,从而不能满足牛的需要,导致所有牧民的牛都饿死。这个故事讲的就是公共资源的悲剧,经济学中称为"公地悲剧"或"公共品悲剧"[1](tragedy of the commons),指一种涉及个人利益与公共利益(common good)对资源分配有所冲突的社会陷阱(social trap)。在共享公共物品的社会中,所有人都追求各自的最大利益,结果造成整体更大损失,这就是悲剧的所在。正如亚里士多德所言:"那由最大人数所共享的事物,却只得到最少的照顾"。"公地悲剧"将破坏农村社区公共设施的合理使用,是影响农村社区公共设施管理的重要因素之一。

---

[1] 〔英〕拉本德拉、贾:《公共经济学》,中国青年出版社2004年版,第84页。

2. 农民科学文化与思想道德素质

农民的科学文化和思想道德素质是影响农村社区公共设施管理的又一重要因素。科技文化素质关系农民对公共设施的合理使用,操作不当不但会影响使用效果,有时甚至会带来安全隐患。农民的思想道德素质则直接关系到对公共设施使用过程中的自觉维护,对于公共设施的可持续使用和供给有非常重要的影响。相比城市社区而言,特别是在广大发展中国家,农民受教育程度普遍较低,科学文化知识水平不高。加上传统小农经济和封闭生活方式的影响,农民的思维方式相对保守,小农意识强,还没有养成现代公共理念和守则意识。前面在谈农村社区公共设施管理必要性时就已指出,由于不懂公共设施使用的有关守则,以及没有养成良好的公共生活道德品质,结果给农村社区公共设施管理工作加重负担。

改革开放以来,我国农村面貌发生了深刻变化,农民的物质和精神生活得到很大改善,农民的思维方式和观念相应发生了转变。特别是义务教育普及,我国农民科学文化素质整体水平不断提高。但与现代化公共设施的使用要求相比,农民的科技文化和思想道德素质仍有待进一步提高。2007年年初,中国青少年研究中心发布《"十五"期间中国青少年发展状况及"十一五"期间中国青少年发展趋势研究报告》指出,我国市民平均受教育的年限为11.3年,相当于高中二年级的文化程度,农民平均则为7.51年,相当于初中一年级的文化水平。由于农民受教育的年限少,导致农民科学文化知识落后,思想意识和观念陈旧。

3. 农村社区公共设施管理水平

农村社区对公共设施的管理水平直接制约了公共设施管理效果。这里涉及社区政府对公共设施管理工作的重视、管理体制、人财物投入、管理能力等多方面因素。只有农村社区政府真正认识到公共实施管理的重要性,加大这方面的人力、物力、财力的投入,不断提高公共设施管理能力,农村社区公共设施管理才能真正上台阶。特别是管理体制,对农村社区公共设施管理会产生重要影响。单一化的行政领导体制将非常不利于农村社区公共设施管理。就我国情况而言,新中国成立后,我国农村社区管理体制经历了公社制、村民自治两次大的历史变迁。近年来,在内外力量的作用下,农村的形态结构开始发生明显的变化。同时,在新的历史时期,国家的宏观政策目标也在发生一系列性的调整,政府的职能正在发生转变.即从管理型政府向服务型政府转型。这一系列的变化都对新时期的农村社区管理提出了新的要求。多元主体参与的民主管理将是我国农村社区管理体制的基本演进方向①。也只有实施社会各界齐抓共管,才能有效应对农村社区公共设施管理的复杂局面。只有让农民参与管理,发挥农民的监督和自我监督作用,农村社区公共设施管理才能真正落到实处。

三、农村社区公共设施管理方法

有效管理农村社区公共设施,使之对社区居民生产和生活发挥应有效能,需要农村社区不断创新它的公共设施经营管理方式、需要对其进行科学化和规范化管理。

1. 推行农村社区公共设施经营管理方式创新

从世界范围来看,公共设施免费使用的做法是大势所趋。但这种做法要完全成为现实,还有赖于社会经济发展、农村社区管理进步、农民素质提高这些前提条件。没有这些条件,或者还不完全具备的情况下,免费使用农村社区公共设施,将要经历一个过渡的阶段,在这个过程中对部分公共设施适当进行商业化运作和有偿使用是必不可少的。在我国现阶段,农村社区政府的公共财政能力虽然比过去有了很大的提高,但要完全承受公共设施免费使用的重负还不具备条件。特别是,由于社区政府的财力有限,即使在农村社区投资兴建了不少公共设施,其后续的管理和服务经常不足,不少免费的公共设施的服务质量大大下降,后续处理效率和能力相当低下。实践证明,适当的收费会大大提高公共设施的使用效率和服务水准,不少曾经免费的公共设施在重新收费后,服务和管理反而上了一个台阶。农民可能一时接受不了收费,但只需微小量的收费也许可以成为撬动农村社区公共设施管理中"公地悲剧"死结的有力杠杆。

2. 推进农村社区公共设施管理科学化与规范化

首先,政府要加强对农村社区公共设施建设的立法和监督工作,加强调研和政策咨询。只有这样,农村社区公共设施管理才会有法可依。比如,目前我国一些农村小区教育设施"缺位"。部分小区教育设施用地被挤占、教育用地预留的位置差,使学校建设无法正常进行。所以,应通过立法的形式,规范小区教育配套设施的建设,比如应该规定小区公共配套设施建设内容、标准、质量保证、交付时间,及明确政府监督管理部门等,禁止随意侵占公共设施用地。同时,农村社区政府要大力推进公共设施的科学管理水平,包括必要时实行管理工作的委托外包。要加大对公共设施管理专业人才的培养培训力度,加强防损监测网络和管理信息系统建设。并且,要注重对作为公共设施使用者和消费者的村民的教

---

① 娄成武:《社区管理》,高等教育出版社2003年版,第295页。

育与培训工作,比如,通过培训,促成农民对消防器材的爱护和正确使用、帮助农民树立环境卫生意识,也将最终有助于社区公共设施的管理。再者,还要规范农村社区公共设施管理制度,落实岗位制,实行责任制,做到有章可循。比如设立专职消防管理员,建设稳定的物业管理队伍,制定切实可行的公共设施管理条例,严格实行责任追究制度等。

复习思考

1. 农村社区公共设施的概念、功能、供给理论和建设主要条件是什么?
2. 农村公共设施供给不足原因与对策是什么?
3. 农村社区生产设施建设标准化的内容、意义与实施条件是什么?
4. 农村社区生活设施建设模式多样化的意义、制约因素与应对措施有哪些?
5. 简述农村社区公共设施管理的基本内容、影响因素与改进方法。

案例:

改革开放以来,我国农村的各方面都发生了很大的变化,但目前农村公共设施建设仍然比较薄弱,严重制约了农业和农村经济的发展,距离社会主义新农村人居环境、生活质量的要求仍有一定差距,要真正实施"生产发展、生活宽裕、乡风文明、村容整洁、管理民主"目标,当前和今后一个时期要做大量、艰苦的基础工作。农村公共设施建设(以基础设施为例)存在的主要问题有:

一是资金投入不足,来源渠道单一。近年来,虽然各级财政对农村公共设施建设的投入每年均有所增加,但相对于农村经济发展对公共设施的要求还有差距。目前农村公共设施建设资金主要来源于各级政府投入和农民集资,中央财政对于公共基础设施的投入较少。同时农村由于点多、线长、面广,公共设施建设耗资巨大。比如农村通水、通电、通路的"三通"工程筹集主体主要为上级和本级财政,政府承担很大的资金压力,而相当一部分村组几乎都为空壳村,无集体经济,村民无力承担建设资金,从而导致相当大部分农村公共设施建设推进受到一定影响。

二是布局不合理,缺乏规划,建设的随意性大。一方面,农村大部分公共设施建设都没有经过有资质单位的规划和设计,在建设的同时又缺乏与相关部门之间的沟通和协调,致使存在农村公共设施建设存在布局不合理、缺乏规划、建设的随意性大的问题。很容易造成重复建设、投资浪费等不良情况。另一方面,农村民房建设存在乱搭乱建、违法建房现象。

三是农村公共设施年久失修,缺乏相应的管理维护。目前农村公共设施建设普遍存在年久失修,缺乏管理维护的问题。以重庆市九龙坡区中梁山以西几个镇为例,经调查,80%的农业水利设施需要维修,比如陶家镇现有山坪塘80口,需要维修的就有69口;70%的村社级公路无专人定期养护,大多都是每年底镇出资维护一次。同时还存在缺乏垃圾处理设施、体育文化设施、卫生医疗等公共设施,有的群众反映电压不稳、山坪塘关不起水、道路坑坑洼洼、垃圾没地方倒等现象。

四是群众依赖思想严重,基层干部素质不高。改革开放以来,广大农村着重突出于经济发展,农民群众的集体主义观念淡漠。部分群众表现出严重的依赖思想,盼望国家更多、更大的支持,缺乏新农村建设的主体作用和主人翁意识。目前很多公益项目难以实施,其很大程度上是基于这种等、靠、要思想作怪。另一方面,农村基层干部普遍存在年龄老化、文化水平偏低、政策理论水平不高、工作责任心不强等问题,因为干部报酬过低,导致纪律松散、作风漂浮、工作懈怠。
(新华网发展论坛(2010);forum.xinhuanet.com,2010-01-26)

讨论:

以上材料都说明了些什么问题?你有何对策建议?

第十章 农村社区服务

☞ **学习要点**

理解国内外关于社区服务的主要理论;掌握农村社区服务的概念、特点和功能;清楚农村社区服务体系的建构和农村社区服务建设的总体状况;思考农村社区服务管理的发展思路及模式创新。

☞ **关键概念**

农村社区　农村社区服务　社区服务体系　农村社区服务管理

案例讨论

如今青壮年外出打工造成的"空巢老人"很多,他们的生活状况令人担忧。但记者在山东诸城看到,这里的"空巢老人"依托社区,过上舒适惬意的晚年生活。

第一,合作医疗,报销方便。"我是几世修来的福啊!"说这话的是诸城林家村镇大麻沟村村民李桂山70多岁的老母亲。李桂山长年在青岛打工,老母亲的合作医疗费都得托邻居到镇上办理,不方便,且有时错过合作医疗费报销时间。林家村镇大麻沟社区成立后,社区服务中心在社区卫生室统一办理农村合作医疗费用报销业务,凡是来社区卫生室看病的,合作医疗费当场报销。从此,李桂山的老母亲再也不用为医疗费报销的事费心了。李桂山给我们算了笔账:过去到镇上办理,光骑摩托车来回就得20多里路,花好几十块油钱和一天的工夫。2008—2009年,农村社区服务中心已为全家报销合作医疗费用756元,都是随花费随报销。

第二,社区搭平台,秧歌扭起来。一进诸城市龙都街道吕标社区服务中心,看见几个老汉集在一起,敲锣鼓、吹笛子、修理二胡和唢呐。旁边一群中老年妇女在整理"演出服"。随行的文化站长王秀忠指着一位60多岁的妇女说,这是秧歌队长李玉梅。李玉梅说:"社区建立后我们就成立了秧歌队,花钱不多,但收获很大,能锻炼身体,快乐心情,融洽关系。我们的孩子都不在身边,生活有点沉闷,现在大家在一起活动,笑一笑就什么都好了。"王秀忠说:"这里面大多是'空巢老人'。"现在,到社区的农家书屋看会儿书,到文化活动室下下棋打打扑克,吃完饭再到社区文化广场跳会儿舞已经成为诸城农村"空巢老人"常见的生活方式。

第三,社区志愿者,咱的贴心人。2008年10月7日,诸城市密州街道铁水社区组织社区志愿者开展以"关爱老人,促进和谐"为主题的敬老月活动。上午,青年志愿者们兵分两路来到本社区王玉会和吴佃明两位老人家中。志愿者进门后有的包饺子,有的照看孩子。中午12点,热气腾腾的饺子出锅了,志愿者们把一碗碗香喷喷的饺子端到老人的面前,老人吃得津津有味、非常开心。平时,这个社区的党员志愿者经常为"空巢老人"检修管道,对行动不便的孤寡老人定时轮流上门服务。妇女志愿者们为"空巢老人"义务理发,帮老人购买日常生活用品等。诸城市为农村社区化服务配备了一支庞大的志愿者队伍,目前农村社区志愿者队伍达470多支,共4000多人。(赵秋丽等:《融融暖意入心来——山东省诸城市农村社区服务"空巢老人"侧记》,文明风(2009):http://wmf.fjsen.com/cjtd/2009-02/01/content_646428_2.htm)

第一节 社区服务理论

社区服务是社区建设和管理的重要内容,也是衡量社区发展水平的一个标志。社区服务依靠什么理论指导,是值得深入研究的问题。

一、西方国家社区服务理论

社区服务理论是在社区服务实践基础上形成的成果,西方社区服务发展早,有较成熟的理论体系,包括福利多元主义理论、多中心理论、第三部门理论。

1. 福利多元主义理论

最早提出福利提供者多元化观念的是蒂特姆斯,他在《福利的社会分工》文中提出,社会福利由三种提供体系配合、维持运作,即社会福利、财税福利和职业福利①。福利多元主义源于1978年英国《沃尔芬德的志愿组织的未来报告》。该报告主张把志愿组织纳入社会福利提供者行列,将福利多元主义运用于英国社会政策的实践。然而对福利多元主义有明确论述的应是罗斯,他在《相同的目标、不同的角色——国家对福利多元组合的贡献》文中详细剖析福利多元主义概念。他主张福利是全社会的产物,市场、雇员、家庭和国家都要提供福利,放弃市场和家庭,让国家承担完全责任是错的;国家是现今最主要福利生产者,但并非唯一来源;市场、国家和家庭作为单独的福利提供者都存在一定缺陷,三部门应联合起来,相互补充,扬长避短。总之,国家、市场和家庭之间与其说是竞争关系,不如说是互补关系,三者此消彼长,一方的增长对其他方的贡献有替代性。②

福利多元主义的主要概念是分权化与参与。分权化不仅只是将福利服务的行政权由中央政府转移到地方政府,同时要从地方政府转移至社区,由公共部门转给私人部门③。参与指希望福利提供者(社区、非营利组织等)和福利消费者共同参与福利服务的制度决策及服务输送过程。譬如服务提供者可据机构、社区属性设计提供服务内容的权利。④ 参与的实质是非政府组织可参与福利服务的提供或规划,福利消费者可和福利提供者共同参与决策。其最终目标是借由政府、非正式部门、志愿组织和市场组织的合作关系分散和缓解财政与经济危机。总的来看,福利多元主义理论强调的是福利供给多元体系,即通过福利多元结构的安排,将由国家全面提供福利的模式转变为由社会多部门综合提供福利的模式,在多部门参与下,实现由福利国家向福利社会的转型。

2. 多中心理论

多中心理论是以美国印第安纳大学政治理论与政策分析研究所的埃莉诺·奥斯特罗姆与文森特·奥斯特罗姆夫妇为核心的一批研究者,在对发展中国家农村社区公共池塘资源进行实证研究基础上最早提出的。

奥斯特罗姆等人把美国大城市地区的治理模式看做是多中心的政治体制,

---

① Titmuss R., *The Social Division of Welfare*, in Essays on the Welfare State, London: George Allen & Unwin, 1958: 34—43.

② 彭华民、黄叶青:《福利多元主义:福利提供从国家到多元部门转型》,《南开学报(哲学社科版)》,2006年第6期,第42—43页。

③ 郑怡世:《台湾民间非营利社会福利机构参与社会福利服务探析》,《社区发展季刊(台)》,1999年第87期,第56—58页。

④ 林万亿:《福利国家:历史比较的分析》,台湾:巨流出版社1994年版,第174页。

其特点是存在许多决策中心,它们在形式上相互独立。无论它们是真的独立运作,或者构成相互依赖的关系体系。多中心政治体制是权力分散和管辖交叠的基础,是一种有序关系的体制,不会引起混乱的事务状态,因为真正混乱的状态是难以持久存在的。多中心的政治体制可能存在单中心的因素,单中心政治体制可能存在多中心的因素。①

公共物品或服务的提供与生产相分离有重要意义,它是产生多中心秩序的基础。就生产者而言,多中心秩序打破福利供给的政府垄断。政府、企业、第三部门多元化参与生产可替代性服务,可产生类似于市场竞争的局面,提高福利生产效率。这种准市场机制营造的多主体间竞争——合作关系,是多中心秩序的核心。多中心理论强调个人或者社群在可替代的公共服务生产者之间进行选择。不同的公益物品能够通过不同规模的组织来最有效地得以生产。多中心秩序还强调公民的积极参与。如教育和警察服务等公共服务领域,要求公民——消费者积极地协作生产来补充在形式上称为生产者的投入。多中心秩序理论隐含着分权和参与的理念,这与福利多元主义相切合,是对福利供给的现实模型的进一步探讨。

3. 第三部门理论

第三部门概念是20世纪80年代以来,随当代西方学术界对三元社会结构以及市民社会理论的不断探讨而发展起来,也是对"全球结社革命"的理论响应。在国家—市场—社会的三元模式架构中,政府以强制权力提供公共物品,但由于其官僚制的组织结构,易产生高成本、低效率和寻租现象,即"政府失灵";企业的逐利本性,也会带来市场波动、垄断和不公平的现象,即"市场失灵"。第三部门是对以上"公益真空"的现实反应。在经济与文明进步的同时,人们也越来越愿意组织起来,提供那些政府难为、市场不为的公共物品和服务。因而,第三部门在功能上有类似政府部门的公共责任,在机制上却有类似私人部门的运作方式,可在保证公益宗旨的同时,整合社会资源,增加福利服务供给。第三部门理论认为,政府不再是社会唯一的权力中心,社会主体日趋多元化,各种得到公众认可的第三部门以及私人组织都可能成为不同层面的权力中心;政府正在将其部分职能转移给其他公共机构或者私人组织,政府、第三部门和私人组织在处理公共事务时的关系趋于平行,并将在社会事务中扮演更为主要的角色。第三部门作为非政府公共部门,在克服"搭便车"行为、官僚机构惰性以及政府对

---

① 〔美〕迈克尔·麦金尼斯:《多中心体制与地方公共经济》,上海三联书店2000年版,第42—72页。

市场的无限干预等方面具有积极意义。

二、我国社区服务理论

我国社区服务发展较晚，社区服务理论在完善中。总的来说，我国社区服务理论经历了从互助型社区服务理论，到福利性与经营性相结合的社区服务理论，再到产业化社区服务理论的三个阶段。

1. 互助型社区服务理论

互助型社区服务理论是在不同时期对于社区服务所作的定义基础上逐渐形成的。在1984年漳州会议上，民政部明确提出"社会福利社会办"的方针，但在当时，社会福利的具体内容是什么、社区福利社会办如何实现等问题都很模糊，同时，福利的色彩也基本限定了社区服务的内容是针对社会中的特殊成员，以成员间互助性的服务形式展开。1987年民政部在大连召开的社区服务座谈会上对社区服务表述为，"在政府的倡导下，发动社区成员开展互助性的社会服务活动，就地解决本社区的社会问题。"从这个表述中看出，在这一阶段，社区服务的主体是政府，其内容为社区成员间互助性的社会服务活动，其目标为社会问题的就地解决。同年在武汉召开的社区服务工作座谈会上对社区服务的内容作进一步补充，"社区服务是在社区内为人们的物质生活和精神生活所提供的各种社会福利与社会服务"，较上一定义来说，这个定义把社区服务的对象扩大到全体社区成员，在内容上突破互助性服务活动的限制，把提供能够满足社区内居民的物质生活和精神生活的社会型服务当作社区服务的任务之一。但在此阶段的实践，我国社区服务的功能主要仍在于针对民政特殊对象提供社区福利服务。在此阶段，社区服务的特点是带有强烈的福利色彩，针对的对象面太窄，并不能真正满足所有社区成员对社会化服务的需求，而且这一阶段社区服务的开展仍主要由政府主导进行，并没有真正实现"社区服务社会办"的目标。

2. 福利性与经营性社区服务理论

福利性与经营性社区服务理论是我国社区服务理论发展的第二个阶段。该阶段的社区服务主要由社会福利服务和便民利民服务两部分构成，具体分为三个层次：第一层是福利性服务，主要是针对民政特殊对象采取的无偿服务；第二层是邻里互助服务，主要是通过群众团体发起，群众自愿参与的服务，一般表现为义务性服务或微偿性服务；第三层是便民利民服务，这是为全体社区成员所提供的社区性社会化服务，主要是营利性的有偿服务。此时，社区服务已经突破了扶弱济贫，提供家庭服务的原有界线，更多地具有现代化社会服务的性质。这种经营性服务与福利性服务并存的方式，展示了一条通过"以服务养服务、以服务兴服务"，实现"社会效益→经济效益→社会效益"良性发展的路子。此阶段社区服务的特点是：服务的对象扩大到全社区成员，服务内容也大大拓展并与市场结合。福利性与经营性相结合的社区服务理论在强调社区服务福利性的同时，其经营性与市场价值也受到重视。一个市场手段与非市场手段相结合，无偿劳动、低偿劳动和有偿劳动相结合的较为完整的社区服务体系基本建立起来了。

3. 产业化社区服务理论

随着社区服务理论的逐渐发展，产业化社区服务理论是社区服务理论发展的趋势和走向。经营性社区服务不但满足了社区居民的需求，而且创造了巨大的市场价值。这样，社区服务理论获得了一个更大的发展空间——可以将社区服务业作为一个产业来经营，使其成为第三产业的一个重要部分。1993年中央14部委发出《发展社区服务业的意见》，提出把社区服务和发展我国第三产业结合起来，以更进一步适应社会发展的需要。从当前社会发展的需要来看，社区服务产业化的提倡有着新的现实的意义。首先，满足居民不同层次的需求。从根本上看，只要人们的物质生活和精神生活存在着大量的需求，社区服务就有其存在发展的空间。因此，作为第三产业的社区服务业有着广阔的市场前景。其次，拓展就业空间，有效缓解当前社会的就业压力问题。作为第三产业的社区服务业具有多元性、持续性、稳定性、发展性的特点，有较强的吸纳劳动力的能力。对于大量的下岗职工来说，社区服务所提供的各种就业岗位无疑意味着一个巨大且极具潜力的劳务市场；而大批具有各类技术、劳动经验的国有企业下岗职工也将成为社区服务产业化发展的重要人力资源。再次，促进社区认同感的建立，增强社区的整合功能。社区服务建设对于增强社区的整合功能无疑起到重要作用：通过社区资源的有效配置，服务设施的完备建设，使社区成员产生社区满意感和归属感，并在提倡全员参与、志愿参与的服务过程中，不同的社区成员间获得了一种相互了解与认同的机会，形成一定的社区共同性。社区服务的产业化建设正在进行中。总的说来，在现阶段，社区服务的市场属性已得到认可，服务对象主要以社区全体成员为主体，强调其对社区的认同感和社区服务的全员参与。我国的社区服务业将在政府引导，各部门配合及全社区的积极参与下，逐步建成一个投资主体多元化、服务对象社会化、服务队伍专业化、服务网络实体化、服务分工精确化、组织管理行业化的产业化发展格局。[①]

[①] 肖艳：《关于我国社区服务理论发展的分析与思考》，《求实》，2000年第11期，第31—32页。

第二节 农村社区服务概念与功能

建构合理且恰当的农村社区服务体系,需要弄清楚农村社区服务概念的内涵和特殊功能。

一、农村社区服务概念

掌握农村社区服务的内在规定性,仅了解农村社区服务的定义还不够,需要多角度了解农村社区服务的特性。

1. 农村社区服务的定义

目前,学界对社区服务尚无统一定义。民政部的定义是"社区服务是在社区内为人们的物质生活和精神生活所提供的各种社会福利与社会服务";崔乃夫认为,"社区服务是在政府倡导下,发动社区成员通过互助性的社会服务,就地解决本社区的社会问题的活动"[1];徐永祥认为,"社区服务是社区社会服务的简称,是指在政府资助和扶持下,根据居民的不同需求,由政府、社区内的各种法人社团、机构、志愿者所提供的具有社会福利性和公益性的社会服务以及居民之间的互助性服务;这种福利性、公益性的社会服务的本质特征是无偿性的服务,并辅以不以营利为目的的微利、低偿性服务;这种社会服务的对象主要是社区中的弱势群体和优抚对象,也包括社区中的边缘群体和全体居民"[2];周薇、童星则认为,社区服务的定义应强调其具有福利性和经营性的双重属性,指出:"社区服务是在政府倡导和支持下,为满足社区成员多层次需要,依托街道办事处和居民委员会,发动社区各种力量开展的具有福利性和经营性双重属性的社区福利服务和社区社会化服务"[3];刘燕生认为,"农村社区服务是指在政府统一规划和指导下,以一定层次的农村社区组织(乡镇或村委会)为主体或依托,以自助—互助的广泛的群体群众参与为基础,既突出重点对象,又面向全体社区成员的,用服务设施和服务项目来增进公共福利、提高生活质量的区域社会性服务"[4]。

我们认为,农村社区服务是指在政府的引导和扶持下,以农村社区为基本单位,以农村社区的居民为服务对象,以提高社区居民的生活质量为目的,通过开

---

[1] 张德江:《社区服务工作文集》,中国社会出版社1991年版,第3页。
[2] 徐永祥:《社区发展论》,华东理工大学出版社2000年版,第173页。
[3] 周薇、童星:《社区服务的性质、定义及其产业化》,《中国社会科学》,1996年第2期,第5页。
[4] 刘燕生:《社会保障事典》,当代中国出版社1998年版,第521页。

发、使用社区资源,开展的各种社会福利服务和便民服务。

2. 农村社区服务的特点

农村社区服务有如下特点:第一,福利性。农村社区服务的目的是满足本社区居民的物质和精神生活需要,有些服务是不能通过货币购买的,而且提供者也不会从中获利,因此这种服务具有很强的公共性。农村社区服务是由农村社区整体提供,以社会效益为重,而不以营利为目的,带有很强的公益性,这也是农村社区服务的本质特征。第二,互助性。农村社区服务是社区与居民之间的互助服务以及居民之间的互助服务。在农村社区服务的过程中,仅仅依靠村委会是不够的,很多农村社区建立了社区服务中心,还有各类社会团体和志愿者组织也发挥了很好的作用,填补了农村社区中的一些服务盲点。本社区内的居民也在积极地参与到社区服务的行列中,社区内的活动需要居民的广泛参与,大多数居民既作为社区服务的客体存在,也作为社区服务的主体存在,可以说社区服务也是一种互助服务。第三,地缘性。农村社区服务是一种属地式的服务,它的地缘性包含两方面意思:一是指"就近就地开展社区服务,主要满足本农村社区居民的物质生活和精神生活的需要"[1]。农村社区服务只能存在于本社区内,超出本社区的范围,这些社区服务组织和社区服务设施也就失去了便民的作用;二是指这种农村社区服务,由于其社区地域性特点的差别及本社区自然条件和人文条件等要素的影响,社区服务的水平存在着差距,社区服务模式的选择在具体的做法上也是各具特点,是依照各自区域化、专业化和社区资源分布状况的不同而选择不同的社区服务模式。[2]

二、农村社区服务的功能

社区服务以服务人、保护人、培育人、造福人为宗旨,以社会特殊群体为重点,面向全体社区居民,广泛动员社会力量,为提高人民生活质量,健全社会保障制度,促进社会主义精神文明建设,实现经济社会总体发展目标做出贡献。同时,随着我国改革开放的日益深入,社会的各个方面都在发生着变化:政府的许多职能要向社区转移;社会化的服务也转向社区;经济社会的发展、服务需求种类和层次在不断增加。因此,社区服务在我国的政治、经济、社会和文化方面都具有不可忽视的功能。

---

[1] 徐永祥:《社区发展论》,华东理工大学出版社2000年版,第178页。
[2] 同春芬、党晓红、王书明:《农村社区管理学》,知识产权出版社2010年版,第166—171页。

1. 保障功能

这一功能是由福利性这一社区服务的本质特征所决定的。农村社区服务对农村孤寡老人、儿童、残疾人等弱势群体以及贫困户等困难群体提供基本的社会救助服务以及生活供养、疾病康复等服务,这是农村社区服务首要基本的服务。另外,农村社区服务还为全体农村居民的生活环境、卫生环境、治安环境等提供了基本保障,使他们所生活的环境条件不断改善。

2. 整合功能

在农村社区服务中心为农民提供全方位服务中,不仅使农村居民拥有了共同的利益基础,而且也为他们提供了情感交流的机会和场所,使其在各自的不同之中找到了共同点,进而会融洽彼此之间的关系,并加强他们对农村社区的归属感和依赖感。而且,农村社区志愿互助服务的开展使得农村居民能够互相帮助,增进人们之间的联系和信任,营造出良好的社区氛围和人文环境。随着农村社区服务水平的不断提高,服务内容的不断扩展,社区服务的整合功能将进一步增强。

3. 稳定功能

农村社区服务有利于调节社会矛盾,促进社区稳定。社区服务能够最大限度地调动全社会的参与,发挥各自积极的力量,同时解决农民的生活困难,有利于加强社会稳定。农村社区服务工作通过发动和组织社区居民群众开展各种服务互动,建立社会福利服务网络,在一定程度上满足了农村居民群众日益增长的多种需要,提高了农民的生活质量,使老弱病残皆有所养,青少年和妇女各有所为,降低犯罪率,缩小贫困范围。同时通过农村社区服务调节人们的社会关系,把不稳定因素消解在社区之内的萌芽状态中,有效地减少了社会结构变革过程中社会保障体系发展滞后等带来的某些暂时失衡现象,增强了基层组织的凝聚力,稳定了农村社区,较好地充当了社会调节和社会预防的安全稳定器。

4. 发展功能

农村社区服务为农户生产经营过程提供产前、产中、产后服务,同时农村基本公共设施的建设和基本公共服务的开展,为农村经济的发展和农民生产活动的开展创造了条件。农村社区服务以其广大的范围、众多的服务项目提供了大量的就业机会,也创造了一定产值,同时农村社区产业化的发展也大力推动了第三产业的发展。

第三节　农村社区服务体系建设

一般而言,随着农村社区的发展,其服务项目将日益增多,逐步形成有别于城市社区的服务体系。

一、农村社区服务体系的概念

在传统计划体制下,中国县以下地方政府的主要社会职能之一,是为农业的生产活动和农村的人民生活直接提供各种服务。在政府的组织体系中,通常设立有两类服务机构:一类是针对农业经济活动的需要而设立的各类生产和流通服务机构,其业务包括农业技术服务、农业机械服务、林业生产和技术服务、水利建设服务、畜牧兽医技术服务、生产资料供应服务、农产品采购与调运服务;另一类是针对农民生活需要而设立的公益事业机构,其业务包括广播(电视)服务、文化艺术服务、医疗卫生服务以及基础教育服务等①。这些服务机构的布局、组织与运行方式,对过去中国农村经济发展和社会稳定发挥了十分重要的作用。

1978 年农村改革开始后,随着人民公社解体,农村基层经济社会组织随之发生根本性变化,家庭再度成为经济活动的基本单元,与此同时,政府不再对农业生产活动、农产品以及农业生产资料利用等实施直接计划管理,市场逐步成为农业资源配置的主导力量。原有农村生产和农民生活服务体系迅速瓦解。真正意义上的农村社区服务建设开始于 20 世纪 90 年代中后期。在市场经济的发展下,农村剩余劳力大规模向城市转移,随之改变农村的收入水平和生活结构,农民的价值观念发生很大变化,这些变化给农村的发展带来一系列问题,包括养老问题、医疗问题、教育问题、留守儿童问题和农民工这个特殊群体问题等日益严重,单靠传统的方式已不能满足农村居民的生活与发展的需要。加之城市化进程的加快,市场力量逐渐深入农村社区,农村社区服务的提供主体也在增加,改变了过去的单一模式,一些社会组织积极地参与到农村社区服务之中。近几年,随着国家对"三农"问题的关注,相继出台一系列的政策来解决农村的问题,农村社区服务得到了相对快速的发展。

与城市社区服务相比,农村社区服务功能不能局限于成员生活服务,应定位于为农业生产、农村发展、社会管理和农民生活提供全方位的服务,以促进农村社区经济转型发展和现代化、农村社会和谐稳定为目标;既要体现对农村居民基

---

① 徐小青:《中国农村公共服务》,中国发展出版社 2002 年版,第 2 页。

本公共服务的公平性、对社会弱势群体服务的福利性,又要体现对农村社区市场经济主体服务的经营性。[①] 因此,农村社区服务体系是政府引导支持,社会多元参与,以农村社区设施为基础,以社区组织为基本力量,以社区成员为服务对象,以满足成员生产、生活所必需的基本公共服务、市场化服务和志愿互助服务为目标的服务网络体系及运行机制。

二、农村社区服务体系的构建

社区服务是农村社区建设的核心内容。我们要结合农村生产、生活特点,以农民需求为导向,逐步构筑起以基本公共服务、市场化服务、志愿互助服务的相互衔接的农村社区化服务体系,努力缩小城乡公共服务差距,真正使农村群众困有所助、难有所帮、需有所应。

1. 基本公共服务

(1)由县、乡镇政府提供的政府公共服务。在农村的社区服务管理体系中,政府始终处于主导地位。目前农村社区的纯公共物品主要有:农村基层政府行政服务、农业发展战略研究、农村环境保护、农业发展综合规划及信息系统、农业基础研究、大江大河治理等。准公共物品有:农村义务教育、农村公共卫生、农村社会保障、农村道路建设、农村医疗、中低产田改造、乡村电网建设、农村文化馆等。由县、乡镇政府提供的政府公共服务主要包括:

第一,农村社区社会保障。虽然农村社区社会保障的主体应包括政府和社会群体以及个人在内,但当前保障提供的主体仍然是政府。由政府提供的社会保障服务包括:①农村社会救济。包括农村最低生活保障、农村扶贫、农村老弱病残救助、农村大病医疗救助、农村灾民紧急救助。②农村社会保险。包括农村社会养老保险、农村合作医疗、农村计划生育保险,目前尚欠缺的农村失业保险和农村工伤保险。③农村社会福利。包括农村五保户福利、农村未成年人、妇女、老年人福利、农村公益事业。④农村优抚安置。包括农村社会优待、农村社会抚恤、农村社会安置等。社会互助与个人储蓄积累则是重要的补充。

第二,基础设施建设及教育、卫生、文化、社会治安、环境保护等公共事务。包括农村义务教育、职业教育、农村地域文化、民族文化、道路、供水、供电、通信等基础设施规划、社会秩序等。通过村落社区建设,发展村落公益事业,整治村落环境卫生,提升生活质量和精神文化生活品位等。

---

① 詹成付、王景新:《中国农村社区服务体系建设研究》,中国社会科学出版社2008年版,第19—20页。

第三,基层行政服务。制定发展规划、监督农村市场,公布公共信息等。

(2)由农村自治组织提供社区内部公共服务。国家的基层政权在农村定位于乡镇,在乡以下则实行村民民主自治,群众自己处理和管理关系到群众利益的基层社会事务。村委会是村民自我管理、自我教育和自我服务的基层群众性自治组织,村民自治的范围是村,即与农村居民生活联系十分密切的社区。

第一,社区内部自治性公共事务,主要由村委会提供。包括:①村民生产的服务和协调,即协调农业生产、为农业服务。这是由村委会的社会管理、经济管理、文化教育和社会控制的职责所定,在村民经济活动方面承担本村产生的服务和协调。如村委会组织群众办工业企业,集体经营的农、林、牧、渔场,家庭承包专业户等。②就业指导和服务。对农村剩余和富余劳动力提供就业指导和信息服务。③公共设施和公共安全。组织修桥铺路等关系村民利益的公共设施建设;调解民事纠纷,维护社会治安。④环境保护与公共卫生。⑤老、残、弱福利服务。开展优抚救济,在医疗护理、心理疏导等方面发挥作用。如举办各种老年人活动与教育中心,提供养老服务、健康服务、休闲娱乐服务、法律咨询服务、日常生活服务、义务抚养、收养收托、康复医疗等。⑥文化休闲服务。建立基本的文化娱乐设施和场所,开展农村社区文化服务,组织农民看书看报、学习科技知识、进行高雅健康的娱乐活动,提供良好的文化氛围,引导村民树立健康文明的生活方式。⑦生活便利服务。举办为村民服务的生活服务网点,为方便村民生活提供各种无偿和有偿服务。⑧社区教育。社区教育是为村落社区的全体成员提供的教育服务,如开展老人和妇女扫盲、妇女健康知识普及、计划生育、法制教育、农村技能培训、农村文化教育等教育活动。

第二,社会中介组织、邻里组织提供的服务。除了村委会外,应该发展和培育各种类型的群众性、中介性民间组织,如农村行业协会、村民代表议事会、群众性环境保护组织、流动人口协会、老人协会、农民协会、农民专业技术协会等,为村民提供信息服务、技术服务、物资服务等。

2. 市场化服务

发展市场化服务,完善规划,制定措施,鼓励和支持各类组织、企业和个人开展社区服务业务,创办农村经营实体。通过投资入股、合作经营等形式,进社区兴办便民超市、农资供应、农机维修、邮政通讯、金融保险等农业产前、产中、产后和生活方面全方位服务项目,切实满足农村居民多样化、个性化消费需求。对开办商业性服务项目的,社区要积极提供平台,创造条件,简化审批手续,维护其合法权益,积极落实各项优惠政策。农村市场建设、农村金融服务业以及连锁化的农村现代流通网络的发展,除了方便农村居民生活,提升农村居民生活质量之外,对整个农村经济的发展也产生了推动作用。

3. 志愿互助服务

在农村社区,存在着以个人为中心,以一群特定对象为外围,在某一事务上的互助圈,这是农村社区服务与城市社区服务的一大区别。培育志愿互助服务,鼓励和支持驻社区单位、社区居民和社区志愿者广泛开展包括便民利民、助老扶幼、扶残助残、纠纷调解、环境保护等群众性自我服务以及婚丧互助、盖房互助、农忙时的换工互助、安全互助、救灾扶危、恤贫济困等事缘性互助,为居家的孤寡老人、残疾人、优抚对象、低收入家庭、留守儿童等解决生产生活中遇到的各种困难。这是农村社区服务不可或缺的重要部分。可以通过倡导社区居民和驻社区单位开展社会捐赠、互帮互助,对社区困难群体实行辅助性生活救助,并充分利用社区公益性服务设施,方便社区成员生活。有条件的社区可以根据居民需要,建立热线电话救助网络、社区智能服务网络等服务载体,开展自助互助服务。

三、我国农村社区服务体系建设状况

随着我国社会主义新农村建设事业的发展,我国广大农村社区的服务体系得到较大改善。

1. 公共设施建设现状

(1)生活性服务支持体系。截至2007年底,全国农村公路(含县道、乡道、村道)里程达到313.44万公里,比上年末增加10.83万公里。农村公路里程超过10万公里的省(区)为17个①。全国绝大部分乡镇和建制村已通了公路,约80%的乡镇和60%的建制村通了沥青(水泥)路②。

1998—2006年,国家累计投资2885亿元用于农村电网建设和改造工程。2006年末,我国81.9%的乡镇已经完成农村电网改造,通电的村和自然村分别为98.7%和98.3%,通电话的村和自然村分别为97.6%和93.7%,有邮电所的乡镇占81.1%,能接收电视节目的村和自然村分别达到97.6%和95.3%,安装了有线电视的村和自然村为57.4%和44.3%。截至2007年底,全国建制村通电话比例达到99.5%,29个省区市实现了所有建制村通电话。全国(除西藏外)建制村通电话问题基本得到解决。在全国范围内,97%以上的乡镇具备互联网接入条件,92%的乡镇开通宽带,部分建制村也具备了宽带上网能力。

第二次全国农业普查资料证实,截至2006年年底,我国农村22592万住户

---

① 2007中国统计年鉴,国家统计局网站,http://www.stats.gov.cn。
② 农业部:《全国农村沼气工程建设规划》,中国农业信息网,http://www.agri.gov.cn。

中,使用管道水的住户为10754万户,占48.6%;5101万户的饮用水经过净化处理,占23.1%;9231万户的饮用水为深井水,占41.8%;6151万户的饮用水为浅井水,占27.8%;619万户的饮用水来源于江河湖水,占2.8%;303万户的饮用水为池塘水,占1.4%;316万户的饮用水来源于雨水,占1.4%;387万户的饮用水来源于其他水源,占1.7%;有2265万个住户反映获取饮用水存在困难,占10.3%。①

(2)生产性服务支持体系。很多农村都受到自然灾害的影响,2007年7月底,全国各类自然灾害共造成2.8亿人次受灾,农作物受灾面积3267万公顷,绝收面积429.2万公顷,分别比2006年同期高出0.75%和5.28%。疾病疫情、自然灾害严重影响到了我国农业的生产安全。2007年,大多数农村农田水利建设还存在纰漏,斗渠以上渠道长度13.3万公里,其中仅4.5万公里进行了初步防渗;斗渠以上的闸涵桥等建筑物完好率只有50.1%。②农田水利设施建设得到加强,"十五"期间,新修江河堤防8600多公里,加固长江干堤3576公里,除险加固病险水库1800余座。五年改造中低产田873万公顷,新增有效灌溉面积155万公顷,新增工程节水灌溉面积495万公顷,灌溉用水有效利用系数提高到0.45。解决了6700多万农村人口的饮水困难和饮水不安全问题③。

2. 基本公共服务供给现状

(1)农村义务教育服务。我国农村教育与城市相比,仍然存在着很大的差距。至2006年年底,全国有小学校的村的比重仅为32.4%,有中学校的村的比重为5.8%,农村中学生是城市中学生的4倍,而享受到的国家中学教育经费仅占38%。④农村义务教育中仍存在着一些急需解决的问题:经费缺口大,学校负债运行普遍;优化教师队伍的任务仍然艰巨。随着国家对农村教育的日益重视,"十一五"以来,各级政府合计安排105.26亿元用于农村中小学校舍的维修。2007年,国家和地方财政即投入111亿元用于完善农村中小学远程教育设施。农村义务教育和文化事业相应得到了发展,普查数据表明,有30.2%的村有幼儿园、托儿所,在3公里范围内有小学的村占87.6%,在5公里范围内有中学村

---

① 据国务院第二次全国农业普查领导小组办公室、国家统计局:《第二次全国农业普查主要数据公报》。
② 吕薇、唐伟:《农村公共服务体系建设的现状与对策建议》,《中国行政管理》,2009年第7期,第87页。
③ 全国农业第二次普查主要数据,国家统计局网站,http://www.stats.gov.cn。
④ 吕薇、唐伟:《农村公共服务体系建设的现状与对策建议》,《中国行政管理》,2009年第7期,第87页。

占69.4%。全国10.8%的乡镇有职业技术学校。①

(2)农村医疗保健服务。农村基本医疗服务网络已经基本覆盖全国农村社区,三级医疗预防保健网初步建立,农村地区的医疗保健服务条件,特别是医疗服务的设施设备条件有了一定改善。"十一五"以来,中央和地方共投入105亿元,基本建成覆盖省市县三级疾病预防控制体系。②虽然国家加大对农村公共卫生医疗的投入,但农村医疗卫生落后的面貌仍然相当严峻。

(3)农村文化体育服务。随着农村经济的快速发展和农民生活水平的提高,农村居民的文化体育服务需求开始显现,为满足广大农村居民的文化体育服务需求,各级政府除加强了各种形式的送文化下乡活动外,逐步加大了对农村地区文化体育服务设施的建设。第二次全国农业普查数据显示,2006年末,全国有10.7%的村有体育健身场所,13.4%的村有图书室、文化站,15.1%的村有农民业余文化组织。农村社区的文化体育服务体系的建设正在兴起,但距离完善的农村社区文化体育服务体系的目标要求尚有较大的距离。

(4)农村环境卫生服务。我国农村居民的环境卫生意识不断加强,环境卫生服务的供给能力尽管还相对有限,但近年来的增长速度较快。卫生部于2008年2月18日就扩大国家免疫规划实施方案和我国首次对农村饮用水与环境卫生开展大规模调查研究新闻发布会上指出:近3年来,中央转移支付农村改水改厕项目投资4.82亿元,主要用于支持贫困地区,特别是血防地区建设无害化卫生厕所215万座;在一些地方病比较严重的地区,投入了4100多万元,对饮水型氟、砷病区和高碘水源地进行筛查,对病区防病改水工程进行检测,基本掌握了病区分布范围和改水工程运转情况。现阶段在东部发达地区农村进行了改厕工作,深得广大农村住户的欢迎,厕所进行了无害化处理,极大地改善了如厕条件。对农村的垃圾处理问题,很多地方正在开始垃圾分运、转运处理。很多地区的农村正在进行沼气建设,使用清洁能源,农村沼气由示范推广进入加快普及阶段,呈现出良好的发展局面。截至2006年年底,全国农村户用沼气达到2260万户左右,适宜农户普及率达到15%,到2010年全国有4000万农户用上沼气。③农村社区环境卫生服务的意识正在形成,环境卫生服务体系的建设也已经起步,但与城市社区的环境卫生服务供给相比,差距还相当大。

(5)农村社会保障服务。具体表现:第一,农村社会养老保障。自2002年

---

① 詹成付、王景新:《中国农村社区服务体系建设研究》,中国社会科学出版社2008年版,第33页。
② 同上书,第34页。
③ 周淑梅:《我国农村公共服务的现状及问题》,《党政干部学刊》,2010年第7期,第53页。

开始,农村社会养老保险制度开始试点并逐步推广。从一些省份来看,个人养老金账户、"土地换社保"等多种形式的制度正在探索建立之中。不过全国农村养老保险覆盖率仍然很低,据有关数据显示,即使是东部经济较发达的地区农村社会养老保险覆盖率仅有约17%的农民参保。① 第二,农村医疗保障。一是以乡镇为单位建立大病统筹机制,二是普遍建立新型农村合作医疗制度(简称"新农合")。截至2007年3月底,开展"新农合"的县(市、区)达到2319个,占总数的81.03%;参加"新农合"的农民已有6.85亿,占85.7%。2007年1—3月,全国有7418.19万人次从"新农合"中受益②。全国有70%多的农村人口缺少医疗保障,仍是自费看病。2008年,据北京大学光华管理学院刘国恩教授发布的一项调查显示,农村居民慢性病患病率有上升趋势。此外,农村和城市居民慢性病半年平均职业经济负担分别为305元和640元,但是年平均报销分别为43元和265元。③ 2010年民政部全年累计救助贫困农民5634.6万人次,其中:民政部门资助参加新型农村合作医疗4615.4万人次,人均资助参合水平30.3元;民政部门直接救助农村居民1019.2万人次,人均救助水平657.1元。全年用于农村医疗救助的各级财政性资金支出83.5亿元,比上年增长29.2%,其中:资助参加新型农村合作医疗资金14.0亿元,比上年增长33.3%,直接救助资金67.0亿元,比上年增长35.6%。④ 第三,农村社会救助体系。从民政部的官方网站上,我们可以看到截至2010年底中国社会救助制度实施的最新数据:①农村低保:2010年底,全国有2528.7万户、5214万人得到了农村低保,比上年同期增加454万人,增长了9.5%。全年共发放农村低保资金445亿元,比上年增长22.6%,其中中央补助资金269亿元,占总支出的60.4%。2010年全国农村低保平均标准117元/人、月,比上年同期提高了16.2元,增长了16.1%。全国农村低保月人均补助水平74元,比上年提高8.8%。②农村五保:截至2010年底,全国农村得到五保供养的人数为534.1万户,556.3万人,分别比上年同期增长0.9%和0.5%。全年各级财政共发放农村五保供养资金98.1亿元,比上年增长11.4%,其中中央财政首次安排五保对象临时物价补贴3.5亿元。农村五保集中供养177.4万人,集中供养年平均标准为2951.5元/人,比上年增长14.1%;农村五保分散供养378.9万人,分散供养年平均标准为2102.1元/人,比上年增

---

① 孙莉苹、龙茜:《论我国的农村养老保障制度》,《农业科技与信息》,2007年,第12页。
② 中国(海南)改革发展研究院:《中国人类发展报告2007》文稿。
③ 梦鹿:《农村居民慢性病患病率上升,农民健康需关注》,《医药经济报》,2009年1月1日。
④ 全国民政门户网,http://www.mca.gov.cn/article/zwgk/mzyw/201106/20110600161364.shtml。

长14.1%。①

3. 市场化服务供给现状

(1) 农村市场建设成效显著。据第二次农业普查资料,2006年末,我国有综合市场的乡镇占68.4%,有专业市场的乡镇占28.2%,有农产品专业市场的乡镇占23%,村域内有50平方米以上的综合商店或超市的村达到34.4%,50.2%的村在村内可以买到化肥,5.2%的村在村内可以买到彩电。②

(2) 农村金融服务业有所发展。全国农村有储蓄所的乡镇占88.4%。农村民间金融或社区资金互助会有一定程度的发展。2007年1月22日,中国银行业监督管理委员会印发的《农村资金互助社管理暂行规定》,将农村资金互助社界定为"经银行业监督管理机构批准,由乡(镇)、建制村农民和农村小企业自愿入股组成,为社员提供存款、贷款、结算等业务的社区互助性银行业金融机构",这将为农村民间金融业的发展提供政策支持和规范。③

(3) 我国初步建立连锁化的农村现代流通网络。2005年2月,商务部启动了"万村千乡市场工程",通过在农村逐步推行连锁经营,构建以城区店为龙头、乡镇店为骨干、村级店为基础的农村现代流通网络。2007年"万村千乡市场工程"得到了各级政府支持,全国各地共投入政策资金5.1亿多元,截至2007年11月底,全国2373家承办企业累计新建和改造农家店近26万家,新建和改造营业面积近2000万平方米,覆盖全国70%的乡镇、50%的自然村④。截至2009年8月底,全国累计建设改造36万家连锁化农家店和1186个配送中心,覆盖全国84%的县、71%的乡镇和44%的行政村,较2008年年底分别提高9、22、11个百分点⑤。

4. 志愿互助服务供给现状

在全面小康尤其是和谐新农村建设中,农村社区互助服务体系的作用与意义开始受到重视,一些地区的农村社区互助服务在逐步恢复中重新构建。如:一是红白理事会,其人员由农村社区的德高望重的老干部、老党员、老教师、老军人、老农民等"五老"人员组成,管理村里各家各户"红白事"的花销与规模。二

---

① 全国民政门户网,http://www.mca.gov.cn/article/zwgk/mzyw/201106/20110600161364.shtml。
② 中国统计信息网:《第二次全国农业普查主要数据公报(第三号)》,http://www.stats.gov.cn/tjgb/nypcgb/qgnypcgb/t20080225_402464279.htm。
③ 詹成付、王景新:《中国农村社区服务体系建设研究》,中国社会科学出版社2008年版,第38页。
④ 新华网(2007):http://news.xinhuanet.com/newscenter/2007-12/06/content-7212216_htm。
⑤ 中华人民共和国商务部网站,http://scjss.mofcom.gov.cn/aarticle/cm/fazzn/200909/20090906534336.html。

是开通农村社区"互助服务一呼通",全程代理辖区相关服务、社区志愿服务队伍、相关服务站(点)、群众居住分布情况、通信联络方式和人员类别等相关信息登记造册,并发放到各家各户,采取"求助式"、"咨询式"、"关爱式"等呼叫形式开展"互助互动"服务,为农村社区居民提供及时、快捷、优质、高效服务。三是互助互济会,在我国农村,特别是多灾贫困地区较普遍地发展起来,农民通过资金互助、生产资料互借、劳动力互帮等形式来解决自身生产、生活困难的群众性社会保障问题。四是农村社区建设实验县,建设了一批社区邻里服务中心。五是许多地方建立与农村居民生产生活密切相关的专业协会,这些协会涉及农村居民生产生活服务的许多方面。

第四节 农村社区服务管理模式创新

从农村社区服务管理发展现状看,农村社区服务管理模式多种多样。从规模看,大的可指一个乡镇甚至相邻的几个乡镇,小的指乡镇村内部自然形成的小型社区。我国农村社区主要是以乡镇辖区和村委会所辖区域为单位,它是我国农村社会最基层的社会组织,也是我国农村乡镇基层政权组织稳定发展的重要保障。

一、农村社区服务管理的发展思路

农村社区服务管理处于乡镇政府与农民的最直接联系层面,其管理是否合理、有效,关系到农村基层政权建设和新农村建设。近几年,农村社区服务管理在规划建设、设施建设、组织建设、体制建设、文化建设等方面得到提高。

1. *科学规划建设*

农村社区建设是城乡融合、统筹发展的必然趋势,它与城镇化建设目标一致,必须科学规划管理,系统全面制订建设规划、村镇规划、产业规划等。建设规划须把长远目标和近期规划结合起来,根据新农村建设需求,根据当地农村经济社会、农民生产生活、农村社会环境及居民需求导向原则,合理规划社区建设规模,找准农村社区建设特点,探索适合于社区发展的模式,理论联系实际、实事求是地科学规划管理。

2. *公共设施建设*

公共设施建设是农村社区建设的一个重要环节,也是当前农村社区建设最薄弱的一个方面。农村社区建设需从公共设施建设入手,加强对公共设施及公益性服务投入,政府需在财政上给以支持,在公共服务、公共管理和制度措施方面要有所发展创新,改变农村社区薄弱环节,为社区发展打下良好基础。加强农村社区公共设施投入:第一,发展农村经济,通过发展农村经济带动农村社区发展,实现农村社区建设与经济发展的协调互动。第二,整合农村社区资源体系,调动农村各方面的资源和力量,通过组织协调调动各种资源,利用农村人才、物质、资金、技术等社区发展所需的资源配置,完善社区管理机制。第三,强化社区服务功能,提高社区居民自治的能力,通过实现自我管理、自我教育、自我服务、自我监督、自我发展的能力,促进农村社区的建设发展。

3. 基层组织建设

农村居民委员会和村民委员会是农村最基层的自治组织,在农村社区服务管理中具有核心的组织领导作用。但居民委员会和村民委员会不是政权组织,也不是行政单位,它开展工作主要是依靠民主决策、民主管理、民主监督等方式进行的,所以组织队伍的作用是关键。在目前农村社区建设发展中,由于社区管理还处于改革调整发展阶段,一些社区基层组织也才刚刚开始形成,且相关的改革措施也尚未跟上来,一些农村社区党支部和居民委员会之间、村干部与群众之间就出现了许多新的矛盾,社区管理也就难以全面开展实施。要真正体现社区自治的原则,做到依法管理社区,就要在基层组织建设方面有所改进和提高。第一,完善社区组织设置,使党组织与社区建制同步开展进行。第二,加强社区队伍建设,提高社区管理者的管理水平和能力,把工作能力高、服务意识强、思想作风过硬、人民群众信得过的优秀人才选拔到社区管理队伍中来,尤其是要选配好农村社区党支部书记。第三,发挥党员的先锋模范带头作用,充分挖掘和发挥农村社区的各种人才资源,采取积极有效的措施,努力调动社区群众的积极性和创造性,最大限度地把各种力量凝聚到农村社区建设中来。

4. 管理体制建设

统筹城乡发展,建设社会主义新农村,就要对农村社区管理体制不断地发展创新。要针对各地农村社会经济发展的特点、农村生产发展的需要、农村群众居住环境等特点,积极强化社区服务管理和公共服务功能;如积极探索改进农村社区服务管理体制,组建社区居委会,逐步理顺乡镇政府与社区居委会之间的关系,增强农村社区服务管理功能,逐步实现社区建设与居民委员会的有机统一;进一步健全社区党组织领导的充满活力的居民自治机制和党小组;加强对社区服务、管理、监督等方面制度措施的研究,特别是选举制度、居民代表会议制度等,保证社区群众各项民主权利落实到位。

5. 社区文化建设

繁荣社区文化,促进社区文明和谐发展,是当前农村社区工作中的一个重要内容。要通过加强农村社区文化建设,使农村社区文化建设从无到有、从弱到强地逐步发展。社区文化工作要从宣传教育、提高文化素质、强化管理等方面着手,采取丰富多彩的文化活动形式,通过开展创建文化宣传月、文明和谐村镇、文明和谐社区、农民特色文化演出等活动,弘扬农村文明道德风尚,营造文明和谐的社区文化氛围,努力满足农村社区文化发展的需要。当前应加大对农村社区文化基础设施建设的投入,如通过开展各种形式的教育培训、普法宣传教育和公民道德教育宣传等,使农民群众能更多地学习各种科学文化知识,从而大力提高社区群众文化发展的整体水平。

二、我国农村社区服务管理模式的探索

近些年,我国各地农村地区出现了风格不同的社区服务管理模式。

1. 政府主导型

"政府主导型"指政府在农村社区管理和服务体制中居于主导地位,通过政府服务下乡承担起社区管理和服务的重任。这种类型一般存在于农村人口分布相对比较密集、地域范围较小的地区,便于政府集中资源提供管理和服务。这些地区在社区设置上多为"一村一社区"和"多村一社区",社区组织或与村委会相重合,或高于村委会。山东诸城和胶南是这种类型的典型代表。自2007年以来,诸城市在农村社区建设中基于现实需要设置了"一村一社区"和"多村一社区"两类。"一村一社区"地区的政府建设农村社区综合服务中心,内设便民服务站、卫生服务站、图书阅览室、文体活动室、便民超市等,集便民服务、村民自治、文体娱乐于一体。以村"两委"、有威望人员及驻社区单位代表组成社区建设协调委员会,依托服务中心,成立便民服务、环境保洁、护村巡逻等队伍,开展便民管理和服务活动。"多村一社区"一般由2—5个村组成,打破家族圈、村庄界限,在中心村建立农村社区综合服务中心,打造"两公里"服务圈,吸引周围村庄村民向中心村集聚,将区域内的原村民、务工者、外来人员都纳入服务的范围,切实增强了流动社会中各类居民的认同意识、参与意识和公共服务意识、自我管理意识。

2. 企业主导型

"企业主导型"指企业是农村社区管理和服务的重要载体,社区基本管理和服务都由企业供给,形成自我管理和服务机制。这类模式一般仅限于农村经济比较发达、村集体企业实力雄厚的地区,企业具有较强的自我管理和服务能力。山东胶南北高家庄是这类模式的典型代表。北高家庄自2004年以来以珠光科技集团为依托,积极探索形成了一条"以企带村、村企合一"的社区管理和服务

道路。在组织体制上,社区实行村委会、村办企业、社区服务管理"一套班子、三块牌子、交叉任职"的组织体制。北高家庄社区居民既是企业的员工,也是社区集体成员,社区规划、基础设施建设、社会福利、基本公共服务、行政管理都由集团承担。企业投资,建设集党史村史教育、村民议事、便民服务、社区医疗、民事调解、健身娱乐、物业管理等功能于一体的邻里中心,使社区内各类居民办事不出村;新建村庄小学,配备语音室、微机室等现代化教学设施,实现自我教育管理。完善了以党组织为核心的村民自治机制,并通过务工妹书屋、职工教育日等载体,加强社区内各类居民教育管理,提升村民、职工整体素质,使外来人与原村村民能够融洽相处、共同参与、推动社区发展。形成了"社区自治管理、行政管理、社区建设、企业经营管理、社区服务"五位一体的管理、服务体制,使社区成为容纳多元身份成员的开放性社会生活共同体。

3. 民间组织型

"民间组织型"是突出夯实社区内部微观组织基础,注重民间力量自我治理的一类管理和服务体制模式。这种管理和服务类型存在于"一村多社区"和"社区设小区"建制中,社区组织在村委会领导下开展工作。湖北秭归杨林桥镇是这一类型的代表。为解决税费改革后农村出现的一系列问题,杨林桥镇按照"地域相近、产业趋同、利益共享、规模适度、群众自愿"的原则,撤组建社,建立起"村委会—社区理事会—互助组—基本农户"体制。每个社区一般由30个左右的农户组成,社区群众"直选"产生社区理事会,理事会成员由所在社区农户"直选"产生,一般由先进党员、产业大户和经营能人等农村精英组成,理事长由理事推选产生。依据"自我教育、自我管理、自我服务、自我发展"的原则,在村党总支的领导指导下开展工作,形成了社区内自治、社区间联合自治、以村为单位整体自治的三层自治架构。社区理事会、互助组等民间组织力量为基础的社会化服务网络体系,承担起实施公共基础设施建设、公益事业发展,解决邻里纠纷、红白事、实现互帮互助等管理和服务任务。以村委会为载体,建立文化科技、治安调解、计划生育、社会保障等协会,实现政府服务、社会化服务下乡。

4. 政府—社区互助型

"政府—社区互助型"是强调政府、社区居民、社区组织之间合作、互动共同推动社区管理和服务的一种类型,也是探索政府行政管理和社区自我管理有效衔接的重要典范。这种类型主要存在于"一村一社区"或"集中建设区"等社区建制中。江苏太仓市是这种类型的代表。江苏太仓市在农村社区建设中紧紧围绕农村社区服务工作,经过探索形成了"12345"管理服务体制。一是建立了一个农村社区服务中心,保障拥有300~500平方米的办公和活动用房,做到服务设施和制度到位,成为政府管理和服务延伸的平台。二是设立了一个宣传栏和建设一个文体活动场所。三是培育了三支服务队伍。即由原村级组织中的相关人员组成的专业管理队伍,由闲散人员和专业技术人员组成的专业服务队伍,由党员组成的社区党员志愿服务队伍。四是开辟了老人和残疾人活动室、图书阅览棋牌室、警务信访调解室和多功能教育室"四个室"。五是完善五个服务站,即建立农业服务站、社会事业服务站、公共卫生服务站、社会保障服务站和综合治理服务站。面对农村社会流动性大的特点,形成"党委、政府领导,归口管理、部门协作、社会共同参与、基层具体落实"的服务管理体制,通过社区各类组织载体提供相应管理和服务,并将外来人口吸纳到社区组织中,积极引导参与社区建设。并建立健全由社区原住民、外来人员和驻区单位依法推选产生的社区成员代表大会制度,深化民主治理。以社区服务中心为载体将政府管理与服务延伸进社区内部,社区内各类专业管理和服务站形成自我管理和服务机制,社区服务中心内的站所又成为政府管理服务与社区管理服务的对接纽带,同时还实现外来人、原住民、驻村单位之间的共同参与、民主协商机制,形成了流动性、异质性社会中的社会融合与认同。

5. 政府—社区—社会互助型

"政府—社区—社会互助型"突出政府、社区居民、社区组织和社会三种力量的协作、互助作用,旨在于发挥多种力量形成流动、异质性社会发展中的无缝隙管理和服务。这类体制一般存在"一村一社区"之中,社区居委会与村委会合一,或社区居委会在村委会指导下工作。重庆市永川区是这一类型的典型代表。2007年重庆市永川区在推进政府公共服务、助农增收服务、社区志愿服务"三大服务",提升村民自治功能、社会管理功能、文明促进功能、改善环境功能"四大功能",强化组织保障、制度保障、经费保障、设施保障、队伍保障"五大保障"基础上,形成了"2+3+N"管理和服务体制。"2"即组建农村社区工作委员和社区居民服务中心。社区工作委员会作为指导性机构,在村"两委"领导下开展工作。社区居民服务中心是延伸政府公共服务、完善社会管理和村民自我服务的有效载体,社区服务平台是农村社区的居民天地、社会平台、政府窗口。"3"即完善政府公共服务体系、志愿者服务体系、专业经济协会服务体系等三大服务体系。利用居民服务中心建立"五室两站一社一校一场",为村民提供一站式政务服务;组建了各类志愿者服务组织和以产业大户、致富能人、驻社区企业代表为主的各类专业经济组织。积极引导驻村单位、离退休回村居住人员、外来务工经商人员等通过社区平台参与社区管理和服务。积极探索了代管、承包、租赁等多种形式,引导社会力量进入公共管理服务领域,从而形成了以政府公共服务为支撑、社区自我管理与服务为补充、社会力量积极参与的立体、系统、全面的管理和服务体制,实现了多元力量的有机结合。从总体上来看,在实践中,农村社区管理和服务体制的实践生成路径并不具有统一性。在现实中,不同地区具有不同的发展现状与现实基础,各种力量存在情况不一,使社区管理体制在实践中呈现出不同的生成机制。[1]

复习思考题

1. 与西方国家相比,我国社区服务理论存在哪些相同点和不同点?国外社区服务理论对我国有哪些可借鉴之处?

2. 我国农村社区服务与城市社区服务相比,有哪些区别?农村社区服务的发展存在哪些方面的问题?

3. 从农村社区服务体系建设的总体状况来看,我国农村社区服务的全面发展应着重哪些方面的建设?需要哪几个方面的努力?

4. 农村社区服务管理对农村社区服务的发展有何作用?农村社区服务管理模式创新还能从哪些方面进行?

案例:

在天津西青区中北镇,过去想要"盖个章"、看个病或是问个"说法",来回就得多半天,有时碰巧赶上办事人员出差、开会,还要再跑一两趟。几年前,城里人司空见惯的社区服务,在津郊农村却是空白。从去年开始,在原有137个农村社区服务中心的基础上,又有150个亮丽的农村社区服务中心相继亮相,劳动保障、社会救助、社区警务、医疗卫生、文化娱乐等一揽子服务扎根田间地头,"社区"二字终于撕下城市特有的标签。

第一,从"城"到"村":服务下乡农民迈进10分钟生活圈。长期以来,受城乡二元结构的桎梏,在农村,社会公共服务产品的供给是一个非常薄弱的环节。记者在采访中了解到,很多与老百姓生活密切相关的公共资源大多集中在城区或乡镇政府所在地,服务半径过大。与市区居民相比,办事不便、生活不便、就医

---

[1] 李增元、田玉律:《农村社区管理和服务体制创新》,《重庆社会科学》,2012年第1期,第30—32页。

不便、文化娱乐不便是农民们生活的真实写照。

西青区中北镇中北斜村80多岁的郭志敏就曾为此吃过苦头。几年前,患上动脉硬化的郭大爷每次输液都要全家出动,用车拉着到10公里以外的区医院。从去年开始,社区服务中心有了卫生站,离家门口只有不到两分钟的路。这一变化,让郭大爷和家里人觉得很温暖。"我每天自己溜达着就来了,政府服务就在咱身边,方便多了!"

"让全区24万农民全部进城,这在短时间内不可能实现,但这并不能阻止农民享受城市化的生活。"西青区民政局副局长张玉强告诉记者,结合新农村建设,根据不同社区的不同情况,按照城郊接合部农村社区、城镇中心村社区、传统农村社区等不同类型的建设模式,采用新建、改扩建、插建或购买等多种形式,不到两年的时间,西青区已建成农村社区服务中心43个,建筑面积超过2.7万平方米,服务覆盖人口9.5万人。通过资源整合,由一个或更多小区(村队)组成一个社区,共同享用一个服务中心,今年该区再建9个服务中心,让更多农民享受到周到的社区服务,初步形成10分钟生活圈。

第二,从"多"到"一":一站式服务让群众少跑一段路。从平房到楼房,并不是城市化的全部内涵,更重要的还在于公共服务的快速跟进。走访本市农村社区服务中心,虽然建筑面积大小不一,硬件条件也不尽相同,但有一点完全一样,那就是尽量多地充实服务内容,建立一站式服务,让群众少跑一段路。

走进大港区郭庄子村社区服务中心,发现这座不起眼的二层小楼真是"麻雀虽小、五脏俱全",除了具备社区医疗站、老年人活动室、残疾人康复站、图书阅览室等9个基本功能外,还增设了档案室、半边天家园、社区警务室、司法调解室、老年人日间照料站等多项服务。不少村民向记者反映,以前与老百姓生活密切相关的很多职能,都分散在区内的不同部门,老百姓为了办成一件事需要多头跑、跑多次。而社区服务中心的建成,"一门式"服务将十几项职能都囊括在内,各挂各的牌,各有各的规矩,流程简化了,办事快捷了,基本实现了"细事不出家门、小事不出楼门、一般事不出社区门"。

第三,从"村"到"城":城乡融合生活方式开始改变。农村社区服务中心的建设已被列入市政府20项民心工程,今年全市农村将再建150个社区服务中心,进一步促进公共服务资源向农村延伸。对于广大农民来说,不仅可以和城市居民一样享受到及时、方便、快捷的公共服务,同时也将在一定程度上改变他们的生活方式。西青区侯台社区是个农非混居的大型社区,每天晚上,服务中心的活动室里都热闹非凡,有的打球、有的打牌、有的习字、有的唱歌,很多农村妇女成了社区的文艺骨干。服务中心还成立了400人的志愿者队伍，吸纳了农民、教师、工人、科技工作者等参加。每到节假日，一支支队伍就开始了丰富多彩的活动，在活动中，大家你一言、我一语，拉拉家常、说说心里话，社区内人与人之间的交往日益增多，不论是原居此地的农民、城市居民，还是外来人口，都能在这里找到归宿。城乡之间的"隔离带"也开始一点点消除。

讨论：

为什么农村社区必须开展社区服务？

第十一章 农村社区治安

☞ **学习要点**

把握农村社区治安的科学含义以及农村社区治安相关理论;分析我国农村社区治安问题的特点;知晓社区治安综合治理内容、农村社区治安综合治理措施、农村社区调解的三种类型;了解农村社区"大调解"体系和农村社区矫正方法。

☞ **关键概念**

农村社区生活　农村社区治安　社区治安综合治理　人民调解　司法调解　行政调解　社区矫正

【引例】

令人忧虑的农村社会治安。豫东某地农村,一个老头养了两头牛,都长得膘肥体壮。一天晚上,偷牛贼来了,在他家附近等了大半夜想等老头睡着后下手。但是老头的警觉性很高,一直没有睡着。偷牛贼先后去看了两次都没有找到机会。终于等得不耐烦了,直接把门槛开走进去与老头进行谈判性的对话:"我们今晚都来了三次了,每次你都醒着。怎么办呢?你总不能让我们空手而归吧?这样吧,要么我们牵走一头牛,给你留下一头;要么我们把你给捆了,两头都牵走,你自己选吧!"老头碰到这种情况只能自认倒霉。(赵晓峰:《令人忧虑的农村社会治安》,《乡镇论坛》2007年第19期,第32—33页)

13岁男孩成抢劫团伙主犯,成员多系留守儿童。2010年5月以来,佛山市连续发生多起持刀抢劫案件,事主均遭到不同程度砍伤。10月,佛山南海警方公布,该抢劫团伙7名成员已被抓捕归案,涉案者最小的年龄仅13岁,而且还是该抢劫团伙主犯。据悉,这些成员都是来广东看望打工父母的留守儿童。(刘伟通:《持刀抢劫团伙,成员多系留守儿童》,网易(2010):http://news.163.com/10/0710/01/6B6OSD7200014AEE.html)

第一节 农村社区生活序化

社区秩序既是社区居民在日常生活中经常使用的概念,也是社区居民在现实生活中所面对的首要问题。生活秩序是社区秩序的重要方面,是社区秩序的基础。构建和谐的社区生活秩序,是新农村建设的迫切需要。

一、社区生活序化概念

社区生活是形成生活共同体的决定因素之一。社区生活一词的理解有广义和狭义之分。广义社区生活是指社区居民全部活动,在具体的研究中把社区结构也包容进去。狭义的社区生活是指具体社区结构中居民的社会性行为和社会互动过程。本章中的社区生活是指狭义社区生活,指日常社区生活。社区生活应有秩序地进行,才能形成安定、和谐的社区生活环境。社区秩序有广义、中义和狭义之分。广义社区秩序指社区发展的历史进程,既包括有史以来社区形态更替的大秩序,也包括各个具体社区形态内部的经济、政治、文化和社交结构之间相互作用而形成的小秩序,是整体性与阶段性相统一的表现。中义社区秩序是除经济秩序以外的其他各个领域的秩序,主要包括政治秩序、文化秩序和狭义的社会秩序等。狭义社区秩序是与经济、政治和文化秩序相对应的特定领域的秩序,指社区群体结构自身的有序运动和变化,这种社区结构主要是人们为争取社会地位和社会身份而形成的。① 本章的社区秩序是指狭义社区秩序,认为社区秩序是社区基本矛盾支配下各组成要素结构化运行的有序阶段,是过程与结果的统一。农村社区生活序化是指农村社区居民的日常社区生活的有序化,即农村社区居民在特定的时间、空间内,遵循一定的规则,开展物质、文化生活和社会交往等活动。

---

① 李超:《当代中国社会秩序研究》,中共中央党校博士学位论文,2011年,第19—20页。

二、农村社区生活秩序的构成要素

农村社区生活秩序构成要素主要包括四个方面：主体要素、规则要素、内容要素和时空要素。

1. 主体要素

农村社区生活秩序描述的是人类活动的一种状况，或者说是基于人类活动而形成的一种社会状况。因此，人是农村社区生活秩序的主体要素。没有人的活动，就无所谓生活秩序。个体人是最实在的存在实体，即使是当今已经组织化了的世界，个体人也始终是人类活动最基本的主体。生活秩序的主体也包括群体、组织这样的集合体。在现代社会，绝大部分个体都会隶属于不同的群体或组织，很少有不隶属于任何群体、组织的个体。个体的诸多活动都是代表一定组织的活动。

2. 规则要素

生活秩序是一种有序的状况，这种状况要求人的活动必须遵循一定的规则。因此，规则是农村社区生活秩序的又一个要素。没有规则就没有秩序，规则是农村社区生活秩序的核心。农村社区生活秩序要素中的规则包括诸多内容。首先，它是价值、原则。生活秩序中的规则必然含有人类的意志因素，含有人类的价值观，譬如对稳定、秩序、安全的欲求。而原则是指人们活动的根本准则，是规范规则的规则。其次，它是一系列的具体规则。规则的种类有很多，包括法律规则、道德规范、宗教教义、习俗、传统等等。再次，它是由一系列规则构筑的规则集合体，即制度。规则根据规则之间的内在属性和关系有机地结合在一起，从而形成这样那样的规则集合体，规则的集合体统称为制度。

3. 内容要素

生活秩序不同于其他社区秩序的特征主要在于其内容，即生活秩序与国家和社会稳定、公共安全、他人的人身和财产安全直接相关。良好的生活秩序表现为：社区稳定，人们安居乐业，人们的行为遵循一定的规则，人们的生命、身体健康、财产是安全的。其核心是人们的生命、财产是安全的。

4. 时空要素

生活秩序是人们的行为遵循一定规则的结果，因此，在静态意义上，生活秩序描述的是一种状态；在动态意义上是人们按照一定的常规和次序行事。人们活动总是需要一定的空间，掌握不同活动内容需要空间大小的不同，对于我们理解生活秩序和维护生活秩序具有重要意义。同时，人们的活动也必须是在一定的时间内进行的。随着时间的推移，各种主客观条件发生变化，人们的活动会呈现出不同的特点。因此在不同的历史阶段,甚至在不同的季节和时间段,一个地区或一个国家的生活秩序会呈现不同的态势。

三、农村社区生活序化的体现

农村社区生活的序化体现在如下几个方面:

1. 农村社区生活的序化是有条理、不紊乱的社会存在状态

农村社区生活秩序属于社会秩序的范畴。社会秩序描述的是一种有条理、不紊乱的社会存在状态。没有必要的社会秩序,社会关系就会陷入紊乱状态,在这种情况下,社会就难以正常运行,就会呈现出一片混乱和无序。社会的发展要求社会矛盾不能激化到破坏和妨碍自身发展的程度,就是说社会的发展需要以一定的秩序为前提。

2. 农村社区生活序化是法规、道德、宗教等共同调整的结果

农村社区生活秩序是人们的活动遵循一定规则的结果。法规体现和代表了掌握国家政权者的意志和利益。正是从这个意义上说,农村社区生活秩序反映和体现了统治阶级的意志和利益,具有法律性、阶级性和政治性。农村社区生活秩序不完全是法律规则规定和调整的结果,而是道德、宗教、法律等规则共同规定和调整的结果。因此,农村社区生活秩序具有社会性的一面。

3. 农村社区生活序化的范围和内容是特定的

第一,农村社区生活秩序描述的是人类的活动状况。如地震、山体滑坡等都属于自然现象,而不属于农村社区生活。但是,某人在地震发生后乘机实施偷窃、抢劫等活动,就属于农村社区生活的范围。第二,农村社区生活秩序描述的是一种公共秩序,描述人们对他人或物作用的有序状况。例如个人的稳定的饮食、起居习惯等,表现为一种非常有序的状态,这不属于农村社区生活秩序范畴。但若一个人的生活习惯影响到了他人的正常生活,则属于生活秩序问题。

第二节 农村社区治安理论

农村社区生活秩序中最重要的一个方面是治安秩序。治安直接关系到农村社会稳定、农村公共安全和农村居民的生命、财产安全。

一、农村社区治安含义

了解农村社区治安理论须先了解治安和农村社区治安概念。

1. 治安的含义

治安可以从广义和狭义两个角度理解。广义治安是一种静态的治安,是指通过治理在整体上实现符合统治阶级意志和利益的,并由一定社会规范加以调整的一种安全、有序、稳定的社会状态。① 也就是国家的有效治理和社会秩序的安宁。狭义治安,是一种动态的治安,是指一个国家特定的主管机关依法进行的旨在实现一种安全、有序、稳定的社会状态的管理活动。② 也就是一种以警察力量为主体所实施的管理与维护社会公共安全秩序的行政活动,即警察部门依法所实施的治安管理。在我国,对警察部门所实施的治安职能活动的理解包含两个层面:一是指公安机关依法维护社会治安秩序的全部职能活动,既包括其所担负的治安行政管理职能活动,也包括预防、侦查和打击犯罪行为的刑事执法职能活动;二是专指我国公安机关的治安部门为了维护社会治安秩序、保障社会生活正常运行而依法实施的行政管理活动。③

2. 农村社区治安含义

本章中的"农村社区治安"是一种狭义治安,指国家和地区通过法律、法规和运用警察职能、治安行政管理等手段,针对农村社区实际情况所建立起来的,稳定农村地区安宁的,具有区域性和针对性特征的社会秩序。农村社会治安概念是在改革开放后,农村地区社会秩序、治安事件问题日益突出的背景下提出的。农村社区治安是一种国家行为,其实质是国家对社会进行的统治、治理和控制行为。农村治安秩序是指基于农村社区居民活动而发生的,主要由法律规则所规定和调整的,直接关系到国家和社会稳定、公共安全、他人生命和财产安全等内容的社会秩序。④

二、农村社区治安相关理论

由于国外尤其是发达国家在社区治理方面先进于我国,因而国外的相关实践经验比我国丰富,其相关理论比我国成熟。

1. 国外的相关理论

(1)社会转型理论。转型理论将犯罪与社会变迁、社会的结构转型结合在

---

① 侯惠勤等:《冲突与整合——如何认识我国社会主义改革实践过程对人们思想的影响》,中国人民大学出版社2003年版,第24页。
② 沈远新:《中国转型期的政治治理若干问题与趋势》,中央编译出版社2006年版,第31页。
③ 邹千江:《冲突与转化:中国社会价值的现代性演变》,中国传媒大学出版社2008年版,第1—21页。
④ 陈天本:《治安秩序的内涵与构成要素研究》,《中国人民公安大学学报(社科版)》,2006年第5期,第14—20页。

一起,认为犯罪率的提高是日常生活变迁和社会冲突加剧的结果。"失范"理论和"现代化"理论是转型理论的主要阐释模式。法国社会思想家爱弥尔·涂尔干提出"失范"术语,用来理解社会急剧变动时期人们各种脱离社会常规的行为,如自杀、犯罪等。美国社会学家S.N.艾森斯塔特指出现代化进程将造成社会的结构性震荡,对既有社会秩序形成冲击,必然产生巨大混乱、层出不穷的犯罪。[1] 应用转型理论解释具体犯罪行为的代表人物马库斯·费尔森认为,罪案的发生与现代人生活模式的变化有关。比如,现代社会夫妻双方都要工作,住宅无人看管的时间比较长,使之容易成为盗窃的对象。这是一个社会转型带来的诱发犯罪的结构性问题。费尔森还指出,由于科技发达和技术转型,便携式的昂贵的电子产品越来越多,这些电子产品容易成为犯罪分子的目标,使盗窃案、抢劫案发生的概率大大提高。[2]

(2)皮尔原则。1829年,罗伯特·皮尔在建立英国伦敦警察机构时发布的《警察训令》中指出:从现在起就应该明白我们要达到的主要目标是预防犯罪,警察应朝着这个伟大目标努力。检查警察工作效率的标准是犯罪和骚乱的消失,而不是为应付这些问题的表面行动,这就是著名的"皮尔原则"。皮尔原则第一条明确规定了警察机构的基本任务是预防犯罪和维护社会秩序。[3] 该提出后,在很长的时期里,并没有被西方警察理解和贯彻。一直到20世纪60年代,世界各国仍然沿袭着传统的法律化、军事化、职业化的警务思想,仍然把打击犯罪和维护治安作为警察的唯一职能。但是传统的警务思想和警务战略,并没有成功地控制犯罪,相反,西方及世界各国普遍的高犯罪率证明了传统警务工作的低效,从而造成公众对警察的信任危机。[4] 正是在这样一个背景下,西方警察在反思中重新找回了"皮尔原则",警察逐渐从打击犯罪为主转变到以预防犯罪为主,从强调警察专业的特殊性转变为重视警民合作,从单枪匹马的行动转变为发动群众广泛参与,从警察行动被犯罪案件牵着鼻子走,转变到扎根社区预防犯罪,评价标准从强调高破案率转变为少发案。

(3)破窗效应。20世纪60年代末,美国斯坦福大学心理学家菲利普·辛巴

---

[1] 陈周旺,申剑敏:《国外治安理论主要模式及其发展趋势》,《国外社会科学》,2011年第3期,第1—8页。

[2] 李紫媚:《盗与罪:青少年犯罪预防理论与对策》,香港城市大学出版社2008年版,第7页。

[3] 刘静坤:《论皮尔原则与英国警务改革》,《江西公安专科学校学报》,2006年第1期,第108—112页。

[4] 李华周:《英国预防和打击犯罪改善社会治安的新动向》,《公安研究》,2003年3月,第90—92页。

杜曾进行了一项有趣的试验。他找了两辆一模一样的汽车,把其中的一辆摆在中产阶级社区,而另一辆停在相对杂乱的街区,摘掉车牌,打开顶棚。结果,放在相对杂乱街区的车一天就被人偷走,而放在中产阶级社区的那辆车一个星期都无人问津。后来,辛巴杜用锤子把那辆车的玻璃窗敲了个大洞,结果仅仅过了几个小时,汽车就不见了。[①] 1982年,美国学者乔治·凯林和詹姆斯·Q.威尔逊在其发表的《警察与社区安全:破窗》一文中首先提出"破窗效应"。[②] 这一概念代表了詹姆斯·Q.威尔逊和乔治·凯林对无秩序行为、邻里关系淡漠和犯罪之间的联系的论述和总结。他们认为,一扇破烂的窗户任其破损而不加修理是人们不关心其财产的象征。长此以往,会使其他居民也不关心自己的财产,进而造成恶性循环,即房屋破损严重,房主开始搬迁,有些房子甚至被遗弃。逐渐地,社区的犯罪就会增加。他们指出,警察虽已把工作重点放在了这一过程的最终结果即严重犯罪上面,但警察打击犯罪的能力是有限的。所以,警察应在社区状况变糟之初,也就是最早出现无秩序行为和邻里关系淡漠的迹象时,就应介入社区开展防范工作。

(4)零容忍理论。零容忍理论与破窗理论密切相关,均起源于美国。1967年,美国学者比德曼率先提出:行为不检,扰乱公共秩序的行为与重大犯罪一样都会造成一般大众的恐惧。20世纪80年代,美国海关为控制毒品犯罪首先提出来了"零容忍"惩罚政策,对毒品犯罪行为予以严厉惩罚,决不容忍。[③] 随后,这一政策也被使用于惩罚诸如种族歧视、性暴力等领域的违法行为,成为各国警务工作的一个重要策略。零容忍理论要求警察机关对于任何犯罪或扰乱公共秩序的行为,无论大小均一视同仁,依法强制彻底消灭或者打击,绝不妥协。通过执法的彻底程度,使犯罪及扰乱公共秩序者认识到警察机关是玩真的而知收敛,一般大众也因警察的强制执法,较往昔更愿意提供情报,并与警察合作。零容忍理论在发达国家早已经被高度重视和运用。而在我国司法实践中,由于司法工作人员的认识水平、工作压力以及经济负担等原因,执法中常常出现了"抓大放小"的情况,特别是一些与人民群众密切相关的案件(如小偷小摸等)被忽视,引起了社会的混乱和群众的不满。

[①] 黄豹、廖明会:《社会治安综合治理中的零容忍理论研究》,《中南民族大学学报(人文社科版)》,2007年第1期,第112页。

[②] James Wilson and George Kelling, "Broken Windows," *Atlantic Monthly*, March, 1982. 转引自李紫媚:《盗与罪:青少年犯罪预防理论与对策》,香港城市大学出版社2008年版,第7页。

[③] 黄豹、廖明会:《社会治安综合治理中的零容忍理论研究》,《中南民族大学学报(人文社科版)》,2007年第1期,第110页。

（5）理性选择理论。理性选择理论的理论前提是犯罪者都是完全理性的人，并且要对其自身的理性行为负完全的责任。犯罪的发生归根结底与个体对于犯罪成本和预期的理性计算有关，而并非一个伦理问题。如果犯罪者认为通过犯罪手段获利的风险较低，犯罪往往就容易发生。如果通过各种制度手段提高犯罪的风险，就有可能相应减少犯罪的概率；同样，如果犯罪的获利很高，哪怕风险较大，有时候也会刺激犯罪行为的发生。所以，犯罪者对于犯罪获利的报酬和风险之理性比较，才是犯罪分析最重要的依据。理性选择理论虽然以个体理性为出发点，但不是一味强调个体偏好的意义。相反，理性选择理论越来越重视个体与外部环境之间的互动，因为对犯罪风险的分析往往是基于对外部环境的考量。这种外部环境既包括他人，也包括制度、环境等因素。

2. 国内的相关理论

治安综合治理是我国特色的解决社会治安问题的理论。党的十一届三中全会后，就维护社会治安秩序，保障经济建设顺利进行，提出了一些新的社会治安思路和原则，并随着改革开放的深入发展逐步确立和完善。治安综合治理是指在各级党委和政府的统一领导下，各部门协调一致，齐抓共管，依靠广大人民群众，运用政治的、经济的、行政的、法律的、文化的、教育的等多种手段，整治社会治安，打击和预防犯罪，保障社会稳定，为社会主义现代化建设和改革开放创造良好的社会环境。[①] 1991年1月，全国社会治安综合治理工作会议在山东烟台市召开，确定了社会治安综合治理的工作方针、指导原则、工作范围、领导体制和工作制度。1991年2月19日和3月2日，中共中央、国务院和全国人大常委会分别做出《关于加强社会治安综合治理的决定》。1991年3月21日，党中央决定成立中央社会治安综合治理委员会[②]，职责任务是协助党中央、国务院领导全国的社会治安综合治理工作。

第三节 农村社区治安现状

改革开放以来，我国各地农村在社会治安治理方面做了大量卓有成效的工作，但是从目前情况看，各地社会治安工作发展很不平衡，不少地区尚未落实到实处，社会治安形势仍很严峻，不少地方人民群众缺乏安全感，这一状况远不适

---

① 《中共中央、国务院关于加强社会治安综合治理的决定（1991年2月19日）》，新华网（2007）：http://www.ce.cn/xwzx/gnsz/szyw/200706/17/t20070617_11786835.shtml。

② 2011年8月21日，中央社会治安综合治理委员会更名为中央社会管理综合治理委员会。

应社会主义新农村和和谐社会建设的要求。

一、农村社区常见的治安问题

就我国而言,目前农村社区治安问题较突出。

1. **违法犯罪活动时有发生**

(1)盗窃、抢劫等侵财案件较常见。作案人员利用大多数村民居住分散、防范意识不强,尤其是青壮年大部分外出务工等特点,盗窃现金、家电、家禽家畜、农用机械、电力通信设施等物品。另外,随着三轮车、面包车等交通工具普遍使用,加上通信工具的现代化,犯罪分子进行流窜作案的概率增大。

(2)非法宗教活动、封建迷信等违法犯罪有所抬头。虽然经过多方治理农村的非法宗教活动得到一定遏制,但是在一些经济文化相对落后、基层政权组织相对薄弱的地方,各种非法宗教活动仍较猖獗,其活动方式和组织形式发生了很大的变化,由原来的公开或半公开转入更加隐蔽的地下活动;由固定聚会转入不固定聚会,聚会时间、地点临时通知,呈现快聚快散的特点。封建迷信活动在文化水平较低的农村社区也较盛行,一些人利用算命、测字、抽签、卜卦等封建迷信活动骗取群众钱财。

(3)赌博仍然是影响治安的"顽疾"。部分农村居民以赌博寻求刺激,由几角几元的小赌变成成百上千元的大赌,有的人借钱也要赌,恶性循环。部分干部的参赌,不仅滋长了赌博歪风,而且在群众中造成了极坏影响。部分地区"私彩"、买马成风,已经诱发出许多治安问题。

2. **突发群众事件增多**

近几年,因为山林水利、土地承包、计划生育、征地移民、环境污染等引发的农村突发群众事件日益增多。由于关系到农民自身利益的问题长期得不到解决,农民的积愤越来越多,最终采取非制度化参与或抗议性参与的方式来表达不满,对社会治安稳定产生强烈冲击。当农民经济利益受影响时,往往采取简单而又实惠的有效解决办法,即到政府上访,认为"大闹大解决、小闹小解决、不闹不解决",如果诉求得不到满足进而不断闹事。农村突发群众事件增多的原因主要有:一是部分基层干部脱离群众,不及时处理问题,造成农民不满而上访;二是由政府出面解决问题比通过法律诉讼解决问题成本更低,不受诉讼之累且更容易解决问题。农村突发群众事件如不及时制止和处理会迅速蔓延,具有引发集体性械斗骚乱和暴力犯罪的危险,轻则影响生产重则被敌对势力所利用,使矛盾复杂化,影响社会稳定。

3. 黑恶势力侵入农村基层政权

近年来,黑恶势力开始在乡村蔓延,他们侵入农村基层政权,严重影响了乡村社会治安。黑恶势力侵入基层政权的途径主要有:一是通过村委会的选举控制农村基层政权。于建嵘对湘南某市40个"失控村"调查发现,有近20名村主任因涉黑而被依法查处。二是通过经济上的诱惑来达到对农村基层政权组织的控制。经济能人控制乡政村务的主要方式有:直接出面,争夺乡村控制权;控制村里重大事项的决策权,架空村级政权;扶植黑恶势力掌握乡村权力。三是政治精英的红黑蜕变。有许多曾经是当地的政治精英,他们在成为黑恶势力之前,曾经为农村的经济和社会发展做过一定的贡献。但在各种原因下,他们逐渐由红向黑蜕变,由农村政治精英变成了村霸或黑恶势力的组织者、保护人。[①]

4. 职务犯罪显现,职务侵占和挪用资金现象堪忧

农村职务犯罪主要手段有:一是在管理村级财务收支时收入不入账,私自截留;二是利用职权巧立招待费等名目,套取公款;三是利用缺乏监督机制的弊端,白条报账;四是对土地开发征用款项进行暗箱操作,挪用甚至私分。张学超等对河北农村居民进行的"您担心的违法犯罪类型"的问卷调查结果显示,选择"村官腐败"选项的人数比例达到了35.3%[②]。这在一定程度上说明农村基层组织职务犯罪已经凸现。

二、农村社区治安问题的特点

与城市治安问题相比较,我国农村社区治安问题有自身的一些特点。

1. 因民事纠纷引起的凶杀案件上升

近年来,农村故意凶杀案呈上升趋势,成为一个严重的问题,原因主要有宅基地、婚姻(婚外情)、经营、承包等纠纷问题。孙喜峰、丁艳对湖南省部分农村地区凶杀案件的调查发现,凶杀案件大多由生活中的小事而引发的。[③] 这些民事纠纷引起的治安、刑事案件呈现出发生数量多、化解难度大、处理周期长等特点。

[①] 于建嵘:《黑恶势力是如何侵入农村基层政权的——对湘南40个"失控村"的调查》,《中国老区建设》,2007年第10期,第16—18页。

[②] 张学超:《河北农村犯罪现状及对策——部分县、市的实证研究》,《中国人民公安大学学报(社科版)》,2010年第5期,第61—69页。

[③] 孙喜峰,丁艳:《湖南省农村犯罪情况调查与思考怀化》,《怀化学院学报(社会科学版)》,2006年4月版,第95—97页。

2. 具有季节性特征

农村犯罪与季节呈现出明显的相关关系,不仅整体犯罪率中随季节而变化,而且犯罪类型也随季节变化。一般而言,夏季是案件的高发期;强奸、抢劫等案件多发生在夏秋两季,而盗窃、破坏电力设备等犯罪则集中在冬季。

3. 犯罪动机贪婪、低级

由于文化水平低,不少人仍处于文盲法盲的程度,加上盲目的求富欲望与狭隘的小农意识,决定了一部分人犯罪的动机贪婪而低级。他们偷割通信电缆,只是为了变卖其中的铜丝,却不知这种行为给社会的整体运行所造成的巨大损失是远远不能以铜丝本身的价值来计算的;他们盗卖下水道口的水井盖,仅仅是为了把它当废铁卖,却不知其后果可能是车毁人亡。这种损人利己,牺牲国家的巨大利益来换取自己的蝇头小利的行为,在农村犯罪案件中所占比例不小。

4. 农村未成年人违法犯罪现象凸显

受社会不良环境影响,以及学校与家庭的教育、监管不到位,我国农村的未成年人犯罪问题突出。据云南省公安厅统计,该省少管所在押少年犯中,农村青少年占80%;福建省2006—2008年5月,81%的在押未成年犯来自农村[①]。据张学超对河北的调查显示,农村犯罪构成主体中农民青少年为数较多且比例在不断上升。如易县2006年法院受理的青少年犯罪为95件,2007年达到106件,增幅达12%。[②] 特别是留守儿童[③]犯罪问题日益严重。董士县、李梅对山东省农村义务教育阶段的留守儿童犯罪问题的抽样调查显示,农村留守儿童占该年龄段全部犯罪儿童的33.71%,犯罪率高达12.54%,比非留守儿童高出近11个百分点。[④]

三、农村社区治安问题的原因

当前农村社区的治安问题,既有政治、文化等宏观方面的原因,也有治安力量非常薄弱、青少年监护不力等具体措施的原因。

1. 宏观原因

(1)农村大部分地区经济发展滞后。当前我国大部分农村社区经济发展水

---

① 李白蕾:《我省未成年人犯罪呈现新特点》,《福州日报》,2008年8月16日。
② 张学超:《河北农村犯罪现状及对策——部分县、市的实证研究》,《中国人民公安大学学报(社科版)》,2010年第5期,第61—69页。
③ 农村留守儿童是指父母一方或双方外出务工,本人长期留在户籍所在地因此不能和父母双方共同生活的农村儿童。
④ 董士县,李梅:《农村留守儿童监护问题与犯罪实证研究》,《中国人民公安大学学报(社科版)》,2010年第3期,第133—140页。

平较低,居民收入整体偏低。以2008年为例,西部地区农村人均收入最高的内蒙古只有4656.2元,而最低的甘肃仅2723.8元。① 至2009年,我国农村贫困人口尚有3597万人,贫困发生率为3.6%。② 低收入人群犯罪动机具有贪婪、低级的特点,导致农村社区盗窃、抢劫等侵财案件高发,同时由经济纠纷引起的凶杀案件上升。

(2)农村社区精神文明建设落后。农村地区文化教育落后,中小学失学率高,致使一些人没有接受良好的教育,这些人认识社会、辨别是非的能力不强,致富无门路,生活无信心,感到极度空虚。日益渴望着丰富多彩的精神文化生活,而农村现有的条件已经无法满足其需要,结果造成农民精神生活的"饥饿"。而不健康的文化产品充斥农村市场,这对渴望精神文化生活的农民起到了引诱、刺激、教唆的作用。另一方面,由于多数农民知识面窄,法治观念淡薄,不懂得寻求解决问题的正当途径,动不动就大打出手,对行为的后果缺乏预知。相当多的农民对法律知识一无所知,既不知道自己是否触犯了法律,更不会用法律武器去维护自身的合法权益,一旦遇到纷争,就简单地使用暴力来解决,最终走上了犯罪道路。

(3)部分农村基层党政组织涣散,社会控制力减弱。农村治安事件发生率的高低其实都和当时当地的社会控制力具有密切关系,而社会控制力的强弱则和代表法律、权力的党政部门的形象和工作效率密切相关。我国大部分农村比较偏远,其社会控制力直接来自当地的基层党政组织,如果这些基层党政组织涣散无力,则这些农村的社会控制力当然就会极其薄弱,社会治安问题必然非常严重。现实中,一些农村基层党政组织形同虚设,甚至一些干部滥用职权、假公济私、恃强凌弱,一些基层党政组织在换届选举中拉帮结派、进行贿选而引发的治安事件也屡见不鲜。

2. 措施原因

(1)农村公检法力量非常薄弱。目前我国警察占总人口的万分之十三,而在农村社区一般还不到万分之九。一个乡派出所包括所长、副所长在内一般只有四五名民警,甚至更少,他们要担负整个乡里的刑事案件、治安案件和民间纠纷调处以及户口管理和非主干线的交通管理等大量工作,这样庞杂的任务是他

---

① 廖小东、曹文波:《西部地区农村贫困的现状、原因及对策研究——以贵州省为例》,《吉首大学学报(社会科学版)》,2010年第6期,第34—40页。

② 《中国的人力资源状况白皮书2010》,新华网(2010):http://news.xinhuanet.com/politics/2010-09/10/c_12540033.htm。

们力所难及的。零容忍理论在国外早已经被高度重视和实践,但在我国司法实践中,由于人力、物力不足等原因,执法中常常出现了"抓大放小"的情况,特别是一些与人民群众密切相关的案件(如小偷小摸等)被忽视,引起社会混乱和群众不满。

(2)农村治安人员的专业素质有待提高。农村治安工作人员综合素质水平的高低在很大程度上决定了农民群众对治安工作的配合程度。由于农村社区治安工作人员的相关培训尚有欠缺,不少农村治安工作人员的综合素质水平较低,相关法律知识匮乏,群众工作的艺术不强,不能很好地融入群众,给农村治安工作带来了很大的阻碍。某些农村治安工作人员身上仍然存在着"冷、硬、横"现象,功利思想严重,对做好农村治安工作缺乏信心、恒心,工作消极应付;少数治安工作人员不善于、也不愿意做群众工作,与群众关系不融洽。治安工作人员队伍中的个别败类,或是与农村违法犯罪分子有着千丝万缕的联系,或是为了经济利益以罚代管,纵容犯罪,直接影响了治安工作人员在公众心目中的形象,导致治安工作人员在农村的执法环境差,治安工作人员在执行公务时农民不配合,甚至是刁难、围攻,对农村治安工作构成了巨大的障碍。

(3)农村留守儿童监护不力。目前全国农村因父母双方或一方外出务工而成为留守儿童的约5800万,其中14周岁以下的留守儿童4000多万。[①] 由于父母法定监护责任的缺失、委托监护不力,加之我国尚未建立国家监护、学校监护等制度,从而使农村相当一部分留守儿童的活动处于自由、放任状态。一些留守儿童很容易受不良环境的影响而沾染上吸烟、酗酒、打架、赌博等恶习,这些不良行为往往因失去控制而发展为犯罪行为。董士昙、李梅对山东省农村义务教育阶段的留守儿童犯罪问题的调查显示,留守儿童的犯罪率比非留守儿童高10.99%,留守儿童中隔代监护、同辈监护[②]的留守儿童犯罪率明星高于其他监护类型的儿童。[③]

[①] 《全国妇联农村留守儿童状况调查》,中国妇女网(2008):http://www.women.org.cn/allnews/25/885.html。

[②] 留守儿童的监护分为6种类型:单亲监护(有母亲监护和父亲监护两种情况);隔代监护(祖父母或外祖父母为监护人);同辈监护(兄、嫂、姐、姐夫等为监护人);自我监护;长辈监护(叔、伯、舅、姑、姨等长辈亲属为监护人);其他监护。

[③] 董士昙、李梅:《农村留守儿童监护问题与犯罪实证研究》,《中国人民公安大学学报(社会科学版)》,2010年第3期,第133—140页。

第四节 农村社区治安综合治理

当前农村社区的治安问题,既有政治、经济、文化等宏观方面的原因,也有一些具体措施层面上的原因。要从根本上解决当前农村社区治安的众多问题,不能仅靠单一措施,需要开展社区治安综合治理。

一、治安综合治理的概念

综合治理是我国解决社会治安问题的根本途径。党的十一届三中全会后,就维护社会治安秩序,保障经济建设顺利进行,提出了一些新的社会治安综合治理的思路和原则,并随着改革开放的深入发展逐步确立和完善。1981年5月,召开的北京、上海、天津、广州、武汉五大城市治安工作座谈会,就明确提出了社会治安必须综合治理。目前,对"社会治安综合治理"的定义有多种[1],其中具有代表性的两种是:一种是人民出版社出版的《案件学大辞典办案大全》称,"综合治理是不仅要严肃查处违法违纪案件,而且要从完善法律、健全制度、改革政治和经济体制、普及法律知识、加强法纪政纪教育和思想政治工作等方面入手,减少和防止案件的发生。把防范和法制建设、制度建设结合起来,做到惩戒一人,教育一片;处理一件,治理一面"[2]。另一种是中央社会治安综合治理委员会办公室编著的《社会治安综合治理工作读本》对社会治安综合治理的定义:"社会治安综合治理是一个具有时代性的、中国特色的政治、法律概念,其含义是指在各级党委、政府的统一领导下,各有关部门充分发挥职能作用,协调一致、齐抓共管,依靠广大人民群众,运用政治、经济、行政、法律、文化和教育的等多种手段,整治社会治安,打击和预防犯罪,完善社会管理,化解社会矛盾,维护人民权益,保障社会稳定,促进社会和谐,为社会主义现代化建设和改革开放创造良好的社会环境,推进中国特色社会主义事业深入发展。"[3]这本教材对社会治安综合治理的定义具有一定权威性。无论从哪个侧重面去解释,"综合"二字是社会治安综合治理的核心和灵魂。

---

[1] 参见田小穹:《社会治安综合治理定义探析》,《河北法学》,2010年第8期,第192—196页。
[2] 杨玉湖:《案件学大辞典·办案大全》,人民出版社1990年版,第210页。
[3] 中央社会治安综合治理委员会办公室:《社会治安综合治理工作读本》,中国长安出版社2009年版,第4页。

二、农村社区治安综合治理的基本原则

我国农村社区治安综合治理的原则有三。

1. 打防结合,标本兼治的原则

打防相辅相成,不能顾此失彼。只有在打击的同时切实加强防范工作,并逐步建立起一套与社会主义市场经济相适应的防范体系,才能有效地遏制、减少犯罪。如果只打不防,就会出现"光打不防,越打越忙,光罚不教,难见成效;光处不管,难以改观"的被动局面。标本兼治是指治安综合治理工作中既要及时打击处理违法犯罪,消除产生违法犯罪的外在条件,又要从根本上减少和消除违法犯罪产生的内在原因。总而言之,就是要从治标和治本两个方面发挥每一项治理措施的双重作用。标本兼治不是打防结合的简单重复,而是打防结合的延伸,说明了治安综合治理手段的双重作用之间的关系。

2. "谁主管谁负责"的原则

落实"谁主管谁负责"的原则,是实现社会治安综合治理的核心。这项原则适用于所有党政军各部门和各人民团体。各部门都要根据社会治安综合治理的任务、要求和工作范围,主动找准自己的位置,明确本部门、本系统的职责,切实承担起共同维护治安的社会责任。一旦发生问题,要酌情追究有关部门、单位直接领导者的责任。

3. 社会化原则

社会治安综合治理需要全社会动员起来,积极参与。一方面,能不能有效地打击犯罪,控制社会治安局势,关键是看政法部门的打击力度如何。另一方面,社会其他部门发挥各自的自身特点,与政法机关相互配合,协调运作,消除自身内部存在的治安综合治理方面的隐患。第三,只有把广大群众组织起来,调动其积极性,才能真正实现社会长治久安。要从根本上打击和预防犯罪,就必须依靠和发动群众,从多方面消除产生违法犯罪的条件。

三、农村社区治安综合治理的内容

社会治安综合治理的主要目标:社会稳定,重大恶性案件和多发性案件得到控制并逐步有所下降,社会丑恶现象大大减少,治安混乱的地区和单位的面貌彻底改观,治安秩序良好,群众有安全感。[①]治安综合治理的主要内容是打击、防

---

① 《中共中央、国务院关于加强社会治安综合治理的决定》(一九九一年二月十九日),新华网(2007):http://www.ce.cn/xwzx/gnsz/szyw/200706/17/t20070617_11786835.shtml。

范、教育、管理、建设、改造。

1. 打击

打击惩治犯罪在治安综合治理中居于十分重要的地位,是首要环节。必须长期坚持"严打"方针,加大打击力度,抓住重点,集中解决最突出的治安问题,促进社会稳定。

2. 防范

预防犯罪可以避免和减少犯罪给社会造成的直接或间接损失,是维护社会治安秩序的积极措施,可以增强人民群众的安全感,使治安综合治理具有更广泛的群众基础,从根本上减少犯罪因素。因此,预防犯罪是强化社会治安综合治理的治本之策。

3. 教育

教育是治安综合治理的根本大计,是维护社会治安的战略性措施。一要充分发挥法制教育部门的作用,开展普法教育;二要落实对"两劳"人员以及被判处监外执行的犯罪人员帮教工作,促使其迷途知返;三要做好青少年违法犯罪的挽救、感化、疏导工作,加强少年犯的思想转化工作。

4. 管理

管理是堵塞犯罪空隙的有效手段,是保障治安秩序的重要方面。加强管理可以发现在社会治安综合治理工作中存在的多种问题,并及时得以改正,防止犯罪的发生。特别是对重点部位、重点场所、特种行业等易于发生违法犯罪的部位进行管理,真正做到不留死角、严格管理。

5. 建设

建设是落实治安综合治理措施的关键所在,是促进治安综合治理有效进行的力量保障。主要有两方面的建设:一是组织建设,只有一支过硬的治安综合治理队伍,才能更有效地进行社会治安综合治理;二是制度建设,即制定完善的治安综合治理法规,建立健全治安防范制度,督促检查执行情况。

6. 改造

改造是惩罚犯罪的目的,是迫使违法犯罪分子重新做人的强制性措施,是教育人、挽救人的特殊预防工作。强调的是把那些曾经违法犯罪的人通过改造来成为"守法"和"有责任"的公民,尽量使他们吸取教训,懂法守法,减少再次危害社会的可能性。

上述六个方面的工作环环紧扣,相辅相成,缺一不可,不能有所偏废。

四、加强农村社区治安综合治理的措施

优化我国农村社区治安状况,需要采取如下措施。

1. 要以提高广大农村群众的文化素质和法治意识为基础

社会主义新农村建设的开展,国家加大了对农村经济、文化和教育的投入,为农村社区治安综合治理创造了有利条件。基层党政组织要充分利用好政策提供的机遇和条件,采取切实可行的措施,用主流文化占领群众的思想阵地,在农村开展形式多样的法制教育,使广大民众增强法律意识,增强法治观念。

2. 健全组织体制,充实和加强办事机构

政府要担负起重要的领导责任,大量的工作要由政府去组织实施。在党委统一领导下,党政共抓,办事机构具体指导协调,各部门、各单位各负其责。乡镇要设立相应的社会治安综合治理领导机构,健全办事机构或配备专人负责。可以由上级选派一名有经验的公安、司法干部,到乡(镇)政府任副职,专抓社会治安综合治理工作。

3. 加强领导,努力把社会治安综合治理措施真正落实

搞好社会治安综合治理,领导是关键。社会治安综合治理措施落实到基层的主要标志是:基层党政领导重视,建立社会治安综合治理工作的议事制度;社会治安综合治理的领导机构和办事机构健全,有专人办事;建立一定形式的目标管理责任制;有群防群治队伍和严密的防范措施;群众充分发动起来,敢于同违法犯罪作斗争;犯罪和社会治安问题较少,对发生的问题能及时处置。重点治理是迅速改变局部地区治安面貌的有效方法,要集中力量整顿治理好秩序混乱、治安问题较多的少数地区、乡镇、村落、交通线段。

4. 充分发挥政法部门特别是公安机关的职能作用

政法部门是人民民主专政的重要工具,是惩治违法犯罪,维护社会治安的专门机关。政法部门的社会治安综合治理任务是:一是依法严厉打击严重危害社会治安的刑事犯罪分子,及时查处、取缔"六害"活动,坚决防止境外黑社会势力和丑恶现象侵入。二是严格各项治安管理措施,检查指导基层治保组织、群防群治队伍的工作。三是采取各种措施改变就案办案现象,尽力扩大办案的社会效果,并积极提出司法建议和检察建议,协助有关单位总结经验教训,健全管理制度,完善防范机制。四是结合各自业务工作,开展法制宣传教育和维护国家安全的教育。五是研究刑事犯罪和社会治安问题增多的原因及其规律,提出有效的对策。

5. 积极动员社会力量参与

一是要密切警民关系。提高社区民警密切联系群众、依靠群众的自觉性和主动性;要练好与群众交往的基本功,有意识地加深与群众的交流与联系,得到群众的理解与信任,使群众愿意主动反映界内有关治安问题的情况。二是建设一支高效的治安联防队。治安联防队是专群结合、加强社会治安综合治理的一支重要的群众骨干力量。建立一支高效的治安联防队伍将有助于维护社区治安综合治理的成效。三是完善社区内各种防范措施。可防性案件的发生往往是因为群众防范意识比较差,邻里之间缺乏相互关照。因此,要在社区中广泛进行防范宣传,定期通报发案情况和发案特点,提高群众的自防意识和邻里关照能力。

6. 多种方法并用,变重打击为重预防

社会治安综合治理中要使用社区调解、社区矫正等方法。一方面加强对人民调解工作的组织领导,依法积极疏导、调处各种民间纠纷,化解社会矛盾;另一方面,公安机关、法院和社区都要积极配合司法行政部门,大力加强社区矫正工作,做好对轻微违法犯罪人员和刑满释放、解除劳教人员的帮教工作。特别是要加强对青少年法制教育。对后进青少年应重点加强思想教育工作,会同家长、学校做好帮教工作,防止其走向犯罪的深渊。对于那些被判处缓刑、管制的违法青少年,应成立专门的帮教小组,对他们进行严格的教育改造,防止他们再次犯罪。

7. 借鉴国外的成功经验

发达国家在社区治安方面有许多成功的经验,有些可以在我国农村社区治安综合治理中借鉴推广,如"治安预报"、"邻里守望"和"软技术"预防等措施和方法。

(1)治安预报。日本是世界上犯罪控制较好的国家之一,其中很重要的一条措施就是治安预报。[①] 日本的乡村警察所,每年要向公众提供大量有关社会治安的宣传品,内容包括当前的犯罪趋势、犯罪的预防措施、居民的呼声和建议,以及其他关于本地或外地对预防与控制犯罪有用的信息。通过这种方式,既把治安知情权交给了群众,实际上也给了群众治安参与权和监督权,成为发动群众、依靠群众开展治安防范的重要举措。

(2)"邻里守望"。"邻里守望"是西方社区警务模式的重要内容之一,它的含义是将一定区域的居民联合起来、互相帮助,共同预防犯罪,改进当地治安状况。美国早在1972年就推行了"邻里监督计划",将其作为减少入室抢劫案件的一项特别措施。1982年,英国第一个邻里守望项目在米林顿郡和切斯特郡建立。

---

① 詹肖冰:《"治安预报"飞入寻常百姓家》,《人民公安报》,2002年第9期,第4页。

20世纪90年代,英国的邻里守望项目发展到8万多个,覆盖了400万个家庭。"邻里守望"名称可能多种多样,例如家宅守望、社区守望、车辆守望等,但其目的是相同的,即预防犯罪的发生,提高社区安全感,改进社区安全状况。[①]"邻里守望"的主要活动有:张贴邻里守望标志牌,出版邻里守望周报,定期召开讲座,组织形形色色的预防犯罪活动。西方邻里守望的实质就是通过提高环境的可见性来减少犯罪的机会,它使公共空间中的陌生人处于住户或人们的监视之下。

（3）"软技术"预防。英国警察有一套行之有效的预防犯罪的方法。这种方法的核心思想及特点是:注重宣传教育,注重增强家庭的安全观与个人的防范意识,采用简单、经济的治安防范手段,这些做法虽然简单,但能起到事半功倍的效果。第一,贵重财产标刻法。组织居民采取在汽车、录像机、照相机、珍宝首饰等价值高的贵重物品的指定部位,标刻主人名字、邮编。第二,预防犯罪警语。在社区张贴醒目、简要的安全警语,提高社区群众自我防范意识。第三,免费发放防范常识手册。公安部门免费发放简易宣传材料,如《预防犯罪实用技术手册》、《怎样对抗匿名电话》、《打击盗车贼》、《保护你的子女》等。

第五节 农村社区调解

开展农村社会治安综合治理,需要多种方法并用,变重打击为重预防。社区调解是农村社区预防治安问题的重要手段和方法,开展社区调解是社会治安综合治理的必然选择。

一、社区调解的概念

中国调解制度作为一种悠久的法律传统受到世界范围的广泛关注。调解是中国自古以来解决纠纷的重要方式。《辞海》把调解定义为:"通过说服教育和劝导协商,在查明事实、分清是非和双方自愿的基础上达成协议,解决纠纷。在我国,是处理民事案件、部分行政案件和轻微刑事案件的一种重要方法。"[②]目前,我国的调解制度一般包括人民调解、司法调解和行政调解三种。

人民调解,是指人民调解委员会通过说服、疏导等方法,促使当事人在平等

---

① 李鑫:《中外社区治安管理对策的比较——以西方社区邻里守望和中国群防群治为例》,《四川警察学院学报》,2010年第4期,第89—92页。

② 《辞海》,上海辞书出版社1999年版,第453页。

协商基础上自愿达成调解协议,解决民间纠纷的活动。①

司法调解又称法院调解、诉讼调解,是指法院在审理各类案件时,由法院主持,当事人平等协商,达成协议,从而解决纠纷所进行的活动。

行政调解是指行政机关主导,以国家政策法律为依据、以自愿为原则,通过说服教育等方法,促使双方当事人友好协商,互谅互让,达成协议,从而解决争议的行政行为。②

二、农村社区人民调解

人民调解是一项具有中国特色的、具有深厚中华民族传统文化内涵的制度,是我国人民独创的化解矛盾、消除纷争的非诉讼纠纷解决方式。人民调解被称为化解矛盾纠纷的"第一道防线",被国际社会誉为"东方之花"。

1. 我国人民调解制度的发展

人民调解制度最早可追溯到20世纪第一次国内革命战争时期的工农运动中。从抗日战争、解放战争时期直至建国之前,人民调解制度从萌芽、初具雏形,逐步得到发展,并初步形成了独具特色的人民调解制度。1954年3月22日政务院颁布了《人民调解委员会暂行组织通则》,标志着人民调解制度作为一种法律制度在我国正式确立。《通则》一共十一条,全面系统地规定了人民调解委员会的性质、任务、组织领导、职权范围、工作原则、工作方法和纪律等。1989年6月17国务院发布了《人民调解委员会组织条例》标志着人民调解制度的新发展,意味着人民调解是除诉讼程序外,运用得最广泛的一种纠纷解决途径。《中华人民共和国人民调解法》(下称《调解法》)已于2010年8月28日通过,自2011年1月1日起施行。③《调解法》规定,人民调解委员会是依法设立的调解民间纠纷的群众性组织。村民委员会、居民委员会设立人民调解委员会。至2010年,全国有82.4万个人民调解组织,其中村(居)人民调解委员会67.4万个,乡镇(街道)人民调解委员会4.2万个,行业性、专业性人民调解组织1.2万个。④

2. 人民调解的原则和程序

(1)原则。在当事人自愿、平等的基础上进行调解;不违背法律、法规和国

---

① 《中华人民共和国人民调解法》,中央政府门户网站(2010):http://www.gov.cn/flfg/2010-08/29/content_1691209.htm。

② 喻少如:《多元纠纷解决机制中的行政调解》,《学术界》,2007年第6期,第180—185页。

③ 《中华人民共和国人民调解法》,中央政府门户网站(2010):http://www.gov.cn/flfg/2010-08/29/content_1691209.htm。

④ 《司法部副部长就人民调解法颁布有关问题答记者问》,中央政府门户网站(2010):http://www.gov.cn/jrzg/2010-09/06/content_1696923.htm。

家政策；尊重当事人的权利，不得因调解而阻止当事人依法通过仲裁、行政、司法等途径维护自己的权利。

(2)调解程序。第一，受理纠纷。当事人可以向人民调解委员会申请调解；人民调解委员会也可以主动调解。当事人一方明确拒绝调解的，不得调解。基层人民法院、公安机关对适宜通过人民调解方式解决的纠纷，可以在受理前告知当事人向人民调解委员会申请调解。第二，调查分析纠纷情况。受理纠纷后，要深入进行调查，充分掌握材料，弄清纠纷情况，判明纠纷性质和是非曲直。这是正确、圆满调解纠纷的前提。人民调解委员会根据需要，可以指定一名或者数名人民调解员进行调解，也可以由当事人选择一名或者数名人民调解员进行调解。第三，对当事人进行说服劝导工作。人民调解员可以采取多种方式调解民间纠纷，充分听取当事人的陈述，讲解有关法律、法规和国家政策，耐心疏导。在征得当事人的同意后，人民调解员可以邀请当事人的亲属、邻里、同事等参与调解，也可以邀请具有专门知识、特定经验的人员或者有关社会组织的人员参与调解。第四，促成当事人和解并达成调解协议。如果双方当事人已互谅互让，具备了达成调解协议的思想基础，调解人员应促成双方当事人达成调解协议。达成调解协议后，可根据需要或当事人的请求，制作调解协议书。在调解纠纷过程中，发现纠纷有可能激化的，应当采取有针对性的预防措施；对有可能引起治安案件、刑事案件的纠纷，应当及时向当地公安机关或者其他有关部门报告。调解不成的，应当终止调解，告知当事人可以依法通过仲裁、行政、司法等途径维护自己的权利。第五，调解协议的履行。在调解委员会主持下，依据法律、政策自愿达成的调解协议，对当事人具有法律意义上的约束力，当事人应当履行。

2. 农村社区人民调解工作的优势

(1)调解机构数量庞大，具有解决大量纠纷的基础。人民调解在我国具有最为广泛的组织，拥有近百万个调解委员会，近千万的调解员。因此具有解决大量纠纷的基础条件。这一点是行政调解与法院调解所不能比拟的。

(2)调解人员熟悉当地风俗习惯，有利于调解。由于人民调解员本身就来源于基层，熟悉本地群众的传统、风俗、习惯，在调解过程中，能够将法律与道德有效结合起来，将情感与法律融合起来，达到彻底解决纠纷的效果。

(3)调解成本低廉。人民调解着重在调解委员会的主持下，能够主动、就近、及时地化解民间纠纷，用最短的时间，最低廉的成本来解决纠纷。

3. 农村社区人民调解工作面临的困难

(1)组织体系不健全。许多乡村没有建立人民调解委员会，或者虽然有人民调解委员会但形同虚设。需要完善人民调解组织体系：一是村(居)民委员会设立人民调解委员会；二是乡镇、农村社会团体或组织根据需要可以设立人民调解委员会。

（2）调解员整体文化程度低、专业水平不足。整体上看，调解人员的知识背景和专业技能远不能满足调解工作的现实需要。有的调解员只懂得当地风俗，对法律一窍不通。知识的有限性决定了调解案件范围的有限性，难以保障调解的质量和效率。截至2006年，全国共有人民调解员498万，其中尚有38.2%文化水平在高中以下。[①] 可以推测农村地区的人民调解员的文化程度和法律水平更加不容乐观。提高调解队伍的专业化水平有两种基本途径："内部升级"和"外部引入"。前者意指提高现有人民调解员的专业素质；后者指吸收外部专业人士参与调解，促进调解队伍的结构优化。

（3）没有资金保障，影响调解人员的积极性。当前，农村社区调解资金投入不足，没有相应的奖励方式，难以调动调解人员的积极性。造成调解队伍不稳定，阻碍了调解工作的开展。

三、农村社区司法调解

司法调解又称法院调解、诉讼调解，是指法院在审理各类案件时，由法院主持，当事人平等协商，达成协议，从而解决纠纷所进行的活动。

中国的司法调解制度并不是新中国成立后才有的，它是在长期的革命战争中，随着革命政权的建立而产生的。传统的调解制度在陕甘宁边区时期被赋予新的内容和功能，也成为新民主主义革命时期司法制度的一大特色。而这种从传统到现代的转型，是以马锡五审判方式[②]的确立及推广为载体的。新中国成立后，法院以调解为主解决民事纠纷成为必然选择。2004年8月18日最高人民法院审判委员会通过《最高人民法院关于人民法院民事调解工作若干问题的规定》，并于当年11月1日起适用。

1. 农村司法调解的适用范围和主体

该调解规定指出，对于有可能通过调解解决的民事案件，人民法院应当调

---

① 罗锋主编：《中国法律年鉴（2007）》，中国法律年鉴社2007年，第245页。
② 马锡五（1899—1962），陕西省保安（志丹）县人。1943年3月兼任陕甘宁边区高等法院陇东分庭的庭长，开始从事司法工作，1954年被任命为最高人民法院副院长。"马锡五审判方式"既是马锡五个人审判方式的总结和提炼，也是陕甘宁边区时期所倡导的审判工作方式。他经常有计划地下乡，进行巡回审判，及时纠正一些错案，解决了一些缠讼多年的疑难案件，受到群众欢迎。人们把这种贯彻群众路线，实行审判与调解相结合的办案方法称为"马锡五审判方式"。

解,简易程序适用规定的六类案件应当先行调解①。六类案件分别是:婚姻家庭纠纷和继承纠纷;劳务合同纠纷;交通事故和工伤事故引起的权利义务关系较为明确的损害赔偿纠纷;宅基地和相邻关系纠纷;合伙协议纠纷;诉讼标的额较小的纠纷。但是,根据案件的性质和当事人的实际情况不能调解或者显然没有调解必要的除外。而适用特别程序、督促程序、公示催告程序、破产还债程序以及婚姻关系、身份关系确认共六类案件不适用调解。

关于调解主体,该调解规定第三条说,人民法院可以邀请与当事人有特定关系或者与案件有一定联系的企业事业单位、社会团体或者其他组织,和具有专门知识、特定社会经验、与当事人有特定关系并有利于促成调解的个人协助调解工作。经各方当事人同意,人民法院可以委托前款规定的单位或者个人对案件进行调解,达成调解协议后,人民法院应当依法予以确认。

2. 农村司法调解的优势与不足

农村社区司法调解的优势有三:第一,调解主体的法律素质和专业水平高。法官长期从事审判工作,熟悉案件涉及的法律规定对双方的利益分配,调解经验丰富。第二,调解程序规范。无论是诉前调解、诉讼调解都有回避制度、举证制度等程序制约,保证调解的顺利进行。第三,调解的法律效力高,可以直接申请强制执行,当事人对诉讼调解的认可度高。农村社区司法调解的不足有二:第一,调审合一的模式,调解自愿性原则得不到保障。调解的结案方式对法官而言风险较小,不能上诉或再行起诉,不存在被发回重审或改判的情况,错案追究的可能性小。因此,有的法官对于事实难以认定,法律定性比较困难的案件喜欢用调解的方式处理。在这种情况下,由于法官既是调解人又是审判者,容易引发违背当事人意愿的强行调解、以判压调、久调不决的现象产生,影响审判权的公正行使,从而损害当事人的合法权益。第二,调解灵活度不够。现行民事诉讼法的调解要"查明事实,分清是非"的原则,混淆了判决与调解的界限。使得司法调解与其他调解相比缺乏灵活性。

四、农村社区行政调解

行政调解作为我国社会治安管理的一个基本经验,同样适用于我国农村社区治安管理。

---

① 参见最高人民法院审判委员会《关于适用简易程序审理民事案件的若干规定》(2003年12月1日起施行)第14条规定。

1. 行政调解内涵

行政调解一般来说是指在行政机关主持下，对各种纠纷进行的调解。如有的学者将行政调解定义为"由国家行政机关出面主持的，以国家法律和政策为依据，以自愿为原则，通过说服教育等方法，促使双方当事人平等协商、互让互谅，达成协议、消除纠纷的诉讼外活动"[①]。行政调解是介于人民调解和司法调解之间的一种调解制度，是行政机关主持下解决纠纷的一种方式。

2. 行政调解的优势与不足

(1) 行政调解的优势。由于行政机关掌握大量裁量权和各种权力资源，如减免赋税、批租土地、给予特许经营等，在解决纠纷过程中可以通过资源调配，实现纠纷的有效解决。特别是对法院不适合解决的群体性、复合性纠纷，行政机关的调处更见成效。行政调解的优势有以下几点：第一，具有较高的权威性。行政调解，由于调解主体的特殊性，一般具有较高的权威性。如工商局"12315"调解纠纷时，由于工商局负责各商家的注册及管理工作，因此，他们在调解纠纷事实时，商家很少有不予配合的。行政调解由于有行政处罚作为后盾，进行调解工作的难度就较小。第二，专业性强。由于现代分工精密，涉及特定领域的纠纷专业性强，如医学、海事、专利等方面的纠纷都有其专业特点。而且解决纠纷所依据的规则专业性强，如一些部门规章、行业规则等。这些领域不是普通的人民调解员能进行调解的，甚至法官都难以调解成功。而各个行政部门人员却有得天独厚的优势，他们调解专业纠纷的能力强、专业性高。第三，高效、便捷。行政机关行使行政权力，遇有与此相关的问题进行调解，非常便捷高效。可以对行政违法行为处理的同时，对其所引起的民事纠纷一并处理。比如对交通事故的调解，交警可以在认定事故责任的同时，对双方的损失进行调解，从而促使纠纷的全面解决。

(2) 行政调解的不足。行政调解的不足有以下几点：第一，部分行政机关怠于行使调解权。随着社会主义市场经济的逐步建立和完善，政府工作理念也向有限政府、服务型政府转变。依法行政、尊重私权、不主动介入纠纷等观念使得行政调解急剧萎缩。实践中，一些应由行政管理部门解决的矛盾，因某些原因一时解决不了，他们不是做耐心的安抚、调解工作，而是有意无意地将矛盾推到法院，告知当事人向法院寻求解决。第二，行政机关在调解时缺乏相对的独立性与公正性。在调解与行政管理有关的纠纷时，难以保证令人信服的中立性。最为

---

① 陈永革、肖伟：《行政调解：内涵界定、法理基础和应然价值》，《甘肃行政学院学报》，2011年第3期，第119—126页。

明显的莫过于卫生局在调处医院及患者之间的医疗纠纷及赔偿时,其调处的公正性就难以得到保障。第三,行政调解缺乏相应的程序规范。因为行政调解主体的特殊性,基层群众本身对于行政机关就有一定的畏惧心理,调解意见当事人一般予以尊重。但是一旦调解结果与某方当事人的心理预期差距过大,却没有相应的明确程序对当事人进行救济。

五、构建农村社区"大调解"体系

2009年12月,中办、国办转发的《关于深入推进社会矛盾化解、社会管理创新、公正廉洁执法意见》,明确要求构建"人民调解、行政调解、司法调解既充分发挥各自作用又相互协调配合的'大调解'工作体系"。如果将三大调解机制予以整合,必将能取长补短,实现功能上的互补和互动,有助于高效地解决农村社区的各种纠纷。

1. 人民调解与司法调解的衔接

(1)庭前调解机制的建立。可以在法院设立庭前调解窗口,由有经验的法官以及优秀的人民调解员来负责。对未经人民调解委员会调解的家事案件、小额的债务纠纷以及小额损害赔偿纠纷、邻里纠纷等一般民事案件和因民间纠纷引发的轻微刑事案件,立案庭应主动宣传人民调解工作的特点、优势,告知并建议当事人首先选择人民调解组织调解。当事人同意接受人民调解组织调解的,法院可将案件转移至调解委员会处理。现在全国很多法院已经开设了调解窗口,比如大连市、保定市等地法院均已开设了这一类的窗口,纠纷解决的效果显著。

(2)构建诉讼中委托调解制度。案件进入诉讼程序后,对于有可能通过调解解决的,司法机关可以委托人民调解组织调解。法院也可以专门设置负责调解的法官与人民调解员一并进行调解。这样,一方面司法机关可以在保证公正与效率的前提下减少诉讼成本,节约司法资源,实现诉讼效益最大化;另一方面,人民调解组织通过参与司法调解,可以强化业务素质,提高业务水平。

2. 行政调解与司法调解的衔接

(1)行政机关应更新理念,强化定纷止争的能力和意识。为人民群众提供解决纠纷的渠道和办法,是行政机关依法行政、执政为民的义务所在。如果因为部门间的相互推诿,造成群众的困扰,从而导致矛盾激化,这是行政失职行为。从目前纠纷的类型来看,相当一部分矛盾的发生,政府部门是难辞其咎的。因此,行政机关应更新理念,强化定纷止争的能力和意识,依法行政是从源头上防范矛盾纠纷的根本所在。

(2) 应立法明确行政调解协议的效力。对行政调解的法律效力规定存在缺陷,当事人不履行行政调解达成的调解协议,不负法律责任。应当在立法或司法解释中引入现代行政程序法的基本理念,给予行政调解有效的法律效力保障。

(3) 加强法院对行政调解协议的审查。对于行政调解中存在的有失公正的调解行为,如违反回避规定的,上级行政机关给下级主管部门调解的,严重违法调解的行政调解,法院应予以重新审查。

3. 人民调解与行政调解的衔接

当前农村有非常多的行政违法事件带来的民事权益纠纷,如果单纯由行政机关进行调解,有时会导致其工作量过大,有的调解时间拖延过长,耽误其他行政管理工作。现在全国很多地方已经逐渐推广行政调解与人民调解的结合。如河北省于2010年6月开始,凡是河北省内的交通事故,涉及民事赔偿的均由人民调解员参与调解;北京实行"警民联调",即人民调解员进驻公安派出所,设置"治安民间纠纷联合调处"[①]。这种做法可以扩展到其他行政领域。在矛盾纠纷多发的领域可以考虑设置专门的行政调解机构或人民调解工作室,重点化解好乡村的土地征用承包、环境污染、涉法涉诉上访户等方面的突出矛盾纠纷。

第六节 农村社区矫正

社区矫正是开展社会治安综合治理的重要方法之一。社区矫正是被联合国预防与控制犯罪组织予以肯定与倡导的,以社区为基础的矫正罪犯的制度与方法,它既是教育刑思想[②]的具体体现,也是刑罚经济原则的具体贯彻,更是刑罚社会化、个别化、人道化要求的具体落实。

一、社区矫正概念

社区矫正也称社区矫治。社区矫正定义起来比较困难,因为从社会的不同角度审视它,得出的结论是不同的。

社区矫正可分为狭义社区矫正和广义社区矫正。狭义的社区矫正强调对非

---

① 夏妍、齐蕴博:《论人民调解、司法调解、行政调解的有效衔接》,《河北师范大学学报(哲社版)》,2010年第5期,第43—46页。

② 教育刑是刑罚理论的一种。教育刑思想把教育定位于刑罚的本质和目的,并在此基础上以教育理念贯穿和指导刑罚适用(行刑)全过程的刑罚思想。其内涵包括三层内容:其一,教育刑视教育为刑罚的本质;其二,教育刑以教育作为刑罚的目的;其三,教育刑中的教育理念要贯穿和指导刑罚适用全过程。[参见陈伟:《教育与刑罚的教育功能》,《法学研究》,2011年第6期,第155—172页。]

监禁刑罚执行的活动,对象是罪犯,场地是非监禁机构的社区,管理者是专门国家机关,时间是刑事判决、裁定、决定确定且生效的期限,目的是矫正服刑罪犯的犯罪心理、意识、恶习,性质是非监禁刑罚执行活动。广义社区矫正则不受此限。持广义社区矫正的学者认为,随着我国社会主义法制的发展,我国的社区矫正无论是被矫正的对象、场地、范围、性质都会逐步发生变化。因此,广义的社区矫正,是指将符合社区矫正条件的人员置于社区矫正机构内,由专门的国家机关,在相关社会团体和民间组织以及社会志愿者的协助下,在判决、裁定或决定的期限内,矫正其犯罪心理和行为恶习,并促进其再社会化的活动。广义社区矫正的对象不仅包括非监禁刑和监禁刑中适宜在社区服刑的对象,还包括行政处罚中的行政拘留、司法拘留、收容教养人员。因此,社区矫正不是单纯的"社区刑罚",而是一个"社区制裁"[①]。

我国官方的定义是2003年7月由最高人民法院、最高人民检察院、公安部、司法部颁布的《关于开展社区矫正试点工作的通知》指出的:"社区矫正是与监狱矫正相对的行刑方式,是指将符合社区矫正条件的罪犯置于社区内,由专门的国家机关在相关社会团体和民间组织以及社会志愿者的协助下,在判决、裁定或决定确定的期限内,矫正其犯罪心理和行为恶习,并促进其顺利回归社会的非监禁刑罚执行活动。"[②]

在我国,社区矫正概念还是应回归到容易被人所理解的字面意义上,用中国通俗易懂的语言表述,即为:在社区,依据一定的程序,由专人负责,针对特定的违法犯罪者群体开展的综合性帮教工作[③]。其要素有五:(1)在社区。地点的特殊性,是这项制度的根本所在,其最大的特点和制度要素就是在社区。(2)依据一定程序。社区矫正是法律体系的一个组成部分,要严格按照法律的规定进行,尤其要讲求程序的合法性,每一阶段都需要按法律规定的程序办事。(3)由专人负责。社区矫正是一项与全民都有关的事,大家都应该积极出力,但它毕竟是一项专门性工作,应由专人来负责协调管理,以体现司法行政的职权性。(4)针对特定的违法犯罪者群体,矫正对象范围是有明确界定的。(5)是一项综合性的帮教工作。社区矫正的内容就是对特定的对象进行帮助、教育,使其行为、思想有所改变,它需要依靠社会力量和多部门的配合来开展,所以说是一项综合的

---

① 王顺安:《社区矫正理论研究》,中国政法大学博士学位论文,2007年,第11—12页。
② 《最高人民法院、最高人民检察院、公安部、司法部关于开展社区矫正试点工作的通知》,司法部网站(2003):http://www.moj.gov.cn/index/content/2003-09/02/content_899951.htm。
③ 刘津慧:《我国社区矫正制度研究》,南开大学博士学位论文,2007年,第16页。

帮教工作。

二、农村社区矫正的理论基础

作为一项新兴的制度,社区矫正有着深刻的理论基础。

1. 刑罚上的复归理论

该理论认为,所有罪犯都是可复归的。监狱应该是一个提供矫正罪犯的地方,而不是一个惩罚罪犯、剥夺能力的场所。[①] 20 世纪 50 年代到 70 年代,重新回归理论在美国十分盛行,成为美国社区矫正最直接的理论基础。深化的复归理论注意考虑了罪犯与其犯罪环境的关系,认为犯罪是社会诸多因素综合作用的产物,犯罪的发生不仅仅是个人的主观意志的选择,是社会中诸多不良因素交互作用的产物,因此改造罪犯必须使其置于多种社会关系构成的特定环境中,具有从事多方面的社会实践的体验。对罪犯处理的重要方面是利用社区资源来帮助罪犯复归社会。社区矫正为罪犯提供了亲自接触社会、适应社会的机会,并能逐步使他们重新参与社会、顺利地回归社会,成为适应社会规范的劳动者。

2. 犯罪学上的标签理论

"标签理论"在 20 世纪 60 年代末兴起,并迅速成为犯罪学领域的主流理论之一。该理论运用互动观点来解释犯罪行为的形成过程,认为社会上存在的犯罪现象是社会互动的必然产物。根据此理论,违规者一旦被贴上"罪犯"的标签,就会在其心灵上打下耻辱的烙印,产生"自我降格"的心理过程,进而顺应社会对其的评价。"违规"甚至会被"合理化"而演变为行为人难以改变的生活方式,即当某个人一旦被他人贴上标签,描述为偏差行为者或犯罪者时,他就会逐渐成为偏差行为者或犯罪者。负面的标签是使他人自我形象受到长期损害的重要来源。犯罪标签理论过分地夸大了司法活动的任意性和刑罚的负面效应,但该理论也为学者们提供了新思路:将罪犯判刑入狱无疑是最深刻的"标签化"过程,代之以社区矫正措施可以减少因这种"标签化"带来的副作用。到社区内进行矫正,可以减轻监狱机构对受刑人所形成的消极标签效果。标签理论不仅倡导将狱内矫正改为社区矫正,而且主张判令犯罪人通过支付赔偿金或其他方式对受害人进行赔偿,或者提供社区服务来补偿其犯罪行为所造成的损害。标签理论提出的上述刑事政策建议对社区矫正的刑事立法和司法活动产生了深远的影响。

---

① 〔美〕克莱门斯·巴特勒斯:《矫正导论》,中国人民公安大学出版社 1991 年版,第 130 页。

3. 行刑经济化理论

从经济学的角度看,任何资源都是有限的,国家的司法资源也是如此。刑罚是一种重要的犯罪控制手段,同时也是一种有限的社会资源。和经济的运行一样,刑罚的运行也需要核算效益与成本。行刑经济化讲求以最小的投入来获得有效预防和控制的最大社会效益。这一观念与社区矫正有着密切的联系。与社区矫正相比,监狱的花费昂贵。社区矫正能够大量节省行刑资源,更符合经济学上的成本效益原则,有利于合理配置行刑资本,减轻国家在刑罚上的投入。当然,行刑经济化不能背离罪刑法定和罪刑相一致的原则。

三、我国农村社区矫正现状

2003年,司法部将社区矫正试点列为司法行政工作六大改革任务之一。同年7月,最高人民法院、最高人民检察院、公安部、司法部联合印发了《关于开展社区矫正试点工作的通知》,确定在北京、上海、天津、江苏、浙江、山东六个省市的部分地区开展社区矫正试点工作。这项工作得到了中央的支持,2004年底社区矫正工作被列为我国司法体制和工作机制改革的内容之一。2005年初,最高人民法院、最高人民检察院、公安部、司法部再次联合发文,将社区矫正试点范围扩大到涵盖东、中、西部的18个省(区、市)。

1. 社区矫正的适用对象

根据2003年7月最高人民法院、最高人民检察院、公安部、司法部联合下发的《关于开展社区矫正试点工作的通知》规定,社区矫正的适用对象为现行《中华人民共和国刑法》规定的被判处管制、宣告缓刑、裁定假释、暂予监外执行以及被剥夺政治权利并在社会上服刑的罪犯。社区矫正工作以促进社区服刑人员顺利回归社会为出发点,以提高社区服刑人员的改造质量,预防和减少重新犯罪为最终目的,对社区服刑人员依法监督管理,实施有针对性的教育矫正,同时开展社会帮扶,促进社会服刑人员顺利回归社会。

2. 我国农村社区矫正主要内容

我国农村社区矫正主要内容:一是依法做好日常监督管理。制定社区服刑人员报到、迁居、外出请销假、学习、会客等各项管理制度,成立了由派出所、基层司法所、基层群众性自治组织、服刑人员家属、社会志愿者等组成的监督考察小组,通过与服刑人员定期见面、不定期走访、组织集体活动等方法,加强对社区服刑人员的管理。二是开展个案矫正。根据社区服刑人员的犯罪类型、年龄特征、生活状况和思想动态等情况,因人而异制定相应的矫正计划,并随着情况的变化不断调整完善,使矫正工作更富有针对性。三是组织社区服刑人员参加社区公益劳动,培养其正确的劳动观念和社会责任意识。公益劳动项目主要有打扫公共卫生、擦拭健身器材、照顾孤寡老人、绿地维护、植树造林等。四是科学适用心理矫正。引进心理分析、心理咨询等矫正手段,对矫正社区服刑人员的不良心理进行疏导和纠正,增强矫正工作的科学性和有效性。五是开展帮困扶助。积极协调有关部门,为社区服刑人员提供就业和生活帮助,减少诱发其再犯因素。

3. 农村社区矫正存在的问题

(1)观念问题。由于我国刑法长期受报应主义和重刑思想的影响,人们对社区矫正理念的认识和接受还需要一定的时日。司法实践中,公众特别是司法人员崇尚重刑,迷恋监禁刑的行刑方式,不少人怀疑社区矫正的行刑效果。正是基于这种思想,有的人在社区矫正的探索方面不热心,对管制、缓刑、假释等社区矫正刑种和相关刑罚制度的适用,仍然停留在过去的认识水平上。

(2)部门间衔接问题。社区矫正涉及法院、公安、民政部门、村民委员会等多个部门间的配合和衔接,在工作中出现了因部门间衔接不够好而造成的社区矫正不顺畅问题,在法律文书送达、人员接收、监管等执法环节中,各部门的衔接还需要进一步加强。比如,有的罪犯已经放出来很久了,司法行政机关才知晓,而刚刚进行社区矫正,期限又到了。

(3)缺乏专业矫正工作者。首先是专业矫正工作者数量非常少,多数地区甚至没有专业矫正工作者。其次是专业矫正工作者普遍缺乏相关的专业知识。目前,试点地区的社区矫正工作者主要是从监狱、劳教所、基层司法行政部门抽调而来,还有一部分社会志愿者参与社区矫正的日常管理、教育活动。由于法律专业知识和社会工作能力相对缺乏,他们运用社会工作的理念开展教育、管理、帮助、服务的能力和技巧仍然需要在较长时间的实践中加以锻炼和提高。由于缺乏专门的执行机构与执行队伍,它反过来又大大制约了社区矫正的适用,从而导致社区矫正适用上的恶性循环。

(4)农村社区建设滞后。由于我国社区建设主要是政府推动型,这就使得社区居民的社区意识不够强,从而在接受、关心、推动社区矫正方面与社区矫正工作机构的互动性不够。而且,目前我国大部分农村社区的配套设施还不能适应社区矫正的需要,如社区矫正过程中公益性劳动、职业技能培训所必需的场所、设备等还比较欠缺。

四、加强农村社区矫正的措施

由于我国农村社区建设刚刚起步,农村居民对社区管理模式不甚了解,至于农村社区矫正方法来说,更是陌生。为了保证社区矫正方法在农村社区治安管理上产生良好效果,我们应该采取如下措施。

1. 加强相关的宣传

自古以来,人们习惯于对罪犯的仇视和严惩,难以将对罪犯的刑罚执行与人文主义精神联系在一起。所以司法部门和基层社区、村委会应该加强社区矫正的宣传,让民众了解社区矫正的含义、作用以及相关的法规。

2. 设立社区矫正的机构

社区矫正的日常管理工作是由街道乡镇司法所具体承担,公安机关配合司法行政机关依法加强对社区服刑人员的监督考察,依法履行有关法律程序。但在司法行政部门内如何设置执行机构,尚没有明确规定。具体到地方的基层社区矫正机构,可由地方监狱管理部门支持协助,依托基层司法所设置,建立村级矫正办公室,领导和管理该辖区内的社区矫正工作。[①]

3. 加强社区矫正的人员力量

社区矫正是需要有理念和价值支撑才能够真正做好的一项工作,因此专业矫正工作者队伍的组建和参与,是社区矫正健康发展并取得实效的保证。社区矫正人员可分为三类:(1)行政事务人员。指在社区矫正中行政管理事务的人员。(2)社区矫正专业人员。是指具有社区矫正所需社会工作、刑法学、心理学等相关专业知识,受过专门的社区矫正技能培训的专业人士,是社区矫正人员的骨干部分。(3)志愿者。指热心社区矫正事业,愿意贡献自己的业余时间来帮助社区矫正对象的公民。志愿者是开展社区矫正的重要支持力量,从事一些配合专业人员工作的辅助性工作。目前,农村社区矫正专业人员、志愿者人员极度缺乏,限制了社区矫正的开展。

4. 重点抓好未成年人社区矫正工作

我国农村社区未成年人犯罪问题日益突出,未成年人罪犯的教育帮扶问题成为一个社会关注的话题。未成年人可塑性强,一般犯罪主观恶性较小,在罪案中轻型罪案居多,这种现实情况要求我们必须下力量作好未成年人犯的矫正转化工作。要大力培养青少年矫治社会工作者。社会工作的专业价值,如接纳、自决、个别化、尊重人等,反映在现实中是一系列平等状态下的"润物细无声"的教育矫正理念和方法,不同于传统的强制力量下的惩戒与命令,非常适用于对未成年人的教育帮助。

---

① 刘津慧:《我国社区矫正制度研究》,南开大学博士学位论文,2007年,第154页。

复习思考题

1. 农村社区生活序化表现在哪些方面?
2. 农村社区治安的相关理论有哪些?
3. 分析我国农村社区治安问题的特点及原因?
4. 什么是农村社区治安综合治理?主要内容有哪些?
5. 农村社区调解制度三种类型。
6. 什么是农村社区"大调解"体系?

案例:

内蒙古阿鲁科尔沁旗结合本地实际,狠抓基础治安工作,取得了显著成效。2009年5月,阿旗旗委、政府被评为全国社会治安综合治理先进集体。一是建立了综治工作中心和综治工作站。各苏木乡镇全部建立了综治工作中心,各嘎查村全部建立了综治工作站。2009年,全旗各综治工作中心调处各类纠纷328起,综治工作站调处各类纠纷1221起。2008年旗综治委出台了《关于在全旗设立专职综治协管员的实施意见》,全旗245个嘎查村已全部聘任了综治协管员。二是组建了"草原110"队伍。队伍建立以来,协助公安机关破案41起,预防发案90余起,成功调解民间纠纷536起,为群众找回失散和丢失牲畜1000余头(匹、只)。三是开展科技防范活动。2007年以来,旗综治委加大了技防建设力度。中心城区实现了摄像头、报警器全覆盖,重点乡镇重点部位基本控制,先进的技防手段开始进入草原牧户,并将逐步发展扩大。四是开展"四个零"平安嘎查村创建活动。2008年提出零邪教违法案件、零刑事案件、零越级或集体上访和零交通违法肇事案件的"四个零"平安嘎查村创建目标。目前,全旗"四个零"嘎查村已达到90%,实现了积小安为大安的创建目标。(《全国社会治安综合治理先进集体阿鲁科尔沁旗》,《红旗文稿》,2010.5)

讨论:

阿鲁科尔沁旗的治安工作为什么会取得显著效果?请结合本地农村社区实际情况谈谈对农村社区治安的看法?

第十二章　农村社区保障

☞ **学习要点**

本章重点在于认识社区保障和农村社区保障这一对新的概念,社区保障是通过它与社会保障之间的关联性而得到界定的。同时,需要同学们了解农村社区保障存在的问题,及可能的建议。

☞ **关键概念**

社会保障　社区保障　农村社区保障

【引例】

广西壮族自治区进行"五保村"建设。"五保村"指在农村五保户相对集中的村庄,集中建设五保户住房,对农村五保户进行统一供养和管理。每个"五保村"约10~20户。"五保村"建设源于2001年特大洪涝灾害后的恢复重建,最早出现在钦州市。2002年起,开始在全自治区开展"五保村"建设。目前已经建成"五保村"5000个,计划到2008年完成9000个"五保村"的建设目标。

五保老人的供养,传统方式是在乡镇办敬老院集中供养和分散供养。这两种方式普遍存在着资金短缺、入住率低、管理成本高、覆盖面窄,以及五保户的生活标准不稳定、住房条件简陋和医疗救助水平低等问题。"五保村"的突出特点是:(1)兼顾集中供养与分散供养的优势。"五保村"就村而建,一般选择比较大的自然村,或村委会附近建设五保村,实行"有家不离村,有家不离土",不再是单家独户,体现集中供养的优势;同时又分散在各人口较为集中的村里,不再集中到城镇,避免使农村老人远离故土。(2)实现福利投入社会化。"五保村"的建设资金是通过多渠道筹集的。政府每建设一个容纳10～15户的五保村,只需投资5万元,资金来源于民政部门的福利资金。不足部分,由集体出一点(如建设用地),村民帮一点(献工献料),乡镇补助一点、市县财政解决一点、社会募捐一点的办法解决。(3)有效保障农村五保老人的生活、生产条件。原则上每位五保老人一间住房,配备衣橱等用具,建有个人厨房、公共卫生间和公共娱乐室。五保户每年每人不少于187.5公斤大米、6公斤油和360元固定补助金;每年每人有冬夏服装。五保对象的供养标准随着农村经济的发展和农民收入的增加作相应调整。另外,五保村的老人可以根据自身状况和能力,参与农业劳动,从事各种经营活动,在增加经济收入、提高生活水平的同时,让自己生活得更充实、更有意义。(4)为政府各职能部门、社会团体等参与农村社会救助提供了平台。民政、财政等部门,以及共青团和妇联等组织,根据各自的工作特点,参与五保村建设,分别与五保村形成联系网络。社会各界的志愿者也积极为五保对象提供各种无偿服务。

"五保村"建设体现了政府为社会提供公共服务的宗旨;改变了传统上敬老院和福利院的供养模式,扬长避短,在经济社会承载力允许的条件下妥善解决农村五保户的供养问题;在相对集中,不脱离农村社区的情况下,有效改善了五保老人的生活条件和生产活动,使五保老人充分享有亲情、温情与爱情;团组织、学校、社会志愿者等将"五保村"作为尊老爱幼等德育教育和弘扬中华民族美德的活动基地,提供了农村精神文明建设的新载体;政府各职能部门也分别从自身工作特点出发,在"五保村"的建设中寻找到切入点。

"五保村"的建设,既符合广西目前的经济发展现状和水平,也适应广西五保老人的生活习俗。在五保老人的供养上,实现了从短期措施向长效机制、从临时救助向制度救助、从政府主导向政府引导和社会参与的转变,产生了良好的社会影响。"五保村"的做法已经开始在安徽省试点。(《广西壮族自治区"五保村"建设》,中国政府创新网(2011):http://www.chinainnovations.org/Item.aspx?id=24087)

第一节 社区保障与社会保障

农村社区保障是我国社会保障制度的重要组成部分,也是农村社会保障的重要补充。随着农村社区经济的发展,许多经济发达省份的农村社区在国家提供的社会保障水平有限的情况下,已经建立起社区保障体系,这极大地提高了农村社区居民的生活质量。

一、社区保障的内涵、特征与功能

相对社会保障而言,社区保障是一个新概念。我们研究农村社区保障问题,有必要先了解社区保障的本义。

1. 社区保障的内涵

由于国内学者对社区保障的研究刚刚起步,学者们对社区保障的内涵还没有一个统一的认识,不同的学者从不同的角度出发,对社区保障的内涵进行了不同的界定。

徐永祥是较早探讨社区保障的开创性学者。他认为,社区保障是整个社会保障体系的组成部分,社区保障与社会保障具有一定的包容性。[1] 因而,理解社区保障,得首先知道社会保障是什么。社会保障,现在一般是指国家和社会根据一定的法律和法规,通过国民收入的分配和再分配,保障社会成员的基本生活权利和生活需求,以维护社会稳定,促进经济发展的一种社会安全制度。在我国,根据运行主体和资金来源的不同,一般将社会保障分为国家保障、单位保障、民间组织保障、个人或家庭保障。他认为,社区保障是中国过渡时期的一大特色。在国家保障不到位、单位解体、民间组织不发达、家庭保障有限的情况下,社区的异军突起使得社区保障成为可能,以至于学界有人主张我国应该走社区化的社会保障或社会保障的社区化道路[2]。徐永祥给社区保障所下的定义为:社区保障是指社区承担或实施的社会保障工作,是我国社会保障体系的重要组成部分,它以国家的社会保障制度为基础,以社区作为社会保障制度的基本落脚点,以社区居民作为社会保障的对象,以保障居民的基本生活权利和需求为根本任务。

在后来的研究中,虽学者给出不同定义,但大体是在上述定义基础上发展而来的。如周沛[3]从社会工作的角度出发,认为社区保障是社会工作者调动社区资源,组织和协调社区有关方面,以国家的社会保障制度为基础,采用社会工作的专业技巧和方法,以社区居民为对象,积极创造条件,为社区成员争取并保障其基本生活条件和福利水平,以达到社区稳定、社会发展之目的的一种社会工作。张春霞认为,所谓社区保障,是指根据一个国家或地区的社会福利政策和居

---

[1] 徐永祥:《社区发展论》,华东理工大学出版社2000年版,第201—204页。
[2] 杨团:《中国的社区化社会保障与非盈利组织》,《管理世界》,200年第1期,第47—50页。
[3] 周沛:《论社会工作中的社区保障》,《江海学刊》,2003年第2期,第48—51页。

民的实际生活标准,以社区为单位,通过社区组织和社区居民的共同参与,为满足社区成员的物质文化生活,围绕各项社会福利事业和社区居民及特殊居民而开展的社会保障活动。① 陈丰通过比较国家保障、单位保障和社区保障,指出社区保障作为社会保障体系的重要组成部分,根据一个国家和地区的社会保障政策和居民的实际生活标准,由社区承担并实施具体的保障事务,保障对象为社区居民,以保障居民的基本生活及满足其多样化需求为目的。② 郭文臣等在综合了不同学者的观点后,指出社区保障这一概念有广义和狭义之分。广义社区保障指社区组织承担的政府交办的各项社会保障管理与服务工作,以及社区组织通过优化社区资源专门为本社区居民提供的各项保障业务和服务。狭义社区保障指社区组织通过优化社区资源为社区居民提供的各项保障业务和服务。③

本书采用徐永祥对社区保障的经典定义,认为社区保障是指社区承担或实施的社会保障工作,是我国社会保障体系的重要组成部分,它以国家的社会保障制度为基础,以社区作为社会保障制度的基本落脚点,以社区居民作为社会保障的对象,以保障居民的基本生活权利和需求为根本任务。这里既包括社区组织承担的政府交办的各项社会保障管理与服务工作,也包括社区组织通过优化社区资源专门为本社区居民提供的各项保障业务和服务。

从内容上看,社区保障包括社会救济、医疗保障、养老保险、失业保险和社会福利等方面内容④。

(1)社会救济。社区要保证各种失业、受灾和残疾孤弱人员最基本的生活需要,是社会保障的最底线。社区可以负责居民的社会保障金的申请、审查、批准和发放。社区不但可以在资金上给失业、下岗人员和农村困难人员提供帮助,而且还可以给他们提供精神上的安慰,也可对那些有再就业能力的社会成员进行再就业培训,以便他们重新走上工作岗位。社区有能力提供就业岗位的,要优先安排社区内的困难成员。此外,在社会救济中还有非常重要的社会救济对象,即针对特殊弱势群体的社会优抚。社区的社会优抚,主要包括"三无"人员,即无生活来源、无劳动能力和无法定赡养人或抚养人的居民,还包括接受抚恤的军

---

① 张春霞:《发展城市社区保障的思考》,《长春理工大学学报(社会科学版)》,2007年第3期,第13—16页。

② 陈丰:《国家保障、单位保障、社区保障三者的关系变迁及功能整合》,《华东理工大学学报(社会科学版)》,2006年第3期,第18—22页。

③ 郭文臣、陈树文:《社区保障功能的再认识》,《大连理工大学学报(社会科学版)》,2003年第1期,第21—24页。

④ 韩秋红、李百玲:《社区社会保障之路》,《长春市委党校学报》,2002年第2期,第36—38页。

人及军属。这些特殊的弱势群体,除了领取民政部门的生活保证金及抚恤金外,社区还应该利用自己的优势,给这部分人以更多的照顾,提供各种无偿的福利服务。

(2)医疗保险。近几年来,我国结合医药卫生体制和药品流通体制的改革,初步建立了社会医疗保险基金。根据三级医疗制度的规定,退休人员的医疗费由统筹基金、企业和个人按比例各自负担,使退休人员的保障由企业向社会迈进。目前我国正在进一步探索医疗制度的改革,建立个人账户,实行属地医疗,推广家庭病床,加大社区医疗的比重,形成小病不出门,出门找社区的多层次医疗体系,从而减轻大医院的压力。故社区医疗应该在社区社会保障中发挥独特的作用。

(3)养老保险。我国政府已制定了社会统筹与个人账户相结合的基本养老保险制度。而养老金却存在着巨大的缺口,要积极寻找应对之策,明确基本养老金的待遇和标准,加大省际基金的调剂。同时要加大养老金的征缴力度,坚持把个人账户做到实处的原则,逐步实行养老金的社会化发放,由社会保险经办机构委托银行、邮局和社区等服务机构发放。而养老金的发放需要包括社区在内的组织协同银行等金融机构一起做好社区成员的社会化管理,使他们逐步与原来的企业脱离,真正实现社会化的管理模式。

(4)失业保险。我国失业保险的基本趋势是逐步将用人单位剥离出来的社会保障事务性工作移交给街道和社区组织。在经济较发达、社会化程度较高和社区管理较为规范的试点地区,已经在积极探索退休人员从单位转到社区管理的途径和方法,为辖区内离退休人员、失业人员和生活困难者提供"老有所养,病有所医,失业有保障,就业有援助,危难有救助"的社会化管理和服务平台。因此,失业保险是社区工作的重要内容之一。

(5)社会福利。社会福利主要是指社会养老。社会化养老服务主要是通过社区服务来实施的,是社区社会保障体系中的重要组成部分。这种服务是办在家门口,就近就地,离不开故土和熟人,能满足老年人地缘心态的要求。大力发展社会化养老服务,既能补充家庭养老不足,又能满足老年人的需要,是将传统的家庭照料部分向社会转移。目前在社区内所开展的老年服务主要有:一是要建立老年福利设施,以满足老年人科学健身和文化教育的需要。二是要建立便民利民的服务设施。各社区建立的服务中心所开设的法律咨询、医疗咨询和家政服务等可以采用无偿、低偿或有偿的方式以满足不同群体的需要。三是提倡志愿者服务,发扬邻里互助、团结合作和无私奉献的精神。这不但有利于社区内居民加强联系,以培育社会资本,同时也是加强社会主义精神文明建设的有利途径。四是有条件的地方要实行退休人员的社区化管理,把城镇退休人员的日常管理转入职工户口所在地社区进行统一管理,为他们提供所需要的福利服务。

2. 社区保障的特征

社区保障有区域性、强制性、普遍性、福利性、互助性等五大基本特征[①]。

区域性是社区保障独有的特性。所谓区域性,是指在具有一定的人口、地域、文化背景下的区域中进行的社区保障。由于各社区存在问题的差异性以及社区居民的保障需求的多样性,决定了解决问题的手段和满足这些需求的条件各不相同。因此,社区保障必须立足于社区特点,面向社区需求,依托国家社会保障制度和社区资源而开展。需要注意的是,社区保障区域性特征不是绝对的,社区保障既要受本社区特殊的需求与供给特点所制约,又必须与社会保障体系和制度的发展保持一致,只有这样才能既发挥社区的优势,又发挥社会保障的功能。

强制性是社会保障制度强制性的延伸。主要指在社区范围内执行国家制定的有关社会保障的法律和法规,对社区居民的年老、疾病、丧失劳动能力或意外灾害等风险予以保障。强制性也体现为强制性服从,即每一位社区成员只要符合社会保障的有关法律规定,都必须参加社会保障并受其保障,没有选择是否参加保障的自由,都必须遵守国家有关社会保障税法或社会保障基金统筹的法令、法规。

普遍性指社区保障的实施对象包括全体社区成员,不分男女老幼、有业无业。社区居民的衣食住行、生老病死等方方面面,都被囊括在社区保障的范围之内。社区保障覆盖面越大,社区成员抵御风险的能力就越强。

福利性指社区保障不是以营利为目的,而是造福社区居民,以较小的花费为居民提供较大的实惠和方便。对于某些对象、某些项目可以以免费的形式无偿为社区居民提供服务或方便。如特别医疗护理、职业介绍、社区照顾等等。

互助性指社区保障要挖掘社区资源,调动和集中社区民间力量,鼓励社区成员互相帮助、互相支持,为社区中的弱势群体解决问题提供物质帮助和精神支持。

3. 社区保障的功能

社区保障有三大功能,即补偿功能、调节功能和稳定功能[②]。

---

① 徐永祥:《社区发展论》,华东理工大学出版社2000年版,第206—208页;周沛:《论社会工作中的社区保障》,《江海学刊》,2003年第2期,第87页。

② 徐永祥:《社区发展论》,华东理工大学出版社2000年版,第208—209页;郭文臣、陈树文:《社区保障功能的再认识》,《大连理工大学学报(社会科学版)》,2003年第1期,第28—33页。

第十二章 农村社区保障

（1）补偿功能。指社区成员在因风险暂时或永久失去收入时必须获得一定程度的经济补偿或物质帮助，它主要表现在社区保险和社区救助两个方面。由于社区保障组织及工作人员可以详细、清楚地了解社区内居民及其家庭情况，社会保障的具体事务由社区来承担能落实到每个需要的家庭和个人。因而，社会保障的功能在社区保障实践中能发挥得更及时、更到位、更彻底。

（2）调节功能。现代社会保障是调节收入，缩小贫富差距、缓和社会矛盾的重要手段，但是在当前的社会转型时期，大部分弱势群体已无法依附于原来固定的单位保障，许多问题以及问题的主体基本都集中到了社区，总体上的社会保障并不能保证其调节功能处处有效。为此，在依据国家社会保障政策和法律的同时，社区保障，利用社区内的资源和力量，着重在物质上和精神上帮助社会弱势群体，起到调节社区收入差距，缓和社区矛盾的作用。

（3）稳定功能。社区保障的稳定功能在于提高社区居民的生活保障感、心理平衡感、社会公平感、人际亲密感和政治上的向心力，从而达到社会的稳定。比如当前城市社区普遍存在着的下岗失业、相对贫困、养老医疗等问题，一方面要通过建立较为完善的社会保障制度来解决，另一方面，也要运用社区保障措施来延伸和拓宽居民的保障范围，使社区成员对社区形成信任感，积极参与社区建设，起到稳定社区的作用。

因而，总体上说，社区保障能最大限度地满足社区居民的多层次社会福利需求，具有灵活、方便、高效的特点。其覆盖率与安全性能较高；它有助于发扬我国家庭、亲友和邻里间的互助互济精神，培养社区居民的自我保障意识与能力；有利于统一规划社区资源，统筹安排，最大限度和最有效率地开发使用社区内的社会福利资源，提高保障事业的社会化程度和福利设施的使用率，创造社会保障事业的规模效益；有利于社区成员、社区组织、社团组织的广泛参与和提高社会保障的民主化管理水平；有利于建立和培养一支专职、兼职和社区志愿者组成的社区服务队伍，并能提供方便、高效、可信、及时的优质服务；有助于建立和完善与市场经济相一致的多样化的、多层次的、各具社区型特点的保障体系，克服以往国家和单位保障以保障者所有制性质为主要划分标准的不足，真正恢复社会保障的真实含义；社区保障体制将保障范围界定为社区和社区中的居民。因此，社区保障改变了保障管理范围与幅度，并推动社会保障管理体制的改革，提高社会保障制度的一体化程度，克服部门所有、各自为政、保障效应不能形成合力的弊端，有利于社会福利行政管理体制的结构性转变和社区的综合、整合性发展[①]。

---

① 刘继同：《略论社区型社会保障制度》，《中国社会工作》，1996 年第 5 期，第 29 页。

二、社区保障与社会保障的关系

虽然社区保障有独特的内涵、特点和功能,但它毕竟属于生活保障范畴,与国家提供的社会保障必然存在一定的关联。对于农村社区管理者来说,掌握这种关联利于发展社区保障事业。

1. 我国社会保障制度的变迁

我国现代社会保障制度的建立始于 20 世纪 50 年代。1951 年 2 月颁布的《中华人民共和国劳动保险条例》是新中国成立后的第一个社会保障法规,标志着除失业保险以外的老年保险、工伤保险、疾病保险、生育保险等社会保险体系的初步形成。这一建立在公有制基础上的社会保障制度属于国家保障模式,即通过国家法律将社会保障确定为国家制度,保证全体人民的基本生活权利,社会保障资金由政府和企业承担,而个人不交纳保障费用。这种参照苏联的社会保障模式体现了社会主义制度的优越性,在建国之初的确起到一定的积极作用,但同时政府却背上了沉重的社会包袱。

在计划经济时期,社会保障的相当一部分具体事务由企事业单位承担,单位职工的生老病死都与本单位息息相关,单位保障的内容涉及社会福利、社会保险、社会救助等各方面,因而其在整个社会保障体系中的地位和作用十分突出。然而,这种单位保障制给企业的发展带来了沉重的负担。在企业的收益分配中,给职工全面保障的支出占了很大比例,严重阻碍了企业用于再生产的投资,使企业不堪重负。同时,单位保障的对象主要是全民所有制企业和机关事业单位人员,不仅造成单位内外的社会成员在保障权益上的差异,而且也使得单位之间的职工享受不平衡的保障,从而形成一种隐性的社会不公。

在建立社会主义市场经济体制过程中,"单位制"逐渐解体,传统意义上的单位保障也开始淡出历史舞台。随着现代企业制度的建立,企业作为追求利益最大化的经济实体,为在激烈的市场竞争中轻装上阵,提高竞争力,必然要求将大量行政性和社会性职能回归社会。不仅如此,"单位制"解体后,社会成员脱离了对传统单位的依附,其管理和服务不再由传统单位承担而是转向社会化,"社会人"逐渐取代"单位人"并成为社会的一种常态。随着社会的发展,尤其是建立起社会主义市场经济体制后,包括下岗失业人员、离退休人员、自由职业者及大量的流动人口在内,离开单位的人越来越多,人员自由流动已经成为一种趋势。很显然,此部分脱离单位的"社会人"相对更易遭遇各种社会风险,因而需要相应的社会组织作为依托,以满足其社会保障的需求。

社区保障作为社会保障的一部分,是 20 世纪 80 年代伴随着社会保障制度的全面改革和现代社区的生成而出现的。传统的社会保障制度存在着国家和企业包揽过多、社会化程度低、运行机制僵化、覆盖面狭窄等弊端日益显现,必然需要改革和完善,而现代社区的迅速发展则为之提供了组织化载体。社区保障可以充分利用社区中的人、财、物等资源,一方面将宏观层面的国家保障事务具体化和操作化,即社区组织作为落实社会保障制度的最基层组织,承担着国家和地方行政职能部门交办的众多社会保障事务;另一方面能够填补"单位保障制"解体后的真空,满足社区居民多元化的保障需求[①]。

2. 社区保障与社会保障的关系

从上述中国社会保障制度之变迁看出,社区保障是适应时代和社区发展而应运而生的一种保障制度,是我国社会保障体系的有机组成部分。鉴于已经表明的社区保障之特点,可以总结出社区保障与国家社会保障、单位社会保障之间的区别与联系。两者的区别具体表现在以下五个方面[②]:

第一,从保障的对象来看,国家社会保障的对象包括全体社会成员,其制度的社会保障政策、法规是同一的,覆盖了全部保障对象。单位保障的对象则限于本单位的职工。社区保障的对象限于本社区的全体居民。后两者的保障对象具有一定程度的排他性。

第二,资金来源不同。国家保障的资金来自政府转移支出,单位保障主要靠企事业单位的自有资金,而社区保障既有政府下拨资金,又可调动和利用社区资源增加供给。

第三,从保障内容看,国家保障涉及社会福利、社会保险、社会救助和社会优抚等保障体系的全部内容,单位保障主要为职工交纳养老保险、医疗保险、失业保险及住房公积金等,并对困难职工进行救济和帮助,而作为国家保障的具体化和操作化的社区保障,除涵盖社会救助、社会优抚等内容外,还包括社区服务等方面内容。另外,国家社会保障主要是施之于物质(货币)援助,而社区保障则是物质援助和非物质援助并重,其中非物质援助包括精神上的帮助、生活上的照顾等多个方面。

第四,在保障的目的上,作为现在国家的一种安全制度,整个社会保障体系的运作都是为了保障社会成员的基本生活权利和需求,在宏观上降低和消除市

---

① 陈丰:《国家保障、单位保障、社区保障三者的关系变迁及功能整合》,《华东理工大学学报(社会科学版)》,2006年第3期,第33页。

② 徐永祥:《社区发展论》,华东理工大学出版社2000年版,第204—205页;潘光辉:《论社区保障及其发展》,《广西社会科学》,2008年第1期,第180页。

场失灵所带来的社会风险与不稳定因素,维护社会的秩序和稳定,促进国民经济的持续发展和社会的全面进步。相对来说,社区保障则是在微观上为社区居民的基本生活权利提供安全保护,以确保居民不因暂时的生活困境或永久性的困难而陷入孤立无援的境地,维护社会的秩序和稳定。

第五,在实施的主体上,国家社会保障主要是通过政府职能部门实施和运作,但随着我国社区建设实践的不断深入,社会保障的社区化趋势日益明显。在一些地方,社区作为我国社会保障制度的基本落脚点,已开始承接越来越多的社会保障具体事务,如社会救济的审查和发放,失业保险和职业介绍,优待金的发放等。此外,社区保障还有一定的独立性和保障需求多样性的特点。社区中一些具体项目的实施可以脱离社会保障而展开,在社会保障体系没有建立或尚未健全的地方,社区保障可以发挥替代性作用。如城中村社区保障以自组织方式化解失地农民的保障问题。社区类型的多样性导致了社会保障需求的多样性,在这种情况下,显然无法通过调整面向全社会的社会保障项目,而只能通过发展社区保障制度来满足社区居民的保障需求。

社区保障与社会保障既相互区别,又紧密联系,在具体实施过程中,两者是一种并行不悖的关系。社会保障体系是社区保障的基础和平台,社区保障的发展可以弥补社会保障的不足。从社会保障的发展过程来看,社区保障的许多问题都涉及社会保障,健全的社会保障体系可以为社区保障提供更好的环境。西方工业化国家在其工业化进程中逐渐建立了较为完善的社会保障制度,在大多数公民得到范围较广、水平较高的社会保障的情况下,社区保障的作用更多地表现在一些具有"个体化"、"人性化"特点的社区活动中。而我国的社会保障具体情况不同于西方发达国家,在从计划经济体制到市场经济体制的转型过程中,社会保障仍处于探索发展阶段,居民的不少保障需求要通过发展社区保障来得到满足[①]。

第二节 农村社区保障的内容和特征

结合社区保障定义,我们认为农村社区保障[②]指农村社区承担或实施的社

---

① 潘光辉:《论社区保障及其发展》,《广西社会科学》,2008年第1期,第180页。
② 目前关于农村社区保障的探讨还很零散,具有理论深度的论著鲜见。比较有代表性的是李剑斌2009年完成的硕士学位论文,作者以广西博白县为例,结合社区保障的一般研究,分析了农村社区保障的特殊性和发展可能性。

会保障工作,是我国农村社会保障体系的重要组成部分,它以国家的社会保障制度为基础,以农村社区作为社会保障制度的基本落脚点,以农村社区居民作为社会保障的对象,以保障农村居民的基本生活权利和需求为根本任务。这里既包括农村社区组织承担的政府交办的各项社会保障管理与服务工作,也包括农村社区组织通过优化农村社区资源专门为本社区居民提供的各项保障业务和服务。这种保障方式以国家的社会保障制度为基础,依靠亲缘、地缘、社区组织、邻里等社区支持网络获得发展,其本质是国家社会保障资源及社区自身资源的整合和运用,强调社区内成员的共同参与,是一种区域性的保障方式。我国农村社会保障一直未受到相应的重视和投入,在实践中也困难重重,当前建立城乡统一的社会保障体系尚有困难,社区保障作为集体保障的新形式是现阶段农村社会保障的主体,它将在构建农村社会保障体系中发挥重要的过渡作用。①

一、农村社区保障的内容

根据对农村社区保障的定义,一般认为农村社区保障包括以下内容:

1. 基本社会保障管理

虽然农村社会养老保险、新型农村合作医疗保险、最低生活保障制度、社会优抚、五保制度的政策制定、基金的筹集及运营、给付和管理是由政府社会保障机构负责,但是相关政策的宣传推行及养老金、医疗补贴、社会救助金的发放、受保对象的管理需要通过农村社区进行。只有依靠农村社区管理,才能使法定的农村基本社会保障政策、制度和措施得以实现。把基本社会保障管理当作农村社区保障的一项内容提出来,也是基于上述广义的农村社区保障定义。

2. 农村社区养老保障

面对农村人口老龄化的严峻形势,首先要解决的问题就是农村老年人的养老问题。目前农村养老保障方式属于传统的养老保障模式,即家庭养老保障以及土地养老保障。工业化与城市化带来的一个直接后果就是人口从业结构的改变,工业发展,农业衰退,服务业兴起,越来越多的农民从第一产业转到第二三产业,不得不远离土地,往往没有时间照看家庭,传统的家庭护理受到削弱,家庭养老受到冲击。与此同时,土地保障的功能也在弱化,主要原因在于农用土地的收益减少,无法保障农民的生活。自然灾害是一个重要的因素,近年洪水、干旱、台风、地震的频频发生给农村造成了巨大的损失,农民生活受到了很大的影响,我

---

① 童星、张海波:《社区保障:现阶段农村社会保障的主体》,《淮阴师范学院学报》,2005年第2期,第17—21页。

国一般年份的灾民就达1亿,重灾年灾民更是可达1.5亿。另一重要因素是从事农业的收益小,农民依靠土地产出在遭遇风险事故时根本无法保障基本生活①。在这种情况下,发展农村社区养老保障势在必行。

3. 农村社区医疗保障

"看病难、看病贵"一直都是农民心头之痛。一方面医疗卫生资源集中于城镇,农民就医不方便,另一方面城镇医院收费较高,农民承受不起。农村社区医疗保障可以有效缓解农民就医难的困境。农村社区医疗保障强调以农村社区为基本范围,为农民提供廉价、便捷、连续、人性化的服务,使村民真正做到"小病不出村,健康保健日常化"。农村社区医疗保障的内容有:作为农村社区医疗保障实施主体的农村社区医疗机构凭借就近优势对村民进行详细的健康调查,建立村民健康档案,及时掌握村民的健康状况,发现问题,并提前做出诊疗判断,防止村民贻误治病时机;农村社区医疗机构为村民提供门诊治疗、入户治疗、社区内康复、计划生育咨询、免疫接种以及传染病预防控制等服务;农村社区医疗机构通过公共卫生、健康教育、预防保健等工作,增进村民健康。总之,农村社区医疗保障强调农村社区医疗机构与农村家庭及其成员建立系统、连续、长久的医疗保健关系。这种关系不仅仅表现在农村社区医疗机构卫生技术人员给村民个人、给农村家庭提供医疗技术服务上,更重要的是体现在对农村社区、农村家庭和村民个人的健康教育、疾病防治的指导和管理上,把农村社区、家庭及其村民个人碰到的大部分健康问题解决在农村社区内。

4. 农村社区就业保障

就业难一直是困扰农村的重大问题,农村社区可以通过以下工作促进村民就业:首先,农村社区可以通过开设技能培训班,为村民提供技能培训,提高村民的就业竞争能力;其次,农村社区可以通过各种网络资源及时了解社会就业需求信息,在社区内建立就业信息布告栏,及时向村民公布,并为村民提供就业指导。同时还可以根据需要就业的村民的自身技能和专长,积极向用工单位推荐;最后,农村社区可以扶助村民自主创业,给予创业村民资金和技术上的支持。

5. 农村社区其他保障

农村社区其他保障包括残疾人保障、社区优抚,以及农村社区公共福利等。

残疾人是社会中有困难的特殊群体,残疾人因自身生理条件的缺陷,往往在就学、就业和社会活动方面受到很大的阻碍。而农村残疾人处境更为堪忧。农

---

① 童星、张海波:《社区保障:现阶段农村社会保障的主体》,《淮阴师范学院学报》,2005年第2期,第17—21页。

村远离城市,城里残疾人能从政府部门享受到的救济条件,农村残疾人往往享受不到或者享受不充分。鉴于农村残疾人活动范围局限在农村社区内,因而农村社区应凭借地域优势,充分调动和挖掘社区内的资源对农村残疾人进行保障。

农村优抚对象主要包括老复员军人、带病返乡退伍军人、伤残军人、因公牺牲军人家属和病故军人家属等,这些人员对国家和民族做出了巨大的牺牲和贡献。但由于各种原因,农村优抚对象一直都是需要社会各界长期重点帮扶的弱势群体。解决好这部分特殊群体的困难问题,关系着全面建设和谐社会的进程,同时也直接反映全社会对他们的关爱程度。鉴于农村社区是农村优抚对象的主要居住地,农村社区可以开展多种工作对农村优抚对象进行体恤优待。农村社区优抚主要包括:定期的拥军优属工作、日常的军烈属慰问活动、困难军烈属家庭的救济申请及发放,以及对无劳动能力的军烈属的劳务帮助等等。

农村社区公共福利,是农村社区为了保障村民基本生活需要,提高村民的物质和文化生活水平在社区内所建立的各种福利制度和设施。农村社区的公共福利一般有如下项目:第一,农村社区文化设施建设。主要包括在农村社区内建设各类文化馆、图书室、体育活动场所、老年活动室等。第二,农村社区教育。主要包括少年儿童的科普知识教育、失业人员的技术培训、社区的文化教育等等。

二、农村社区保障的特征

农村社区保障相对农村社区其他社会事业而言,具有如下基本特征。

1. 管理性

虽然法定的农村基本社会保障制度的制定主体是国家而不是农村社区,但因享受农村基本社会保障的主体工作和生活在农村社区,国家需要通过农村社区才能使农村基本社会保障制度得以层层落实和具体实施。如:农村社会养老保险及新型农村合作医疗保险的宣传推广、社会优抚、五保对象服务、对农村最低生活保障待遇的申请者个人及其家庭财产和收入状况的了解,均需通过农村社区管理得以实施。只有通过农村社区管理,才能使国家的农村基本社会保障政策和制度得到切实的实施和落实。

2. 服务性

农村社区是村民经常生活的地方,农村社区可以凭借地域优势,为村民提供诸如生活照料、养老服务、医疗保健服务、残疾人康复、精神服务及其他服务,满足村民的服务保障需求。尤其在精神服务方面,农村社区可以通过提供情感慰藉、心理咨询、释疑解惑等,让有困难的村民走出心理困境,树立起战胜困难的信心和勇气。

3. 群众性

农村社区保障是广大村民内部的自我保障和互助保障,农村社区保障发展必须充分动员社区内的各类组织和村民,综合运用各种资源和力量共同搞好管理和服务工作,因而农村社区保障具有群众性的特点。

4. 福利性

所谓福利性,即农村社区保障的各个环节不以营利为目的,而是以造福农村社区居民、以最小的代价解决农村社区居民的保障需求为目的。其中对于某些对象、某些项目可以以免费或低偿的形式为农村社区居民提供服务或方便,如特别医疗护理、职业介绍、社区照顾等等。

5. 区域性

每个农村社区的人口、文化背景、经济实力都有所不同,村民保障需求差异性大,因而农村社区必须立足于本社区的实际情况,发挥自身的优势,有针对性地开展符合本社区特点的社区保障工作。

第三节 我国农村社区保障存在的问题与发展措施

我国农村社区保障还处于初步探索阶段,面临着亟须解决的问题。这一节,我们将首先展现出农村社区保障存在的问题,然后提出发展措施,以促进农村社区保障的进一步发展。

一、我国农村社区保障存在的问题

我国广大农村社区尤其欠发达地区的农村社区因经济落后,尚无经济实力支持社区发展社区保障事业,使农村社区保障存在不少问题。

1. 保障能力有限

由于社区具有地域性特点,农村社区所能动员的资源十分有限,农村社区保障水平相对较低。比如,一些地区农村社区保障的初始是自发性的,其保障力度受制于当地经济发展的水平和经济周期的波动,社区保障的管理体系和资金运作方式呈现多样性和多层次性[①]。再如,"农村的社区保障制度是社区范围内统

---

① 梁鸿:《农村社区发展与社会保障的研究》,《复旦学报(社会科学版)》,2001年第4期,第57—60页。

筹的制度,它在资金上主要依赖于社区公共资金的投入,而社区发展的目标多元化使公共资金的分配和使用具有竞争性。这使得社区保障能力在很大程度上取决于社区的经济发展水平"①。

2. 保障项目少且难落实

我国农村社区保障项目单一,不能使所有的社区成员既得到国家基本社会保障,又得到社区补充的保障。目前只能集中给农村社区内有特殊困难者提供福利性帮助,难以满足广大社区成员的福利要求。与此同时,数量有限的保障项目也难以充分落实到位。这一方面是因为缺乏配套的法律相关规定。社区保障离不开法规与政策的指导和扶持,法律法规的不到位,本身就表明社区保障的缺位。尽管有政府政策可以在一定程度上弥补法律法规的空白,但我国政府已有的政策规定又缺乏连续性,出台的很多政策都带有某种程度的权宜性及暂时性的弊端。另一方面是社区保障的组织者和提供者的职能与权限没有明确的规定,使社区保障需求即使在不断地增加与扩大,但又明显缺乏实现的客观条件②。

3. 缺乏法律规范

社区保障的建立与发展,除了需要社区公共资源的投入,还需要相应的科学管理和运行模式,以确保社区保障基金安全运作,使社区保障基金能够不断增值以求收支平衡。对农村社区而言,要具备上述条件具有较大的难度,农村的社区保障也常因此而陷入危机,致使农村社区领导对农村社会保障的效益及其可行性认识较为模糊,其在决策上面临较大的风险,也表现出较大的随意性。而在政策层面,目前对社区组织,特别是非营利组织的立法规范还基本上处于空白,对社区保障组织的运作更是缺乏相应的规范③。

4. 支持农村社区保障的非政府组织发育不良

农村非政府组织是指在农村社区内部成长起来的具有非政府性、非营利性、公益或互益性的各类社会组织,它按照民办、民管、民受益原则运行,包括经过注册取得合法地位的正式的农村非政府组织,也包括没有注册的农村草根组织。农村非政府组织主要包含三种类型:经济合作组织,如各种专业技术协会;社会服务性组织,如老年协会、扶贫协会、志愿者协会和各种文化协会;农民维权性组

---

① 潘光辉:《论社区保障及其发展》,《广西社会科学》,2008年第1期,第180页。
② 王琳:《对加强城市社区社会保障制度建设的思考》,《行政论坛》,2007年第1期,第85页。
③ 潘光辉:《论社区保障及其发展》,《广西社会科学》,2008年第1期,第181页。

织,如环境保护组织等。李剑斌强调,农村非政府组织在发展农村社区保障中具有重要的作用。首先,农村非政府组织扎根于农村社区,比政府机构更加了解农村村民,能够深入农村基层,集中关注农村社区中的困难群体,充分利用社区居民的邻里关系、亲情、友情和志愿者精神,为有需要的困难群体提供各种补充性服务。其次,农村非政府组织的加入可以有效降低由国家统包统揽社会保障所导致的高成本,提高社会保障服务效率。最后,农村非政府组织具有传播专业技术、提供就业信息、扶持村民创业等独特功能,能弥补政府和市场的缺陷。我国农村的非政府组织无论数量还是质量都有所不足,发育也不是很成熟,主要表现为非政府组织数量少、动员社会资源的能力差等。总体而言,我国尚未形成与社会发展相适应的农村社区社会保障功能体系。

5. 民众参与社区保障的意识不强

农村社区保障的根本立足点在于发动社区内的资源和成员,积极调动各方面因素,为社区成员提供保障。但当前我国的农村社区保障还在一定程度上停留在"等靠要"的阶段,即寄希望国家和政府对农村的补贴,形成了过度依赖的局面。这是当前农村社区保障开展的一大困境。

二、我国农村社区保障的发展措施

农村社区保障作为农村社会保障体系中的重要组成部分,其发展趋势和目标取向与农村社会保障是一致的。社会保障制度改革的目标,是要建立起适应社会主义市场经济体制需要的资金来源多渠道、保障方式多层次、权利和义务相对应、管理和服务社会化的社会保障制度。根据这一目标要求,我们认为,构建新型的以农村社区保障为主体的多层次社会保障体系,其基本对策应从以方面完善。

1. 加快政治、经济和管理体制改革步伐

进一步简政放权,转变政府职能,处理好中央与地方、国家与社区、集体与个人间的关系和利益分配,强化对基层社区保障的支持。加大社会保障制度改革的深、广度,国家、社区、集体、个人、家庭五轮驱动,形成合力,为社区型社会保障体制奠定雄厚的社会经济与组织基础。加快村镇经济社会发展,形成充满活力的农村社区社会经济体制。克服城乡二元社会福利结构,重构一体化的、社区型的保障体制。大力推广、普及和发展社区建设,培养社区发展的机制与功能,为社区型保障体制创造适宜的社会性环境,从而达到促进社区和社区成员最大化的综合性发展以及国家的整体发展的终极目标。①

2. 加强农村社区社会保障资源的有效整合

资源不足是目前我国农村社区社会保障发展的瓶颈。充分发挥社区的资源整合功能,是解决我国农村社区社会保障资源相对贫乏、保障能力有限的有效途径。社区以地缘为基础,得天独厚的优越条件使它具有丰富的资源。人力资源是社区资源中最具有能动性,居于主导地位的最宝贵资源;政策资源是社区社会保障实施的政策保障,即政府制定社区保障制度的合理政策和社区对受保障人员的优惠政策;财力物力资源是实施社区社会保障的客观基础;文化资源是社区社会保障实施的隐形资源。社区通过自身非政府的社会民间网络,能够有效动员、配置各种资源,实现资源结构合理定位和不同主体间的良性互动。这不仅是建立现代农村社区社会保障制度的必备要素,也是实现社会现代化不可或缺的条件。②

3. 发展农村社区组织

发展社区组织是完善社区保障的社会基础。农村社区组织,作为农村社区保障实施主体,正处在成长发育之中。我国社区的组织网络比较疏松,社区的社会职能还不够明确,组织管理体系也不够健全,这些都影响了社区保障能力的发挥。发展社区组织关键是政府的扶持,政府通过相关政策的出台,为社区组织发展营造自由公正的社会环境,同时,要规范与管理以村委会为代表的农村自治组织,使其为社区保障服务。③

4. 加快农村社区保障立法

目前我国农村社区保障的进程还遇到一些法律的困境,这些问题不同程度地制约了农村社区保障的顺利开展,有的甚至成为其发展的瓶颈。例如农村社区服务组织的地位和角色问题、政府与农村社区的关系问题、建立健全农村社区保障体系的机制问题等。这些都需要从法律的层面予以明晰。

5. 培养社区共建意识

社区意识是指社会群体及个人对于社区在心理上的自我感觉和认同,社区建设需要社区成员的共同参与。社区的社会保障功能,在很大程度上是在社区

---

① 段云鹏:《论新形势下社区社会保障体系的建设》,《黑龙江社会科学》,2005年第3期,第118页。
② 王琳:《完善城市社区社会保障制度的对策分析》,《中国行政管理》,2007年第5期,第44页。
③ 卓越、兰亚春:《社区保障:创新社会保障体系的趋势选择》,《社会科学战线》,2004年第2期,第277页。

内部实现的,具体如社区内的互助组织、社区成员自发的帮扶活动等。但是,此类内部保障实现的前提是社区居民有较强的社区建设参与意识,有高度的认同感,进而才能以社区为"家",把他人的困难看成是自己的困难。各种社区服务中心效能的充分发挥也离不开服务对象社区意识的提高。因此可以说,提高居民社区共建意识是社区社会保障的核心。① 由于受计划经济影响,人们习惯于国家大一统式的保障模式,生活中遇到困难找政府,社会保障意识淡薄,而市场经济的理念是:自由竞争,优胜劣汰。在竞争中的落伍者或被淘汰者,可以从社会保障中得到经济上的支持、生活上的救济、精神上的安慰。所以,要加强对社会保障的认识,做到超前防范,只有人们有了保障意识,才能有相应的保障行为以及对保障的关注和参与。

复习思考题

1. 什么是社区保障？它与社会保障的关系是什么？
2. 为什么说建立社区型社会保障具有必然性？
3. 什么是农村社区保障？它的内容和特征表现在哪些方面？
4. 简述当前农村社区保障存在的问题,并提出合理的建议。

案例：

三十多年来,南街村坚持走集体化的道路,走共同富裕的道路。进入南街村的主街道,迎面是一尊毛泽东高大的大理石塑像,矗立在前方;像下两名战士立正守卫在两旁。干净整洁的大路没有一个草秆、一片树叶或纸屑;路两边一排整齐的各式厂房,是南街村的26个大小工厂、企业。这些企业给南街村创造了总资产在2003年就达到29个亿。南街村人说,我们南街村的一草一木都姓公,29亿资产都姓公,都归集体所有。进入另一街道则是一排排整齐的村民住宅楼,南街村村民所用的水、电、煤气、住房都不要自家花钱;村民看病不要钱,孩子上学不要钱;南街村的领导工资最低,领头人王宏斌在村里只拿250元。我去一户村民家,老两口60多岁,不能下地干活了;村里分给他们每人每月60元,还有一个小孙子两岁,三人每月共分得180元。我问他们:"这点钱,够花吗？"老两口乐呵呵地说:花不完,没什么花的;吃粮不要钱,柴、米、油、盐,粮、蛋、鱼、蔬菜都是

---

① 段云鹏:《论新形势下社区社会保障体系的建设》,《黑龙江社会科学》,2005年第3期,第119页。

发票供给,不用花钱,过年节,鱼、肉、鸡、蛋都是分配供给。我一算,的确没什么再需要花钱的了,家里老两口住两室一厅,儿子结婚了,又给同样大的两室一厅100平方米的,分出去住了。在南街村,凡是结婚的青年,都给一套同样大的房子。吃住和各种福利等十四项都是供给制,基本生活有了保障。

讨论:

比较南街村的社区保障与家乡农村社区的社会保障,南街村社区保障的基础是什么?

第十三章　农村社区管理的现代化

☞ **学习要点**

了解农村社区现代化历程、农村社区管理现代化的任务;了解我国城乡社区管理一体化现状、实现途径;了解我国农村社区管理法治化现状、实现途径;了解我国农村社区管理科学化现状、实现途径。

☞ **关键概念**

城乡社区管理一体化　农村社区管理法治化　农村社区管理科学化

【引例】

苏南地区社区现代化建设管理调研组在省民政厅基层政权与社区建设处仲锦处长的带领下来昆山市调研。苏州市民政局陈燕颜副局长、昆山市民政局张大妹局长等领导陪同调研。

调研组一行先后来到玉山镇姜巷村、高新区新江南社区、红峰社区、周市镇睦和社区等地调研。每到一处,调研组都详细了解社区基础设施建设、便民活动开展情况,询问社区建设中存在的难点问题。村(社区)优美的绿化环境、规范的日常管理、齐全的硬件设施、完善的功能设置等都给考察团成员留下深刻印象。

在"社区现代化建设管理"座谈会上,调研组听取了部分区镇分管领导、村(社区)负责人的工作汇报以及现代化社区建设管理方面的积极探索和特色亮点。

第十三章 农村社区管理的现代化

在听取相关情况汇报后,仲锦处长认为:近几年,昆山社区建设投入多、特色明、成效大,在创新管理、完善功能、民主管理、民生服务等方面都走在全省的前列。主要体现在:一是我市和谐社区建设成效显著,组织领导、协调推进形成强大后盾;二是管理服务体系日趋完善,突出民生服务,并寓管理于服务中;三是对流动人口管理探索出新路,同管理、同服务、同部署。在充分肯定成绩的同时,仲锦处长也希望我市和谐社区建设和基层民主政治建设以率先基本实现现代化为契机,在夯实社区自治基础上求突破,在强化理念更新上求突破,在大力推进体制机制创新上求突破,实现新发展、作出新贡献。(基层政权与社区建设科:《省民政厅现代化社区建设管理考察团来我市考察》,昆山民政局网(2012):www.ksmzj.gov.cn/gnew.aspx?classId=964960…2012-5-11)

第一节 农村社区管理现代化的历史与任务

一个农村社区建立起来后,面临的问题就是如何有效管理它,使在满足社区居民生产生活需要方面发挥特殊功能。否则就失去建设农村社区的意义。为此,我们应研究农村社区管理问题。农村社区管理的基本要求就是管理现代化。农村社区管理现代化是社会现代化的必然趋势,农村社区管理现代化的任务是现代农村社区对社会现代化运动的理性回应。

一、现代化的两个阶段

现代化被用来描述人类近现代史以来发生的社会和文化变迁的现象。中世纪后,欧美经历文艺复兴、启蒙运动、宗教改革、政治革命、工业革命、科学技术大发展、人口快速增长、工业化、城市化等重大历史变迁,由此引发世界现代化进程。从空间说,现代化是全球化,并非西方化,是一个先是由西方扩展到东方、后东方与西方相互影响的过程,东方世界赶超现代化、后发现代化亦由此而起。

现代化是个时间概念,分为初级和高级两个阶段。20世纪中期以来,现代化呈现出与此前很大不同的面貌,很多西方学者指出现代化进入新阶段,提出"反思现代化"、"继续现代化"、"第二种现代化"、"新现代化"、"后现代"等理论[①]。如英国社会学家安东尼·吉登斯认为,迄今为止的现代化历史分为简单现代化和反思现代化两阶段,其中反思现代化意味着风险社会的来临。德国社

---

① 〔德〕沃尔夫冈·查普夫:《现代化与社会转型》,社会科学文献出版社2000年版,第65页。

会学家尤根·哈贝马斯对现代化批判颇多,但亦主张现代化是"尚未完成的事业",需要以"交往理性"取代"工具理性"。法国经济学家弗朗索瓦·佩鲁指出,发展与增长不同,它不仅是国民生产总值的增长,而是整体的发展、内生的发展和综合的发展。一切发展都是为了人的发展,是"为一切人的发展和人的全面发展"①。以美国为例,其工业化的起点大致为1790年;美国经典现代化的完成时间大致是1960年前后。此后,美国社会进入新的发展阶段,罗斯托称为"追求生活质量阶段",丹尼尔·贝尔称为"后工业社会阶段",殷格哈特称为"后现代化阶段"②。关于后现代,有学者指出:"后现代性并不是在现代性之后到来的一个阶段,它不是对现代性的补救——它是现代的。更确切地说,后现代视角也许最好被描述为现代性意识本身的自我反思。"③因此,可把后现代视为现代化更高级的阶段。

中国是后发现代化国家,长期以来执行现代化赶超战略。何传启提出的两次现代化理论认为,到2003年中国的第二次现代化取得一定成就,但仍然属社会欠发达国家,距世界先进水平的差距非常明显。何传启认为:"第一次现代化指从农业时代向工业时代、农业经济向工业经济、农业社会向工业社会、农业文明向工业文明的转变过程及其深刻变化,其主要特点是工业化、专业化、城市化、福利化、流动化、民主化、法治化、分化与整合、理性化、世俗化、大众传播和普及初等教育等;第二次现代化指从工业时代向知识时代、工业经济向知识经济、工业社会向知识社会、工业文明向知识文明的转变过程及其深刻变化,主要特点是知识化、分散化、网络化、全球化、创新化、个性化、多样化、生态化、信息化和普及高等教育等;第二次现代化不是人类历史的终结,将来还有新的发展。"④目前中国社会发展水平处于现代化初级阶段,在社会管理领域和民众素质方面的封建主义影响还较重,社会现代化远未实现,谈不上西方发达国家的"后现代化"。2003年中国处于第一次社会现代化发展期,大约为城市化中期,仍然属欠发达国家,社会现代化水平低于世界平均水平,距世界先进水平的差距也很明显。其中,2003年中国第一次社会现代化指数为73分,排世界109个国家的第54位,第二次社会现代化指数为28分,排第59位;综合社会现代化指数为25分,排第

---

① 〔法〕弗朗索瓦·佩鲁:《新发展观》,华夏出版社198年,第2—3,11页。
② 中国现代化战略研究课题组:《中国现代化报告2004:地区现代化之路》,北京大学出版社2004年版,第78页。
③ 〔匈〕阿格尼丝·赫勒:《现代性理论》,商务印书馆2005年版,第13页。
④ 何传启:《正视"两次现代化"双重挑战 人的现代化是基础》,《文汇报》,2003年11月6日;何传启:《第二次现代化——人类文明进程的启示》,高等教育出版社1999年版,第120页。

60位。中国科学院现代化研究中心认为,如果按照1980—2003年第一次社会现代化指数的年均增长率测算,中国即使要完成第一次社会现代化,也需要大约15年。[①]

从政治制度上看,现代化可分为资本主义和社会主义两种模式。中国现代化最初实行资本主义模式,1949年后实行社会主义模式。社会主义模式现代化也可分为两个阶段,即社会主义初级阶段和社会主义高级阶段。1958年前后各种共产主义试验、直接进入社会主义高级阶段的努力遭到失败,毛泽东因而提出社会主义是一个相当长的历史阶段。社会主义初级阶段理论的思想渊源可溯至此。1981年6月,中共十一届六中全会通过的《关于建国以来党的若干历史问题的决议》第一次明确指出"中国的社会主义制度还是处于初级的阶段"。1987年10月召开的中共十三大系统地阐述了社会主义初级阶段理论,其中对社会主义初级阶段的描述跟世界各国经历的初级现代化基本一致。

进入21世纪以来,中国社会主义建设取得举世瞩目的成就,工业化、城市化、专业化、教育普及发展尤为迅速,这表明中国已基本完成初级现代化的任务,正处于从初级到高级转型的关键时期。2007年中共十七大政治报告指出,"到2020年全面建设小康社会目标实现之时,我们这个历史悠久的文明古国和发展中社会主义大国,将成为工业化基本实现、综合国力显著增强、国内市场总体规模位居世界前列的国家,成为人民富裕程度普遍提高、生活质量明显改善、生态环境良好的国家,成为人民享有更加充分民主权利、具有更高文明素质和精神追求的国家,成为各方面制度更加完善、社会更加充满活力而又安定团结的国家,成为对外更加开放、更加具有亲和力、为人类文明作出更大贡献的国家。"其中包括未完成的初级现代化目标,也提出了高级现代化的方向。

概而言之,现代化是世界潮流,并且分为初级和高级两个阶段。初级现代化以国民经济快速增长为目的,以工业化、城市化、科技化等为基本特征,而高级现代化以人的全面发展为目的,以全球化、知识化、信息化、多样化等为特征。这是我们观察中国农村社区的现代化的历史纵深和世界背景。

二、农村社区现代化的历史阶段

现代化从初级到高级的发展中,世界各地农村社区经历一个由繁盛到衰落再到复兴的轨迹。这反映现代化冲破城乡之间的藩篱,打破此前城乡关系格局的旧平衡,再建立新平衡和城乡一体化的历史过程。初级现代化阶段,农村地区

[①] 郝立忠:《论科学发展观指引下的中国社会管理现代化》,《东岳论丛》,2009年第12期,第5页。

普遍由繁盛陷入衰落,直到进入高级现代化阶段,农村地区才逐渐走向复兴。

传统社会处于农业文明时代,城镇虽然占据战略要地,但只有依赖农村社区才能存在和发展,那时绝大部分人口都分布在农村社区,农村社区才是农业文明的根据地。中国古代重农抑商,农民为四民之首,就是明证。但传统农业社会,因地理、交通技术以及政治经济等原因,城乡交流十分有限,处于相对隔离状态。

现代化以来,人类由农业文明进入工业文明时代,创造前所未有的巨大财富,城市化进程冲破城乡之间的界限,社会朝向一体化方向发展,但城乡之间旧有平衡被打破,导致许多问题。马克思、恩格斯在《共产党宣言》指出,18、19世纪资本主义一方面"创立了巨大的城市,使城市人口比农村人口大大增加起来,因而使很大一部分居民脱离了农村生活的愚昧状态",但另一方面,它"使农村屈服于城市的统治……把一切封建的、宗法的和田园诗般的关系都破坏了"①。德国著名社会学家滕尼斯在《共同体与社会》也描述了现代化进程导致传统农村社区不断衰落的过程。

然而,在城市化、工业化中,农村社区仍然顽强生存,在某些地区还成为人们向往的地方,如托克维尔《论美国的民主》一书热烈称颂1831年左右美国人自治独立的乡镇精神及其"做主人的自豪感"②。并且,随着现代化的急剧发展,居住拥挤、交通堵塞、环境恶化、能源危机、人际关系紧张等种种"城市病"出现了,人们更加渴望逃离钢筋水泥丛林,回归大自然怀抱,重建人与人、人与自然和谐相处的世界。从1898年英国人霍华德提出"田园城市"理论,到1933年的《雅典宪章》、1934年芬兰建筑师沙里宁提出"有机疏散"思想,再到1976年美国地理学家波恩提出"逆城市化"这个概念,越来越多的城市人口开始回流到郊区或者农村。如今在发达的西方社会,乡村已成为人们渴望回归的家园,欧美的乡村也建设得十分宁静优美,不再破败凋敝。这表明城乡一体化进程获得了新的动力和性质,现代化进入新的阶段。

综上所述,随着平等、民主和自由的价值观兴起,现代化是个实现城乡一体化的进程。对应于初级现代化和高级现代化,城乡一体化分为两个阶段:城市化和逆城市化。第一阶段中,由于工业化、城市化进程,城乡结构平衡被打破,农村社区迅速凋敝,此阶段是初级现代化效应。第二阶段,过度城市化走向它的反面,乡村社区得以复兴,城乡结构实现新的平衡,此阶段是高级现代化效应。

---

① 《马克思恩格斯选集》第1卷,人民出版社1995年版,第274—275页。
② 〔法〕托克维尔:《论美国的民主(上卷)》,商务印书馆1995年版,第85页。

三、我国农村社区现代化的任务

现代化是城乡社会一体化进程,因此,城乡一体化是我国农村社区现代化首要任务。现代化也是社会自治、法治和理性科学精神普及过程。欧洲中世纪末期发生的文艺复兴、启蒙运动、宗教改革,使得国家从教会的专制统治中独立出来,17、18世纪英美法等国的资产阶级革命使社会和市场从国家的专制统治中解放出来。托克维尔强调,美国的"乡镇精神"就是坚持独立、自由、民主、自治,它们是幸福乡村生活的基础。社会自治是农村地区管理现代化的重要任务。

但是,自治并非意味着混乱,而是与民主和法治紧密结合在一起,现代化也是法治化的过程。17、18世纪英美法等国的资产阶级革命最重要的成果,就是颁布、实施《权利法案》、《独立宣言》和《人权宣言》。"法治"与"人治"相对立。人治即"某个人或某部分人掌握国家机器实行对其余人的统治",如实行皇帝个人专制或阶级压迫的制度;人治可依靠法律制度得以实现,但这不是"法治"。法治即"法律的统治",意味着国家的最高统治者是法律而不是某些人。法律是在长期的历史演进过程中,具有各种利益取向和价值偏好的公民相互协商而形成一种具有强制性的社会规范,其目的是平等地保护每个人的自由和民主权利。"法制"与"法治"是两个既有密切联系又有严格区别的不同概念。法制是指一国法律制度的总和,它包括立法、执法、司法、守法、法律监督的合法性原则、制度、程序和过程。而法治包括形式意义的法治和实质意义的法治。形式意义的法治强调的是"以法治国"、"依法办事"的治国方式、制度及其运行机制。实质意义的法治强调的是"法律至上"、"法律主治"、"制约权力"、"保障权利"的价值、原则和精神。这表明,"法治"与"法制"是有联系的,即法制是法治的前提,法治是法制的体现和保障;同时二者也是有区别的:"法治根本之义在于权力制约和权利保障",它是相对于"人治"而言的,是与民主制国家相联系的,其基本要求是依良法而善治。当今发达国家的乡村也是法治较好的地方,与经常发生凶杀、抢劫、欺诈等犯罪行为的城市相比,显得尤为宁静和谐。所以,法治与自治,都是农村社区管理现代化的重要任务。

现代化的第四个任务是科学化。现代化也是理性化,起源于西方的理性化进程,具有普遍历史意义和普遍有效性。科学是理性化的表现,是获取客观事物固有规律的人类活动,理性化促进现代科学技术迅速发展。如今,管理科学也得到长足发展,工商管理、行政管理、公共管理、社会管理等学科得到广泛应用,包括农村社区在内的社区管理科学化成为普遍的潮流。

综上所述,从现代化两个阶段看,世界各地的农村社区经历了一个由繁盛到衰落再到繁盛的 U 字形发展路径，而其管理的一体化、自治化、法治化和科学化是主要方向。我国自现代化初级阶段以来，工业化、城市化等取得巨大成就，但农村社区不断衰落，形成了城乡二元制度，农村社区自治受到严重损害，法治建设和科学管理都十分落后，这表明我国农村的初级现代化尚未完成。在我国进入以全球化、知识化、多样化为特征的高级现代化的转型时期，我国农村社区建设面临两个阶段现代化叠加的任务，十分艰巨紧迫。故实现城乡社会一体，推进农村社区管理的法治化、自治化、科学化，是当前我国农村社区建设和管理的根本任务，是创新农村社区社会管理的主要原则，是我国农村社区现代化的方向。

第二节 城乡社区管理一体化

所谓城乡社区管理一体化，就是要打破城乡二元结构，在人口、资源自由流动的基础上，统筹安排，大力提高农村居民经济收入，大力发展农村社会保障，实现城乡居民平等待遇，在高级现代化的基础上重建城乡结构平衡。从现代化理论看，我国在初级现代化阶段，形成了城乡二元结构，农村社区不断衰落，在向高级现代化转型期间，打破城乡二元结构，复兴农村社区是历史发展的趋势，也是当今世界潮流，因此，城乡一体化应该成为我国农村社区管理现代化的基本方向。

一、城乡社区二元结构的表现

第一，城乡社区之间在社会经济发展水平上的差距。改革开放三十余年的发展，中国城乡人均纯收入均大幅增长，但两者差距日趋扩大。民工进城打工是一种增加收入、缩减城乡收入差距的有效方式，但因缺乏技术，只能从事低端劳动，收入偏低。在一些偏远或边疆民族地区，农村人均纯收入则更低，且存在大量贫困人口，增加收入难度更大。2007 年，农村居民人均纯收入实际增长 9.5%，为 1985 年以来增幅最高的一年；而城乡居民收入比却扩大到 3.33∶1，绝对差距达到 9646 元（农村居民收入 4140 元，城市居民收入 13786 元）也是改革开放以来差距最大的一年。① 目前，城市可支配收入统计不包含医疗、养老等福利收益，而农村人均纯收入则包含实物收入，若将这些因素考虑进去，城乡之间差距可能是 6∶1。中国社会科学院的一份研究报告指出，现阶段中国的社会结构落后于经济结构 15 年，根本原因是以民生为主的社会建设的滞后，其中农村

---

① 郭爱娣：《中国城乡居民收入差距持续扩大：收入比 3.33∶1》，中国新闻网，2008 年 8 月 29 日。

是重点,也是难点。所以,解决当代中国的发展问题,必须着力解决城乡发展差距日趋扩大的问题,否则难以实现今后一段时期经济社会又好又快发展。[①]

第二,城乡社区社会政策的二元化。社会政策是一种资源再分配的手段,初次分配以效率优先,二次分配则要注重公平,但是我国城乡在以社会保障为核心的社会政策方面差异显著,在保障水平、保障方式、资金来源、管理制度等方面均体现出制度性差异。在医疗方面,改革开放以来,中国医疗卫生事业取得长足的发展,但存在城乡之间医疗资源分配不均,造成农村居民看病难、看病贵现象。目前,近70%的农村人口仅拥有30%的医疗资源,而30%的城市人口却拥有70%的医疗资源[②]。在教育方面,我国一些老区和少数民族地区教育发展依然滞后,成为制约经济社会发展的瓶颈。国家的政策支持虽然对中西部地区教育发展发挥一定作用,但对于中西部欠发达地区农村教育而言,实属杯水车薪。中国城乡教育师资分配不均,城市集中优质资源,农村师资薄弱且流失严重。此外,农村留守儿童教育问题,也是农村义务教育发展面临的一个突出问题。在养老方面,中国已进入"未富先老"社会,但目前中国农村养老政策存在很多问题,农村社会养老基础设施建设难以满足日益增长的巨大需求,乡镇一级政府无力兴建敬老院,政府难以承担巨额养老经费支出,农村老年公寓、敬老院等社会福利设施奇缺。在传统家庭结构不断解体,第一代进城农民工已到返乡养老的年龄的情况下,农村养老的任务日益严峻,统筹城乡资源,大力发展农村养老事业十分迫切。

第三,城乡社区管理体制的二元化。城乡居民在经济收入、社会福利以及政治地位上都存在较大差别,其根源是城乡分隔的管理体制。二元户籍制度是城乡分隔体制的核心。1958年我国《户口登记条例》将城乡居民明确区分为"农村户口"与"非农村户口"两种不同的户籍,而户籍又与居民的政治、经济、社会等各种权利和义务挂钩,由此形成了基于城乡户籍身份之上的城乡二元社会结构。在管理制度上,农村是指"拥有农业用地、资产仍为集体所有,户籍性质为农业户口,基础设施未纳入城市管理,居民社会保障、社会福利执行农村标准。"这种二元结构,不但有悖于现代化人人平等宪法原则,损害农村社区自治的权利和能力,而且在当今市场经济时代,越来越成为阻碍经济进一步发展的根源。

---

① 李迎生、张志远:《中国社会政策的城乡统筹发展问题》,《河北学刊》,2011年第3期,第109—115页。
② 吕国营:《从两极分化到均衡配置——整合城乡医疗资源的一种思路》,《经济管理》,2009年第12期,第155—159页。

二、促进城乡社区管理一体化的途径

城乡社区管理一体化需改革当前的户籍制度,变"农业支援工业发展"为"工业反哺农业",大力提高农村居民收入,增强农村居民社会保障。同时还需防止重走初级现代化的老路,孤立解决"三农"问题,只是把各种资源投向农村,甚至认为建设农村是简单地恢复农村社区在现代化之前的农业社会中的地位,而仍然保留二元社会结构。在高级现代化阶段,须平等保障城乡居民合法权益,尊重市场规律,特别是尊重农村居民市民化意愿,取消农民工到城市上学、就业、定居等限制,推进农村土地流转,消除社会排斥,促进农民工市民化,推进我国城市化进程。只有在城乡一体基础上,才能统筹安排、优化资源,杜绝新农村建设中的形式主义、重复建设和浪费等现象。在新的基础上,促成城乡结构的新平衡。

第一,稳步推进城市化。

我国农民人均占有资源太少是制约农民收入增长的根本原因。农业是耕地密集型和水资源密集型产业,然而我国人均耕地不到世界人均耕地的1/2,人均水资源仅为世界人均的1/4。我国农民人均耕地约为世界农村人均耕地的1/3。由于农户经营规模太小,粮食和许多大宗农产品,如棉花、油料等生产费用高,使得我国大多数农产品的生产成本过高,纯收益率太低。要增加农民的收入,就要在推进工业化的过程中稳步推进城市化,减少农民数量,增加农民人均占有资源量,这是增加农民收入的根本出路。推进城市化的重要前提条件是,改变我国的二元户籍管理制度,为农村剩余劳动力向城镇转移创造条件。农民向城镇转移主要靠市场的力量,但是也需要政府加强引导。在工业化和城市化过程中,特别需要保护失地农民的合法权益。

第二,调整国民收入分配。

长期以来,我国固定资产投资比重过高,消费比重太低,经济增长过分依赖于固定资产投资的增长,消费对经济增长的拉动力比较小。投资比重过高也是我国居民特别是农村居民消费增长缓慢的一个原因。我国应该调整投资与消费的比例,逐步提高消费比重,降低投资的比重,使投资与消费的比例逐步达到能够使经济长期保持稳定快速增长的水平。与此同时,还需要大力调整国民收入分配结构,中央政府应该逐步增加对于中西部地区和广大农村的转移支付,建立公平合理的农村义务教育体制;积极探索农村医疗和基本社会保障制度的创新问题,为今后从根本上解决农村社会保障问题创造条件。要做到这一点,需要通过不断完善税收制度,强化对高收入人群的税收征管,逐步增加财政收入占

GDP 的比重,提高中央政府对于国民收入再分配的能力。

第三,建立全国统一的劳动力市场。

解决城乡收入差距问题,当务之急是应从体制上解决城乡居民机会不均等和劳动力市场的地区分割问题。我国需创造条件尽快取消对农村居民的各种非国民待遇的政策规定,取消现存的城乡分割的劳动力市场,逐步建立全国统一的劳动力市场,使得农民有与城镇居民均等的就业机会和公平竞争的市场和法律环境。

第四,依靠科技和制度创新繁荣农村经济。

改革开放以来,科技进步极大地促进了我国农业增产,农民增收。今后需要继续加强农业科技研究,通过引进良种,推广先进的农业技术等措施促进农业丰收,提高农民收入。与此同时,还需要健全农业社会化的服务体系,逐步建立起比较完善的农产品流通体系;积极支持发展多种形式的农村专业合作组织,鼓励龙头工商企业与农户合作经营;大力发展农产品加工业,促进农村第二、三产业的发展。资金短缺和农村金融服务体系不健全一直是制约农村经济发展的重要因素之一。要繁荣农村经济,首先需要深化农村金融体制改革。在继续深化农村信用社改革的同时,需要探索发展新的农村合作金融组织,以支持农村经济的发展。因此,要防止把城乡一体化当作圈地、剥夺农民的工具;加快产业布局调整,推进劳动密集型产业、涉农工业和农产品加工业从城市向农村转移,进一步加快城乡产业结构调整,优化城乡产业布局,强化城乡产业之间的协作和联系,鼓励城市资金、人才等生产要素进入农村,改变资源从农村向城市单向流动的格局;按照公平的原则配置公共资源,尤其是财政资源以及公共服务资源,以城乡基本公共服务均等化为导向,不断优化财政支出结构,推进城乡公共服务制度对接。[①]

第三节 农村社区管理的法治化

农村社区管理法治化就是在农村社区建立起以法治国和依法办事的社区治理方式及其运行机制,然后依据法律管理农村社区的各项事务。它是农村社区管理的发展方向,也是法治国家对农村社区管理的基本要求。

---

① 《我国城乡一体化的目标是实现公平发展》,新华网(2009):http://www.hq.xinhuanet.com/news/2009-12/05/content_18422348.htm。

一、我国农村社区法治化现状

当前,我国正处于从初级现代化向高级现代化转型时期,高级现代化要求我们不但要抛弃人治传统,而且要把法制建立在法治的基础上,并服务于法治的目的。"文革"时期,由于众所周知的原因,我国法治建设遭到破坏,一度陷于停滞。改革开放以来,虽然农村依法治国进程取得一定成效,广大基层干部和农村群众的法治素质有所提高,依法治理的环境获得改善。但是我国农村社区法治建设还面临许多困境。

1. 基层干部法治意识淡薄

基层干部是党和国家路线、方针、政策的具体执行者,由于"创新"空间不大,就习惯了"上头怎么说,下面怎样干"的模式,以"实干"和"实效"为原则,成天忙碌于田间地头,一般不认真研究政策和法律,业余的一点时间,多数用在打牌喝酒聊天上,几乎没有挤时间学习的习惯。因此,农村干部对国家颁布的法律一知半解的不在少数,有"实用主义"的思维和做法的,就算是佼佼者了。法律知识的缺乏直接导致的后果就是依法办事意识的淡薄,加之中国几千年的人治思想作祟,一般而言,政令在农村的进程,大概靠三个渠道:一是"喝哄骇诈",这是传统的计划经济时代的方法,它导致的直接后果是颠倒了主仆关系,淡化了宗旨意识。其次是采取"高压政策"。不问三七二十一拉猪牵牛,地道鬼子进村模样,"催粮派款,刮宫引产",农民上吊,干部受到处分。第三便是不管不问,甚至怕管怕问,导致农村矛盾增多,基层党组织瘫痪,凝聚力减弱,群众上访增加,稳定隐患增大。

2. 农村社区司法机构不健全

在广大农村,往往有政府却无司法,一个中心法庭要管辖二至三个乡镇,面积一般在二百平方公里左右。经济越不发达的地方,管辖范围一般越大。这种情形还美其名曰"资源整合"。群众想打官司,要跑上百里山路才能找到法庭,通过立案、传询、开庭等程序,早也是筋疲力尽。所以农村广泛地流传着"赢了官司输了钱"的民谚。这导致农民想,干脆不打官司也罢了,倒不如自己了断,因此往往为一件小事走上极端的事情时有发生。担负普法宣传和法律援助的农村司法所,往往也是有其名无其实。大多数乡镇的司法助理员,由于缺乏编制,几乎都是兼职干部或招聘人员。自身并不懂得多少法律,无能普法和提供法律援助。

3. 农村社区居民依法自我保护意识不强

怕招惹麻烦,多一事不如少一事,是中国人的传统通病,尤其是在农村社区。

当自己的利益受到不法侵害时,要么怨天尤人,自认倒霉;要么搞家族主义,人多势众;要么一味蛮干,不惜铤而走险。再或就是采取"私了"的办法,一般不通过法律的渠道来解决。像农村经常遇到的种子问题、债务纠纷、征地拆迁等矛盾,不去找法律,反而去上访或是过激地围攻政府,这样的事件屡见不鲜。

二、推进我国农村社区管理法治化的意义

全面推进农村法治建设,具有非常重要的意义。[①]

1. 加强农村法治建设是依法治国的重要组成部分

鉴于农业、农村和农民在我国的特殊地位,努力实现农业和农村工作的法治化,为农村经济发展、社会进步提供良好的法治环境,为依法治国奠定坚实的基础,也就必然要成为我国社会主义法治建设的当务之急。

2. 加强农村法治建设是贯彻落实党在农村基本政策的重要保证

首先,正确的农业和农村政策对我国农村改革、发展与稳定起到了明显的保障和促进作用,没有这些正确的农业和农村政策,也就没有今天农村经济的繁荣。

其次,政策不能取代法律,这是由政策自身的特点决定的。政策的特点主要表现在以下几个方面:(1)政策通常主要是甚至完全是由原则性规定组成,它只规定行为的方向而不规定行为的具体规则;(2)除党和国家的基本政策外,大量的具体政策必须根据形式的变化而随时调整;(3)政策主要依靠宣传教育和行政手段加以贯彻实施,对于仅仅违反政策的行为,只能给予党纪、政纪处分,而不能进行法律制裁。政策的这些特点,决定了它不足以为社会提供最为规范、最为权威和最为稳定的行为规则。相对而言,法律有其他社会规范所不具有或者不完全具有的特性,即明确性、稳定性和权威性。这就决定了法律可以为主体提供一个明确的行为模式标准和合理的预期,使得法律更易于在社会生活中得到实施,进而也使法律有利于实现稳定和发展农村的国家意志。

第三,在我国实施依法治国方略和发展农村社会主义市场经济的条件下,党对农村工作的领导方式也应相应地转变。也就是说,党和国家对农村工作的领导,既要靠政策,更要靠法律。现在,将我国治理农业和农村中行之有效的政策以明确、稳定、权威的规范固定下来,在此基础上辅之以必要的农业和农村政策,改变长期存在的主要以政策治理农业和农村的做法,完成向主要依靠法律治理农业和农村的转变,这是今后我们必须面对的一项重大历史使命。

[①] 雷英辉:《中国农村法治建设初探》,http://blog.sina.com.cn/s/blog_4c80e005010009mn.html。

3. 加强农村法治建设是完善农村社会主义市场经济体制的内在要求

当前,我国农业正在实现由传统农业向现代化农业、由计划农业向市场农业的转变。良好的法治环境是市场经济健康有序运转的重要条件。农村改革越深入,农村市场经济越发达,农业现代化程度越高,就越需要法治。

第一,农村市场的培育和健康发展,需要强有力的法治保障。因为只有通过法律,才能从根本上塑造符合市场经济要求的独立的市场主体,有效地保护市场主体的合法权益;才能确立公平的农村市场竞争和交易规则,打破地区封锁,建立统一、开放、竞争和有序的市场体系;才能合理规范国家对农村经济的宏观调控,实现农村经济的可持续发展。

第二,农业的产业地位和特点,要求通过法律予以特殊保护。农业是国民经济的基础,但又是一个既面临市场风险,又面临自然风险的产业,在市场经济条件下,它往往处于不利的竞争地位,需要国家和其他产业的扶持。法律是配置权利、义务和责任最有效的形式,它能够从社会整体利益和全局利益出发,创设必要的差别待遇,对农业实行倾斜和保护,以确保农业的基础地位。

第三,农业开放和国际合作,必须有符合国际通行做法的农业法律制度。市场经济是一种开放性的经济,发展社会主义市场经济必将使我国农业逐步走向世界。农产品市场开放是世界贸易组织(WTO)确立的一项重要的国际经济法则,农产品市场的开放必须按照这些规则行事,否则,将会受到 WTO 的制裁。因此,健全我国农业法制,使之与 WTO 的要求和各国的通行做法相契合,是我国农业国际化的必然要求。

4. 加强农村法治建设是建设社会主义新农村的迫切需要

社会主义新农村的建设是历史赋予我们的重大使命。要实现这一目标,最根本的是要落实科学发展观,紧紧围绕"三农"工作的重心,实现农村的物质文明、政治文明和精神文明的协调发展,实现社会的稳定。而要实现这三个文明的协调发展和社会稳定,既要强调"德治",更要注重"法治"。

第一,加强农村的物质文明建设,迫切需要加强法治建设。农村物质文明建设必须建立在提高农村生产力水平的基础上;而要提高农村生产力水平,又必须依赖包括调整农村经济结构、加强基本农田建设、保护农村土地、维护农村生态平衡、实现科学种植、提高粮食产量、保障粮食安全和不断提高农民收入等一系列因素的共同作用。而要实现上述种种目标,又必须有相应的法律制度作为支撑。

第二,加强农村民主政治建设,迫切需要加强法治。健全的民主政治需要健全的法制作保障。始于20世纪80年代的中国农村的村民自治,是党领导亿万农民建设中国特色社会主义民主政治的伟大创举。而村民自治的基本特征就在于要将农村的各项事务纳入规范化、法治化、程序化的管理轨道,逐步形成一整套民主选举、民主决策、民主管理和民主监督的制度及其运行机制,从而实现依法建村、依法治村。没有良好的法治环境,农村民主政治建设就不可能顺利进行。

第三,推进农村精神文明建设,迫切需要加强法治建设。目前,在我国农村的一些地方,家族、宗族、帮派势力有所抬头,"黄、赌、毒"、封建迷信以及非法宗教活动等社会丑恶现象死灰复燃,干扰了农村的改革、发展和稳定。为了加强物质文明和精神文明建设,必须清除一切封建主义流毒和资本主义的丑恶现象,树立社会主义的新道德、新风尚。这就必须加强法治,教育农民群众运用法律武器,同各种丑恶现象斗争,保障两个文明建设的顺利进行。

第四,确保农村社会稳定,迫切需要加强法治建设。当前,农村的刑事犯罪活动较为猖獗,对农村社会秩序的稳定造成了极大的威胁,严重影响了正常的生产和生活秩序,引起广大农民的强烈不满。因此,必须加强社会治安综合治理,对严重刑事犯罪活动依法严厉打击。此外,随着农村社会主义市场经济的发展和利益主体的多元化,国家、集体和个人之间的利益摩擦、碰撞和冲突必然会大量增加。解决新时期我国农村的社会问题和社会矛盾,既需要行政的、经济的和思想教育的手段,更需要运用集教育、防范、打击、治理和保护等功能于一体的法律手段来调节和处理社会矛盾,维护农村的社会稳定。一些农村地区宗族主义泛滥,各种迷信盛行,乃至黑社会猖獗、社会治安混乱等现象,也需要从法治的层面得到防治。

第五,加强农村法治建设是促进农村经济发展的重要保障。社会主义新农村的最显著特点是发展经济。只有经济发展了,新农村建设的步伐才能加快。生产发展、生活宽裕、实现农民生活的新提高,是建设社会主义新农村的根本目标。要生产发展、生活宽裕,必须要建立在守法经营、依法办事的前提基础上。如何引导农民群众守法经营、依法致富,就需要切实加强法治建设,充分发挥法治的促进和保障作用;确保农民和农村企业依法经营,公平竞争,诚实守信,依法维护农村交易安全;确保农村市场的公正有序,促进农村生产水平的提高;为促进农民持续增收,实现农村经济快速、协调发展提供良好的法治环境。

第六,加强农村法治建设是培养新型农民的迫切需要。农民是新农村建设的主体。提高广大农民的素质,是建设社会主义新农村的关键因素,而法律素质是建设社会主义新型农民的必备素质。通过法治建设,使广大农民的法律知识普遍丰富,法治观念普遍增强,法律素质普遍提高;广大农民群众就能进一步树立依法自我管理的意识,进一步提高依法自我管理的能力,从而担负起社会主义新农村建设和管理的责任。

三、促进我国农村社区管理法治化的途径

我国农村社区实现管理法治化需要做好如下工作。

1. 加强农村法制宣传教育

建设社会主义新农村,农村法制宣传教育工作要突出"两个重点",即重点普法对象和重点普法内容。农村法制宣传教育的对象是一切有接受教育能力的农民,重点是村"两委"班子成员、村民代表和青少年。工作中,要针对不同普法对象,通过不同渠道,采取不同方式开展法制宣传教育,既要突出农村重点普法对象,使他们成为法制宣传教育工作的组织者、推动者和实践者,又要覆盖绝大多数的农民群众,增强农村普法针对性,扩大覆盖面,提高普法效果。实践中,要具体抓好五个方面的法律法规的学习宣传:一是农村民主政治方面的法律知识,如《宪法》、《选举法》、《民委员会组织法》等;二是基本国策方面的法律知识,如《土地管理法》、《人口与计划生育法》、《义务教育法》等;三是农业生产方面的法律知识,如《农业法》、《土地承包法》、《种子法》、《森林法》、《渔业法》、《环境保护法》等;四是民事经济方面的法律知识,如《民法》、《劳动法》、《婚姻法》、《继承法》、《税法》、《合同法》、《担保法》、《消费者权益保护法》等;五是维护社会稳定方面的法律知识,如《刑法》、《预防未成年人犯罪法》、《治安管理处罚法》、《信访条例》等。

2. 加强农村法律咨询服务

建设社会主义新农村,要进一步加强对基层法律服务机构和法律服务工作者以及公证人员的规范化管理,组织律师和基层法律服务工作者深入农村,为村民特别是广大农村的弱势群体,为解决"三农"问题及时提供高效的法律服务。做到"有问必答、有纠必解、有诉必帮、有困必助",定期在乡(镇)、村、社区开展现场法律咨询活动,真正送法上门。在公证业务方面,把满足基层农民在发展产业、生产生活消费等日常生活上的公证需求作为开展公证法律服务的主攻方向,积极引导农民借助公证手段调节经济关系和民事关系,维护合法权益,避免引发村民纠纷的各类因素。

3. 规范农村执法行为

其一,严格依法制定"三农"政策。政府各部门出台涉及"三农"的各类关于新农村建设的规范性文件,都要按照党中央、国务院的规定进行备案审查,杜绝侵害农民的"土政策"出台,从政策和源头上防止侵害广大农民合法权益的现象

出现,维护社会主义法制统一。要研究制定农村医疗保险、养老保险和农民工合法权益保护等方面的规范性文件,依法构建农民利益的保障体系。

其二,要搞好涉及"三农"的行政执法工作。一是规范行政执法工作。公安、计划生育等与农村工作有关的各行政执法部门应严格依照权限履行行政许可、行政收费、行政处罚、行政确认、行政强制等职责,做到严格执法,公正执法,文明执法。二是积极探索综合执法路子。对涉及农村执法职能较多的部门如安监、交警、农机、林业、农业、国土等部门可以考虑成立乡镇综合行政执法队,减少交叉执法和重复执法,确保对农村的行政执法工作能顺利进行。三是加强乡镇公安派出机构建设,强化职能,配强队伍,加大公安的执法力度。针对农村的实际,加大打击农村黄、赌、毒的工作力度,惩治村痞村霸,铲除农村的黑恶势力,为建设文明的乡风创建良好的社会环境。

其三,要搞好行政执法监督工作。一是搞好对行政复议案件的监督。因行政许可、行政征收、行政处罚、行政确认、行政强制等的涉农涉法纠纷,不利于社会稳定,不利于和谐新农村的建设,要因势利导,引导农民充分运用行政复议这一法律武器,维护自己的合法权益。行政复议机关,应充分发挥自身职能,依法受理行政复议案件,该立案的坚决立案,不属立案范围的要及时告知农民的救济途径,要公平公正办案,不和稀泥,该维持的维持,该撤销的坚决撤销,该变更的坚决变更,及时纠正不当的行政违法案件,维护农民的合法权益,使农民能得到及时的救济,平息争议纠纷,化解社会矛盾,维护社会稳定。二是组织好行政诉讼工作。对涉及"三农"的行政争议纠纷行政复议不能挪央的,要引导农民依法维权,提起行政诉讼,利用法律途径依法解决行政争议。各行政机关要自觉接受司法、人大监督,积极组织行政应诉,认真落实和执行司法判决法律文书,有错必改,有错必纠,维护公平和正义,平息矛盾,维持农村和谐与稳定。

4. 完善村民自治制度

建设社会主义新农村,应加强农村基层民主政治建设,使村务管理逐步走向规范化、法治化。全面推行村民选举制度、村民议事制度、村务公开制度,把村里的重大事务和村民普遍关心的热点难点问题提交给村民议会或村民代表会议讨论决策,以充分发挥集体智慧,让广大农民直接或间接地参与村内事务的管理,提高决策的可靠性,最大限度地避免决策失误。同时要看到,农村工作错综复杂,涉及诸多的矛盾,比如土地承包问题、土地流转问题、村务公开问题、宅基地使用问题等等,这就还需要制定出既符合国家法律规定又符合村情民意的村规民约,把农民的权利义务、各种组织的工作职责以及经济管理、社会治安等方面的要求规定得清清楚楚。在落实村规民约工作中应做到在合法的前提下,还要做到公开。尤其是在涉及农民自身利益的重要事情上,一定要以保证农村工作有序、办事有据、多数人满意为原则,使村规民约得以认真执行。①

第四节 农村社区管理的科学化

农村社区管理科学化是农村社区管理现代化的主要方向,它是指在科学发展观的指导下,从社会管理系统工程的角度出发,进行社会管理创新,构建切实可行、周密严谨、稳定高效的农村社区管理体制。要实现中国农村社区的社会管理现代化,必须以科学发展观为指导,学习西方发达国家先进经验,搞好社区管理系统工程建设。

一、当前我国农村社区管理科学化的状况

第一,管理理念上,重经济,轻民生。管理理念的错位,导致政府职能转变不到位。职能转变不到位体现在两个方面,一个是"越位",一个是"缺位"。职能"缺位"就是该管的没有去管或者说没有管好。应该说,农村社区管理的任务主要是要对农村居民的公共事务、公共服务和社会保障等等方面要进行管理和服务,但是还有很多农村社区的乡政府、村党支部和村委会还在热衷于经济建设等方面,在该管的事情上比如说我们的社会建设方面的教育、医疗、卫生、社会安全等社会事业等等方面并没有发挥很好的作用,导致农村社区民生的问题大量的出现。职能"越位"就是不该管的却非要管。比如,由于乡镇管理机构代表农民占有农村集体资源,大搞效益低下的形象工程、政绩工程。管理干部参加招商引资,参与商务谈判,审批土地甚至直接经营项目。使得管理机构还成为农村经济发展的直接利益的相关者,甚至出现与民争利的现象,导致社会矛盾突出。

第二,管理主体上,重政府的作用,轻多元的参与。农村社区管理机构的性质本来是村民自治,要组织所有农村居民共同参与管理,是村民自我管理、自我服务的自我管理、自我服务的机构。开展社区建设的时候,经常只是召开一些社区积极分子参加的会议,广大社区的居民对社区活动的参与程度较低。由于计划经济的影响,乡政府、村支部和村委会这些机构几乎负责农村社区所有公共事务,很少把这些事务让给社会组织去承担,必然难以满足居民对公共服务多元化、多层次的需求。原因在于农村社会组织发育不成熟,数量、规模比较小,公信力和质量都还比较低。社会组织作为政府、市场之外的第三部门,在发达国家扮

---

① 韦吉莉:《对农村法治建设的思考》,中国法院网,2009年11月12日。

演非常重要的角色。2010年我国依法登记的社会组织有43.9万个,每万人拥有的社会组织只有3.3个,而法国每万人拥有110个社会组织,日本是每万人拥有97个,美国是每万人52个,连阿根廷每万人拥有的社会组织也有25个。这种情况严重限制了我国农村社区管理现代化。

第三,管理的方式上,重管制和控制,轻协商和服务。社会管理手段应该是多样化的,它有法律的、道德的、行政的,甚至还有价值观念方面的,还有一些风俗习惯、规章制度都应该可以纳入我们这个管理的手段和方式上。但是我们目前更多地依靠的是更多的是行政的手段,而对法制规范和道德建设方面不是很重视。在当今公民权利观念日益普及深入的时代,这些简单粗暴的管理方式,常常酿成群体事件,影响干群关系和社区的稳定和谐。

第四,农村社区服务体系很不健全,服务质量低下。农村社区服务还没有形成完整的体系,教育、医疗、养老、文化娱乐、公共交通等方面,都落后于城市。农村社区建设的社会工作者严重的缺乏,现有的社区管理和服务人员缺少社会工作训练,导致社区服务质量不高,不能与时俱进。

二、促进我国农村社区管理科学化的措施

根据近些年我国农村社区建设经验,促进农村社区科学化管理,应采取如下措施。

1. 加强农村社区领导协调机制建设

各级党委、政府要将农村社区建设纳入社会主义新农村建设总体规划,一同部署、一起考核、一体推进,切实加强对农村社区建设的规划指导、综合协调和督促检查,努力形成上下配合、相互协作的领导协调机制。党委、政府要将农村社区建设作为重要议事日程和重点议题,及时研究解决工作中的重点难点问题;将农村社区建设经费纳入政府年度财政预算,建立稳定可持续的资金投入机制;将农村社区建设工作成效作为各级领导班子和领导

2. 加强农村基层组织建设

明确农村基层组织的职责,使组织建设与社区建制同步开展进行,使社区公共事务的运行规范化、制度化。通过加强农村基层党组织、自治组织等组织建设来逐步提高农村社区自我管理水平。全面推进农村基层党组织建设,积极探索农村党建、企业党建、社区党建、社会组织党建等多种模式相融合的路子,充分发挥农村基层党组织推动发展、服务群众、凝聚人心、促进和谐的作用;加强农村社区群众自治组织建设,进一步规范村党组织领导下的村民自治运行机制,深入推进村务公开和民主管理工作,推动农村社区建设按照民主

化、科学化轨道进行。

3. 加强社会广泛参与机制建设

在推进农村社区建设和管理的实践中,仅仅依靠党委政府和村两委会自身的力量是不够的,还需充分调动工商企业社会团体、民间组织等社会力量的积极参与,充分发挥其动员群众、提供服务、反映诉求、规范行为的作用,积极拓宽农村居民参与社区建设的有效渠道。充分挖掘和发挥农村社区的各种人才资源,创造条件吸引社区人大代表、政协委员、企业家、经济能人、回乡创业人士、大学生"村官"等积极参与社区建设,努力调动社区群众的积极性和创造性,最大限度地把各种力量凝聚到农村社区建设中来,共同致力于农村社区建设。

4. 推进社区管理队伍建设

社区管理者是社区各项工作开展的执行者,是社区工作的主体。一要开辟农村社区工作者任用新渠道,把工作能力高、服务意识强、思想作风过硬、人民群众信得过的优秀人才选拔到社区管理队伍中来,尤其是要选配好农村社区党支部书记,在班子的其他成员配备方面,可采取公开招聘、民主选举等办法,选聘社区管理的工作人员,逐步实现社区管理专职化。二要建立完善农村社区工作人员的任用、考核、监督、待遇、奖励机制,形成科学的管理运行机制。三要重视培训教育,加强对社区管理者专业技能和职业道德的教育培训,不断提高社区管理者的整体素质、工作能力和服务水平。

复习思考题

1. 我国农村社区现代化的任务是什么?
2. 什么叫城乡社区管理一体化?其途径有哪些?
3. 什么叫农村社区管理法治化?其措施有哪些?
4. 什么叫农村社区管理科学化?其实现办法有哪些?

案例:

丹阳市界牌新村社区始建于2007年,是江苏省最大的农民集中居住地。该社区占地1800亩,将分散的178个自然村、158个村民小组、3942户、1.4万人全部集中居住,是全省大手笔、大气魄推进新农村建设的典范,被誉为"界牌模式"。社区自建成以来,以创建民主法治社区为抓手,深入推进农村法治文化建设,在强化组织保障、浓厚社会氛围、拓展发展空间、推进法治实践上做文章,打造具有浓郁地方特色的法治文化品牌,有力地促进社区和谐稳定。其做法是:

(1)加强领导,健全机制,强化法治文化建设的组织保障。新村党总支高度重视法治文化建设,将其作为一项基础性、长期性重点工程,纳入法治界牌建设的工作大局。连续三年把法治文化建设列为年度重点工作,出台有关加强法治文化建设的意见等文件。今年7月专门召开新农村法治文化建设工作现场会,总结推广法治文化建设经验,巩固法治文化建设成果,推进法治文化建设工作。新村广泛吸纳社会各界积极参与法治文化建设,建立遍布各楼层的普法宣传员、志愿者、联络员,每年给外来务工人员、中小学生、新村居民、企业领导讲解法律常识,从而提高每一位公民的法律意识和文化素质,为新农村建设创造和谐环境提供了有力的保障。新村将各项拆迁政策、制度上墙,坚持统一标准,统一口径,用制度来做好群众的工作,用政策来解决出现的问题,做到政策面前人人平等。

(2)丰富载体,筑牢阵地,营造浓厚的法治文化建设氛围。为建设法治文化阵地,营造浓厚的法治文化氛围,在新村中心的休闲广场建立法治文化广场,广场两侧设立图文并茂的法制宣传栏,通俗易懂地解读与群众生产生活密切相关的法律常识;广场四周草坪内,竖起法制宣传标语牌;广场周围的大树上悬挂法治小格言和警句;广场中心的纳凉亭上挂有古今法治小故事。界牌新村的居民来这里休闲健身的同时,在不知不觉中普及了法律知识,在潜移默化中强化法治理念。新村农民法律学校分批召集村民和农民工上法制课,请司法所及有关职能部门人员就劳动保障、治安管理、房屋拆迁等作专门辅导。新村还组织新农村建设工作组人员、动迁公司、城维大队职能部门、银行系统、企事业单位400余人进行考试,促进他们深刻了解新农村建设的具体拆迁、安置、补偿的测算办法,从而在新农村建设中更好地开展工作、服务于民。新村先后发放了15000份公开信,积极引导农民支持集镇大踏步发展,使全村农民人人懂政策,个个是内行。镇文体中心经常在社区开展丰富多彩的文艺演出活动,创作编排一批紧扣时代主题、贴近实际、贴近生活的法治文艺节目,自编自演宣传法律,提高村民法律意识。

(3)突出重点,有机融合,拓展法治文化建设的发展空间。"界牌新村"犹如"界牌新城",每一个动作、每一项政策都牵动着农民的心,与千家万户的利益息息相关。在新农村建设过程中,新村坚持把法治文化建设有机融入丰富多彩的文化活动之中,与乡村文化、校园文化、行业文化、廉政文化等共同发展,丰富了法治文化内涵,让广大干部群众在日常学习和生活中受到法治文化的熏陶。如将新农村建设的意义、规划、关系到群众利益的拆迁安置办法、农民生活保障方案、房屋动迁评估标准等政策、法律法规汇编成册,发给干部群众,让他们依照执行;开设新农村建设网站,宣传相关政策、法律法规,解答疑问。每年定期组织开展"法律进农家"活动,发放农民学法用法小手册、普法卡、普法招贴画。组织举办廉政、法制书画征集展览活动,共收到 60 多件以"法治"、"廉政"、"和谐"为主题,风格多样,题材广泛的作品,作品在新村展出后,取得较好的反响。组织新村中小学生到法治广场参观并讲解相关法律知识。定期邀请律师、法律工作者在新村开展法律咨询,为群众提供快捷、便利和无偿的法律服务。建立法律援助点,依法解决新农村建设中出现的新情况、新问题,提高农村干部群众依法行使权利,依法履行义务的自觉性。

当前界牌新村社区正全力冲刺华夏第一小区、全国新农村样板镇,将坚持以法治文化为引领,把社区建设成为名副其实的民主法治社区。(《丹阳市界牌新村社区构建农村法治文化助推新农村建设》,城市山林普法人网易博客(2010):blog.163.com/csslpfr/blog/static/13581449)

讨论:

如何将中国农村社区建设成法治社区?

参考文献

[1]〔德〕滕尼斯:《共同体与社会》,北京:商务印书馆1999年版。
[2]丁元竹:《社区研究的理论和方法》,北京:北京大学出版社1995年版。
[3]徐永祥:《社区发展论》,上海:华东理工大学出版社2001年版。
[4]史柏年:《社区治理》,北京:中央广播电视大学出版社2004年版。
[5]张宝锋:《社区管理》,郑州:郑州大学出版社2006年版。
[6]夏建中:《社区工作》,北京:中国人民大学出版社2005年版。
[7]唐忠新:《社区服务思路与方法》,北京:机械工业出版社2003年版。
[8]侯玉兰、侯亚非:《国外社区发展的理论与实践》,北京:中国经济出版社1998年版。
[9]费孝通:《江村经济》,北京:商务印书馆[1939]2001年版。
[10]黄宗智:《华北的小农经济与社会变迁》,北京:中华书局2000年版。
[11]林耀华:《金翼》,北京:三联书店[1949]2000年版。
[12]施坚雅:《中国农村的市场和社会结构》,北京:中国社会科学出版社1998年版。
[13]吴毅:《村治变迁中的权威与秩序——20世纪川东双村的表达》,北京:中国社会科学出版社2002年版。
[14]赵旭东:《权力与公正——乡土社会的纠纷解决与权威多元》,天津:天津古籍出版社2003年版。
[15]徐勇:《农村微观组织再造与社区自我整合——湖北省杨林桥镇农村社区建设的经验与启示》,《河南社会科学》,2006年第5期。
[16]许远旺、卢璐:《从政府主导到参与式发展:中国农村社区建设的路径选择》,《中州学刊》,2011年第1期。
[17]周飞舟:《从汲取型政权到"悬浮型"政权——税费改革对国家与农民关系之影响》,《社会学研究》,2006年第3期。

[18] 项继权：《农村社区建设：社会融合与治理转型》，《社会主义研究》，2008 年第 2 期。
[19] 管义伟：《农村社区建设：逻辑起点与人文关怀》，《社会主义研究》，2011 年第 1 期。
[20] 吴晓林：《改革开放以来农民阶层的分化与政治整合研究》，《中国特色社会主义研究》，2009 年第 6 期。
[21] 徐勇：《在社会主义新农村建设中推进农村社区建设》，《江汉论坛》，2007 年第 4 期。
[22] 同春芬、党晓虹、王书明：《农村社区管理学》，北京：知识产权出版社 2010 年版。
[23] 朱国云：《社区管理与服务》，天津：天津大学出版社 2010 年版。
[24] 李双球、李少虹：《民政概论》，北京：北京大学出版社 2008 年版。
[25] 王建军、夏志强、王建容：《社区管理的理论与方法》，成都：四川大学出版社 2008 年版。
[26] 娄成武、孙萍：《社区管理学》，北京：高等教育出版社 2006 年版。
[27] 〔美〕莱斯特·M·萨拉蒙：《全球公民社会——非营利部门视界》，北京：社会科学文献出版社 2002 年版。
[28] 赵国祥：《管理心理学》，开封：河南大学出版社 1995 年版。
[29] 洪大用：《社会变迁与环境问题——当代中国环境问题的社会学阐释》，北京：首都师范大学出版社 2001 年版。
[30] 〔加〕约翰·汉尼根：《环境社会学（第二版）》，北京：中国人民大学出版社 2009 年版。
[31] 吴忠标、陈劲：《环境管理与可持续发展》，北京：中国环境科学出版社 2001 年版。
[32] 张燕农、张琪：《社区教育发展模式的理论与实践研究》，北京：首都师范大学出版社 2011 年版。
[33] 叶忠海、朱涛：《社区教育学》，北京：高等教育出版社 2009 年版。
[34] 何云峰：《农村职业教育与科技推广》，北京：中国社会出版社 2006 年版。
[35] 于志晶等：《吉林省社区教育发展模式研究》，长春：吉林大学出版社 2008 年版。
[36] 张兴杰：《社区管理》，广州：华南理工大学出版社 2009 年版。
[37] 谷中原：《农村社会学新论》，武汉：武汉大学出版社 2010 年版。
[38] 赵宝佑：《统筹城乡协调发展的国际经验与启示》，《学术论坛》，2008 年第 3 期。
[39] 孙莉、耿黎：《农村社区股份合作制经济组织管理和运作模式探析》，《农业经济》，2010 年第 5 期。
[40] 魏后凯：《中国乡村工业化的代价与前景》，《中州学刊》，1994 年第 6 期。
[41] 孙秋云、曹志刚：《社区与社区建设八讲》，武汉：华中科技大学出版社 2011 年版。
[42] 于显洋：《社区概论》，北京：中国人民大学出版社 2006 年版。
[43] 王霄：《农村社区建设与管理》，北京：中国社会出版社 2008 年版。
[44] 贺雪峰：《乡村的前途——新农村建设与中国道路》，济南：山东人民出版社 2007 年版。
[45] 陈立旭、潘捷军等：《乡风文明：新农村文化建设——基于浙江实践的研究》，北京：科学出版社 2009 年版。
[46] 吴理财等：《当代中国农民文化生活调查》，北京：知识产权出版社 2011 年版。
[47] 李小云、赵旭东、叶敬忠：《乡村文化与新农村建设》，北京：社会科学文献出版社 2008

年版。
[48] 司马云杰：《文化社会学》，北京：华夏出版社2011年版。
[49] 苏国勋、张旅平、夏光：《全球化：文化冲突与共生》，北京：社会科学文献出版社2006年版。
[50] 潘允康：《"二元"体制下村民自治的理性思考》，《社会科学研究》，2003年第3期。
[51] 史传林：《农村新型中介组织发展与和谐社会构建》，《社会主义研究》，2007年第1期。
[52] 王建军、曾巧：《我国社区非营利组织建设中的问题及对策分析》，《社会科学研究》，2003年第3期。
[53] 李勇华：《农村社区管委会：对村民自治的除弊补缺——公共服务下沉背景下农村社区管委会体制的实证研究》，《学习与探索》，2009年第2期。
[54] 陈伟东、张大维：《社区公共服务设施分类及其配置：城乡比较》，《华中师范大学学报（人文社会科学版）》，2008年第1期。
[55] 徐琦等：《社区社会学》，北京：中国社会出版社2004年版。
[56] 李英哲：《我国农村公共产品供给不足的实证分析及建议》，《财政研究》，2009年第2期。
[57] 詹成付、王景新：《中国农村社区服务体系建设研究》，北京：中国社会科学出版社2008年版。
[58] 〔美〕迈克尔·麦金尼斯：《毛寿龙等译.多中心体制与地方公共经济》，上海：上海三联书店2000年版。
[59] 张德江：《社区服务工作文集》，北京：中国社会出版社1991年版。
[60] 徐永祥：《社区发展论》，上海：华东理工大学出版社2000年版。
[61] 刘燕生：《社会保障事典》，北京：当代中国出版社1998年版。
[62] 徐小青：《中国农村公共服务》，北京：中国发展出版社2002年版。
[63] 刘豪兴：《农村社会学》，北京：中国人民大学出版社2004年版。
[64] 朱国云：《社区管理与服务》，天津：天津大学出版社2010年版。
[65] 侯惠勤等：《冲突与整合——如何认识我国社会主义改革实践过程对人们思想的影响》，北京：中国人民大学出版社2003年版。
[66] 沈远新：《中国转型期的政治治理若干问题与趋势》，北京：中央编译出版社2006年版。
[67] 邹千江：《冲突与转化：中国社会价值的现代性演变》，北京：中国传媒大学出版社2008年版。
[68] 李紫媚：《盗与罪：青少年犯罪预防理论与对策》，香港：香港城市大学出版社2008年版。
[69] 中央社会治安综合治理委员会办公室：《社会治安综合治理工作读本》，北京：中国长安出版社2009年版。
[70] 〔美〕克莱门斯·巴特勒斯：《矫正导论》，北京：中国人民公安大学出版社1991年版。
[71] 何兵：《和谐社会与纠纷解决机制》，北京：北京大学出版社2007年版。
[72] 徐永祥：《社区发展论》，上海：华东理工大学出版社2000年版。

[73] 梁鸿:《农村社区发展与社会保障的研究》,《复旦学报(社会科学版)》,2001年第4期。
[74] 潘光辉:《论社区保障及其发展》,《广西社会科学》,2008年第1期。
[75] 王琳:《完善城市社区社会保障制度的对策分析》,《中国行政管理》,2007年第5期。
[76] 卓越、兰亚春:《社区保障:创新社会保障体系的趋势选择》,《社会科学战线》,2004年第2期。
[77] 〔德〕沃尔夫冈·查普夫:《现代化与社会转型》,北京:社会科学文献出版社2000年版。
[78] 中国现代化战略研究课题组:《中国现代化报告》,北京:北京大学出版社2004年版。
[79] 李迎生、张志远:《中国社会政策的城乡统筹发展问题》,《河北学刊》,2011年第3期。
[80] 何传启:《第二次现代化——人类文明进程的启示》,高等教育出版社1999年版。